Présentation de la Collection Objectif Bac

→ Pour réussir votre enseignement et faire progresser vos élèves

Nouveau

À DÉCOUVRIR DANS CE DOCUMENT

Pour une bonne prise en main de la collection, c'est par ici

hachette TECHNIQUE

Le mot des enseignants-auteurs

À l'origine de cette nouvelle collection, il y a un travail collaboratif entre Hachette Technique et des professeurs de terrain.
Nous avions tous la volonté de vous accompagner lors de l'exercice de votre métier et tout au long de votre année.
Ensemble, nous avons repensé, testé, affiné notre travail afin de vous proposer aujourd'hui un véritable panel d'outils au service de votre pratique.

Vous allez découvrir des ouvrages attractifs, au fond et à la forme variés, réfléchis pour développer progressivement les capacités de vos élèves.

Mais c'est sans conteste le livre du professeur qui a été entièrement repensé pour vous :

- Nouvelles rubriques
- Progression pédagogique
- Évaluations corrigées inédites
- Accompagnement tout au long de l'année…

Tous ces outils ont été pensés et formalisés pour que cette collection devienne la vôtre.
Enseigner est un métier, et cette collection a l'ambition de vous aider à vous concentrer sur le plus important : vos élèves.

Merci à tous les auteurs et à Hachette Technique d'avoir permis la réalisation de ce beau projet.

Belle découverte à vous.

Brice DREZET
Sciences de gestion et numérique
Académie Reims

« Ce qui m'a motivé dans l'écriture de ce manuel ? Permettre aux élèves de monter en compétences et de gagner en confiance. »

Delphine LAHAYE
Sciences de gestion et numérique
Académie Reims

Bérangère DUCHANGE
Économie – Académie Versailles

Vincent ROCHERY
Économie – Académie Versailles

« Le fait d'écrire ce manuel m'a conduit à approfondir ma pratique pour les élèves mais aussi pour mes pairs. »

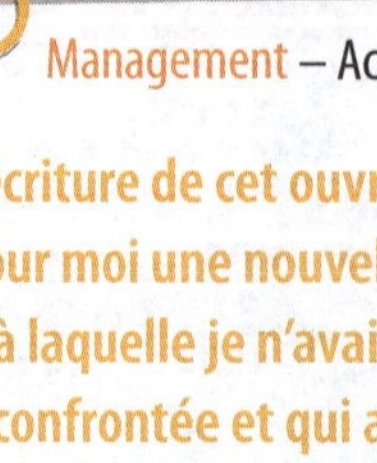
Caroline NKOU
Management – Académie Caen

« L'écriture de cet ouvrage constitue pour moi une nouvelle expérience à laquelle je n'avais jamais été confrontée et qui aura été très enrichissante d'un point de vue professionnel. »

Rochdi BADEREDDINE
Économie – Académie Dijon

Glwadys HELIE GARDIN
Management – Académie Rouen

Joan LEFEVRE
Management – Académie Reims

« Ce qui m'a plu dans l'écriture de ce manuel, c'est de pouvoir laisser libre cours à ma créativité et d'aborder mon métier de façon différente. »

Laurent CORBELLINI
Management – Académie Versailles

Clément MARZULLO
Économie – Académie Reims

Céline MACANDA
Sciences de gestion et numérique
Académie Rennes

« Dotée d'une forte appétence pour la transmission, j'ai été ravie de mettre à disposition des élèves l'ensemble de mes compétences et expériences, pour les accompagner dans leurs apprentissages. »

Jean FEREY
Management – Académie Rouen

Véronique MANENTI
Management – Académie Paris

Alban LUCAS
Droit – Académie Rouen

Un grand merci à tous les enseignants-auteurs de la collection

Gaëtan MEURET
Économie – Académie Reims

Teddy FAGNIÈRES
Sciences de gestion et numérique
Académie Reims

« La rédaction de ce manuel a été un excellent exercice pour développer des compétences transversales comme la créativité, l'esprit d'entreprise et, bien sûr, le travail en équipe ! »

LAURIE CHALVET
Sciences de gestion et numérique
Académie Versailles

Raphaël ARHAN
Sciences de gestion et numérique
Académie Versailles

« Cette expérience d'auteur chez Hachette m'a permis d'échanger avec des personnes lumineuses et d'améliorer ma pratique grâce à de nouveaux regards. »

Corinne LAIRD
Droit – Académie Rouen

Claire LHEUREUX
Droit – Académie Rouen

« Écrire ce manuel c'est pour moi permettre aux collègues d'aborder plus sereinement leur année. »

OBJECTIF BAC

Des ouvrages détachables en version papier ou numérique

PAPIER ou **NUMÉRIQUE**

Dans chaque ouvrage, retrouvez :

Pour l'enseignant, des outils concrets

PAGES 6-7

Un livre du professeur enrichi, imprimé et en couleur.

** Offert en cas de prescription*

Nouveau

Animer la classe

- Focus sur les organisations
- Alternatives didactiques, transversalités, idées pédagogiques

Nouveau

Évaluer les élèves

- Évaluation corrigée par chapitre avec barème
- Conseils de mise en œuvre pour une approche ludique : websérie, quiz interactifs

Des bonus pour vous accompagner

Nouveau

Actubox, une banque de ressources actualisée 3 fois par an

- Portraits d'organisations
- Ressources ETLV
- Activités supplémentaires

Nouveau

Des webinaires de partage d'expérience 3 fois par an sur des thèmes variés :

- Problématisation réussie pour donner du sens au thème
- Mener à bien l'étude de gestion
- Accompagner les élèves dans leur choix d'orientation

** Demande à effectuer sur enseignants.hachette-education.com*

Les fonctionnalités des manuels numériques

- Vidéoprojection en classe
- Zoom des documents
- Affichage des corrigés pour l'enseignant
- Affichage DYS
- Saisie et enregistrement des réponses des élèves
- Échanges professeurs-élèves
- Utilisation hors connexion possible
- Téléchargement clé USB

Pour l'élève, des outils innovants

PAGE 8

Des outils pour réussir

- **Dossier pour donner confiance** « Bienvenue en STMG »

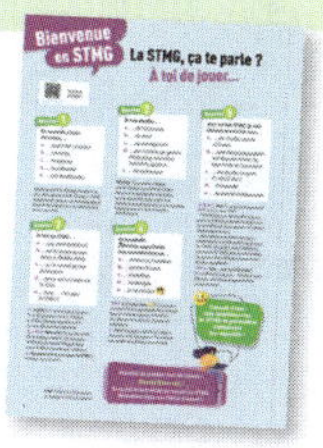

- 41 fiches de **méthodologie**

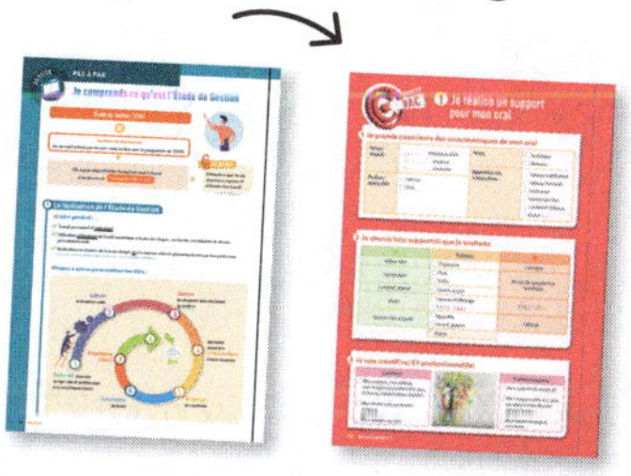

- **Exercices d'autoévaluation** pour préparer la synthèse et réviser

- **Livret de révisions** détachable

en + des pages de révisions de chaque chapitre

Pour tous, des ressources numériques attractives

PAGE 9

Les exclusivités

- Websérie Charlie & Gus

- Podcasts du cours
- Quiz interactifs

KYUSHI

+ de 140 ressources

hachette-clic.fr/22sdgn

Les incontournables

- Liens audio
- Liens vidéo
- Fichiers de travail (word, excel...)

Pour l'enseignant, des outils concrets

Un livre du professeur enrichi, imprimé et en couleur

Sommaire du livre du professeur de SDGN

Offert en cas de prescription

SDGN 1re STMG

PARTIE 1

Enseigner les SDGN « clé en main » — 200 pages

Pour chaque chapitre :

1. **Avant de commencer** (prérequis, pré-acquis…)
2. Les **corrigés** enrichis — Les + Découvrez l'extrait page 10
3. Le **cours rédigé** avec exemples
4. Une **évaluation**, son corrigé et son barème — Les + Découvrez l'extrait page 13

PARTIE 2

Votre boîte à outils — 5 pages

1. Une série de **webinaires de partage d'expérience** — Les +
2. La **banque de ressources** Actubox
   - Portraits d'organisation et d'entrepreneurs
   - Activités supplémentaires
   - Ressources ETLV
3. L'utilisation du dossier « **Bienvenue en STMG** »
4. La **websérie** Charlie & Gus et les **quiz interactifs** : une approche pédagogique ludique pour les élèves

PARTIE 3

Préparer la terminale : — 15 pages

1. Prolongement avec le programme de MSDGN
2. Initiation à la monographie
3. Initiation à l'épreuve commune de MSDGN (un grand DS type Bac)

PARTIE 4

Bonus — 10 pages

1. C'est quoi la SDGN ?
2. La SDGN dans le cycle terminal (transversalités avec les autres matières)
3. Les objectifs pédagogiques
4. Les approches didactiques et pédagogiques possibles en STMG
5. La **progression « clé-en-main »** sur l'année
6. **L'Étude de Gestion*** dans les grandes lignes. — Les +

** Cf. Guide de l'évaluation dans le cadre de la réforme du lycée général et technologique, rentrée 2021*

Pour l'enseignant, des outils concrets

Des bonus pour vous accompagner

Webinaires de partage d'expérience

Inédit

3 FOIS PAR AN AVEC NOS AUTEURS

Pour favoriser les échanges et permettre le partage d'expérience

Sur des sujets précis !

- **Problématisation réussie** pour donner du sens au thème
- **Trouver sa place en ETLV**
- **Enseigner par monographie**
- **Préparer au Grand Oral**

- **Mener à bien** l'Étude de Gestion dans le cadre du contrôle continu

- **Accompagner les élèves** dans leur choix d'orientation

Banque de ressources Actubox

ACTUALISÉE 3 FOIS PAR AN

L'Actubox pour faire vivre votre manuel ! et l'enrichir tout au long de l'année

Inédit

Une banque de ressources, avec des contenus supplémentaires, livrée avec le manuel numérique enseignant offert sur prescription.

Actubox vous permet de rechercher les contenus dont vous avez besoin pour animer votre classe et enrichir vos propres séquences pédagogiques.

> Portraits d'organisations et d'entrepreneurs
> Activités supplémentaires :

- ETLV
- Articles
- Situations juridiques
- Travaux de recherche
- Ressources pédagogiques

Pour l'élève, des outils innovants

Des outils pour réussir

Dossier Bienvenue en STMG

Inédit

Pour donner confiance aux élèves et tout savoir sur la filière STMG

Quiz de rentrée, présentation des filières et des matières de 1re et Tle, zoom sur l'orientation post-bac, immersion dans la vie professionnelle avec des vidéos métiers, pages dédiées à la réflexion de l'élève et au bilan en fin de 1re.

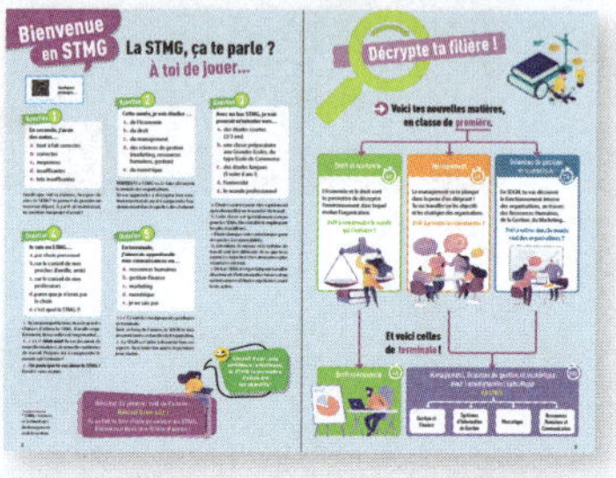

Un livret de révisions détachable

Inédit

Tout pour réussir son Bac

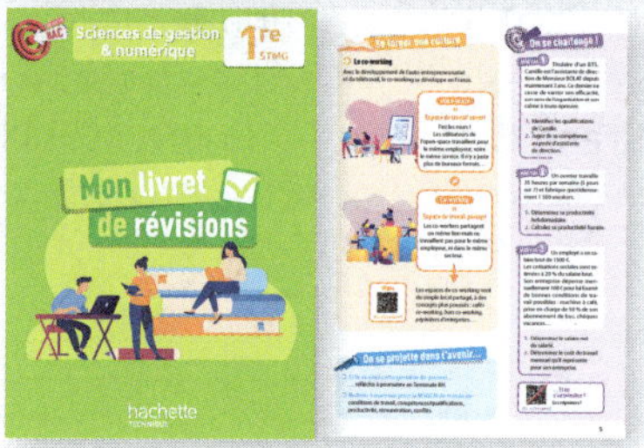

Un outil supplémentaire de **32 pages** pour réviser et comprendre les questions de gestion abordées dans le manuel. Révisions, vocabulaire, challenge, cas d'entreprises, orientation...

24 fiches méthodologiques

Inédit

Une méthodologie pas à pas sur des compétences précises

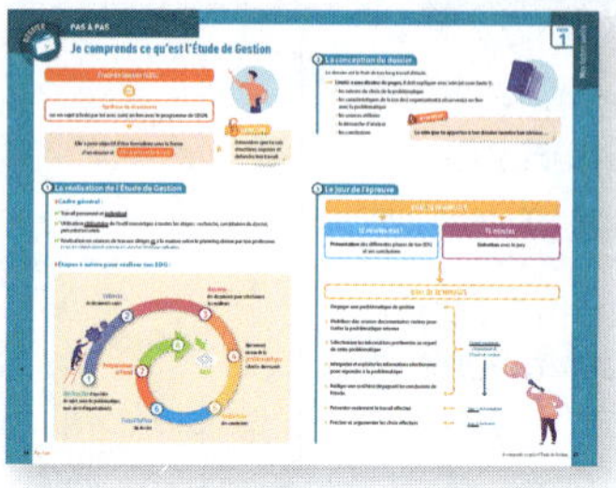

7 fiches pour savoir mener l'Étude de Gestion*, **9 fiches** pour maîtriser des compétences transversales, **8 fiches** logiciels pour apprendre à utiliser les logiciels Word, Excel et Powerpoint.

** Cf. Guide de l'évaluation dans le cadre de la réforme du lycée général et technologique, rentrée 2021*

17 fiches Objectif Bac

Inédit

En route vers le Bac !

1 fiche par chapitre pour préparer les compétences nécessaires au Bac.

Pour tous, des ressources numériques

+ de 140 ressources disponibles

À flasher sur le manuel papier ou en un clic depuis le manuel numérique !

Exclusivité

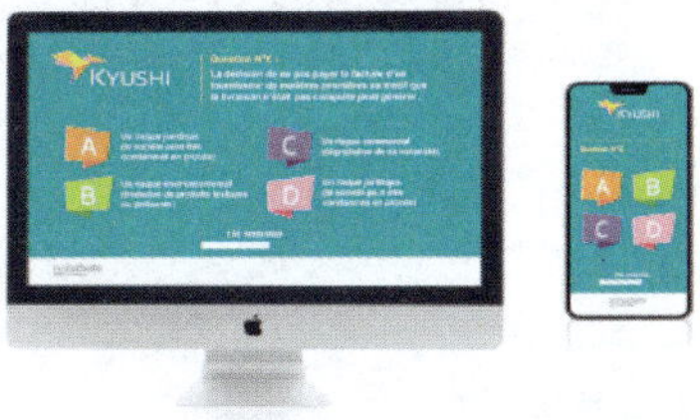

KYUSHI

17 quiz Kyushi interactifs
Kyushi vous permet de proposer à vos élèves des quiz ludiques et chronométrés prêts à l'emploi ou à composer !
À réaliser en fin de chapitre ou de thème collectivement en classe, pour travailler **la mémorisation et réactiver les acquis.**

La websérie Charlie & Gus
4 épisodes en BD animée

Idéal pour **les lancements de séances**, ces épisodes permettent de mettre en tension les enjeux du thème, d'ouvrir la discussion avec vos élèves ou de réaliser des évaluations diagnostiques.

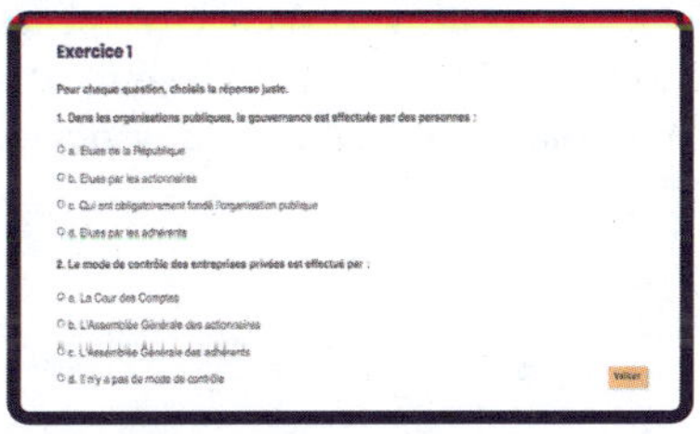

Plus de 40 exercices d'autoévaluation
pour faire le point et renforcer le travail en autonomie des élèves

17 podcasts de cours
pour s'adapter aux différents types de mémorisation des élèves

+

Et bien sûr les ressources incontournables

- Liens audio
- Liens vidéo
- Fichiers de travail

Extrait du livre du professeur de SDGN

Chapitre 15

EXTRAIT

2 Les corrigés enrichis

15 Le temps, un paramètre fondamental dans les décisions de gestion

En immersion au *Manoir de Paris*

Nos intentions pédagogiques

Ce chapitre permet de répondre à la question de gestion « Quelle prise en compte du temps dans la gestion de l'organisation » ?

Il s'agit de présenter à l'aide d'une entreprise à activité saisonnière, ici une maison hantée, certains outils permettant d'appréhender les différentes dimensions du temps et les contraintes qui y sont associées.

Le pic d'activité du Manoir de Paris pendant la période d'Halloween et le nécessaire renouvellement de l'offre de spectacle, nous permettent d'éclairer pleinement les problématiques du chapitre.

Dans la première partie du cours, nous présenterons les méthodes et outils de veille en lien avec les notions d'actualité et de pérennité d'information. Nous aurons pour objectif d'expliquer qu'une veille de qualité permet de réduire l'incertitude de la prise de décision et d'anticiper au mieux les risques et changements environnementaux liés à l'activité de l'entreprise. Il sera aussi nécessaire de prendre en compte des situations d'asymétrie ou de rétention d'information puisqu'elles fixent des limites d'accessibilité à l'information.

La deuxième partie du cours permettra d'identifier les différentes dimensions du temps et de repérer les contraintes qui les encadrent. Les notions d'horizon et de période qui y seront abordées serviront également à illustrer les relations qui existent entre le temps, l'incertitude et la prise de décision des dirigeants. Nous montrerons que de cette gestion du temps dépendra la qualité de la gestion du risque des organisations et les éventuels avantages qu'elle peut en tirer.

On vous parle du Manoir de Paris

Le Manoir de Paris est un concept de parc d'attraction de type « maison hantée » importé en France par Adil Houti depuis sa création en 2011. Le Manoir de Paris est depuis plus de 10 ans la référence du spectacle immersif horrifique en France.

Le Manoir de Paris est une organisation dont l'activité est saisonnière avec un « pic » d'activité qui a lieu autour d'Halloween.

L'accès aux données de cette entreprise est simplifié par sa taille et la mise en situation est facilitée par l'activité de maison hantée proposée par le Manoir de Paris qui a pour cible une population jeune.

Adi Houti, le gérant du Manoir de Paris a déjà eu une expérience aux USA et a désiré importer en France le concept de maison hantée.

Site de l'entreprise :
https ://www.lemanoirdeparis.fr/

Facebook :
https ://www.facebook.com/LeManoirDeParis

Les corrigés enrichis (suite)

Ouverture p.235

Questions possibles

1. Identifiez la principale contrainte de l'activité du Manoir de Paris.

Activité commerciale de spectacle qui propose des parcours et animations afin de provoquer chez les clients des émotions intenses basées sur la peur. Activité non linéaire qui peut donc être caractérisée de « saisonnière » car présence de « pics » d'activité (Halloween).

Pour aider les élèves : Identifiez la particularité des parcs d'attraction, et donc sa principale contrainte.

1 L'information au service de la décision p.236

A. Les outils de la veille informationnelle

1. Pour chacune des situations de veille menées par les équipes du Manoir (doc. 1), complétez sur celui-ci s'il s'agit d'une veille juridique, commerciale, technologique ou concurrentielle.

– Etude des prix pratiqués par les attractions parisiennes incluant des escape game : **veille concurrentielle**

– Surveillance des obligations et normes en vigueur concernant la sécurité des installations techniques : **veille juridique**.

Votre échange doit tendre vers...
...le caractère saisonnier de l'activité du Manoir de Paris

Idée pédagogique

Pour permettre aux élèves de bien comprendre la notion de veille, il peut être pertinent de leur demander d'identifier dans la mise en situation les mots clés la définissant.
>>> *Continue et automatisée*

Transversalités

Management 1.4.
Il est même possible d'approfondir l'analyse de la mise en situation avec cette question : « Quels aspects du marché peuvent évoluer ? » « De quelles formes peuvent être ces évolutions du marché ? »
>>> *Leurs réponses introduiront sans aucun doute, les doc et question 1*

2. Proposez d'autres contraintes liées à son activité.

Réponses libres à accepter si elles sont cohérentes (ex. : fluctuation du nombre de clients, assurances, respect du droit du travail et encadrement juridique de l'activité, concurrence, relations avec l'Etat et les banques...)

– Visite du salon « MakeUp in Paris » pour découvrir les nouveautés en matière d'effets spéciaux et de techniques de maquillage professionnel : **veille technologique**.

– Analyse des commentaires clients afin de déceler d'éventuelles pistes d'amélioration des attractions : **veille commerciale**.

Idée pédagogique

La notion de « Flux RSS » devra être expliquée.

Les corrigés enrichis (suite)

3. En vous aidant des images du document 2, proposez au minimum 5 outils numériques qui permettent asux équipes du Manoir de mener une veille informationnelle automatisée de type « Push ».

Les outils numériques qui permettent de mener une veille informationnelle automatisée de type « Push » sont par exemple :
– abonnements à des magazines spécialisés
– abonnement à des newsletters d'organisations
– activer ou autoriser les notifications provenant de sites de concurrents ou bien de sites institutionnels.
– activation de Flux RSS qui détectent les nouveautés sur des sites ciblés
– sauvegarde d'informations sur un drive ou une application de type « Pocket »
– sélection de sites « favoris »
– abonnements et suivis sur les réseaux sociaux
– ciblage par hashtag…

Alternative didactique
Selon l'effectif de votre classe et son aménagement, ils peuvent très bien le faire en duo.

Aller plus loin

- **un site explicatif :** https://www.ih2ef.gouv.fr/veille-informationnelle-outils-utilisation-et-fonctionnement
- **Vidéo France 24,** exemples de veille en entreprise + interview de Siham AROUSSI (12min30) : https://www.youtube.com/watch?v=n29dJp7JL_k

Idée pédagogique

Faire réaliser aux élèves une veille informationnelle sur un trimestre ou quelques semaines en utilisant les outils mentionnés. Ils peuvent ensuite présenter les évolutions constatées dans l'environnement de l'organisation par exemple avec la création d'un tableau de bord personnalisé de type « Netvibes ».

4. Proposez une définition de la veille informationnelle.

Construction de la définition avec les élèves et la participation orale.

Pour aider les élèves : Identifiez la particularité des parcs d'attraction, et donc sa principale contrainte.

Le questionnement doit tendre vers…
…des mots clés : Activité, Continue, Surveillance, Environnement, Anticiper/Réagir

La définition officielle de l'AFNOR (Association Française de Normalisation) : La veille est une « activité continue en grande partie itérative visant à une surveillance active de l'environnement technologique, commercial, etc., pour en anticiper les évolutions »

Définition alternative : dispositif de surveillance via la collecte, le traitement, l'analyse, la diffusion et le stockage d'information. Il permet de se tenir au courant de toutes les nouveautés ou informations publiées afin d'appréhender au mieux les évolutions de son environnement (marché, concurrence, législation…).

Fin de l'extrait du point 2.
Les corrigés enrichis

4 Une évaluation, son corrigé et son barème

Chapitre 15

Évaluation sur 20 points (1h env.)

SITUATION

Le camping 3 étoiles « Les Hortensias » est situé à Loctudy, ville côtière dans le département du Finistère (29).

Le camping ferme uniquement 1 semaine du 23 décembre au 1er janvier, ou bien lorsqu'il n'y a aucune réservation pour au moins 1 semaine entière. L'activité saisonnière du camping demande à ses dirigeants David et Muriel PAUGAM de rester attentif à l'environnement dans lequel ils évoluent afin de les aider dans leurs prises de décisions.

Le couple PAUGAM effectue la mise en place du camping en hiver afin de préparer au mieux la saison estivale. Nous sommes fin septembre et le couple PAUGAM dresse un bilan mitigé pour l'été qui vient de s'achever. Ils hésitent encore sur les décisions à prendre pour l'an prochain mais peuvent s'appuyer sur des éléments de veille informationnelle réalisée depuis 2 ans afin de choisir parmi 3 décisions afin de faire évoluer leur camping de 3 à 4 étoiles :

- Recrutement d'un chargé d'accueil trilingue (anglais, néerlandais, allemand) en CDD de 7 mois, d'avril à octobre.
- Achats de type « confort » comme des machines à laver supplémentaires
- Amélioration du site Internet avec des supports en 2 langues étrangères dont l'anglais
- Créer un partenariat avec un visagiste/coiffeur professionnel ainsi qu'un SPA afin de proposer ces activités « bien-être aux clients »

DOC 1 Critères de classement des campings en France

Critères / Étoiles	★	★★	★★★	★★★★	★★★★★
Nombre emplacements max. / hectare	100	100	90	80	70
Permanence 24h / 24h			X	X	X
Accueil en 2 langues étrangères dont l'anglais			X	X	X
Accueil en 3 langues étrangères dont l'anglais					X
Équipements de confort supplémentaire (machine à laver…)				X	X
Service optionnel de qualité (massage, coiffeur, spa…)					X
Site internet et supports en 2 langues étrangères dont anglais				X	X
Aire de jeux pour enfants			X	X	X
Propreté des espaces communs et équipements	X	X	X	X	X

www.ffcc.fr, 2022, www.legifrance.gouv.fr

DOC 2 Prévisions météorologiques à l'été N

Par rapport aux six derniers étés que nous venons de connaître, qui étaient exceptionnellement chauds et secs, deux différences semblent déjà s'observer pour notre été N : les orages pourraient être plus fréquents et nous pourrions connaître un mois d'août assez mitigé. Le mois le plus chaud de l'été serait juillet, et le moins chaud et le plus humide serait août.

Cette tendance n'est pas figée : au sein de ces trois mois, il est bien évident que des épisodes plus frais et plus chauds se produiront, ce qu'on appelle des «épiphénomènes».

DOC 3 Saisonnalité du camping en Bretagne

	Janv.	Févr.	Mars	Avr.	Mai	Juin	Juil.	Août	Sept.	Oct.	Nov.	Déc.
THS.							■	■				
HS.						■			■			
MS.				■	■					■		
BS.	■	■									■	■

THS = Très Haute Saison - HS = Haute Saison - MS. = Moyenne Saison - BS. = Basse Saison

Source : Auteurs

Retrouvez les autres documents dans le livre du professeur

>> suite p. 14 et 15

Évaluation (suite)

Chapitre 15

Évaluation sur 20 points (1h env.)

1. Précisez pour chaque décision envisagée par les dirigeants sa temporalité et le type de décision associé.

a. Recrutement d'un salarié en CDD de 7 mois en charge de l'accueil des clients en 3 langues étrangères dont l'anglais de début avril à fin octobre	....
b. Achats de type « confort » comme des machines à laver supplémentaires	....
c. Amélioration de leur site internet avec des supports en 2 langues étrangères dont l'anglais	....
d. Créer un partenariat avec un visagiste/coiffeur professionnel ainsi qu'un SPA afin de proposer ces activités « bien-être aux clients ».	....

2. Caractérisez les différentes contraintes auxquelles doit faire face le camping « Les Hortensias ».

Type de contraintes	Explication
....	....

3. Déterminez la valeur des informations extraites de la veille informationnelle selon les critères vus en cours.

Critères	Justification
....	....

4. Appréciez la cohérence de ces décisions envisagées par les dirigeants au regard de leur volonté de demander une 4e étoile

....

5. Jugez la cohérence de ces décisions au regard des contraintes auxquelles le camping doit faire face.

....

6. Citez 2 autres outils de veille que les dirigeants pourraient mettre en place afin d'améliorer leur offre auprès des clients.

....

Corrigé et barème de l'évaluation

Chapitre 15

Évaluation sur 20 points (1h env.)

1. **4 pts**

a.	Période de 7 mois, **0,5 pts** décision tactique **0,5 pts** car représente un coût relativement élevé qui pèsera sur les charges annuelles de l'entreprise et difficilement réversible si le contrat d'embauche a déjà été signé.
b.	Horizon plutôt moyen car la durée de vie des machines peut être de 5 à 10 ans **0,5 pts** . La décision est donc tactique **0,5 pts** car les machines peuvent apporter un confort dans l'optique d'un classement étoilé supérieur bien que le coût d'achat ne soit pas très important pour l'entreprise. La décision est réversible avec le délai de rétractation de 14 jours suite à l'achat par exemple.
c.	Décision tactique **0,5 pts** car un horizon à moyen terme (quelques années en fonction des évolutions futures du site) **0,5 pts** et investissement financier modéré.
d.	Décision tactique **0,5 pts** , peu coûteuse et à un horizon de court ou moyen terme selon la durée des contrats de partenariat **0,5 pts**

2. **6 pts**

Type de contraintes	Explication
Institutionnelles **1 pt**	Critères d'attribution des étoiles pour les campings, droit du travail pour les conditions d'embauche et rémunération des salariés, déclarations comptables… **1 pt**
Sectorielles **1 pt**	Forte saisonnalité de l'activité (Avr.-Oct.) et organisation du travail en conséquence, forte dépendance à la météo (= incertitude et fluctuation de la demande) **1 pt**
Technologiques **1 pt**	Site Internet (maintenance et modification), formation du personnel au logiciel de réservation. **1 pt**

3. **3 pts**

Critères	Justification
Pertinence **0,5 pts**	Oui pour les 5 documents, car en relation avec l'activité de l'entreprise et de son environnement **0,5 pts**
Fiabilité **0,5 pts**	Oui pour les 5 documents car issus de sites spécialisés ou bien de l'INSEE. Le doc. 4 ayant pour source « les auteurs » pourraient être le moins fiable. **0,5 pts**
Actualité **0,5 pts**	Oui pour **doc 1**. Non pour les autres : **doc 4 :** date non précisée / **docs 3 et 5 :** s'arrête en 2019 / **doc 2 :** l'été 2021 déjà passé (il faudrait les prévisions sur le prochain été pour anticiper la prochaine activité) **0,5 pts**

4. **2 pts, 1 pt par élément**

Les 3 décisions permettent d'améliorer le site Internet, d'embauche et d'achat de matériel sont nécessaires et cohérentes si les dirigeants souhaitent demander une 4ème étoile (doc.1).

1 pt pour le spa coiffeur et 1 pt pour accueil trilingue

5. **3pts**

Cette stratégie serait cohérente étant donnée la saisonnalité (pour la période d'embauche) doc. 4 **1 pt** mais aussi l'évolution de la demande qui est en forte croissance (doc5) **1 pt** et en croissance sur des campings avec emplacements équipés (doc.3) **1 pt**

6. **(2 pts, 1 pt par élément)**

Analyse des avis clients. Abonnements à des newsletters sur le tourisme ou à des sites spécialisés. Flux RSS

Notifications sur des sites de concurrents etc...

Fin de l'extrait du point 4.
Une évaluation, son corrigé et son barème

OBJECTIF BAC

Sciences de gestion & numérique

1re STMG

Nous remercions chaleureusement nos auteurs…

Raphaël Arhan
Professeur de Sciences de gestion et numérique
Lycée Marie-Curie, Versailles

Laurie Chalvet
Professeure de Sciences de gestion et numérique
Lycée Dumont D'urville, Maurepas

Brice Drezet
Professeur de Sciences de gestion et numérique
Lycée Saint-Exupéry, Saint-Dizier

Teddy Fagnières
Professeur de Sciences de gestion et numérique
Lycée François 1er, Vitry-le-François

Delphine Lahaye
Professeure de Sciences de gestion et numérique
Lycée Chrestien de Troyes, Troyes

Céline Macanda
Professeure de Sciences de gestion et numérique
Lycée Jules Lesven, Brest

hachette
TECHNIQUE

Y a-t-il des ressources numériques accessibles à tous ?

OUI, des ressources exclusives créées par notre équipe

+ de 40 exercices d'autoévaluation pour faire le point

Websérie Charlie & Gus : 4 épisodes sous forme de BD animées pour aborder les thèmes du programme en lancement de séances.

Quiz Kyushi : 17 quiz ludiques et chronométrés prêts à l'emploi ou à composer.

17 podcasts du cours pour s'adapter aux différents types de mémorisation des élèves.

Et bien sûr les incontournables liens audio, liens vidéo, fichiers de travail...

À flasher sur le manuel papier (hachette-clic.fr/22sdgn) ou en un clic depuis le manuel numérique

Y a-t-il des ressources réservées aux enseignants ?

OUI, pour vous accompagner tout au long de l'année

Le livre du professeur enrichi, imprimé et en couleur* : évaluation corrigée par chapitre avec barème, conseils de mise en oeuvre pour une approche ludique, focus sur les organisations, alternatives didactiques...

Des webinaires de partage d'expérience 3 fois par an sur des thèmes variés : problématisation réussie pour donner du sens au thème, accompagner les élèves dans leur choix d'orientation...

Actubox : banque de ressources actualisée 3 fois par an livrée avec le manuel numérique enseignant offert sur prescription.

- Portraits d'organisations
- Ressources ETLV
- Activités supplémentaires

Retrouvez plus d'informations sur hachette-clic.fr/objectif-bac-stmg

Y a-t-il des outils spécialement conçus pour les élèves ?

OUI, des outils accessibles et innovants en papier et en numérique

Livret de révisions détachable : tout pour réussir son Bac

Dossier « Bienvenue en STMG » pour donner confiance aux élèves et tout savoir sur la filière STMG

Fiches méthodologiques : une méthodologie pas à pas sur des compétences précises

* Offert en cas de prescription

« Nous tenons à remercier tout particulièrement Delphine Lahaye pour son rôle de direction d'ouvrage en Sciences de gestion et numérique, et pour notre beau travail collaboratif dans la mise en œuvre de cette collection. »

Hachette Technique

Maquette intérieure et couverture : Anne-Danielle Naname et Adeline Calame
Mise en page : Anne-Danielle Naname et Juliette Lancien
Édition : Léa Saltet
Fabrication : Yoann Le Berre
Iconographie : Marie-Christine Petit
Illustration : Johan Misset

www.hachette-education.com

ISBN : 978-2-01-717637-4

Chers et chères élèves

Bienvenue dans cette filière enrichissante, foisonnante, dynamique, concrète qu'est la STMG !

Durant deux ans, vous allez découvrir le monde passionnant des organisations au travers de cette collection Objectif Bac, qui a la particularité d'avoir été longuement pensée et créée pour vous.

- Vous allez découvrir avec clarté (et un brin d'humour) le fonctionnement des organisations et leur environnement.
- Pour vous faire progresser dans la compréhension de textes, dans la maîtrise de calculs (simples, pas d'inquiétude !), dans la formulation de vos réponses…
- Pour vous faire acquérir des connaissances mais aussi des capacités plus techniques et des savoir-être indispensables à votre future vie professionnelle (outils numériques, compétences à l'oral).
- Pour vous aider aussi et surtout à vous projeter dans l'avenir, votre avenir, progressivement et avec sérénité.

Les professeurs qui ont écrit votre pochette l'ont fait dans ce seul objectif : vous aider. C'est ainsi que vous allez découvrir des chapitres certes, mais aussi des dossiers de fin d'ouvrage variés, riches de conseils personnalisés.
À vous de vous approprier cet ouvrage pour en faire un véritable outil au service de votre réussite.

PRÊTS À SATISFAIRE VOTRE CURIOSITÉ ?

La collection « **Objectif Bac** » vous guidera pas à pas durant les deux ans de votre cursus terminal.

À votre réussite !
L'équipe de professeur(e)s et d'auteur(e)s « Objectif Bac ».

Sommaire

Sommaire

Sommaire

DOSSIER Ma méthode BAC

L'Étude de Gestion* pas à pas 257

Le b.a.-b.a. des logiciels 272

WORD

EXCEL

POWERPOINT

Aujourd'hui, j'apprends à... 289

* *Cf. Les recommandations du Guide de l'évaluation dans le cadre de la réforme du lycée général et technologique, rentrée 2021.*

Des ressources numériques en accès libre pour tous !

Flashez le QR code avec votre smartphone ou saisissez le mini-lien dans votre navigateur

VIDÉO

hachette-clic.fr/22sdgn116

Halloween 2017 (1'45)

Vers la synthèse – JE ME TESTE

hachette-clic.fr/22sdgn117

- Des vidéos et des sites à consulter.
- Des exercices autocorrigés.

JE RÉVISE

hachette-clic.fr/22sdgn120

- Le podcast du cours
- La synthèse en 1 clic
- Je manipule les notions

- Des modules de révision clé en main : le podcast du cours pour mémoriser, la synthèse à compléter, les notions et définitions à relier.

- La série Charlie & Gus : des BD animées pour découvrir les thèmes du programme de Sciences de gestion et numérique de façon ludique.

Des quiz interactifs pour réviser en classe !

hachette-clic.fr/kyushi

- Des quiz ludiques et chronométrés à réaliser en classe en fin de chapitre pour travailler la mémorisation et valider les acquis.

hachette-clic.fr/kyushi

Bienvenue en STMG

La STMG, ça te parle ?
À toi de jouer…

VIDÉO
hachette-clic.fr/22sdgnstmg01
Quelques préjugés…

Question 1

En seconde, j'avais des notes…

a. tout à fait correctes
b. correctes
c. moyennes
d. insuffisantes
e. très insuffisantes

Quelle que soit ta réponse, tu repars de zéro, la STMG* te permet de prendre un nouveau départ. À partir de maintenant, tu construis ton projet d'avenir !

Question 2

Cette année, je vais étudier …

a. de l'économie
b. du droit
c. du management
d. des sciences de gestion (marketing, ressources humaines, gestion)
e. du numérique

TOUTES ! La STMG va te faire découvrir le monde des organisations.
Tu vas apprendre à décrypter leur fonctionnement mais aussi à comprendre l'environnement dans lesquelles elles évoluent.

Question 3

Avec un bac STMG, je vais pouvoir m'orienter vers…

a. des études courtes (2/3 ans)
b. une classe préparatoire aux grandes écoles, du type école de commerce
c. des études longues (5 voire 8 ans !)
d. l'université
e. le monde professionnel

a. Études courtes pour être rapidement opérationnel(le) sur le marché du travail.
b. Cette classe est spécialement conçue pour les STMG. Un véritable tremplin pour les plus travailleurs.
c. Études longues voire extra longues pour des postes à responsabilités.
d. Attention, le niveau et le rythme de travail sont très différents de ce que tu as connu. Es-tu prêt(e) ? Des alternatives plus sécurisées existent.
e. Un bac STMG n'est pas fait pour travailler directement. Professionnalise-toi avec deux ou trois années d'études supérieures avant la vie active.

Question 4

Je suis en STMG…

a. par choix personnel
b. sur le conseil de mes proches (famille, amis)
c. sur le conseil de mes professeurs
d. parce que je n'avais pas le choix
e. c'est quoi, la STMG ?

a : Tu sais pourquoi tu viens, tu as de grandes chances d'adorer la STMG. Travaille régulièrement, tu vas enfin voir ton potentiel…
b, c et d : Welcome! Tu vas découvrir de nouvelles matières, de nouvelles méthodes de travail. Prépare-toi à comprendre le monde qui t'entoure !
e : On parie que tu vas aimer la STMG ? Rendez-vous en juin.

Question 5

En terminale, j'aimerais approfondir mes connaissances en…

a. ressources humaines
b. gestion-finance
c. marketing
d. numérique
e. je ne sais pas

a à d : Ce sont des enseignements spécifiques de terminale.
Tout au long de l'année, la SDGN te fera découvrir toutes ces facettes de l'organisation.
e : La SDGN va t'aider à découvrir tous ces aspects. Tu as toute ton année de première pour choisir.

Conseil d'ami : sois ambitieux/ambitieuse, la STMG te permettra d'atteindre tes objectifs !

Résultat du premier test de l'année : réussi bien sûr !
Tu as fait le bon choix en venant en STMG. Bienvenue dans une filière d'avenir !

* **STMG :** sciences et technologies du management et de la gestion

Décrypte ta filière !

Voici tes nouvelles matières en classe de première.

Droit et économie
4 h

L'économie et le droit vont te permettre de décrypter l'environnement dans lequel évolue l'organisation.

Prêt à comprendre le monde qui t'entoure ?

Management
4 h

Le management va te plonger dans la peau d'un dirigeant ! Tu vas travailler sur les objectifs et les stratégies des organisations.

Prêt à prendre les commandes ?

Sciences de gestion et numérique
7 h

En SDGN, tu vas découvrir le fonctionnement interne des organisations, au travers des ressources humaines, de la gestion, du marketing...

Prêt à entrer dans le monde réel des organisations ?

Et voici celles de terminale !

Droit et économie
6 h

Management, Sciences de gestion et numérique avec 1 enseignement spécifique au choix
10 h

- Gestion et finance
- Systèmes d'information de gestion
- Mercatique
- Ressources humaines et communication

Mon orientation, ma réflexion

Je mène l'enquête !

Tout au long de l'année, je note ici mes idées d'orientation pour la Terminale mais aussi le post-bac (il n'est jamais trop tôt).

Je ne me censure pas !

PDF
hachette-clic.fr/22sdgnstmg02
5 min pour me comprendre

MA TO-DO LIST

- ☐ Je rencontre des professionnels
- ☐ Je regarde des vidéos
- ☐ Je prends RDV avec la Psy-EN de mon établissement
- ☐ Je discute avec mes parents
- ☐ Je demande conseil à mes professeurs
- ☐ Je réfléchis à qui je suis, ce que j'aime...

Je construis mon avenir

Trois fois dans l'année, je trace mon parcours d'orientation idéal de la terminale à… ce que je veux.

Légende → Choix de la couleur :

Septembre : ○————○

Décembre / Janvier : ○————○

Mai : ○————○

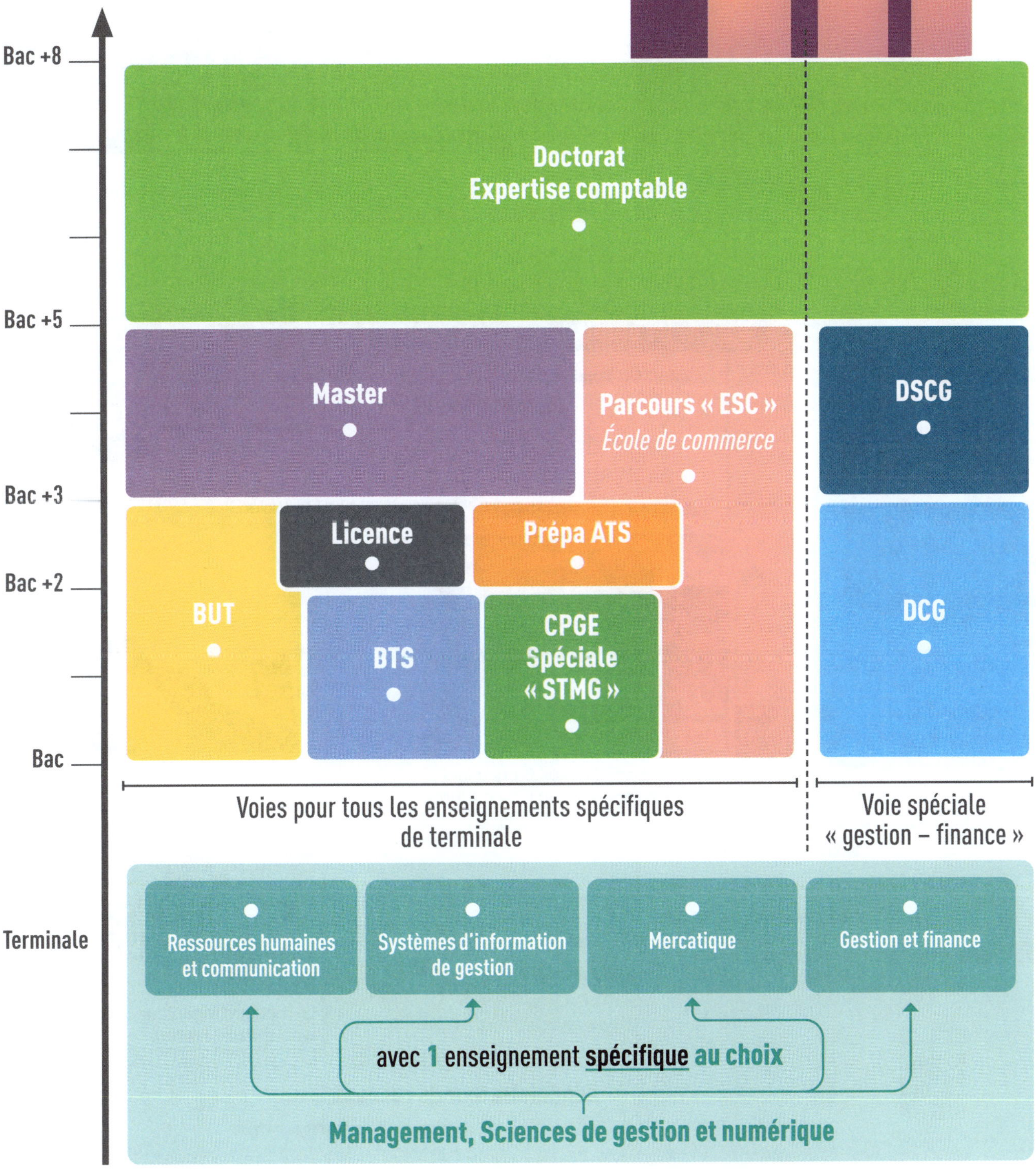

Des métiers pour tous les goûts avec JE VIENS BOSSER CHEZ VOUS

➔ Il est temps d'explorer le monde du travail !

Le moment est venu de t'éclaircir les idées à propos de ton futur professionnel. Explore la multitude de possibilités qui s'ouvre à toi après un Bac STMG en découvrant les ficelles de métiers passionnants et accessibles.

Les métiers qui misent sur l'humain

- responsable du bonheur
- auditeur social
- chasseur de tête
- chargé de recrutement

Thierry, DRH chez Sixt.

Marquer les esprits avec la mercatique !

- directeur commercial
- marchandiseur
- responsable de communication
- analyste marketing
- chargé des relations publiques

Romain, chargé de marketing chez Ets Lucien.

Marion, conseillère aux particuliers à la Banque Populaire du Grand Ouest.

Pas de postes bancals dans les métiers de la banque !

- courtier
- agent d'assurance
- analyste de crédit
- responsable de banque en ligne
- conseiller en gestion de patrimoine

Le métier d'ingénieur développeur web chez SII France.

Des possibilités infinies dans le numérique !

- architecte de cybersécurité
- administrateur de réseaux
- développeur d'applications mobiles
- consultant digital

SITE WEB
hachette-clic.fr/22sdgnstmg03
Retrouvez toutes les vidéos de cette page

Bilan de ma première année en STMG

Voilà un an que tu es en STMG. C'est l'heure du bilan !

Je mets une croix dans la colonne du smiley qui correspond à mon ressenti.

	Non	Moyen	Oui
J'apprécie les matières technologiques. *(SDGN, Droit, Économie, Management)*			
J'ai un bon niveau général.			
J'ai un bon niveau dans les matières technologiques.			
J'ai confiance en moi.			
J'ai confiance en ma capacité à réussir.			
Je suis autonome, je sais m'organiser.			
Je peux choisir sereinement mon enseignement spécifique.			
J'ai des idées pour ma formation post-bac.			
J'ai hâte de poursuivre en terminale.			

Je relie les croix.

Je suis plutôt rouge ? orange ? vert ? mixte ?

COMMENT LIRE TON BILAN ?

ROUGE : Que s'est-il passé cette année ?
Si tu as des difficultés, tes professeurs seront là pour t'épauler l'an prochain.
Si l'avenir est encore flou, tu as encore une année pour te décider !
Garde confiance !

ORANGE : La progression est en cours… La STMG te réussit, tes efforts vont payer ! Bravo !

VERT : La STMG est vraiment faite pour toi. Tu vas faire des étincelles l'an prochain, garde le cap !

MIXTE : Certains points progressent vite, pour d'autres il te faut plus de temps !
Encore un an pour passer au vert, garde confiance !

Bonnes vacances !
À l'année prochaine.

Bienvenue en SDGN

1 Mot à trouver

Découvrez le mot codé dans la colonne jaune.

Indice → Je me décline sous différentes formes, mais mon ensemble permet de mesurer la performance globale de l'organisation. Qui suis-je ?

N°	Mot	Lettre de la colonne jaune
1	VEILLE	V
2	ARTIFICIELLE	A
3	TRAVAIL	L
4	FIDELITE	E
5	BUDGET	U
6	MARQUE	R

Définitions :

1. État d'alerte constante, comme le montre le bouton rouge de ma TV (soi-disant éteinte…)
2. Intelligence non humaine.
3. Sacrifice de temps, certes, mais qui permet de gagner de l'argent.
4. Très recherchée par les commerçants, elle se matérialise par une carte.
5. Récapitulatif des dépenses et des recettes, il peut aussi être familial.
6. Le logo est ma représentation visuelle.

2 Calcul à mener

Propriétaire d'une boutique de souvenirs, Eda a renversé son thé pile sur le montant de son chiffre d'affaires ! **Aidez-la à le retrouver.**

Ventes « Présentoir »
- 150 tasses « Vieux Lyon » à 5 € l'unité
- 2 000 cartes postales à 1 € pièce
- 80 porte-clés « Praline », au prix unitaire de 6 €.

CA « Présentoir »

3 230 €……………………………………………

3 Culture générale

Retrouvez les dirigeants emblématiques des entreprises suivantes, ainsi que leur pays d'origine :

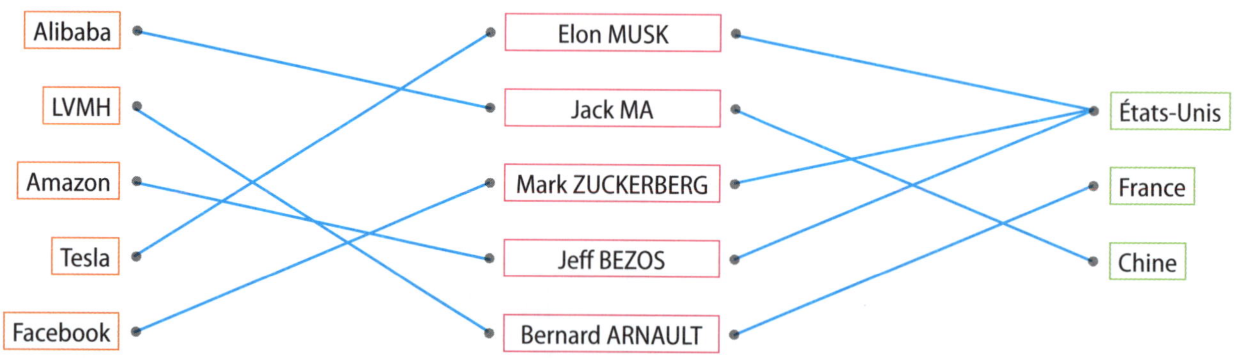

Que se cache-t-il derrière l'acronyme SDGN ?

Sciences de Gestion & **Numérique**

Sciences de Gestion → Comprendre les principes de gestion d'une organisation.

Numérique → Intégrer l'apport du numérique dans cette gestion.

Voici les thèmes que tu vas étudier au cours de l'année :

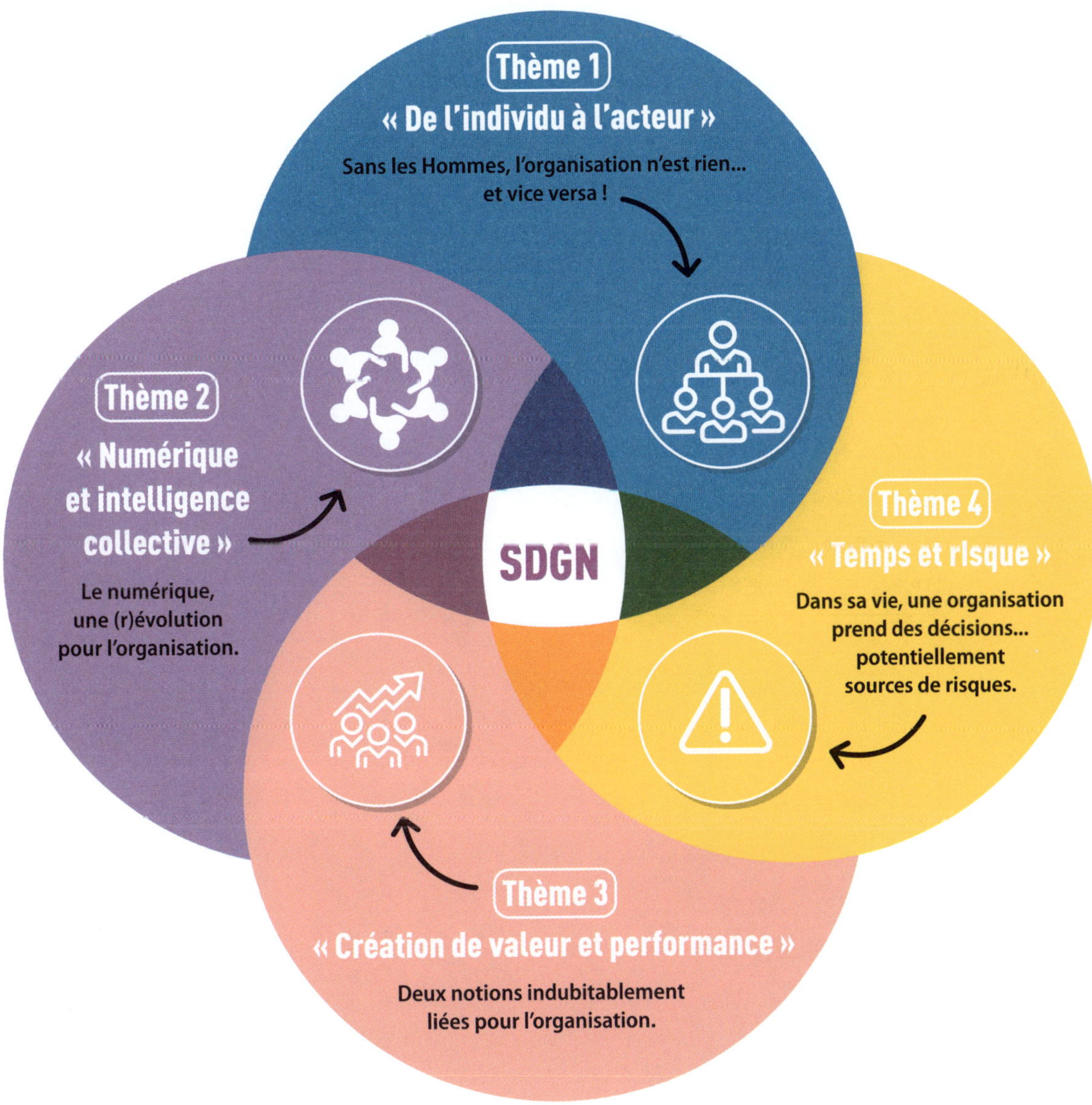

THÈME 1

De l'individu à l'acteur

Charlie & Gus
La BD animée STMG

1. Notez les différentes organisations que vous connaissez.
2. Décrivez la place des femmes et des hommes au sein de l'organisation.
3. Pourquoi peut-on dire que l'Homme est une ressource mais aussi une charge pour l'organisation ?

VIDÉO
hachette-clic.fr/22sdgn001
Épisode #1
Charlie déprime !

L'organisation est au cœur des SDGN.

Quelles sont-elles ?

Comment optimiser leurs performances ?

Comment interagissent-elles ?

Comment fonctionnent-elles ?

sont autant de questions auxquelles les SDGN tentent de répondre.

Question de Gestion

- Comment définir les différents types d'organisation ?

CHAPITRE 1
Les différents types d'organisation

Mais étudier les organisations, sans étudier l'Homme est inconcevable.

En effet, il est leur cœur, leurs mains… et leur cerveau !

À l'organisation de faire de lui un véritable acteur

Question de Gestion

- Comment un individu devient-il un acteur dans une organisation ?

CHAPITRE 2
L'identité et le comportement de l'individu dans l'organisation

CHAPITRE 3
La communication interpersonnelle et les phénomènes relationnels

CHAPITRE 4
Les interactions de l'individu au sein d'un groupe

Sans le travail de ses collaborateurs, l'organisation ne fonctionne pas !

Véritable ressource, ils doivent être préservés, évalués et rétribués en fonction de leur valeur. Dès lors, ils deviennent une charge que l'organisation doit optimiser.

Question de Gestion

- Comment concilier gestion efficace des ressources humaines et coût du travail ?

CHAPITRE 5
La gestion efficace de l'activité de travail

CHAPITRE 6
L'évaluation et la rétribution des hommes au travail

1

CAPACITÉS

- Expliquer le passage d'une action collective à une organisation
- Connaître les différents types d'organisation et leurs buts
- Repérer les modes de gouvernance et de contrôle des organisations

NOTIONS

- Action collective organisée
- Buts de l'organisation
- Structure de propriété
- Gouvernement des organisations
- Mode de contrôle des dirigeants

LE SLIP FRANÇAIS

Les différents types d'organisation

FICHE D'IDENTITÉ — LE SLIP FRANÇAIS

Nom : Le Slip français

Nationalité : française

Type d'organisation : entreprise privée à but lucratif

Activité : confection et vente de produits textiles

Forme juridique : société anonyme (S. A.)

Chiffre d'affaires : environ 25 millions d'euros (2020)

Ressources humaines : 120 salariés (répartis entre les services R&D, RH, finance, vente, marketing...)

Nombre de points de vente : 20 magasins et 180 revendeurs

.... fans | .... followers | .... abonnés

Recherchez sur Internet le nombre de personnes suivant Le Slip français sur les réseaux sociaux puis complétez la fiche d'identité.

SITUATION

« Si vous voulez changer le monde, commencez par changer de slip ! »

Marque audacieuse née en 2011, Le Slip français fabrique des vêtements « Made in France » (elle y tient !) pensés pour l'intime… et le collectif. Pour preuve, l'entreprise a su mobiliser autour d'elle, toute une communauté 100 % française : *partenaires de création, ateliers de fabrication, associations…* Impliqué jusqu'au bout de l'élastique, Le Slip français a voulu inscrire son engagement dans ses statuts. C'est ainsi qu'en juillet 2020, l'entreprise s'est donné la mission de « réinventer avec panache l'industrie textile française » !

1 Une organisation, c'est quoi ?

Un vent de nouveauté souffle sur les sous-vêtements depuis l'arrivée du Slip français ! Retour sur ses débuts et, plus particulièrement, sur son passage d'une simple action collective à une vraie organisation.

VIDÉO

hachette-clic.fr/22sdgn002

Rencontre avec le fondateur du Slip français, Guillaume Gibault

(de 00 à 0'46 puis de 1'23 à la fin)

DOC 1 Interview de Guillaume Gibault : l'aventure du Slip français

Management : *De quelle manière a commencé l'aventure du Slip français ?*

Guillaume Gibault : Par un pari un peu stupide. Au chômage depuis quinze jours, j'avais envie de créer mon entreprise dans le secteur de la fringue. J'avais LVMH en tête. Il me manquait juste l'essentiel : le produit et l'histoire qui va avec. C'est en discutant avec des potes que j'ai eu l'illumination : Le Slip français ! J'ai parié que j'arriverais à vendre des slips 100 % made in France avec cette marque.

Management : *Ça ressemblait à une blague, non ?*

Guillaume Gibault : Faire rire, c'est déjà exister. J'avais confiance dans mon idée. J'ai commencé par acheter des slips pour m'initier, car je n'y connaissais rien. Sur Google, j'ai trouvé un atelier de confection en Dordogne. J'ai rencontré les responsables, on a créé un modèle et je suis reparti avec 600 slips, en bleu, blanc, rouge et noir. Au pire, me suis-je dit, j'en ai assez pour toute ma vie. En quatre mois, j'ai réalisé 40 000 euros de chiffre d'affaires. En fait, à peine avait-on [mes collaborateurs et moi] ouvert le site Web qu'on courait déjà après les stocks ! […]

Management : *Vous aviez quel statut au départ ?*

Guillaume Gibault : J'ai été autoentrepreneur pendant cinq mois, à l'époque où je squattais chez ma grand-mère. Puis j'ai créé l'entreprise, pris des stagiaires, fait appel à des prestataires pour rester souple. Il faut se débrouiller.

André Mora, capital.fr, 4 novembre 2015

1 **Relevez les étapes suivies par Guillaume Gibault pour commercialiser les 600 premiers slips du Slip français.**

POINT DE DÉPART : Pari entre amis : vendre des slips 100 % Made in France

→ **ÉTAPE 1** : Découverte seul du produit en achetant des slips

→ **ÉTAPE 2** : Recherche du premier partenaire : un atelier de confection avec lequel GG a créé en collaboration le modèle, puis l'atelier l'a fabriqué.

→ **ÉTAPE 3** : Vente sur le site Web créé avec ses collaborateurs

→ **POINT D'ARRIVÉE** : 4 mois après : 40 000 € de C. A., 600 slips vendus !

2 À l'aide du ▶ Doc. 1 et de la fiche d'identité (page 23), présentez les étapes d'évolution grâce auxquelles Le Slip français est devenu une organisation :

Groupe de personnes
Guillaume Gibault, le fondateur
120 collaborateurs

+

Objectif commun
Produire et vendre des slips 100 % français
Faire du profit et assurer la pérennité de l'entreprise

Action collective

+

Répartition et coordination des tâches
Guillaume : idée et concept d'origine, dirigeant actuel, recherche de financement (Caisse d'Épargne)
Répartition des tâches au sein des différents services R&D, RH, finances, ventes, marketing...

Action collective organisée

+

Pérennité des actions
Volonté de perdurer dans le temps affichée par G.G. (vidéo)

+

Statut juridique
Autoentrepreneur durant cinq ans
S. A. depuis

Organisation

Bilan

Rédigez votre propre définition de l'organisation à partir des mots-clés mis en évidence dans la question 2.

Réponse libre. Une organisation est un ensemble/un groupe de personnes qui se coordonnent entre elles afin d'atteindre un objectif commun. Elles s'engagent sur le long terme dans le cadre d'un statut juridique.

Vers la synthèse
JE ME TESTE
hachette-clic.fr/22sdgn003
Je révise l'essentiel p. 34-35

2 Une organisation, pour quoi faire ?

À partir d'une simple (mais géniale) idée, Guillaume Gibault a créé une entreprise pérenne. Mais savez-vous qu'il existe deux autres types d'organisation ? Découvre-les…

A L'entreprise

Lorsque Le Slip français s'engage en faveur d'une industrie textile « Made in France », ce ne sont pas des paroles en l'air ! La preuve, en juillet 2020, lorsque Le Slip français est devenu une entreprise… à mission.

NOTIONS – VIDÉO
hachette-clic.fr/22sdgn004
Avec les entreprises à mission, est-ce la fin du tout-lucratif ? (3'57)

DOC 2 D'entreprise à entreprise à mission : LSF s'engage

[…] Le Slip français réinvente avec panache l'industrie textile française, en relocalisant les productions, en développant les matières locales et éco-conçues, et en positionnant les nouveaux outils du numérique au service d'une production humaine, durable et ancrée dans la diversité des territoires.

[…] Consommer moins et consommer mieux, c'est possible avec le made in France. Avec nos partenaires (ateliers, entreprises, associations, créateurs), nous travaillons à construire […] un écosystème créatif et actif. Le made in France assure des conditions de travail qui respectent le droit national. En juillet 2020, Le Slip français a fait logiquement évoluer ses statuts pour devenir entreprise à mission […]. Grâce à ses 29 fabricants partenaires répartis partout en France, il y a toujours un atelier du Slip français à moins de 250km de chez vous.

leslipfrançais.fr, 2021

1 **Distinguez les différents buts poursuivis par Le Slip français, selon la typologie suivante :**

Buts lucratifs

Mission économique
Être rentable financièrement ; dégager du profit pour assurer sa pérennité

Buts non lucratifs

Mission sociétale
Relocalisation de l'industrie textile en France : bon pour l'emploi, pour l'économie française ; notion d'« écosystème » ; respect des conditions de travail

Mission environnementale
Économie des ressources ; développement de matières éco-conçues et durables ;

2 **Justifiez la phrase suivante :**

« Le Slip français est une entreprise… à mission. »

LSF respecte sa mission première qui est de nature « économique » : elle produit et vend des sous-vêtements dans le but de dégager un bénéfice assurant sa pérennité.

LSF est une entreprise avec des missions non lucratives :
- mission « sociétale » : au niveau de la France, la relocalisation va aider à développer l'économie et ainsi l'emploi français ; au niveau de ses partenaires, en assurant de bonnes conditions de travail
- mission « environnementale » : en économisant les ressources

B Les organisations de la société civile : exemple de l'association

Par sa mission, Le Slip français est en lien étroit avec un grand nombre d'associations françaises. Focus sur quelques collaborations marquantes.

DOC 3 Le Slip français s'engage au côté d'associations

A. Une capsule solidaire

En 2020, Le Slip français rencontre La Fabrique NOMADE, une association qui agit pour l'insertion professionnelle des couturiers réfugiés et migrants régularisés en France.

Avec le soutien créatif et engagé d'agnès b., ils réalisent ensemble cette première collection capsule solidaire conçues par quatre couturiers salariés de La Fabrique NOMADE. Tous les bénéfices de cette capsule seront reversés à l'association.

B. Le collectif Tricolor

Lancée en 2018, Tricolor est une association interprofessionnelle (loi 1901) qui a pour objectif de relancer la filière lainière française.

Elle associe éleveurs et industriels du textile dont des clients renommés : Balzac, Saint James, Le Slip français…

C. Rejoindre Le Slip français

Le Slip français s'engage pour l'égalité des chances, comme le montre son partenariat avec Agefiph.

VIDÉO
hachette-clic.fr/22sdgn005
L'Agefiph, pourquoi, comment ? (3'00)

D. Bouge ton pompon pour le Téléthon

Pour la 7e année consécutive, pour chaque bonnet acheté, grande ou petite taille, nous reversons l'intégralité des bénéfices à l'association, soit 10 € pour l'AFM Téléthon et la recherche contre les maladies génétiques rares. Le reste du montant d'achat couvre les coûts de fabrication dans notre atelier partenaire à Saint Didier-en-Velay.

leslipfrançais.fr

3 Décryptez chacune des associations présentées ci-dessus, en complétant le tableau suivant :

	Nom	Mission principale	Bénéficiaires
A	La Fabrique NOMADE	Aider l'insertion professionnelle des couturiers réfugiés et migrants régularisés en France	Les personnes réfugiées ou régularisées
B	Collectif Tricolor	Relancer la filière lainière en France	Les professionnels du secteur
C	Agefiph	Développer l'emploi auprès des personnes handicapées	Les personnes handicapées. Les entreprises
D	AFM Téléthon	Soutenir la recherche contre les maladies génétiques rares.	Les centres de recherche. Les malades

4 Justifiez la/les raison(s) qui motive Le Slip français à s'associer avec des associations.

Travailler avec des associations fait partie de l'ADN de l'entreprise qui est une entreprise de valeurs, une entreprise à mission. Elle démontre ainsi son engagement tant au niveau sociétal qu'environnemental. Ces associations affichées sur le site Internet du SF lui permettent aussi de valoriser son image de marque auprès des clients (but lucratif).

5 Distinguez les associations des entreprises, en rayant la mauvaise réponse dans les propositions suivantes :

a. Le but des associations est ~~lucratif~~/non lucratif.

b. Les associations travaillent dans l'intérêt ~~privé/~~général.

2 Une organisation, pour quoi faire ?

Le Slip français est devenu au fil du temps un acteur économique majeur de l'industrie française. Dans l'intérêt de son entreprise ou pour les valeurs 100 % françaises qu'il défend, Guillaume Gibault entre régulièrement en contact avec des organisations publiques de différentes dimensions.

C Les organisations publiques

DOC 4 Revue de presse, premier semestre

① **La commune de Châtillon-sur-Indre accueille les chaussons LSF à pieds ouverts !**

Dix ans après sa création, Le Slip français lance sa propre usine de pantoufles à Châtillon-sur-Indre. Une véritable aubaine pour monsieur le maire qui se félicite des retombées économiques et sociales (quatre emplois pour le moment) pour sa commune de moins de 3 000 habitants.

Auteurs

② **L'ÉTAT AMORCE LA RÉFLEXION SUR LA RELOCALISATION DE L'INDUSTRIE EN FRANCE**

Dans le cadre de son plan de relance, le ministère de l'Économie a demandé au comité stratégique de filière « Mode et luxe » de réfléchir à des propositions concrètes pour relocaliser certaines productions textiles sur le sol français. Aujourd'hui, Guillaume Gibault, coauteur du rapport, revient sur quelques-unes des trente-six propositions faites au ministre de la Transition écologique et au ministre délégué chargé de l'Industrie.

Auteurs

③

leslipfrançais.fr

6 Découvrez les organisations publiques côtoyées par Le Slip français durant le premier semestre.

Art.	Noms	Représentants	Missions
1	Commune de Châtillon-sur-Indre	Maire	Gérer et développer sa commune
2	Ministère de l'Économie	Ministres, ministres délégués	Veiller au bon fonctionnement de l'économie française
3	Région	Préfet de région	Veiller au bon fonctionnement et au développement de leur région

7 Distinguez les organisations publiques des autres organisations, en rayant la mauvaise réponse :

Les organisations publiques ont un but non lucratif / ~~lucratif~~, et travaillent dans l'intérêt général / ~~privé~~.

Vers la synthèse
JE ME TESTE
hachette-clic.fr/22sdgn006
Je révise l'essentiel p. 34-35

Bilan

Résumez en un mot ou une expression, les organisations découvertes dans cette partie 2.

Entreprise	Association	Organisation publique
Lucratif	Non lucratif, avec intérêt privé	Non lucratif, avec intérêt général

3 Une organisation, comment ça fonctionne ?

Toutes les organisations ont un fonctionnement propre, car elles ont des caractéristiques propres ! Alors, comment ça marche tout ça ?

A Le gouvernement d'entreprise

Né au Royaume-Uni au XVIe siècle, le gouvernement des entreprises explose depuis les années 2000. Le Slip français s'inscrit dans cette nouvelle vision de l'entreprise.

NOTION

- En France, les termes « gouvernement » et « gouvernance » sont utilisés comme des synonymes. Ils sont juste une traduction, plus ou moins littérale, de l'expression anglaise d'origine : *governance*.

DOC 5 T'as capté ? Épisode 1

VIDÉO

hachette-clic.fr/22sdgn007

La gouvernance des entreprises (à partir de 1'05)

1 **Résumez l'histoire du gouvernement d'entreprise.**

Objectif	S'assurer que les décisions prises sont conformes aux intérêts des actionnaires et des parties prenantes.
Acteurs	Propriétaires • Dirigeants de l'entreprise mais aussi les parties prenantes
Missions	Rééquilibrer les pouvoirs de chacun au sein de l'entreprise ; contrôler le bien-fondé des décisions prises par les dirigeants pour s'assurer qu'elles soient en adéquation avec les intérêts des actionnaires et des parties prenantes ; éviter les fraudes
Trois mots-clés	« Transparence ; concertation ; contrôle »

DOC 6 Exemple du gouvernement de l'entreprise Le Slip français

Les propriétaires de l'entreprise Le Slip français se réunissent au minimum une fois par an en assemblée générale pour fixer, entre autres, les grandes orientations stratégiques à venir.

Ces dernières seront concrètement mises en place par Guillaume Gibault et son équipe.

Les propriétaires de l'entreprise Le Slip français

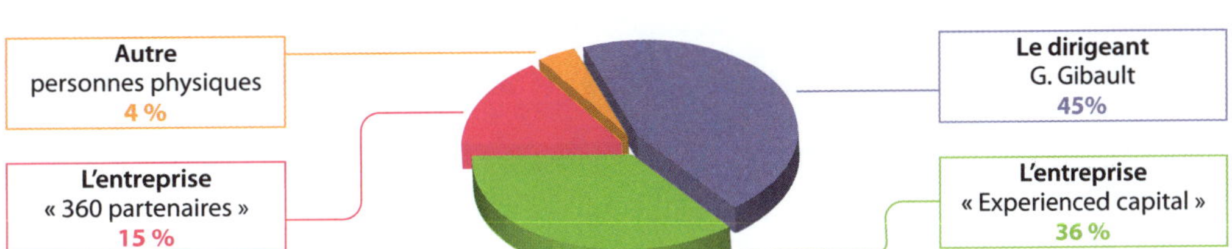

Auteurs

2 Argumentez la question suivante : Guillaume Gibault a-t-il pu décider seul du passage du Slip français d'entreprise à « entreprise à mission » ?

Guillaume Gibault n'a pas le droit de modifier seul les statuts de son entreprise, car il n'est pas propriétaire majoritaire de l'entreprise (il ne détient pas 50 % des actions). Seul l'ensemble des propriétaires a ce pouvoir.

DOC 7 Le MoralScore du Slip français

MoralScore est une application qui évalue la moralité des marques, selon plusieurs dizaines de critères (environnement, conditions de travail, gouvernance, respect de la vie privée…). À la fin, une note de 0 à 100 est attribuée.

Le Slip français 72

Équité des relations avec les partenaires (%) (C)

L'entreprise déclare avoir mis en place un code de conduite pour ses fournisseurs. En outre, aucune information polémique n'indique que l'entreprise ne respecte pas ses engagements envers ses partenaires. Tous les fournisseurs et partenaires de l'entreprise sont situés en France (Nord, Bretagne, Limousin) ou Europe.

Profit et gouvernance (A-)

La société mère n'est pas rentable. Ses pertes en 2018 sont de -1,1 millions d'euros.
Concernant la gouvernance, seuls les dirigeants et actionnaires sont au capital. Cependant, l'entreprise compte une petite équipe : les dirigeants et salariés organisent régulièrement des réunions d'équipe au travers desquelles ils échangent sur la stratégie opérationnelle à suivre. Les avis exprimés dans ces réunions sont donc consultatifs.

moralscore.org, 2021

DOC 8 Le Slip français se dote d'un comité pour suivre l'exécution de sa mission

Le comité de mission se compose de sept personnes, nommées pour une durée de 3 ans, et se réunira deux fois par an pour choisir les indicateurs pertinents, suivre l'exécution des missions et partager de nouvelles idées. Il se compose d'experts, clients et salariés.

observatoire.entreprisesamission.com, 2021

3 Justifiez les notes de C et de A- octroyées par le MoralScore au gouvernement d'entreprise du Slip français.

C	L'entreprise Le Slip français n'a que des actionnaires en recherche de profit au capital. Cela peut paraître dissonant avec sa mission. Dans l'avenir, elle pourrait intégrer des fournisseurs majeurs ou des salariés (actionnariat salarié).
A-	Le Slip français a mis en place un code de conduite avec ses fournisseurs et un comité de suivi pour la bonne exécution de sa mission en lien avec le Made in France. Elle s'engage donc au profit de cette partie prenante.

4 Expliquez l'intérêt d'instaurer un comité de suivi pour Le Slip français.

L'idée est principalement de **contrôler** la bonne exécution de la mission définie par l'entreprise, mais aussi d'être un incubateur d'idées pour évoluer plus vite dans sa réussite.

B Le gouvernement des autres organisations

« Gouvernement des entreprises », « gouvernement des organisations », le terme s'élargit mais le principe reste le même : vérifier que l'exécution des missions soit toujours dans l'intérêt de l'organisation et de ses parties prenantes. Souvenez-vous des trois mots-clés…

DOC 9 Le gouvernement d'organisation au travers de cas

ⓐ Châtillon-sur-Indre, août N

Lors du conseil municipal, des habitants de la commune ont interpellé monsieur le maire et son équipe municipale sur les possibles nuisances sonores engendrées par la nouvelle usine de « La Manufacture de pantoufles ». Ce dernier les a rassurés quant à sa conformité légale.

ⓑ Paris, septembre N

Le ministre de l'Économie, des Finances et de la Relance doit présenter aujourd'hui devant la Cour des comptes le projet de financement du dispositif « France Relance ». Monsieur le ministre devra répondre aux questions des membres de l'honorable cour avant qu'ils ne l'étudient en profondeur.

ⓒ Paris, décembre N

En sa qualité de président de l'association « Façon de Faire », Guillaume Gibault conduira samedi en 10, l'assemblée générale des adhérents (au total plus de 1 450 entreprises de la chaîne de l'industrie textile/mode).

L'ordre du jour sera le suivant :

- présentation et approbation des comptes de l'année N ;
- présentation et vote du budget de l'année N+1.

Tous les éléments présents à l'ordre du jour seront votés après discussion par l'A. G. pour exécution par le bureau (le président, Guillaume Gibault, assisté du secrétaire et du trésorier de l'association).

Auteurs

5 Décryptez le gouvernement de ces trois organisations, en complétant le tableau ci-dessous :

Cas	Parties au gouvernement			Mécanismes de contrôle
	Propriétaire *Il possède l'organisation*	Exécutif *Il gère l'organisation au quotidien*	Parties prenantes *Extérieures à l'organisation, elles sont en relation avec elle*	
a	L'État français	Conseil municipal : le maire et son équipe	Habitants	Publicité des séances, droit aux questions de la part des habitants, lois
b	L'État français	Ministre et son équipe	Tous les acteurs de la vie économique	Cour des comptes : réponse aux questions, étude approfondie du texte
c	Association	Bureau : président, secrétaire, trésorier	1 450 membres	Discussion et vote par l'A. G. (membres de l'association)

Bilan

Expliquez le gouvernement des organisations à un élève de collège.

Réponse libre. La dissociation des intérêts doit être introduite pour permettre de comprendre le besoin de transparence, de concertation et de contrôle.

Vers la synthèse
JE ME TESTE
hachette-clic.fr/22sdgn008
Je révise l'essentiel p. 34-35

À moi de jouer

1 Jouez avec *Kyushi* !

Quiz interactifs pour jouer en classe !

hachette-clic.fr/kyushi

2 Vrai ou faux

Pour chacun des cas, indiquez si la conclusion est vraie ou fausse. Justifiez à l'oral.

1. La classe de STMG doit réaliser un exposé en sciences de gestion et numérique. Killian décide de faire l'exposé seul alors qu'Alexandre et Sonia font leur exposé tous les deux. La semaine suivante, Killian n'a toujours pas terminé son exposé tandis qu'Alexandre et Sonia présentent le leur à la classe.
   Conclusion Une action collective est moins efficace qu'une action individuelle. VRAI FAUX
2. Simon et Léa organisent une fête pour leurs 16 ans. Simon se charge des invitations et de comptabiliser le nombre de personnes présentes. Léa s'occupe du buffet et de la décoration.
   Conclusion Il s'agit d'une action collective. VRAI FAUX
3. Nafissa est persuadée que les entreprises privées et les organisations publiques ont une finalité lucrative et que seules les organisations de la société civile ont une finalité non lucrative. Théo, quant à lui est persuadé que seules les entreprises privées ont une finalité lucrative et que les organisations publiques et les organisations de la société civile ont une finalité non lucrative.
   Conclusion Théo a raison. VRAI FAUX
4. Kei a créé son cabinet d'expertise comptable il y a deux ans, il est donc le fondateur de l'entreprise. Afin de s'agrandir, il a recherché des associés. Aujourd'hui, Kei détient 45 % des parts. Les 55 % restants sont détenus par d'autres organismes d'investissement.
   Conclusion Le fondateur d'une entreprise peut être propriétaire minoritaire. VRAI FAUX

VIDÉO
hachette-clic.fr/22sdgn009
À Rainfreville, un couple fait revivre le métier de balaitier (1'13)

SITE WEB
hachette-clic.fr/22sdgn010
La balaiterie

3 Expliquer le passage d'une action collective à une organisation

Retour à la tradition : un fabricant de balais en paille s'installe près de Dieppe

C'est en plein confinement, au printemps 2020, que Marie-Laure et Arnaud Gabriel [...] décident de quitter leur travail. Ils recherchent un mode de vie plus simple et s'installent pour cela à la campagne. [...]

Le couple est alors sans activité et sans idée précise sur son devenir professionnel jusqu'au jour où Arnaud découvre une photo. Celle d'une ancienne machine à fabriquer des balais. L'outil – qui est à vendre – appartient à un artisan du Gard à la retraite. [...] Le couple normand se lance dans l'aventure. Il se forme auprès de l'ancien artisan et revient en Normandie avec la précieuse machine et un stock de paille qu'il vient de lui racheter.

Début 2021, le couple lance son entreprise : La Balaiterie. Marie-Laure s'occupera de la comptabilité et Arnaud de la fabrication des balais selon une technique ancestrale et artisanale.

Produire sa propre paille

C'est le nouveau défi que s'est lancé le couple d'artisans. D'ici quelques mois, ils produiront leur propre paille. Pour cela, ils peuvent compter sur Éric, un agriculteur qui va les aider à faire pousser les graines de sorgho.

Un bon départ

L'activité des nouveaux convertis démarre plutôt bien. [...] Aujourd'hui, de nombreux magasins promouvant le made in France ont passé commande auprès d'Arnaud et Marie-Laure. [...] Leurs balais vont même s'exporter jusqu'à New York.

Didier Claude, france3-regions.francetvinfo.fr, 31 mars 2021

À l'aide d'un logiciel de traitement de texte :

Fiche méthode BAC
9 Insérer un élément, p. 276

1. **Caractérisez l'organisation présentée sous la forme d'un tableau : nom, type, but, année de création, champ d'action, métier, dirigeants.**
2. **Relevez les éléments explicatifs du passage d'une action collective à une organisation (aidez-vous de la page 25).**

4 Connaître les différents types d'organisation et leurs buts

ⓐ Boîte à lire

ⓑ Médiathèque Jacques-Demy à Nantes

ⓒ Librairie « Olympique » au centre-ville de Bordeaux

1. Identifiez le besoin satisfait (identique !) par ces trois organisations.
2. Qualifiez le type et le but de chacune d'elles.
3. Proposez un autre exemple où un même besoin est rempli par les trois types d'organisation.

5 Repérer les modes de gouvernance et de contrôle des organisations

VIDÉO
hachette-clic.fr/22sdgn011
Un actionnaire, c'est quoi ? (1'50)

La nouvelle gouvernance de Danone

DANONE
ONE PLANET. ONE HEALTH

« Le changement de gouvernance à la tête de Danone profitera à l'ensemble du groupe et de ses actionnaires », ont estimé lundi les fonds d'investissement Artisan Partners et Bluebell Capital, qui ont œuvré pour l'éviction de l'ancien P. D. G. Emmanuel Faber.

« Nous saluons les actions entreprises par [l'assemblée générale des actionnaires] de Danone. La nomination de nouveaux dirigeants et une meilleure gouvernance d'entreprise v[ont] renforcer l'entreprise au profit de toutes les parties prenantes », a déclaré Artisan Partners, dans un court communiqué. […] « Ce sont des premiers pas décisifs pour remettre Danone sur une trajectoire de croissance rentable », a conclu [Bluebell Capital Partners] dans un communiqué.

Danone a annoncé lundi le départ avec effet immédiat d'Emmanuel Faber, que les fonds jugeaient responsable de performances jugées moins bonnes que celles de concurrents comme Nestlé ou Unilever.

Gilles Schnepp, ex-patron historique du fabricant de matériel électrique Legrand, a pris la présidence [de l'assemblée générale des actionnaires], et le groupe a lancé la recherche d'un nouveau directeur général « d'envergure internationale ».

« La nouvelle gouvernance de Danone saluée par les fonds », challenges.fr, 15 mars 2021

1. Résumez l'évènement qui a eu lieu chez Danone : nature, raison et objectifs.
2. Identifiez les acteurs à son origine ainsi que leurs rôles au sein du gouvernement de l'entreprise.

L'essentiel

JE RÉVISE

hachette-clic.fr/22sdgn012

- Le podcast du cours
- La synthèse en 1 clic
- Je manipule les notions

NOTIONS

- **Action collective organisée :** action prise en charge par un groupe de personnes qui ont un objectif commun et qui s'organisent pour l'atteindre en répartissant et coordonnant les tâches.
- **But :** raison d'être d'une organisation qui définit son activité principale (lucrative ou non lucrative).
- **Gouvernement :** mécanismes mis en place pour diriger et contrôler la direction de l'organisation.
- **Mode de contrôle des dirigeants :** ensemble des actions qui permettent de contrôler le bien-fondé général des actions des dirigeants.
- **Structure de propriété :** forme et répartition de la propriété au sein d'une organisation.

COURS

1 Une organisation, c'est quoi ?

- **L'action collective** regroupe plusieurs personnes qui poursuivent un objectif commun.
- **L'action collective organisée** est une action collective à laquelle s'ajoutent la répartition et la coordination des tâches.
- **L'organisation** est une action collective organisée à laquelle s'ajoutent la pérennisation des actions et l'acquisition d'un statut juridique.

2 Une organisation, pour quoi faire ?

- Les entreprises poursuivent un but lucratif, c'est-à-dire qu'elles réalisent un profit pour assurer leur pérennité.
- Les organisations de la société civile (OSC) ont un but non lucratif et assurent des services pour leurs adhérents ou pour une partie de la population.
- Les organisations publiques poursuivent un but non lucratif et œuvrent dans l'intérêt général.

3 Une organisation, comment ça fonctionne ?

- Diriger une organisation au quotidien ne veut pas dire en être propriétaire.
- Le concept de « gouvernement des organisations » a donc été mis en place pour veiller au bien-fondé de chaque décision selon les trois mots-clés : transparence, concertation et contrôle !

CULTURE+

Les entreprises peuvent être privées (ce que vous venez d'étudier) mais aussi publiques ! La différence : l'État est propriétaire majoritaire de l'entreprise.

Rendez-vous en cours de management !

POUR RETENIR AUTREMENT

Groupe de personnes

Objectif commun

Répartition et coordination des tâches

Pérennité des actions

Statut juridique

Action collective

Action collective organisée

Organisation

Entreprise

- **But :** lucratif
- **Intérêt :** privé

Gouvernement :

- **Propriétaire(s) :** un ou plusieurs propriétaires, dirigeant(s) ou non
- **Dirigeant(s) :** propriétaire ou non
- **Mode de contrôle :** lois, assemblée générale des propriétaires, comité de contrôle…

Organisation de la société civile

- **But :** non lucratif
- **Intérêt :** privé

Gouvernement :

- **Propriétaire :** l'OSC elle-même
- **Dirigeants :** les membres du bureau
- **Mode de contrôle :** lois, assemblée générale des propriétaires…

Organisation publique

- **But :** non lucratif
- **Intérêt :** général

Gouvernement :

- **Propriétaire :** l'État français
- **Dirigeants :** élus ou personnes nommées par la République
- **Mode de contrôle :** lois, Cour des comptes…

OBJECTIF BAC

1 Je comprends les verbes directeurs des questions

Pour mieux comprendre les consignes, partez à la découverte des verbes directeurs !

1 Chasse à l'intrus

Débusquez et rayez l'intrus dans chaque liste !

Liste 1

Objectif de la question : Appliquer

Adapter, Assembler, Démontrer, Traduire, Employer, Exercer, Interpréter, Pratiquer, Utiliser, Mettre en œuvre

Liste 2

Objectif de la question : Connaître

Citer, Définir, Identifier, Montrer, Noter, Relever, Souligner, Trouver, Structurer

Liste 3

Objectif de la question : Analyser

Calculer, Comparer, Distinguer, Critiquer, Estimer, Examiner, Extraire, Juger, Rechercher

2 Des groupes

Entourez les termes synonymes pour mettre en évidence trois groupes de trois mots.

Décrire, EXPLIQUER, Structurer, Argumenter, Remettre en ordre, Évaluer, Reformuler, Critiquer, RÉORGANISER

3 À chaque verbe sa réponse !

Associez chaque verbe directeur au type de réponse attendue.

Verbe directeur

- Définir
- Expliquer
- Démontrer
- Estimer
- Synthétiser
- Examiner

Réponse attendue

- Ma réponse va donner un point de vue issu d'une réflexion et de mes connaissances.
- Ma réponse va ordonner des éléments issus de plusieurs ressources.
- Ma réponse va reformuler, avec mes propres mots, les éléments issus d'un document.
- Ma réponse va utiliser mes connaissances pour résoudre un problème, remplir un objectif.
- Ma réponse va montrer mes connaissances !
- Ma réponse va montrer que je sais prendre de la hauteur et utiliser mes connaissances.

CAPACITÉS

- Caractériser les comportements individuels au sein des groupes
- Identifier les bonnes pratiques de gestion de l'identité numérique

NOTIONS

- Individu : personnalité, émotion, perception, attitude, contrôle de soi, comportement, identité numérique

deguisetoi.fr

2 L'identité et le comportement de l'individu dans l'organisation

VIDÉO

hachette-clic.fr/22sdgn013
Tuto Clown Ça Halloween – Un maquillage facile en moins de 3 min (1'30)

SITUATION

L'entreprise JADEO est spécialisée dans la vente en ligne de déguisements et d'articles de fête. Son site Internet DeguiseToi.fr™ est même le leader européen du marché ! Ce succès n'est pas un hasard, notamment parce que son dirigeant, Sylvain Ferreira, souhaite toujour appréhender au mieux les comportements de ses salariés. En effet, il pense que comprendre le fonctionnement individuel de ses collaborateurs lui permettrait d'améliorer la cohésion de son équipe et par conséquent, la performance de l'organisation. Idée intéressante, n'est-ce pas ?

1 Quels sont les éléments qui caractérisent un individu ?

Nous sommes début septembre. À ce moment de l'année, Sylvain prépare Halloween, seul dans son bureau. Il sait que cette période de forte activité engendre des réactions bien différentes chez ses collaborateurs…

A Émotions, contrôle de soi et processus de perception

Étudiant(e) en BUT GACO, vous effectuez un stage chez DéguiseToi.fr™. Ce matin, vous êtes invité(e) par Sylvain à prendre part à la réunion « Préparation Halloween » qu'il a organisée avec Ludovic et Salma, les responsables du suivi des commandes.

DOC 1 Les six émotions de base

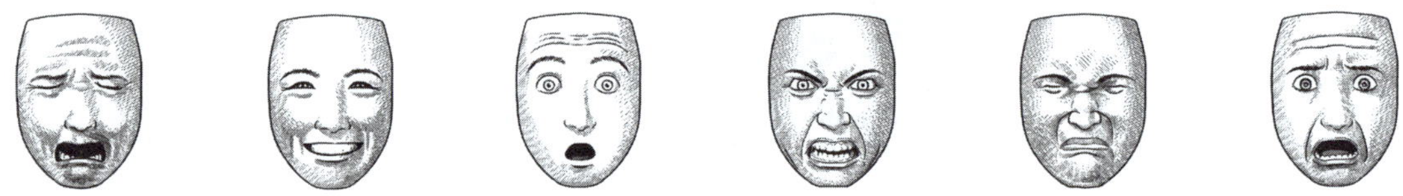

...tristesse.... ....joie....... ...surprise..... .....colère..... ...dégoût..... ......peur......

1 **Précisez, en dessous de chaque expression du visage, l'émotion ressentie par l'individu.**

DOC 2 Réunion « Halloween » chez DeguiseToi.fr™

Sylvain : Comme vous le savez, Halloween est synonyme de pic d'activité pour l'entreprise. Je souhaite recueillir vos idées afin d'optimiser le fonctionnement de votre service.

Ludovic, *souriant* : Oh, vous savez, on a l'habitude. Tout va bien se passer ! Halloween est ma fête préférée, j'ai hâte de préparer les costumes, de partir à la chasse aux…

Salma, *coupant Ludovic* : Je ne partage pas ton optimisme, Ludovic ! Chaque année, c'est la même galère : une quantité de colis hallucinante et des délais d'envois toujours plus courts ! Il nous faudrait au moins une personne de plus, mais vous ne semblez pas vouloir recruter, monsieur Ferreira. Je crains de ne pas pouvoir tenir les cadences…

Sylvain : Je comprends vos inquiétudes, Salma, et je ferai tout mon possible pour vous aider durant cette période. Une embauche est possible, mais il faut anticiper le temps de formation du nouveau salarié.

Ludovic, *interpelé* : Un nouveau collègue ? Génial ! On peut s'occuper de la formation. C'est vrai qu'une aide supplémentaire serait la bienvenue.

Salma, *haussant un peu la voix* : Former est surtout une charge de travail supplémentaire ! Vous pourriez quand même anticiper, monsieur Ferreira ?

Sylvain : Vous avez raison, Salma. J'ai pris du retard sur des dossiers et j'ai tardé à programmer cette réunion. Mais je souhaite désormais travailler avec vous pour que votre travail soit moins pénible à l'avenir avec une organisation du service plus souple.

2 **Identifiez les différentes émotions de bases ressenties par les salariés (▶ Doc. 2).**

Salariés	Émotions ressenties	Justification
SALMA	Colère, peur	Se plaint des conditions de travail actuelles et du manque d'anticipation de M. Ferreira (colère). Elle craint le surplus d'activité (peur).
LUDOVIC	Surprise, joie	Enjoué par son travail (joie) et le recrutement éventuel d'un salarié (surprise).

DOC 3 L'intelligence émotionnelle : un atout managérial

VIDÉO

hachette-clic.fr/22sdgn014

L'intelligence émotionnelle : un atout managérial (3'55)

NOTION

- **Intelligence émotionnelle (IE) :** capacité à reconnaître, comprendre et maîtriser ses propres émotions et à composer avec celles des autres personnes.

3 **Expliquez les avantages de pratiquer l'intelligence émotionnelle pour un manager comme M. Ferreira.**

L'IE permet de « reconnaître » ses émotions et celles des salariés afin de désamorcer des conflits. Le dialogue sera donc facilité, et les salariés se sentiront écouter. Cela pourra améliorer la motivation et assurer une meilleure performance collective.

4 **Précisez si Sylvain Ferreira fait preuve de contrôle de soi lors de la réunion d'équipe (▶ Doc. 2).**

Oui car, malgré la colère de Salma, Sylvain parvient à rester calme, à l'écouter et à proposer des solutions. Il comprend les émotions de Salma et maîtrise les siennes également.

DOC 4 Le processus de perception chez l'individu

Stimuli : évènements captés par un ou plusieurs sens, qui engendrent une réaction de l'individu.

5 **Détaillez le processus de perception de Ludovic dans le paragraphe souligné du ▶ Doc. 2.**

Stimulus	Perception			Réaction
Stimulus : idée soumise par Sylvain	Attention	Interprétation	Mémorisation	**Réaction :** Enthousiasme : proposition de former le nouvel arrivant
	Sens : ouïe. On voit qu'il est interpelé	Nouvel arrivant = aide	Écho aux expériences passées (formation)	

6 **Expliquez pourquoi l'idée d'un nouvel arrivant engendre une différence de perception entre Salma et Ludovic.**

Salma va développer une réaction moins enthousiaste que Ludovic puisqu'au lieu d'interpréter cette arrivée comme une aide, elle l'interprète comme une charge de travail supplémentaire. La perception est subjective et s'appuie sur un environnement, une éducation et une personnalité qui sont propres à chaque individu.

1 Quels sont les éléments qui caractérisent un individu ?

À la suite de la réunion d'équipe, Sylvain prend la décision de recruter un nouveau collaborateur. Il vous demande alors de cerner la personnalité de l'un des candidats, Léo Gosa.

B La personnalité, caractéristique majeure des individus

DOC 5 Typologie simplifiée des huit personnalités

Introversion : replié sur lui-même ⟷ **Extraversion** : tourné vers les autres
Soumission : obéissant, docile ⟷ **Autonomie** : indépendant
Instabilité : humeur imprévisible ⟷ **Stabilité** : caractère constant, équilibré
Logique : cohérent et rationnel ⟷ **Affectif** : appel à l'émotion, aux sentiments

DOC 6 Entretien avec Léo Gosa

Sylvain : Bonjour monsieur Gosa, asseyez-vous. *Léo s'assied, souriant.* J'ai retenu votre CV car nous avons besoin d'un salarié sérieux et dynamique, capable de s'intégrer facilement à l'équipe. Mais, déjà, expliquez-moi votre intérêt pour notre entreprise.

Léo : Depuis tout petit, j'adore me déguiser, changer d'identité. Je serais même capable de venir déguisé au travail ! Pour revenir à votre entreprise, je trouve vos produits variés et de qualité. Travailler dans une entreprise sérieuse et dont l'offre me plaît est essentiel pour moi.

Sylvain : Pensez-vous avoir les qualités humaines nécessaires pour ce poste ?

Léo : Oui, car je suis enjoué et impliqué dans les tâches que l'on me confie. J'apprécie de travailler seul ou avec mes collègues. Je réagis avec calme aux aléas et je suis très attaché à la satisfaction des clients. En somme, comme dit ma mère : « Je suis une bonne graine ; si l'employeur est un bon terreau, on fera une jolie plante ! »

7 **À partir des ▶ Docs. 5 et 6, identifiez les traits de la personnalité de Léo Gosa dans ce tableau :**

Trait de personnalité	Justification
Extraverti	Venir au travail en se déguisant, citation de sa grand-mère…
Logique	Sérieux et minutieux dans ses tâches. Soucieux des clients.
Affectif	Fait appel aux liens avec son enfance, des termes comme « génial » ou « enjoué » montrent ses émotions. Il est souriant et tisse des relations avec ses collègues.
Autonome	Travailler seul
Stable	Réagit avec calme aux aléas.

8 **Listez des arguments en faveur de l'embauche de Léo.**

Léo est un individu sérieux et impliqué dans son travail. Son adaptation serait facilitée par ses capacités relationnelles, et son dynamisme motiverait l'équipe.

Bilan

Résumez l'importance de comprendre les individus pour les organisations.

L'intelligence émotionnelle augmente la motivation des salariés puisqu'elle favorise l'écoute et la compréhension des ressentis. La diversité des personnalités favorise l'ouverture d'esprit et l'adaptation des salariés au travail collaboratif.

Vers la synthèse
JE ME TESTE
hachette-clic.fr/22sdgn015
Je révise l'essentiel p. 46-47

2 Quelles relations existe-t-il entre attitude et comportement ?

deguisetoi.fr

Léo est embauché ! L'équipe de suivi des commandes peut désormais faire d'Halloween un vrai succès. Citrouilles, commandes et déguisements n'ont qu'à bien se tenir…

A L'attitude et ses composantes

Léo et Salma réceptionnent la (très attendue !) livraison de costumes *Star Wars*. Les deux collègues en profitent pour échanger sur leurs expériences et rapports au travail.

DOC 7 Réception des costumes Star Wars par Salma et Léo

Salma : Et voilà, encore une livraison Star Wars en retard à traiter rapidement…

Léo : Ne t'inquiète pas, Salma ; à nous deux, on va y arriver. La Force est avec nous ! *Rires de Léo.*

Salma : Si tu le dis… Je vais commencer par mettre à jour notre logiciel en flashant les costumes. Il faudra aussi signaler les produits « disponibles » sur le site avec les bonnes quantités. Pendant ce temps, tu peux préparer la mise en rayon ?

Léo : C'est parti ! Je les trouve vraiment bien, ces nouveaux costumes. Je pense faire un thème Star Wars chez moi pour Halloween, tu veux te joindre à la fête ?

Salma : Ah, les costumes et moi, ça fait deux ! Je n'aime pas me déguiser et je les trouve assez moches en général… Et puis je n'ai jamais vu les films *Star Wars*, ça ne m'attire pas du tout !

Léo : Pourtant tu es entourée de costumes tous les jours ! Et pour conseiller les clients, tu dois bien leur trouver des qualités, non ?

Salma : Bof, tu sais, vendre des costumes ou des stylos, pour moi, c'est un peu pareil…

1 **Décryptez les différentes composantes des attitudes de Salma et Léo.**

Composantes de l'attitude	SALMA	LÉO
Cognitive : ce que sait ou croit savoir un individu	Savoir-faire lié au logiciel	Mise en rayon
Conative : état d'esprit d'un individu	Négative, relève le retard	Optimiste, pense que le retard peut se rattraper. Il positive la situation
Affective : émotions, sentiments d'un individu	N'aime pas les costumes ni l'univers Star Wars	Enjoué, aime les costumes et invite Salma à se déguiser. Thème qui lui plaît, « référence à la Force ».

2 **L'attitude de Léo vous semble-t-elle cohérente avec sa personnalité ? Justifiez.**

Oui, car c'est une personne **autonome** (il a des connaissances de mise en rayon), **stable** (il réagit avec mesure à la charge de travail), **affective** (il adore les déguisements) et **extravertie** (il discute sans gêne avec sa nouvelle collègue).

2 Quelles relations existe-t-il entre attitude et comportement ?

B Lien entre attitude et comportement

À la suite de la réception de la commande Star Wars, Salma reçoit l'appel d'un client souhaitant acheter un costume. Il est très impatient !

NOTIONS

- **Attitude :** état d'esprit d'un individu vis-à-vis d'un objet, d'une action, d'un autre individu ou groupe.
- **Comportement :** ensemble des réactions d'un individu, observables dans une situation donnée.

DOC 8 Conversation avec le client

Client : Bonjour, les nouveaux costumes Star Wars sont-ils disponibles ?

Salma, *souriante* : Oui, nous sommes justement en train de les réceptionner ! Je me dépêche et, dans quelques minutes, je pourrai les mettre en vente sur le site. Vous allez voir, ils sont magnifiques ! Je les trouve très réalistes, on se croirait en plein film !

3 Évaluez la cohérence entre l'attitude et le comportement de Salma ▶ Doc. 8 en plaçant une croix sur la flèche ci-dessous. Justifiez votre choix. ▶ Notions

Dissonance : Attitude ≠ Comportement ✕ ⟷ Consonance : Attitude = Comportement

Salma n'aime pas les costumes, mais conseille avec enthousiasme au client de les acheter. Son attitude négative vis-à-vis des produits ne correspond donc pas au comportement qu'elle affiche.

DOC 9 Un management respectueux

Beaucoup de salariés en France confient devoir cacher leurs émotions au travail et avouent se retrouver dans des situations perturbantes. Cette dissonance émotionnelle met en relief la contradiction des managers qui à la fois souhaitent favoriser l'expression des émotions car source de créativité, mais doivent en même temps réfléchir à ce qui est socialement acceptable et à ce qui limite les façons d'agir en entreprise. Être soi-même au sein d'un cadre organisationnel bien défini est donc le nouveau paradoxe affiché par le management moderne.

Auteurs

4 Relevez le type de dissonance à laquelle doivent faire face les salariés et les managers.

Dissonance émotionnelle : impossibilité d'exprimer ses émotions du fait des normes organisationnelles.

5 Précisez en quoi cette dissonance est un paradoxe pour les managers et quelles en sont les conséquences pour les salariés.

La volonté des managers de libérer les émotions, d'appeler à la créativité semble difficilement compatible avec le respect de règles et de processus stricts au sein des organisations. Les salariés sont perturbés par ces injonctions opposées de se libérer mais de respecter un cadre bien défini.

Bilan

Précisez en quoi la dissonance « attitude-comportement » en organisation peut affecter la motivation des salariés.

Une trop grande dissonance peut impacter la motivation des salariés, sentant que le sens profond de leur activité n'est plus en cohérence avec leurs valeurs ou émotions. Dans ce cas, la sensation de tiraillement serait source de stress, d'une baisse de productivité, d'absentéisme... et donc de démotivation. À l'inverse, des salariés en accord avec leurs croyances seraient davantage impliqués au sein de l'entreprise et généreraient davantage de revenus.

Vers la synthèse
JE ME TESTE
hachette-clic.fr/22sdgn016
Je révise l'essentiel p. 46-47

3 L'identité numérique, une nouvelle caractéristique de l'individu ?

Sylvain est en colère ! En surfant sur les réseaux sociaux, il est tombé sur une publication de Salma mettant en avant la nouvelle collection encore confidentielle !

DOC 10 L'identité numérique

VIDÉO
hachette-clic.fr/22sdg017
L'identité numérique (3'30)

L'identité numérique se décompose en :

- **identité déclarative :** **saisie** des données par l'utilisateur
- **identité agissante :** **relevé** des activités de l'utilisateur sur Internet
- **identité calculée :** **analyse** des activités de l'utilisateur

1 Proposez votre définition de l'identité numérique.

Ensemble des informations et traces laissées volontairement ou involontairement par un individu sur Internet et ensemble de ses supports numériques (GPS, Bluetooth, caméra, montre connectée, etc.).

2 Précisez le type d'identité impliquée dans les deux situations suivantes. Justifiez à l'oral.

Léo complète un formulaire d'inscription pour Facebook	Déclarative	Sylvain ne s'est pas connecté pendant 2 heures à Instagram	Calculée

DOC 11 Publication de Salma sur son compte Twitter

« Salut, les loulous, voici en avant-première la nouvelle collection Halloween ! Cliquez, les chanceux ! »

3 Indiquez si la publication de Salma est liée à sa vie personnelle et ou professionnelle.

Les deux puisqu'elle poste un contenu en lien avec son entreprise mais que le compte lui appartient.

DOC 12 Réseaux sociaux et licenciement

Le 30 septembre 2020, la Cour de cassation a reconnu pour preuve de son licenciement des éléments d'un compte privé Facebook d'un salarié d'une marque de vêtements. Il avait en effet partagé à ses « amis » des photographies de la nouvelle collection de la marque. Il fut licencié pour atteinte à ses obligations de confidentialité. […] Il faut que l'employeur ait obtenu ces informations de manière non frauduleuse et loyale.

demarchesadministratives.fr, 9 novembre 2020

4 Précisez ce que devra prouver M. Ferreira s'il souhaite licencier Salma après cette publication.

Il devra mettre en avant la confidentialité qui lie Salma à son entreprise, prouver qu'il a obtenu cette preuve de manière régulière et que les informations étaient visibles par un large public.

Bilan

Expliquez l'importance pour l'individu de gérer son identité numérique.

Chaque publication est vouée à perdurer sur la toile, voire être détournée pour déclencher un *bad buzz*, un vol d'identité, une fraude bancaire ou un refus d'embauche. Gérer son identité numérique permet de s'abriter de tels agissements.

Vers la synthèse
JE ME TESTE
hachette-clic.fr/22sdgn018
Je révise l'essentiel p. 46-47

À moi de jouer

1 Jouez avec *Kyushi* !

Quiz interactifs pour réviser en classe !

hachette-clic.fr/kyushi

2 Mini-cas

Réalisez ce test de personnalité en ligne (gratuit).

SITE WEB
hachette-clic.fr/22sdgn019
Test de personnalité

3 Caractériser les comportements individuels au sein des groupes

Fans de football : doit-on boycotter le Mondial 2022 au Qatar ?

[...] Pourquoi boycotter le Mondial 2022 ?

À cause des conditions dans lesquelles les stades (et les infrastructures allant avec) ont été construits. [...] En effet, des ONG alertent depuis 2012 sur les conditions dans lesquelles travaillent les ouvriers, en très grande majorité immigrés et exploités depuis une dizaine d'années maintenant [...]. Il y a un mois, le *Guardian* a révélé que ces chantiers avaient coûté la vie à plus de 6 500 personnes, sans qu'aucun politique d'envergure ne monte au créneau [...].

Comment jouer au football quand il fait 40° C à l'ombre en juin, et jusqu'à 55° C en plein soleil ?

[...] Le Qatar avait déjà commencé à climatiser les rues, pourquoi ne pas faire pareil avec les stades ? En effet, tous les stades seront climatisés pour la compétition. Il faut absolument jeter un œil sur la communication du Qatar et de la FIFA, cela vaut vraiment le détour. Les stades seront écologiques !

La palme du *greenwashing* revient tout de même au ministre de l'Environnement du Qatar, qui a promis un « bilan carbone neutre » pour la coupe du monde 2022. Lors de notre interview avec Delphine Benoit-Mayoux (consultante en stratégie et opérations RSE) nous apprenions que 95 % de l'empreinte carbone du Mondial 2019 étaient liés aux spectateurs dont 75 % portés par le transport aérien mondial, le reste concernant l'hébergement et la restauration. Il est évident que les dizaines de milliers de spectatrices et spectateurs vont venir en vélo au Qatar, ou à la voile...

Au moment où je finis cet article, un peu plus d'un an et demi nous sépare du début du Mondial 2022 au Qatar. C'est un évènement que j'attends impatiemment, mais je dois bien admettre que même si je suis un fan absolu de football, organiser cet évènement au Qatar est une aberration écologique et sociale.

bonpote.com, 1er avril 2020

1. **Expliquez ce qu'est la dissonance cognitive.**
2. **Analysez cette dissonance au travers de l'exemple présenté dans le document.**

4 Travailler sa perception

1. Constituez un binôme.
2. Interprétez chacun de ces logos personnellement.
3. Comparez vos résultats. Que constatez-vous ?

5 Identifier les bonnes pratiques de gestion de l'identité numérique

1. Recherchez votre identité numérique sur Internet en googlisant vos nom et prénom, puis notez ci-dessous les informations que vous avez trouvées sur vous.

Type d'information				Source
☐ Vidéo	☐ Photo	☐ Article	☐ Autre	....
☐ Vidéo	☐ Photo	☐ Article	☐ Autre	....
☐ Vidéo	☐ Photo	☐ Article	☐ Autre	....
☐ Vidéo	☐ Photo	☐ Article	☐ Autre	....
☐ Vidéo	☐ Photo	☐ Article	☐ Autre	....
☐ Vidéo	☐ Photo	☐ Article	☐ Autre	....

2. Recherchez les démarches juridiques qui permettent de protéger votre identité numérique sur Internet.
3. Expliquez les enjeux liés à la gestion de votre identité numérique sur le long terme.

L'essentiel

JE RÉVISE

hachette-clic.fr/22sdgn020

- Le podcast du cours
- La synthèse en 1 clic
- Je manipule les notions

NOTIONS

- **Attitude :** état d'esprit, prédisposition psychologique à réagir dans une situation donnée. Elle repose sur trois composantes : cognitive, conative et affective.
- **Comportement :** actions visibles d'un individu.
- **Contrôle de soi :** capacité à gérer ses émotions afin de s'adapter au mieux à une situation donnée. On parle aussi d'intelligence émotionnelle.
- **Émotion :** état affectif en réaction à une situation extérieure.
- **Identité numérique :** ensemble des traces et éléments laissés volontairement ou involontairement par un individu sur Internet. On parle aussi de e-réputation.
- **Perception :** processus par lequel un individu traite une information perçue par un ou plusieurs de ses sens dans une situation donnée.
- **Personnalité :** ensemble d'attitudes et de comportements qui caractérisent une personne.

COURS

1 Quels sont les éléments qui caractérisent un individu ?

- L'individu réagit aux **stimuli environnementaux** à travers un **processus de perception** : les stimuli déclenchent une **attention** qui sera **interprétée et mémorisée** afin d'obtenir une **réaction**.
- La perception est **subjective** puisque chaque individu réagira en fonction de sa **personnalité**. Elle dépend de ses **connaissances**, de son **éducation** ou de l'**organisation** dans laquelle il évolue.
- L'individu se caractérise aussi par le **contrôle de soi** et la **capacité à contrôler ses émotions** afin de s'adapter aux différents groupes et ainsi créer de bonnes relations avec eux.

2 Quelles relations existe-t-il entre attitude et comportement ?

- **Le comportement** est la partie observable de l'individu. **L'attitude** (processus mental et donc inobservable) est une prédisposition à réagir face à un évènement donné. Elle se construit à travers trois composantes : **cognitive** (les connaissances), **conative** (ce qui pousse à agir), **affective** (liée aux émotions).
- Quand le comportement est en accord avec l'attitude, on parle de **consonance**. Lorsque le comportement est différent de l'attitude attendue, on parle de **dissonance**.

3 L'identité numérique, une nouvelle caractéristique de l'individu ?

- **L'identité numérique** représente l'ensemble des informations et traces laissées volontairement ou involontairement par un individu sur Internet. Elle peut être **déclarative**, **agissante** et **calculée**.
- L'enjeu de l'identité numérique sera de protéger la vie privée et la réputation des individus ou organisations.

CULTURE+

Théorie des émotions et de la personnalité

La plupart des notions que tu viens de découvrir dans ce chapitre sont issues de recherches en psychanalyse voire en psychiatrie. Eh oui, les SDGN appartiennent aux sciences humaines, c'est-à-dire qu'elles reposent sur le fonctionnement humain (étudié par ces domaines scientifiques) ! Ta matière prend également appui sur la sociologie, l'économie, l'ethnographie, l'histoire, la biologie… Quelques exemples : les six émotions sont issues du modèle de Paul Ekman, psychologue américain né en 1934, alors que les traits de la personnalité sont le fruit du psychiatre suisse Carl Jung.

POUR RETENIR AUTREMENT

1 Quels sont les éléments qui caractérisent un individu ?

La perception de l'individu

Environnement (situations, relations, discussions…)

Stimuli → Attention → Interprétation → Mémorisation

Attention — déclenche → **Émotions et contrôle de soi** (intelligence émotionnelle)

Joie – Peur – Colère – Tristesse – Dégoût – Surprise

Interprétation — influence → **Personnalité**

- Introverti ≠ Extraverti
- Stable ≠ Instable
- Autonomie ≠ Soumission
- Logique ≠ Affectif

2 Quelles relations existe-t-il entre attitude et comportement ?

Attitude — Consonance (=) / Dissonance (≠) — Manière d'agir (visible) Comportement

Composantes mentales

- Cognitive
- Conative
- Affective

3 L'identité numérique, une nouvelle caractéristique de l'individu ?

Trois composantes

- Déclarative
- Agissante
- Calculée

Objectif

- Surveillance et protection des données personnelles

OBJECTIF BAC

2 J'optimise la structure de mes réponses

Une bonne réponse = **un fond** juste et argumenté + **une forme** propice à la lecture et à la compréhension

Comment faire ?

Exemple :

Voici la consigne posée dans un DS de SDGN :

Présentez les codes de l'organisation.

Imed, élève de 1re STMG, a rédigé la réponse suivante sur sa feuille de brouillon. S'il est content du fond (qui est juste !), il n'est pas très satisfait de la forme.

Les codes appartiennent aux normes d'une organisation, avec les rituels.
Les codes de notre organisation sont un code vestimentaire strict, car ils doivent s'habiller en costume, cravate, chaussures et un code langagier, car ils doivent vouvoyer les clients et les appeler par leurs noms de famille.

1 Critiques apportées sur la forme de la réponse d'Imed

Critiques positives	Critiques négatives
Première phrase courte et pertinente	Codes mis à la suite les uns des autres :
Utilisation d'une ponctuation	– difficile à lire ;
	– phrase longue et confuse
	Utilisation du « ils » sans savoir à quoi il se réfère

2 Pistes d'amélioration envisageables

- ……
- ……
- ……

3 Rédaction de la réponse optimisée !

……

3

CAPACITÉS

- Décrire, caractériser et analyser les situations de communication à partir de leurs composantes et des phénomènes relationnels qu'elles contribuent à développer

NOTIONS

- **Communication interpersonnelle**
- **Phénomènes relationnels :** relations formelles et informelles, argumentation et influence, relation d'autorité, leadership, motivations/incitations
- **Aptitude à gérer les conflits**

YVES ROCHER

La communication interpersonnelle et les phénomènes relationnels

VIDÉO

hachette-clic.fr/22sdgn021

Focus Retail : Le statut d'entreprise à mission de Yves Rocher (à partir de 1'15)

SITUATION

C'est en 1959, en Bretagne, qu'Yves Rocher fonde son entreprise de produits de beauté et de soins par les plantes : c'est le début de la Cosmétique Végétale®. Au début, son activité vit le jour à travers la VPC : la vente par correspondance sur catalogue ! Demandez à vos parents, ils s'en souviennent peut-être. Aujourd'hui, Yves Rocher compte 680 boutiques en France et plus de 3 100 boutiques dans le monde. Pourquoi aimer Yves Rocher ? Pour son engagement dans le respect de l'environnement et le bien-être de ses équipes ! En effet, l'entreprise valorise la diversité de ses collaborateurs au service d'un état d'esprit collaboratif. D'où l'importance de savoir communiquer…

1 Qu'est-ce qu'une communication interpersonnelle ?

Les responsables des magasins Yves Rocher de Bretagne sont invités à un séminaire à La Gacilly, ville berceau du groupe. Elsa, récemment promue responsable d'un magasin à Rennes, vous propose de l'accompagner dans le cadre de votre stage de BUT Information-Communication.

A Les composantes d'une communication interpersonnelle

À peine arrivé(e)s, vous êtes convié(e)s à un accueil autour d'un petit-déjeuner aux saveurs saines et locales. Elsa et vous en profitez pour rencontrer vos collègues.

DOC 1 **Moment de convivialité lors du petit-déjeuner d'accueil**

1 Analysez les deux situations de communication présentées dans le ▶ Doc. 1, à partir du tableau suivant :

Composantes		Communication 1	Communication 2
Acteurs	Émetteur	Elsa	Rachid
	Récepteur	Esmeralda	Elsa
Message		Présentation	Communication des résultats financiers du mois
Canal (= support, moyen)		Oral, verbal	Écrit (par mail)
Bruits / Parasites		Brouhaha ambiant	Aucun
Feed-back / Retour		Mauvaise compréhension du prénom	Satisfaction d'Elsa

2 **Complétez le schéma du processus de la communication interpersonnelle, grâce aux termes techniques utilisés dans la question 1.**

Dans toute communication, il y a :

Un ..émetteur.... → qui transmet un .....message...... à *(porteur d'un objectif)* → un ...récepteur....

via un ....canal........ ,
c'est-à-dire un moyen, oral ou écrit, de communication.

avec pour objectif de recevoir un ...feed-back..... ,
c'est-à-dire un ....retour........*, immédiat ou différé.*

La communication peut être perturbée par des ......bruits........, dits aussi ....parasites......
Ces derniers peuvent être liés à la personne ou au contexte.

3 **Explicitez dès lors l'expression :**

« Communication	inter -	personnelle »
....Échange d'informations......	.........entre..........	.....deux ou plusieurs acteurs...

4 **Expliquez les conséquences des bruits sur une communication interpersonnelle.**

Les bruits ne sont pas favorables à une bonne communication interpersonnelle, car ils la perturbent...... et la rendent plus complexe, voire impossible à comprendre...

5 **Distinguez les différents canaux de communication, puis proposez un avantage et un inconvénient pour chacun.**

	Canal ......écrit.......	Canal ....oral..........
+	..Preuve parfaite..	Rapidité, éclaircissement en direct des propos.........
−	Source d'incompréhension si manque de clarté............	Pas de preuve, risque d'oubli......

B Le contexte de la communication interpersonnelle

Après le traditionnel accueil des convives, vous vous dirigez vers le premier atelier du séminaire, au titre bien mystérieux : « L'art d'optimiser la communication interpersonnelle. » Tout un programme !

DOC 2 La communication dans les magasins Yves Rocher

L'animatrice demande à Elsa et à deux autres personnes de jouer une scène de la vie quotidienne d'un magasin. Les spectateurs (dont vous !) devez analyser le contexte humain de la simulation.

SCÈNE A

Elsa joue le rôle de la responsable de magasin. Ses collègues, Jules et Sylvie, interprètent les vendeurs. Elsa est debout et sourit. Elle doit faire le bilan des performances à ses collaborateurs, qui sont assis.

Elsa : Bonjour à tous, je viens de lire les résultats de la semaine passée et il s'avère que nous n'atteignons pas nos objectifs.

Jules : Malheureusement, les travaux dans la rue ont empêché les clients de stationner…

Elsa : J'entends et je comprends ce que tu dis, Jules. De toute manière, nous ferons mieux cette semaine, je vous fais confiance !

Les collaborateurs, *apaisés et soulagés* : Oui Elsa, nous ferons de notre mieux !

SCÈNE B

Elsa quitte la scène et laisse ses deux collègues continuer le sketch. Jules, encore stressé par les mauvais résultats, discute avec sa collègue Sylvie, qui est sereine.

Jules : Oh là là, le stress quand Elsa a annoncé les résultats…

Sylvie, *posant la main sur l'épaule de Jules* : J'te comprends, j'étais comme toi avant. Mais ça arrive de pas atteindre les objectifs. Allez, détends-toi, tu veux un café ? J't'invite !

6 Comparez, à l'aide du tableau ci-dessous, les éléments du contexte humain des scènes A et B.

	Scène A	Scène B
Rôle de chacun dans le sketch	Elsa : supérieure hiérarchique L'équipe : subordonnés	Même niveau hiérarchique
État émotionnel des acteurs	Elsa : sereine, détendue… Équipe : apaisée et soulagée après les encouragements	Jules : stressé Sylvie : rassurante, sereine
Niveau de langage utilisé	Courant et professionnel car relation hiérarchique	Familier car relation de confiance

7 Mettez en évidence les qualités jouées par Elsa et Sylvie, dans chacune des situations (▶ Doc. 2).

Elsa
Écoute active : elle précise qu'elle entend et comprend Jules (bienveillance).

Sylvie
Empathie : elle se met à la place de Jules et l'aide à se détendre.

Suite à ces premiers échanges fructueux sur les éléments humains du contexte, la (passionnante !) animatrice de l'atelier élargit la discussion à deux autres facteurs importants : la proxémie et la culture.

NOTION

Proxémie : étude des distances sociales.

DOC 3 La proxémie

VIDÉO

hachette-clic.fr/22sdgn022

Pourquoi je vous hais tous dans le métro / la proxémie (4'33)

8 **Énumérez les caractéristiques de chaque sphère de la proxémie ci-dessous :**

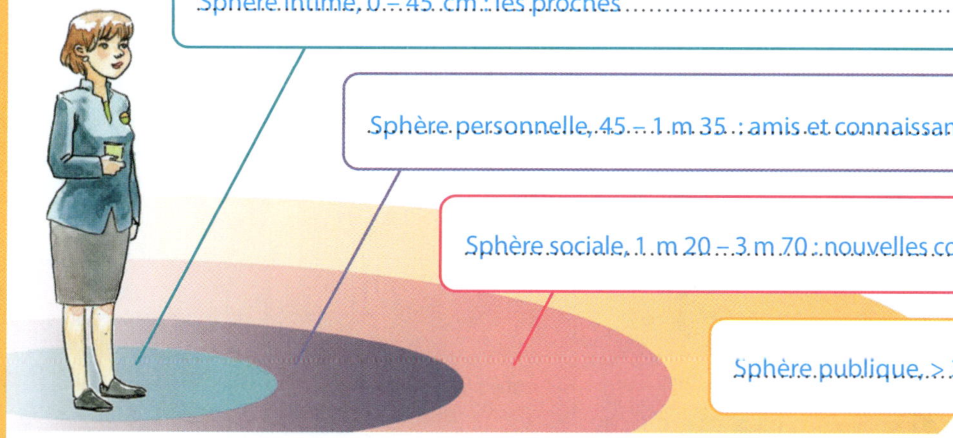

Sphère intime, 0 – 45 cm : les proches

Sphère personnelle, 45 – 1 m 35 : amis et connaissances

Sphère sociale, 1 m 20 – 3 m 70 : nouvelles connaissances + inconnus

Sphère publique, > 3 m70 : pas de contact

9 **Indiquez pour chaque scène du ▶ Doc. 2 si la distance sociale adoptée est pertinente.**

- SCÈNE A Sphère sociale : distance adaptée car relation professionnelle, hiérarchique.
- SCÈNE B Sphères personnelle et intime : distance adaptée car ils semblent être bons collègues.

10 **Expliquez l'importance de respecter la proxémie.**

Les distances sociales permettent à chaque interlocuteur d'adopter les codes et les comportements adaptés selon la relation qui les unie. Ne pas les respecter peut être source de mal-être, de gêne, voire de conflits.

DOC 4 La culture dans la communication interpersonnelle

Deux individus de cultures différentes [doivent] adopter une attitude, un vocabulaire et une approche de communication qui s'adapte à son interlocuteur afin de fluidifier les échanges et d'éviter les quiproquos.

topformation.fr, 2021

11 **Réfléchissez à un exemple où les cultures différentes des acteurs peuvent être source de quiproquo.**

Toute réponse cohérente acceptée.

12 **Mettez en évidence les trois solutions avancées dans le ▶ Doc. 4, pour parvenir à une bonne communication surlignez-les.**

Vers la synthèse

JE ME TESTE

hachette-clic.fr/22sdgn023

Je révise l'essentiel p. 60-61

Bilan

Résumez les éléments à prendre en compte pour optimiser une communication interpersonnelle.

Faire preuve d'écoute active et d'empathie, respecter les distances sociales, comprendre la culture de son interlocuteur.

2 Quels sont les phénomènes relationnels ?

Elsa et vous entamez votre deuxième journée de séminaire avec une surprise de taille : la visite en chair et en os du directeur des ressources humaines (DRH) du groupe.

A Les formes de relations

DOC 5 Échanges formels et informels

À son arrivée, le DRH fait le tour des responsables pour les saluer et échanger avec eux autour d'un café, avant de prendre place sur l'estrade pour un discours.

1 Justifiez la nature informelle de l'échange dans l'illustration de gauche.

Le DRH fait le tour des responsables en toute simplicité.

2 Expliquez la relation formelle qui s'instaure dans l'illustration de droite.

Le DRH prend place sur une estrade, en position de chef.

3 Qualifiez en justifiant chacune des relations présentées ci-dessous :

Situation	Forme de relation		Justification
	Formelle	Informelle	
Rachida demande à son collègue Joseph de l'aider à encaisser un client.	☐	☒	Ils sont sur le même niveau hiérarchique. De plus, il s'agit d'une aide.
Antoine, responsable de magasin, colle le planning de l'équipe sur le panneau d'affichage.	☒	☐	Le responsable est le supérieur hiérarchique et il utilise un outil formel de communication professionnelle.
Antoine, Rachida et Joseph se retrouvent tous les vendredis soir pour jouer au tennis.	☐	☒	Hors contexte professionnel, il n'y a plus de formalisme dans les relations.

4 Réfléchissez à la nécessité d'avoir ces deux formes de relations pour le bon fonctionnement de l'organisation.

Ces deux formes sont complémentaires. Les relations formelles permettent la communication entre membres de la hiérarchie, elles ont un côté plus protocolaire. Alors que les relations informelles permettent une rapidité des échanges, l'instauration d'un climat convivial, et le bien-être des salariés.

B La construction des échanges

Lors de son discours, le DRH met en avant les différents engagements sociétaux du groupe avec un tel enthousiasme qu'il emporte son auditoire. Quel meneur !

DOC 6 Argumenter et influencer : une relation de cause à effet

Argumenter, c'est chercher à convaincre son interlocuteur pour agir sur sa volonté, influencer son comportement. Son adhésion peut se faire à travers l'appel au sentiment d'appartenance (faire écho à des valeurs communes), à l'affectif, ou par raisonnement logique (faire appel à la raison de l'autre).

Auteurs

DOC 7 La culture d'entreprise

VIDÉO

hachette-clic.fr/22sdgn024

Culture d'entreprise chez Yves Rocher (1'57)

5 **Établissez le lien entre argumenter et influencer (▶ Doc. 6).**

L'argumentation est le préalable à l'influence, et nécessite des arguments.

6 **À l'aide de la vidéo (▶ Doc. 7), illustrez chacun des procédés d'influence suivants par un exemple :**

Appel au sentiment d'appartenance	Appel à l'affectif	Raisonnement logique
=	=	=
L'utilisation de *nous*, de *notre* : « la nature est notre avenir », « nos racines »	Mise en avant du grand-père : « entreprise familiale »	Les NTICs aident au travail collaboratif. Entreprise pérenne depuis 60 ans

DOC 8 Leadership féminin

À son arrivée chez Yves Rocher en 2016, Nathalia del Moral Fleury dirigeait une équipe de six personnes. Trois ans plus tard, elle en compte 350 et est devenue directrice générale de la marque en Amérique du Nord à seulement 32 ans. […]

Quelle est votre vision du leadership ?

[…] J'essaie d'inspirer les gens en étant authentique et en incarnant les valeurs de la marque au quotidien. À l'annonce du poste, j'avais peur que mes collègues me trouvent trop jeune. […] Mais honnêtement, c'était une crainte non fondée : chacun a trouvé sa place, en partie parce que mon style de gestion est justement axé sur la confiance et le soutien. C'est sûr que si j'avais adopté une attitude de gestionnaire qui veut tout décider […], ça aurait sûrement moins bien passé. […]

Catherine Martellini, infopresse.com, 7 juin 2019

NOTION

Leadership : capacité à entraîner les Hommes vers un but précis. Il peut s'exercer de façon autoritaire (lié au statut hiérarchique) ou de manière démocratique (écoute et bienveillance).

7 **Analysez le leadership pratiqué par Nathalia del Moral Fleury.**

Démocratique : elle inspire ses collaborateurs par son honnêteté, ses compétences, et de relations basées sur la confiance et le soutien. Elle rejette le leadership autoritaire, jugé moins fédérateur.

8 **Selon vous, exerce-t-on un ou plusieurs styles de leadership ?**

Plusieurs, car il faut s'adapter aux personnes et à leurs réactions face à l'autorité.

Bilan

Expliquez le rôle des phénomènes relationnels dans l'organisation.

Qu'ils soient formels ou informels, les phénomènes relationnels cherchent à mener les hommes vers un objectif commun : la réalisation des objectifs de l'organisation.

Vers la synthèse
JE ME TESTE
hachette-clic.fr/22sdgn025
Je révise l'essentiel p. 60-61

3 La communication : au service des phénomènes relationnels ?

Dernier jour, dernier atelier. Celui-ci porte sur le rôle primordial de la communication dans les phénomènes relationnels. Un élément central du métier de responsable.

A Inciter à la motivation

L'atelier commence par un travail de brainstorming par petits groupes sur la thématique suivante : « Comment transformer ses collaborateurs en acteurs du magasin ? » Votre réflexion collective introduit la communication dans les débats.

DOC 9 Les formes d'incitation

Primes individuelles, chèques-déjeuners, épargne salariale

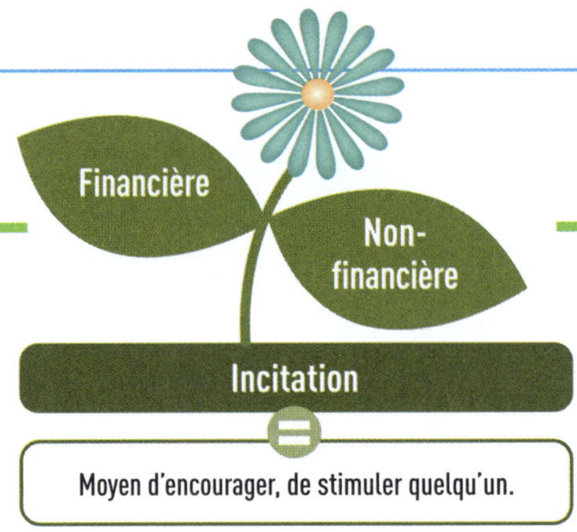

Reconnaissance de sa hiérarchie, participation aux décisions, communication

1 Illustrez les deux formes d'incitations en replaçant ces exemples au bon endroit sur le ▶ Doc. 9 **:**
chèques-déjeuners • reconnaissance de sa hiérarchie • participation aux décisions • primes individuelles • communication • épargne salariale

2 Qualifiez chacune de ces incitations mises en place par Yves Rocher.

Exemples	Incitation	
	Financière	Non financière
La pandémie de la Covid-19 a obligé Yves Rocher à maintenir une communication optimale, pour donner du sens au travail des collaborateurs.	☐	☒
Pour Yves Rocher, la fidélité de ses collaborateurs passe par la bienveillance et le respect de son bien-être.	☐	☒
Le groupe Rocher applique une prime variable pour ses collaborateurs. C'est-à-dire que la rémunération se calcule selon les performances individuelles et collectives, poussant les collaborateurs à donner le meilleur d'eux-mêmes.	☒	☐

3 Identifiez et surlignez dans la question 2 les objectifs à la mise en place de ces incitations.

4 Réfléchissez à la complémentarité des deux formes d'incitation.

Les incitations financières et non financières peuvent être, l'une comme l'autre, motivantes pour les salariés. Cela dépendra du salarié concerné par ces incitations. Certains préféreront une prime alors que d'autres seront satisfaits d'une reconnaissance de leur travail.

B Développer son aptitude à gérer les conflits

Pour clore cette dernière journée, vous allez assister à une conférence sur la communication au cœur des conflits. En attendant, vous lisez un extrait de la plaquette qui vous a été remise.

DOC 10 Extrait de l'interview de Julie Fau, formatrice professionnelle

Quelles sont les clés pour mieux communiquer entre collègues et éviter les conflits ?

Cela me paraît intéressant de revenir à l'étymologie du mot « communiquer ». En effet, à la racine du mot, on retrouve *« le fait de mettre en commun, de partager »*. [...]

[J]e crois que la première clé qu'il serait bon de développer serait notre capacité d'écoute. [...]

Il me semble que c'est au travers de cette compétence que nous pouvons essayer de retrouver du lien. À chaque intervention en entreprise, je suis frappée par la prise de conscience qu'ont souvent les professionnels lorsqu'ils se rendent compte qu'en fait ils n'écoutent finalement pas grand-chose du discours de l'autre ! [...]

C'est un cercle un peu vicieux que nous expérimentons tous dans de nombreux contextes de nos vies et dont nous ressortons souvent à la fin terriblement frustrés et agacés ! [...]

Pour apprendre à écouter, il s'agit aussi – bien souvent et c'est très difficile – d'apprendre à se taire !

Arnaud Moign, technique-ingénieur.fr, 16 septembre 2021

5 Identifiez la qualité à développer pour qu'un manager devienne apte à gérer les conflits.

Pour être apte à gérer les conflits dans une organisation, il faut savoir écouter. Cela représente une qualité/compétence essentielle aux responsables.

6 Illustrez à l'aide du ▶ Doc. 10 les bienfaits que cette qualité apporte à la gestion des conflits.

Apporter du lien entre les collaborateurs, mettre fin au cercle vicieux, éviter la frustration et l'agacement.

7 Après avoir écouté le podcast, analysez l'aptitude de ce responsable à gérer ce conflit.

Points positifs	Points négatifs
À l'écoute du salarié ;	Adopte une attitude de contestation :
Comprend sa question ;	il estime avoir raison et pense à
Propose une réponse	ses intérêts (gain de temps énorme
au problème.	pour les responsables) avant de penser
	aux inquiétudes de son équipe.

PODCAST
hachette-clic.fr/22sdgn026
Exemple d'un conflit en magasin

8 Conseillez-le.

Le responsable devrait, pour ce type de conflit, adopter une attitude de collaboration pour trouver une solution qui rassure son équipe (par exemple, en faisant une démonstration de planning avec le nouvel outil et sans celui-ci).

Bilan

Expliquez comment la communication optimise les relations humaines.

La communication est l'une des incitations non financières qui vont permettre la motivation des collaborateurs. En outre, c'est une compétence indispensable à acquérir pour savoir gérer un conflit.

Vers la synthèse
JE ME TESTE
hachette-clic.fr/22sdgn027
Je révise l'essentiel p. 60-61

À moi de jouer

1 Jouez avec *Kyushi* !

Quiz interactifs pour réviser en classe !

hachette-clic.fr/kyushi

2 Vrai ou faux

Indiquez si les affirmations suivantes sont vraies ou fausses.

• Une communication peut exister s'il n'y a qu'une seule personne.	☐ VRAI	☒ FAUX
• Le feed-back est le fait de revenir en arrière.	☐ VRAI	☒ FAUX
• La proxémie est un élément du contexte de la communication.	☒ VRAI	☐ FAUX
• Les relations peuvent être formelles ou informelles.	☒ VRAI	☐ FAUX
• Tous les supérieurs ont la même autorité.	☐ VRAI	☒ FAUX
• Les incitations peuvent être financières et non financières.	☒ VRAI	☐ FAUX
• Pour motiver ses collaborateurs, il faut absolument proposer une prime financière.	☐ VRAI	☒ FAUX
• Un supérieur doit développer son aptitude à gérer les conflits.	☒ VRAI	☐ FAUX

3 Décrypter une communication interpersonnelle

Fiche méthode BAC
9 Insérer un élément, p. 276

Patrick, retraité de 63 ans, est parti faire quelques courses au supermarché. À peine arrivé, il reçoit un coup de fil de sa femme Pascale. Elle vient de se rendre compte qu'elle n'a plus de farine pour faire sa fameuse tarte aux pommes !

Patrick : Allô ?
Pascale : Oui, c'est moi, est-ce que .... acheter de .... n'en ai .... ?

***Patrick, un peu agacé par une annonce dans le magasin* :** Pardon ?

Pascale : Est-ce que tu peux .... de la .... ?

***Patrick, visiblement agacé* :** Entre les coupures et le bruit, je n'entends rien ! Envoie un message, s'il te plaît. Bisous.

Pascale rédige et envoie le SMS demandé :
« Prends de la farine de blé complet STP. Bises. »
30 minutes plus tard, Patrick revient à la maison… sans la farine !
***Pascale, surprise* :** Ben, où est la farine ?!
***Patrick, un peu gêné* :** Euh, je n'avais pas pris mes lunettes…

S'il veut manger de la tarte aux pommes, Patrick est bon pour un aller-retour au supermarché !

1. **Identifiez les composantes de la communication.**
2. **Présentez votre analyse dans un tableau réalisé à l'aide d'un logiciel de traitement de texte.**

4 Analyser les phénomènes relationnels développés par la communication

L'analyse des interactions humaines dans les organisations, qu'elles soient verbales ou non, permet d'identifier des phénomènes de leadership, d'influence et de réseaux, formels ou informels. « Sans oublier qu'une bonne communication est un facteur important de performance de l'entreprise », complète Thierry Lannoy, coach professionnel, fondateur de TL Consult.

À l'heure triomphante des « soft skills », la capacité à échanger, en réunion de groupe ou en entretien individuel, avec ses pairs, des collaborateurs ou ses supérieurs hiérarchiques est perçue comme une ressource fondamentale. Communiquer n'est cependant pas si naturel qu'il y paraît. [...]

Communiquer est un acte managérial [...]. « C'est dans le dialogue, la discussion avec les salariés à propos du travail que se joue l'essentiel de la communication managériale » [expliquent Jean-Marie Charpentier et Jacques Viers dans *communiquer en entreprise* (Éditions Vuibert, 2019)].

Surtout, les salariés sont nombreux à déplorer un manque de retour – le fameux feed-back – sur leur travail. [...] Il n'est pas rare d'entendre des collaborateurs se plaindre d'une communication hiérarchique unilatéralement négative, qui ne se manifeste qu'en cas de problème. Pourtant, « le besoin de reconnaissance est l'une des principales demandes des salariés aujourd'hui », constate Thierry Lannoy. Comment expliquer alors que les compliments soient si difficiles à formuler ? « Il existe essentiellement deux raisons, décrypte le coach. Pour peu que le manager ne reçoive pas de retours positifs de sa propre hiérarchie, il peut soit ne pas en voir l'intérêt, soit ne pas vouloir passer pour un trublion montré du doigt en manageant différemment. » Preuve est ainsi donnée que la parole du dirigeant est clef : à lui de donner l'impulsion pour amorcer un feed-back en cascade. Pour Thierry Lannoy, « il n'y a pas de recette miracle pour bien communiquer. Le manager doit adapter sa communication à la personne qu'il a en face de lui en fonction de son comportement et de ses motivations ».

Vincent Bouquet, lesechos.fr, 16 décembre 2019

1. **Justifiez le fait que la capacité à communiquer est devenue une ressource fondamentale pour l'organisation.**
2. **Résumez les techniques et les postures à adopter pour devenir un manager doué en communication (vous à l'avenir, en somme ! 😊).**
3. **Réfléchissez à la signification de l'expression soulignée dans le texte.**

L'essentiel

hachette-clic.fr/22sdgn028

JE RÉVISE
- Le podcast du cours
- La synthèse en 1 clic
- Je manipule les notions

NOTIONS

- **Aptitude à gérer les conflits :** qualité pour gérer les conflits.
- **Argumentation :** action d'argumenter.
- **Autorité :** commander, imposer l'obéissance.
- **Communication interpersonnelle :** échange entre personnes, qui peut être verbal et/ou non verbal.
- **Incitation :** action de stimuler quelqu'un à faire quelque chose. Elle peut être financière ou non financière.
- **Influence :** action exercée sur quelqu'un ou quelque chose.
- **Leadership :** capacité à entraîner des Hommes vers un but précis.
- **Motivation :** action de donner envie, d'impulser le comportement d'une personne.
- **Relation :** existe dès qu'il y a une communication entre deux acteurs ; elle peut être formelle (rapports professionnels) ou informelle (relations personnelles).

CULTURE+

Saviez-vous qu'il y a autant de manières de se saluer dans le monde que de cultures ? En effet, chaque culture a sa propre façon de se saluer. En France, on se fait la bise, aux États-Unis on se fait une accolade, en Chine on s'incline en avant, alors que dans les pays arabes on pose sa main sur le cœur en disant *Salam aleïkoum*, soit « la paix soit avec vous ».

COURS

1 Qu'est-ce qu'une communication interpersonnelle ?

- Une **communication interpersonnelle** comporte plusieurs composantes : un **émetteur**, un **récepteur**, un **message**, un **canal**, un **feed-back** et des **parasites potentiels** (bruits).
- Pour que la communication soit efficace, il convient de prendre en compte son **contexte**.
- On distingue comme éléments du contexte les **personnes**, la **proxémie**, la **culture**.

2 Quels sont les phénomènes relationnels ?

- La communication est au cœur des **phénomènes relationnels**, qui peuvent être **formels** ou **informels**.
- L'émetteur d'une communication cherche souvent à **influencer** son interlocuteur en avançant des **arguments**.
- Les **procédés d'influence** peuvent s'appuyer sur **l'appel au sentiment d'appartenance, l'appel à l'affectif** et/ou **le raisonnement logique**.
- **Le leadership** est un exemple d'influence, qui peut s'exercer de façon **autoritaire** ou **démocratique**.

3 La communication : au service des phénomènes relationnels ?

- La communication est un élément central pour **motiver**, en plus des autres **incitations** (**financières** ou **non financières**).
- Pour être apte à **gérer les conflits**, un individu doit adopter un comportement propice à la communication (et écouter !).

POUR RETENIR AUTREMENT

1 Qu'est-ce qu'une communication interpersonnelle ?

Les composantes de la communication

- …Émetteur… → …Message… → …Récepteur…
- …Bruits…
- Canal de communication
- …Feed-back…

Le contexte d'une communication

- …Les personnes… (qualités personnelles, état émotionnel, registre de langue…)
- …La proxémie… (distances sociales)
- La culture

2 Quels sont les phénomènes relationnels ?

Relation …formelle… (ou) …informelle… = **OBJECTIF** Influencer grâce à …l'argumentation…, à travers…

- …l'appel au sentiment d'appartenance…
- …l'appel à l'affectif…
- … le raisonnement logique

Conditionnés par le style de leadership de la personne (…autoritaire… ou …démocratique…).

3 La communication : au service des phénomènes relationnels ?

La communication est un outil…

- … qui sert à …motiver… / inciter les collaborateurs à devenir …acteurs… de l'organisation.
- … utile à la gestion des …conflits… .

OBJECTIF BAC

3 Je rédige un argument écrit pertinent

Dans la vie professionnelle, il est essentiel de réussir à exprimer clairement ses idées, et à bien se faire comprendre par ses interlocuteurs. Découvre ici comment faire !

1 L'argumentation

Argumentation = Raisonnement destiné à convaincre quelqu'un

↓

Trois étapes à suivre pour développer un bon argument :

J'énonce mon idée → **J'explique mon idée** → **J'illustre mon idée**

2 À moi de jouer :

1. **Développez votre propre argument, en respectant les trois étapes développées ci-dessus, pour traiter la question suivante :** *Comment un individu devient-il un acteur dans une organisation ?*

Étape	Exemple d'argument	Développez votre propre argument
① J'énonce	L'individu devient un acteur au sein de l'organisation *car/par/grâce/via* les relations formelles qu'il établit dans son activité de travail.	Réponse libre de l'élève
② J'explique	**En effet**, interagir en permanence avec des collaborateurs permet à l'individu de mettre ses compétences au service des objectifs de l'organisation.	Réponse libre de l'élève
③ J'illustre	**Par exemple**, le simple fait d'exécuter un travail demandé par un supérieur rend le collaborateur actif et dans une optique de réussite globale : celle de l'organisation !	Réponse libre de l'élève

2. **Faites-le lire à un camarade ou à votre professeur(e).**
3. **Perfectionnez-le selon ses conseils.**

CAPACITÉS

- Caractériser les comportements individuels au sein des groupes
- Repérer ce qui, dans les relations, révèle la culture et les valeurs de l'organisation

NOTIONS

- Interactions individu/groupe : caractéristiques des groupes, identité et statut dans les groupes, référence et appartenance aux groupes
- Interactions individu/organisation : cultures, normes, codes, rituels, attributions, représentations, stéréotypes, réseaux sociaux d'entreprise, hiérarchie

4 Les interactions de l'individu au sein d'un groupe

ATHLÉ
FÉDÉRATION FRANÇAISE D'ATHLÉTISME

VIDÉO
hachette-clic.fr/22sdgn029
Toujours plus à partager en 2022 ! (0'46)

SITUATION

Paris sera ville olympique en 2024 ! La Fédération française d'athlétisme (FFA) s'active dès aujourd'hui afin de valoriser son sport auprès du public et de faire de ces semaines une superbe fête populaire. Animée par des équipes dynamiques, la FFA possède une identité et une culture forte lui permettant de préparer au mieux ces évènements internationaux de grande envergure. Sa mission est de tout mettre en œuvre afin que les athlètes français puissent rayonner et réaliser les meilleures performances possibles.

1 Quelle place pour l'individu dans le groupe ?

La fédération regroupe l'ensemble des clubs d'athlétisme. Une de ses missions est de repérer et de former les futurs athlètes de haut niveau… dont un certain Paul !

A Les différents groupes

DOC 1 Les groupes de Mikaïl

Mikaïl Diaw est le responsable du pôle « Espoir » de la FFA. La préparation des JO 2024 lui demande beaucoup d'heures de travail… et de nombreuses réunions avec ses collègues ! Malgré cela, il réussit à consacrer du temps à sa vie de famille et à ses amis. Il participe même quelques dimanches par an au nettoyage des bords de Seine avec l'association « Seine Propre ». Argh, ces pollueurs ! N'écoutent-ils pas Greta Thunberg et tous les autres ?

1 Inscrivez dans la première colonne du tableau, les groupes auxquels Mikaïl est confronté, puis qualifiez-les.

Groupes de Mikaïl	Groupe formel	Groupe informel	Groupe d'appartenance	Groupe de référence
FFA	☒	☐	☒	☐
Collègues	☒	☐	☒	☐
Famille	☐	☒	☒	☐
Amis	☐	☒	☒	☐
Association « Seine Propre »	☒	☐	☒	☐
Pollueurs	☐	☒	☐	☒
Greta Thunberg et tous les autres	☒	☐	☐	☒

2 Expliquez comment les différents groupes d'un individu peuvent influencer son comportement.

L'individu confronté à différents groupes doit développer sa faculté d'adaptation. Le comportement de l'individu sera professionnel et sérieux au sein d'un groupe formel et moins au sein de groupes informels (cercle amical ou familial). Les codes et valeurs de chaque groupe influenceront donc son comportement.

3 Résumez les principales caractéristiques de chaque groupe.

Groupe formel

Reconnu officiellement dans l'organisation, pour suivre une tâche et des règles définies.

≠

Groupe informel

Groupe formé spontanément en fonction de relations personnelles ou d'intérêts communs.

Groupe d'appartenance

Groupe auquel l'individu appartient et qui l'influence en termes de valeurs et de normes.

≠

Groupe de référence

Groupe auquel l'individu veut appartenir ou qu'il rejette.

Mikaïl a repéré un jeune athlète prometteur de 16 ans : Paul Delaforêt. Après des tests de performance, ce dernier rejoint le pôle « Espoir » ! Il reçoit dès lors le statut de sportif de haut niveau, et rejoint le programme officiel de formation des athlètes olympiques.

B Le statut et l'identité sociale de l'individu au sein du groupe

DOC 2 Organigramme simplifié du pôle olympique de la FFA

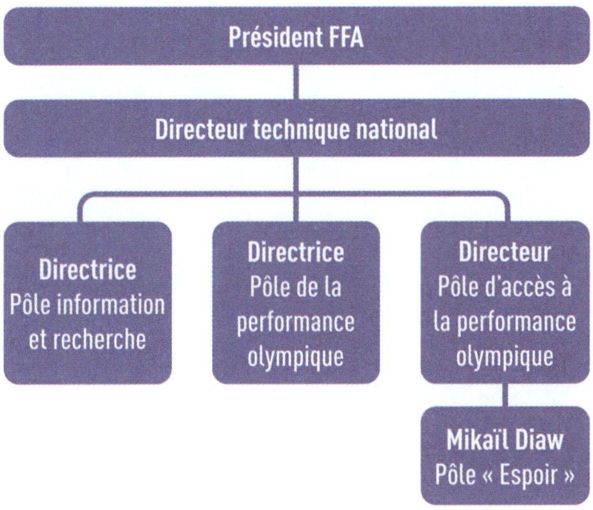

4 **Expliquez l'intérêt de cet outil pour une organisation (▶ Doc. 2).**

L'organigramme représente de manière simplifiée et claire les relations hiérarchiques de l'organisation.

5 **Décrivez la ligne hiérarchique de Mikaïl Diaw au sein de la FFA.**

Il agit sous la direction du Pôle d'accès à la performance olympique, lui-même rattaché au directeur technique national et au Président. Il n'a pas de subordonné.

DOC 3 Charte du sport de haut niveau

Le sport de haut niveau joue un rôle social et culturel très important. [...] Toute personne bénéficiant d'une reconnaissance par l'État de sa qualité de sportif de haut niveau [...] doit s'efforcer d'observer en toutes circonstances un comportement exemplaire, fidèle à son engagement dans la communauté sportive, et de nature à valoriser l'image de son sport et de son pays.

sport.gouv.fr, 19 février 2009

NOTIONS

- **Identité sociale :** reconnaissance par les membres d'un groupe de la légitimité du statut occupé par l'un d'entre eux.
- **Statut :** position occupée par l'individu dans un groupe et reconnue par l'ensemble de ces membres.

6 **Relevez le nouveau statut de Paul Delaforêt (▶ Doc. 3) et précisez les rôles qui y sont associés.**

Statut : sportif de haut niveau (selon le ministère/l'État). Par conséquent, il devra adopter un comportement exemplaire, car il représentera les valeurs de sa fédération et de son pays.

7 **Quand Paul obtiendra-t-il l'identité sociale associée à son statut ? ▶ Notions**

L'identité sociale de Paul arrivera dès lors qu'il aura démontré sa capacité à remplir les rôles associés à son statut.

Bilan

Répondez désormais à la question : quelle est la place de l'individu dans le groupe ?

La place de l'individu dans le groupe va varier en fonction de la nature même du groupe dans lequel il se trouve (formel/informel, par exemple), de son statut clairement affiché et de la manière dont il respecte les rôles associés à ce dernier (identité sociale).

Vers la synthèse
JE ME TESTE
hachette-clic.fr/22sdgn030
Je révise l'essentiel p. 72-73

2 Comment l'individu s'intègre-t-il dans le groupe particulier qu'est l'organisation ?

La Fédération française d'athlétisme est une association reconnue loi 1901. Comme toute organisation, elle a une culture qu'il convient de respecter sous peine de sanctions…

A Comprendre les composantes de la culture d'organisation

DOC 4 Extrait de la charte d'éthique et de déontologie de la FFA

Les normes sociales précisent ce que l'on peut faire et ce que l'on ne peut pas faire […] (règles de conduite dans une société ou un groupe à une période donnée). L'athlétisme dans sa mission d'éducation, d'épanouissement personnel et du «bien vivre ensemble» se doit d'être porteur de valeurs morales exemplaires […]. L'école de vie qu'il doit proposer à tous ceux qui le pratiquent doit être celle de la vertu et non celle du vice.

[…] Le harcèlement sexuel/sexiste et les agressions sexuelles, les discriminations, le racisme, l'antisémitisme, l'homophobie, […] les incivilités […] ou toute forme de prosélytisme ne sont pas tolérables. La prévention et le combat à mener sous toutes leurs formes pour les éradiquer sont une responsabilité collective dont nous sommes investis.

athle.fr, 22 novembre 2019

1. **Relevez les valeurs au cœur de la culture de la FFA (▶ Doc. 4).**

   Vertu, bien vivre ensemble, respect, tolérance et responsabilité.

2. **Exposez les normes qu'elles engendrent.**

   Il s'agit ici de normes comportementales visant à lutter contre les comportements déviants comme le harcèlement, la xénophobie…

3. **Précisez en quoi ces normes influencent le comportement des membres de la FFA.**

   Les membres de la FFA doivent respecter ces normes sous peine d'être mis à l'écart, voire exclus de l'association. Chacun des membres de l'association en est le garant.

DOC 5 Retour sur l'intégration de Paul…

Voilà quelques semaines maintenant que Paul a rejoint le pôle « Espoir ». Assimiler les codes et les rituels de sa nouvelle vie ne fut pas toujours chose facile ! Exemples…

Les jeunes espoirs se lèvent tous les matins à 6 heures pour qu'ils aient le temps de prendre un petit-déjeuner équilibré (obligatoire !).

Les espoirs doivent toujours dire bonjour en premier à leur coach et utiliser le vouvoiement. Question de respect !

Les tenues techniques ne sont autorisées que lors des séances d'entraînement. Le survêtement à l'effigie de la FFA prend le relais pour les cours et les repas.

Auteurs

4 À l'aide du ▶ Doc. 5, distinguez les codes et les rituels suivis par Paul depuis son arrivée à la FFA.

Codes

Code vestimentaire

Le port réglementé des tenues : les techniques pour l'entraînement, le survêtement pour le reste du temps.

Code langagier

Vouvoiement des coachs.

Rituels

Rituel de salutation

Les jeunes espoirs doivent dire bonjour en premier à leur coach.

Rituel de vie

Réveil à 6 heures et petit-déjeuner obligatoire.

5 Expliquez l'importance de respecter ces deux éléments de la culture.

Le respect des codes et des rituels est obligatoire car ces derniers sont gages d'intégration ou de rejet au sein du groupe. Leur suivi démontre l'envie de s'intégrer et une certaine capacité d'adaptation sociale.

6 Résumez les éléments de la culture d'organisation dans le schéma suivant :

2 Comment l'individu s'intègre-t-il dans le groupe particulier qu'est l'organisation ?

B Maîtriser sa culture d'organisation

DOC 6 L'importance de la culture d'organisation aujourd'hui

Qu'on le veuille ou non, toute entreprise a une culture qui lui est propre. Mais pourquoi est-ce si important ? Au-delà de ses bénéfices pour la marque employeur, la culture d'entreprise est un levier clé en matière d'attractivité et de compétitivité. À condition d'être alignée avec la stratégie de l'entreprise. […]

Trop souvent négligée par les dirigeants, la culture a un impact sur l'attractivité de l'entreprise […]. Autrement dit, une culture d'entreprise forte, lisible et à laquelle adhèrent les collaborateurs, a plus de chance de fidéliser les équipes ou d'inviter un salarié à recommander son employeur à un candidat potentiel. « Donner envie », en tant qu'organisation, est aussi un sérieux argument commercial quand il s'agit de trouver de nouveaux clients ou de convaincre des actionnaires ou partenaires. Conséquence directe : la culture d'entreprise impacte la compétitivité. […] On l'aura compris : on ne peut pas résumer la culture d'entreprise à une simple posture de communication RH.

> **Culture d'organisation**
>
> « Une étude allemande menée sur une cinquantaine de sociétés a montré qu'elle peut expliquer des écarts de plus de 30 % dans le résultat des entreprises. »

generali.fr, 11 février 2021

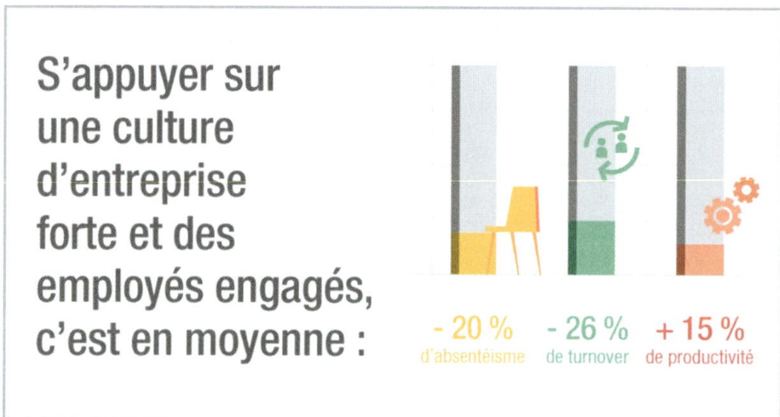

© Generali – Infographie : Angie pour Generali Source : Queen's University Center

7 **Argumentez la question suivante : la culture d'entreprise est-elle stratégique ? (▶ Doc. 6)**

La culture d'entreprise est le fruit de l'histoire de l'entreprise et plus précisément de ses décisions prises, de ses besoins mais aussi de la vision et de la personnalité de ses dirigeants. Cet ADN se traduit d'ailleurs dans les valeurs, codes et rituels de l'organisation.

Une culture d'entreprise forte et positive a un impact sur son attractivité et plus précisément sur :
- son image employeur : une bonne culture d'entreprise augmente l'adhésion des collaborateurs, la fidélisation des équipes voire la cooptation. On constate par ailleurs une baisse de l'absentéisme de 20 % et du turnover de 26 % ;
- son image de marque auprès des clients ;
- son pouvoir de négociation avec ses actionnaires ou partenaires.

Ces conséquences positives rendent l'entreprise plus compétitive, mais aussi plus performante, comme l'illustrent les gains de 15 % de productivité et de 30 % du résultat.

En conclusion, la culture d'entreprise est hautement stratégique pour l'organisation si et seulement si c'est une vraie démarche collective et non juste un argument commercial. Elle doit être issue de l'histoire de l'entreprise.

Retour à la FFA et aux aventures de Paul…

8 **Donnez votre représentation personnelle du sport.**

– Vision moderne : moyen de montrer ses talents, d'effectuer des prouesses, de combattre les autres (d'où le terme de compétition).

– Vision postmoderne : loisir qui permet de satisfaire une aspiration personnelle (se dépasser, prendre soin de sa santé, avoir un lien social…)

Actuellement : moyen de se faire plaisir ou instrument de torture.

DOC 7 Les stéréotypes ont la vie dure…

Paul surfe sur le réseau social interne de l'association et lit une publication exposant l'opinion de certaines personnes sur les sportifs… Édifiant !

ATHLÉ – FÉDÉRATION FRANÇAISE D'ATHLÉTISME

La croyance que les personnes âgées ont en moyenne des capacités physiques plus faibles que les jeunes adultes correspond à une certaine réalité. Mais il existe souvent une variabilité importante autour de la moyenne. Ainsi, comme le soulignent Romuald Lepers et Thomas Cattagni dans leur billet « L'athlète vétéran ou master : un modèle d'étude du bien-vieillir », certains sportifs de plus de 70 ans ont des capacités physiques comparables voire supérieures à la population générale d'adultes jeunes.

Acaps.asso.fr, 21 mars 2018

9 **Relevez et critiquez le stéréotype mis en évidence dans le** ▶ Doc. 7**.**

Stéréotype : les personnes âgées sont moins performantes que les jeunes.

Critique : ce ne sont que des images simplistes ! Un athlète de 70 ans en bonne santé peut avoir des capacités comparables à celles d'un adulte jeune, inactif et en mauvaise forme physique.

10 **Distinguez une représentation d'un stéréotype.**

Représentation	Stéréotype
Image collective d'un sujet	Image souvent simpliste, voire trompeuse car parcellaire d'un sujet

11 **Réfléchissez aux avantages de l'utilisation d'un réseau social interne pour la culture d'organisation.**

Communiquer les valeurs, entretenir la culture, créer un sentiment d'appartenance.

Bilan

Démontrez l'importance de la culture d'organisation afin de convertir un individu en acteur de l'organisation.

La culture d'organisation constitue un socle (valeurs, normes, codes, rituels) commun et respecté par tous les membres. Les comprendre permet une intégration de l'individu. Veiller à l'intégrité de la culture permet de conserver l'unité et l'adhésion du groupe. Les outils numériques à l'image du RSE peuvent y aider.

Vers la synthèse – JE ME TESTE

hachette-clic.fr/22sdgn031

Je révise l'essentiel p. 72-73

À moi de jouer

1 Jouez avec *Kyushi* !

Quiz interactifs pour réviser en classe !

hachette-clic.fr/kyushi

2 Qui suis-je ?

Je suis…

… un moment partagé par les membres d'un groupe.	… un ensemble de connaissances, valeurs, rituels partagés par tous les membres d'un groupe.	… une image simpliste, toute faite, souvent différente de la réalité !	… l'organisation des rapports entre les membres d'une organisation.
Culture	**Stéréotype**	**Hiérarchie**	**Rituel**

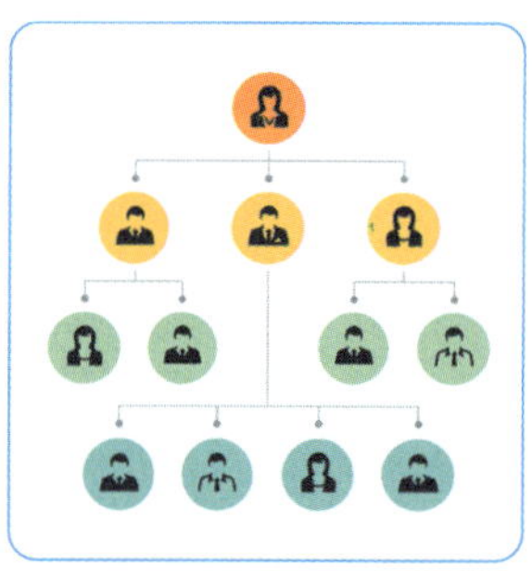

3 Caractériser les comportements individuels au sein des groupes

1. Constituez un duo.
2. Réfléchissez aux avantages et aux inconvénients, d'accueillir un nouveau collaborateur au sein de l'organisation.
3. Place à l'action ! Avec un autre duo, présentez vos idées devant la classe. Chaque duo a trois minutes pour convaincre d'embaucher un nouveau collaborateur, ou au contraire de n'embaucher personne.

4 Repérer ce qui, dans les relations, révèle la culture et les valeurs de l'organisation

Telenco est une entreprise spécialisée, entre autres, dans la fabrication des dispositifs de fixation et de raccordement des câbles de télécommunication aériens (plus connus sous l'expression de « poteau électrique »).

1. **À partir de la vidéo, mettez en évidence les valeurs RH de Telenco.**
2. **Illustrez chacune de ces valeurs RH à l'aide du site corporate de l'entreprise.**
3. **Expliquez les raisons qui ont poussé Telenco à développer le slogan : « Un pour tous, tous pour Telenco ».**

VIDÉO
hachette-clic.fr/22sdgn032
Telenco Groupe – Notre culture d'entreprise (2'39)

SITE WEB
hachette-clic.fr/22sdgn033
Les valeurs RH de Telenco

5 Repérer ce qui, dans les relations, révèle la culture et les valeurs de l'organisation

BlaBlaCar est le leader mondial du covoiturage, avec 90 millions d'utilisateurs, dont 18 millions de Français. L'entreprise, fondée en 2006 par Frédéric Mazzella, Nicolas Brusson et Francis Nappez est aujourd'hui présente dans 22 pays et emploie 700 personnes. […]

***LE FIGARO.* - Comment BlaBlaCar s'adapte-t-il au télétravail qui s'éternise ?**

Frédéric Mazzela. – Nous avons essayé de conserver au maximum les contacts humains, l'informel. Les équipes sont encouragées à maintenir des rituels comme les pauses-café, les déjeuners ensemble, même à distance. Nous incitons à multiplier les échanges par écrit pour que tout le monde soit au courant. Nous avons aussi conservé en visio notre BlaBlaTalk hebdomadaire : nos 700 salariés se réunissent pour écouter une équipe expliquer ce sur quoi elle travaille, comment elle avance sur un dossier… […]

[…] Dans votre culture d'entreprise, la convivialité (baby-foot…) occupe une place importante. Réussissez-vous à la garder sur la distance ?

Un de nos six BlaBlaPrinciples est « Fun and Serious ». Nous sommes très sérieux dans notre travail, et cela nous permet de le faire en nous amusant. […] Par exemple, d'habitude, pour Noël, nous organisons un évènement pour les enfants et une grande soirée pour les collaborateurs. Cette année, nous avons envoyé un cadeau aux enfants et préparé une grande animation en visio sous forme de quiz. […]

Ces BlaBlaPrinciples, d'où viennent-ils ?

Au début, nous en avions dix. En 2017, ils ont été ramenés à six, écrits avec les salariés. Ils forment le socle de notre culture d'entreprise. Tous les collaborateurs les connaissent, car ils sont pratiqués au quotidien, ils se vivent. Le BlaBlaTalk est la manifestation d'un des BlaBlaPrinciples : « Share more, Learn more » (« partager plus, apprendre plus »). N'importe qui peut poser n'importe quelle question à n'importe quelle personne dans l'entreprise. Ainsi, il n'y a pas de rétention d'information qui grippe la boîte. […]

Anne Bodesco, lefigaro.fr, 22 février 2021

1. **Mettez en évidence les éléments constitutifs de la culture de l'entreprise BlaBlaCar : valeurs, codes, rituels.**
2. **Expliquez l'importance d'avoir une culture d'entreprise partagée par tous les salariés.**

L'essentiel

hachette-clic.fr/22sdgn034

JE RÉVISE
- Le podcast du cours
- La synthèse en 1 clic
- Je manipule les notions

NOTIONS

- **Codes :** ensemble des pratiques partagées par les membres d'un groupe.
- **Culture :** ensemble des savoirs, valeurs, croyances et normes sociales partagés par les membres du groupe.
- **Groupe d'appartenance :** groupe auquel l'individu appartient.
- **Groupe de référence :** groupe auquel l'individu n'appartient pas mais qu'il considère comme un repère ou un point de rejet.
- **Groupe formel :** groupe créé dans un but précis, reconnu officiellement dans l'organisation.
- **Groupe informel :** groupe formé spontanément en fonction de relations personnelles ou d'intérêts communs.
- **Hiérarchie :** rapports de subordination entre les membres d'un groupe.
- **Identité sociale :** reconnaissance par les autres de la place occupée au sein du groupe.
- **Normes :** règles de conduite fixées par l'organisation.
- **Représentation sociale :** ensemble des connaissances d'un individu sur un sujet donné.
- **Réseau social d'entreprise :** réseau social interne à l'organisation.
- **Rituel :** comportement répétitif et réglé par des conventions respectées par les individus.
- **Statut :** position occupée par l'individu dans le groupe et reconnue par l'ensemble des membres du groupe.
- **Stéréotype :** image préconçue, simplifiée voire simpliste d'un individu ou d'un groupe d'individus.
- **Valeurs :** grands principes moraux auxquels se réfèrent les membres d'un groupe.

COURS

1 Quelle place pour l'individu dans le groupe ?

- Le groupe est un ensemble structuré d'individus qui poursuivent un objectif commun.
- On distingue des groupes **formels** et **informels**, ainsi que des groupes d'**appartenance** et de **référence**.
- Les membres d'un groupe ont un **statut** en son sein, ainsi qu'une identité sociale en cohérence ou non avec ce dernier.
- La hiérarchie de l'organisation peut se visualiser au travers d'un organigramme.

2 Comment l'individu s'intègre-t-il dans le groupe particulier qu'est l'organisation ?

- L'organisation est un groupe formel plus ou moins structuré.
- Toutes les organisations ont une **culture** issue de leur histoire. Elle se traduit par des **valeurs**, **normes**, **codes** et **rituels** que les membres partagent et respectent.
- La culture de l'organisation est parfois impactée par ses membres eux-mêmes qui peuvent avoir des **représentations** sociales ou des **stéréotypes** néfastes à son bon fonctionnement.
- Le réseau social d'entreprise est un outil de communication interne au service de la culture d'organisation.

CULTURE+

- La culture d'entreprise danoise met en avant la confiance, le respect, l'égalité et l'ouverture aux autres cultures. Le Danemark est un pays très éduqué qui déteste l'affirmation publique de la richesse, qu'elle soit verbale ou visuelle. La culture scandinave valorise qui vous êtes plus que ce que vous avez.
- La hiérarchie tend à être plate au Danemark. La prise de décision au Danemark implique de consulter toutes les personnes concernées. Les employés s'adressent souvent aux patrons par leur prénom, ce qui montre que les hiérarchies ne sont pas strictement appliquées. Les discussions sont les bienvenues et les décisions seront prises lentement et méthodiquement.

tradesolutions.bnpparibas.com, 2022

POUR RETENIR AUTREMENT

1 Quelle place pour l'individu dans le groupe ?

Groupe

=

→ Formel ou informel

→ D'appartenance ou de référence

Chaque membre a un statut dans la hiérarchie

≠

Identité sociale

2 Comment l'individu s'intègre-t-il dans le groupe particulier qu'est l'organisation ?

Valeurs	Normes
Codes	Rituels

Culture d'organisation

- Représentation sociale
- Stéréotype

Le réseau social interne développe et entretient la culture d'organisation.

4 Je réussis à argumenter à l'oral

Fiche méthode BAC
⑦ Je prépare mon oral, p. 270

Fiche méthode BAC
㉒ Gérer l'oral, p. 302

Argumenter à l'oral ne se limite pas à exposer oralement des arguments construits et pertinents ! C'est un peu plus complexe que cela…

1

Si je veux réussir à bien argumenter à l'oral, je dois surveiller…

… mes arguments

- Je les ai développés et bien organisés (du moins au plus fort).
- Je maîtrise leur contenu.
- Je suis capable de les défendre.
- Je réfléchis avant de répondre aux questions !

… mon comportement non verbal

- Je me suis préparé(e) avec soin (vêtements, coiffure…).
- J'ai une posture droite, sûre de moi mais je ne suis pas une statue grecque !
- Je regarde mon auditoire.
- Je suis ouvert(e) à l'échange.

… mon comportement verbal

- J'utilise des mots techniques.
- J'opte pour un registre de langue courant.
- Je fais attention à ma grammaire.

… mon comportement paraverbal

- Je varie le ton.
- Je fais des pauses à des endroits stratégiques.
- J'adopte un débit intelligible.

2 Je m'entraîne

1. **Constituez un trio.**
2. **Développez individuellement un argument complet (voir Objectif Bac 3, p. 62) afin de répondre à la question de votre enseignant(e).**
3. **Chacun votre tour, exposez votre argument au reste du trio, le « jury ».**
4. **Débriefez à la fin de chaque prestation :**

Points à évaluer	😠	😐	🙂	Commentaires
L'argument développé est…	☐	☐	☐	……………………………… ………………………………
Son comportement verbal est…	☐	☐	☐	……………………………… ………………………………
Son comportement paraverbal est…	☐	☐	☐	……………………………… ………………………………
Il/elle adopte un comportement non verbal…	☐	☐	☐	……………………………… ………………………………
Finalement, cet oral est ………………………………………………				

5

CAPACITÉS

- Distinguer l'approche par la qualification et l'approche par la compétence
- Établir un lien entre les conditions de travail et le comportement des membres de l'organisation

NOTIONS

- Activité de travail : conditions de travail, compétences et qualification
- Nouveaux liens de travail : contractualisation et autoentrepreneuriat
- Conflits et consensus au sein de l'organisation
- Fiche de poste et profils de compétences

NATURE & DECOUVERTES

La gestion efficace de l'activité de travail

FICHE D'IDENTITÉ

NATURE & DECOUVERTES

Type d'organisation : entreprise privée à but lucratif

Date de création : 23 juillet 1990

Activité : commerce de détail

Type de produits : ensemble de produits autour du bien-être et de la nature

Champ d'activité : France et Europe de l'Ouest

Forme juridique : S. A. (société anonyme)

→ **Résumez dans les bulles les valeurs RH de l'entreprise.**

SITE WEB
hachette-clic.fr/22sdgn035
Les valeurs RH

Exigence
Obtenir des résultats de qualité pour respecter les engagements pris.

Engagement
Les actions entreprises le sont pour le bien collectif (personnes et environnement).

Commerce
Être commerçant en créant un lien réel avec le client.

Audace
Pour innover.

Humanisme
Placer l'Homme au cœur de toute décision.

SITUATION

Passionnés de voyage, de nature et de transmission, Françoise et François Lemarchand fondent Nature & Découvertes en 1990, avec une ambition forte : créer une entreprise respectueuse de l'Homme et de la nature. En 2010, leur fils Alexandre reprend les rênes de l'entreprise, mais conserve cette ambition qui guide encore aujourd'hui le quotidien des équipes Nature & Découvertes (même après son rachat en 2019 par le groupe FNAC-Darty). Esprit d'équipe entretenu par des moments de convivialité, une hiérarchie courte privilégiant les rapports directs… Nature & Découvertes veille à ce que sa gestion des ressources humaines soit (et reste) une belle aventure humaine.

1 Comment optimiser l'activité de travail ?

Selma et Ryo sont codirecteurs d'un magasin Nature & Découvertes. Depuis le départ imprévu de Corinne pour reconversion professionnelle, les conditions de travail au magasin sont en tension. En tant que managers soucieux de leurs salariés, ils organisent ce matin (avant l'ouverture au public), une réunion avec leurs trois collaborateurs : Enzo, Martika et Stéphanie.

A Les conditions de travail

DOC 1 Extrait des échanges conduits lors de la réunion d'équipe

Selma : Nous avons voulu vous réunir car nous avons conscience des difficultés que vous rencontrez depuis le départ de Corinne. Nous aimerions vous écouter pour améliorer les conditions de travail en attendant l'arrivée d'un remplaçant.
Enzo : Depuis le départ de Corinne, tout le monde a fait beaucoup d'heures supplémentaires pour pallier son absence.
Martika : C'est vrai, et nous sommes fatigués et un peu démoralisés, car nous voyons moins nos enfants et nos conjoints.
Stéphanie : En plus, Corinne était la seule à vraiment savoir clôturer la caisse avec le logiciel. Nous essayons, mais ce dernier est compliqué…
Ryo : Nous sommes tous impactés par ce départ soudain, mais sachez que nous faisons notre maximum pour trouver un remplaçant rapidement.
Les trois collaborateurs, *en chœur* : Nous le savons !

Auteurs

DOC 2 Les conditions de travail

Les conditions de travail recouvrent les aspects matériels (contraintes physiques, moyens, conditions sanitaires, etc.), organisationnels (temps de travail, rythme de travail, autonomie et marge de manœuvre, etc.), et psychosociaux (relations avec les clients, la hiérarchie et les collègues, sentiment d'utilité, etc.) dans lesquels est exercée l'activité professionnelle.

dares.travail-emploi.gouv.fr, 2021

1 **À l'aide des ▶ Docs. 1 et 2, relevez et classez les conditions de travail mises en avant lors de la réunion d'équipe, en complétant le tableau suivant :**

Conditions de travail	Difficultés soulevées lors de la réunion d'équipe
Matérielles	Complexité du logiciel de caisse
Organisationnelles	Épuisement Horaires à rallonge
Psychosociales	Baisse de moral car limite vie privée/vie professionnelle plus compliquée Conscience des efforts réalisés par la direction

2 **Expliquez comment le remplacement de Corinne pourrait améliorer chacune des conditions de travail.**

Le remplacement de Corinne pourrait améliorer les conditions de travail de l'équipe de Nature & Découvertes à plusieurs échelles. D'un point de vue :

- matériel, si la personne sait utiliser ce logiciel complexe ;
- organisationnel, car les salariés retrouveront leur charge de travail habituelle et seront moins fatigués ;
- psychosocial, car le retour à la normale permettra aux salariés de revoir leur famille et de retrouver leur moral.

DOC 3 L'importance de soigner les conditions de travail

VIDÉO	VIDÉO
hachette-clic.fr/22sdgn036 Comment repérer le burn-out et y faire face (3'34)	hachette-clic.fr/22sdgn037 Comprendre le bore-out (1'34)

3 **À l'aide du ▶ Doc. 3, caractérisez ces deux syndromes liés aux conditions de travail.**

Syndrome	Burn-out	Bore-out
Présentation brève	Épuisement physique, mental et émotionnel lié à un stress chronique dû à l'exercice du métier.	Ennui profond au travail.
Symptômes	Fatigue chronique Isolement progressif Difficulté à communiquer	Fatigue, lassitude Désintérêt pour les missions Difficultés de concentration Doutes, anxiété.

4 **Expliquez pourquoi ces syndromes sont le résultat d'une mauvaise combinaison de toutes les conditions de travail.**

Avoir de mauvaises conditions organisationnelles, psychosociales et matérielles va impacter l'état physique et moral des salariés. Par exemple, ne pas maîtriser un outil matériel (comme un logiciel de caisse) peut faire perdre du temps à l'équipe et engendrer un sentiment d'échec chez le salarié.

5 **En tant que futur manager, que feriez-vous pour que vos futurs collaborateurs ne connaissent jamais ces syndromes ?**

Toute réponse cohérente acceptée.

Observer ses collaborateurs, discuter avec eux (de manière informelle autour de la machine à café, mais aussi lors des entretiens annuels d'évaluation), entretenir des moments de convivialité, répartir intelligemment la charge et la nature de travail...

1 Comment optimiser l'activité de travail ?

Pour rééquilibrer les conditions de travail de l'équipe, Selma et Ryo ont lancé une campagne de recrutement, qui a déjà reçu un nombre important de candidatures. Après un premier tri, ils décident de recevoir en entretien deux candidats dont le profil est intéressant.

B Le recrutement des ressources humaines

DOC 4 Recruter : oui, mais comment ?

Le « recrutement par les compétences » se différencie du « recrutement par [la qualification] ». Recruter par [la qualification], c'est recruter sur la base des diplômes et de l'expérience professionnelle correspondant au poste à pourvoir.

Recruter par les compétences, c'est recruter sur la base des savoirs, des savoir-faire ou des savoir-être professionnels. Si par exemple vous ne trouvez pas de serveur de restaurant diplômé ou expérimenté, vous allez peut-être recruter un candidat qui, bien que n'étant pas serveur de métier, est capable de gérer l'accueil de la clientèle, possède quelques connaissances en sommellerie [choix des vins] et sait travailler en équipe, car il a déjà mobilisé ces compétences dans un autre métier.

Ces deux approches du recrutement, par [la qualification] et par les compétences, ne s'opposent pas mais sont complémentaires.

pole-emploi.fr, 2021

6 **À partir du ▶Doc. 4, distinguez « approche par qualification » et « approche par compétences ».**

Approche par qualification	≠	Approche par compétences
Recrutement sur la base des diplômes et de l'expérience professionnelle.		Recrutement sur la base des savoirs, savoir-faire et savoir-être, peu importe la formation initiale ou le diplôme.

DOC 5 le recrutement chez Nature & Découvertes

Plus qu'un diplôme,
une personnalité

Le recrutement de nos collaborateurs est avant tout une rencontre, un échange, un moment de partage. Nous voulons savoir qui vous êtes, ce qui vous anime et ce à quoi vous aspirez. Ce que nous recherchons en priorité ? De la curiosité, une envie d'agir et de partager, un désir de s'engager pour le monde.

natureetdecouvertes.com, 2021

7 **Indiquez l'approche de recrutement utilisée par Nature & Découvertes. Justifiez l'avantage de cette méthode pour l'organisation.**

Nature & Découvertes privilégie une approche centrée sur les qualités personnelles, les envies du candidat plutôt que sur le poste. Ceci permet de valoriser la personnalité du candidat, son expérience et la richesse de son parcours. C'est donc une approche par compétences.

DOC 6 Compte rendu des entretiens

Objet du mail : Compte rendu entretiens recrutement – remplacement Corinne.

Salut Ryo,

Je viens de finir les entretiens de Julien et de Chloé, les deux candidats pour le poste de Corinne. Voici mes impressions :

Julien	Chloé
• arrivé 5 minutes en retard • formation et expérience dans la vente • passion pour le football qui prend une place très importante dans son quotidien • m'a coupé plusieurs fois la parole • connaît bien l'entreprise car il a déjà été conseiller de vente dans un autre N&D.	• a l'air stressé • souriante, à l'écoute • sa formation en alternance était en lien avec l'esthétisme • utilisatrice de cosmétiques naturels et de produits bios • maîtrise d'un logiciel de caisse similaire au nôtre

J'ai déjà fait mon choix, mais je ne te dis rien pour ne pas t'influencer ! J'attends ta décision par retour de mail.

Auteurs

8 **À partir des ▶ Docs. 4 à 6, établissez le profil de compétences attendu pour le poste :**

Profil de compétences :

Conseiller de vente

Savoirs : aucun diplôme demandé

Savoir-faire : savoirs informatiques (maîtrise d'un logiciel de caisse)

Savoir-être : être curieux ; avoir envie de partager avec ses collaborateurs et les clients ; avoir envie de s'engager pour le monde

Validé par Selma R.

9 **Sélectionnez le ou la candidat(e) adéquat(e). Justifiez votre choix.**

Le candidat qui correspond le mieux au poste serait Chloé car elle a davantage de compétences. En termes de savoirs, elle dispose des connaissances relatives à la relation clients, comme Julien. Pour les savoir-faire, Chloé maîtrise le logiciel de caisse, à l'inverse de Julien. Enfin, en termes de savoir-être professionnels, Chloé semble répondre aux différentes attentes de l'entreprise puisqu'elle est arrivée à l'heure et qu'elle s'intéresse à la nature, contrairement à Julien.

Bilan

Expliquez le lien entre optimisation de l'activité de travail, conditions de travail et recrutement.

L'optimisation des conditions de travail est nécessaire pour placer les salariés dans un environnement stimulant et motivant. Ceci permet d'améliorer leur activité dans l'entreprise. Le recrutement est un autre moyen pour augmenter l'activité de travail. En effet, au travers du recrutement, l'entreprise acquiert des qualifications et des compétences supplémentaires.

Vers la synthèse — JE ME TESTE

hachette-clic.fr/22sdgn038

Je révise l'essentiel p. 84-85

2 Comment maintenir une activité de travail efficace ?

La vie de l'organisation n'est pas un long fleuve tranquille ! Tensions à apaiser (voire conflits à résoudre), bataille concurrentielle à mener, adaptation continue aux clients… Nature & Découvertes aime le challenge et l'inscrit dans ses valeurs. Vous souvenez-vous de l'« Humanisme » et de l'« Audace » ?

A Dépasser les conflits pour arriver à un consensus

Selma et Ryo ont fait leur choix : Chloé rejoint l'aventure ! Toute l'équipe doit maintenant s'adapter à cette nouvelle recrue, ce qui n'est pas sans générer quelques tensions…

NOTION

- **Consensus :** accord de volonté sans expression d'opposition.

DOC 7 Le conflit au sein de l'organisation

Un conflit est une situation d'hostilité voire d'affrontement ayant pour cadre l'organisation et affectant son fonctionnement et son activité. Les conflits peuvent être **latents** (ils n'éclatent pas) ou **ouverts** (ils sont clairement visibles).

On peut distinguer les **conflits** :
- **de personnes :** liés à des problèmes relationnels (antipathie, rivalité, etc.) ;
- **d'idées :** les parties au conflit ont des avis différents voire opposés ;
- **de pouvoir :** entre subordonné et supérieur hiérarchique ;
- **d'intérêt :** chaque personne, ou groupe de personnes, suit des intérêts divergents.

Auteurs

1 Qualifiez chacun de ces conflits :

n°	Situations	Ouvert ou latent ?	Type de conflit
1	Stéphanie n'apprécie pas vraiment Chloé et a donc décidé de ne plus lui dire bonjour.	Latent	De personnes
2	Enzo conteste sa rémunération et veut rédiger un mail au siège de Nature & Découvertes.	Ouvert	D'intérêt
3	Martika, employée depuis quinze ans, aimerait devenir responsable du secteur « Bien-être ». Ryo lui a indiqué que cela ne serait pas possible et il y a eu dispute.	Ouvert	De pouvoir
4	Un client n'est pas d'accord avec Chloé sur les qualités d'un produit ; celui-ci hausse le ton.	Ouvert	D'idées

2 À partir de la vidéo hachette-clic.fr/22sdgn039, relevez les différents moyens de dépasser un conflit.

- Valoriser les compétences professionnelles et le succès durant la gestion du conflit
- Rester dans un cadre professionnel lors du conflit
- Comprendre le conflit
- S'entretenir avec chaque membre de son équipe
- Réagir rapidement avant que le conflit ne se développe
- Provoquer la discussion

3 Justifiez l'intérêt de résoudre un conflit par consensus.

L'aspect collégial de l'accord sous-entend que chaque partie du conflit a été active dans sa résolution et y trouve donc son intérêt.

Pour faire face à une demande croissante de leur clientèle, Selma et Ryo ont décidé de proposer un service de livraison à domicile. Ils ont reçu le devis de l'entreprise de livraison GoFast&Furious. Devant le montant, ils s'interrogent plutôt sur l'intérêt de recruter un nouveau salarié.

B S'adapter aux nouveaux liens de travail

DOC 8 Les liens de travail

Classiquement, on entend par « lien de travail », une relation de subordination entre un employeur et son salarié. L'employeur encadre le travail du subordonné, qui l'exécute contre une rémunération. Face à l'évolution des modes de consommation, un nouveau lien de travail se développe : le recours à des prestataires extérieurs (avec qui se conclut un contrat de prestation de service). Cette nouvelle relation est grandement facilitée par le statut d'autoentrepreneur.

Auteurs

4 Distinguez le lien de travail entre :

- l'entreprise et un salarié : lien de subordination avec un contrat de travail
- l'entreprise et un prestataire externe : contrat de prestation de service et pas de lien de subordination

DOC 9 Internaliser ou externaliser le service de livraison à domicile ?

Installés dans leur bureau, Selma et Ryo ont résumé tous les éléments nécessaires à leur réflexion.

Coût d'un livreur-salarié pour 15 heures hebdomadaires	Proposition de l'entreprise de livraison GoFast&Furious
Salaire horaire brut : 10,83 € • Cotisations patronales : 30 % du salaire brut	Forfait mensuel : 900 €

Auteurs

5 Calculez le coût d'un livreur-salarié puis déterminez le lien de travail le plus avantageux pour Nature & Découvertes.

Calcul du coût d'un livreur-salarié :

Éléments	Calculs	Montants
Salaire horaire brut	(10,83 x 15) x (52/12)	703,95 €
Cotisations patronales	703,95 x 30 %	211,19 €
	TOTAL	915,14 €

À la seule lecture des chiffres, il apparaît qu'externaliser le service de livraison est le lien de travail à privilégier. En outre, au-delà du simple aspect financier, le recours à un prestataire extérieur évite la phase de recrutement et la gestion quotidienne du salarié (absentéisme, planning, congés payés…), qui sont des éléments non négligeables à prendre en compte dans le choix définitif.

Bilan

Répondez à la question suivante : « Pourquoi est-il important de savoir prendre des décisions afin de maintenir une activité de travail efficace ? »

La vie quotidienne de l'organisation est soumise à des aléas et à des situations imprévues issues de son fonctionnement interne mais aussi des opportunités et des menaces de son environnement. Afin d'y remédier et de rester compétitif, il est nécessaire de prendre des décisions.

Vers la synthèse
JE ME TESTE
hachette-clic.fr/22sdgn040
Je révise l'essentiel p. 84-85

À moi de jouer

1 Jouez avec *Kyushi* !

Quiz interactifs pour réviser en classe !

hachette-clic.fr/kyushi

2 Mini-cas

Devenir auto-entrepreneur : pour qui ?

Rendez-vous sur hachette-clic.fr/22sdgn041, faites chacune de ces simulations et découvrez quel individu peut devenir auto-entrepreneur !

Simulation a Pascal, comptable, souhaite proposer des cours particuliers pour les élèves et étudiants.

Simulation b Amandine, diététicienne, travaille actuellement dans un hôpital. Elle a pour projet de lancer son activité en auto-entrepreneuriat.

Simulation c Alix, Ahmed et Bastien souhaitent lancer un magasin de vêtements de sport. Les dépenses engagées sont assez importantes.

Simulation d Samia souhaite reprendre l'exploitation agricole familiale sous le statut d'auto-entrepreneur.

Simulation e Jean-Eudes, notaire, souhaite ouvrir un cabinet de conseils en ayant le statut d'auto-entrepreneur.

3 Distinguer l'approche par qualification de l'approche par compétences

Fiche méthode BAC
8 Mettre en forme, p. 274

Le directeur des ressources humaines d'un parc d'attractions va lancer sa grande campagne de recrutement pour la nouvelle année. Il vous communique la fiche de poste des opérateurs d'attraction, pour que vous preniez connaissance des caractéristiques du poste confié au futur salarié.

Fiche de poste : Opérateur attraction H/F

Contexte du poste

Caractéristiques de l'emploi	Opérateur employé rattaché directement au chef de zone • CDD 8 mois (mars à octobre) de 14 à 35 heures
Conditions d'exercice	Affecté à une zone du parc, rotation sur les attractions • 11 euros brut de l'heure + indemnités kilométriques • Travail week-end et jours fériés

Missions

• Accueillir le public • Assurer le fonctionnement de l'attraction	• Respecter les consignes de sécurité • Assurer la propreté et l'entretien de son poste de travail

Compétences requises

Savoirs	Pas de diplôme minimal requis (formation assurée en interne, en mars) Bonne maîtrise de l'anglais, autre langue souhaitable
Savoir-faire	Débutant accepté
Savoir-être	Sens de l'accueil et des responsabilités Rigueur et engagement Excellente présentation exigée

Fiche de poste validé le 10 janvier N

1. **Rédigez l'offre d'emploi à publier sur le site, selon l'approche que vous aurez choisie : par qualification ou par compétences.**
2. **Mettez-la en forme sur un logiciel de traitement de texte.**
3. **Montrez-la au reste de la classe. Vos camarades ont-ils reconnu l'approche sélectionnée ?**

4 Établir un lien entre les conditions de travail et le comportement des membres de l'organisation

La grève au centre logistique de Décathlon à Willebroek a été interrompue mardi par un huissier. Les syndicats stigmatisent la rupture du dialogue social et demandent à la ministre de l'Emploi d'intervenir. […] Le personnel conteste le retrait d'une prime et la manière avec laquelle la direction a introduit le travail en soirée et de nuit. Il reproche aussi à la direction d'avoir fait appel à des intérimaires durant la crise du coronavirus. […]

« Selon l'idéologie Décathlon, la direction applique les lois belges lorsqu'elles servent ses intérêts, mais ignore complètement la législation sociale », lance Erika Lambert (ACV Puls, [syndicaliste]). Les syndicats demandent donc une intervention de la ministre « avant que les relations sociales ne soient complètement détruites ».

Luc Van Driessche, lecho.be, 11 juin 2020

1. Résumez l'origine du mouvement de grève.
2. Relevez et qualifiez quelles composantes des conditions de travail sont représentées dans cet article.
3. Expliquez le rôle qu'aurait la ministre dans cette situation. Justifiez votre réponse.

5 Distinguer l'approche par qualification de l'approche par compétence

1. Déterminez l'approche utilisée dans le CV de Zveltana Durant. Justifiez.
2. Recensez vos compétences et qualifications, ainsi que vos qualités et centres d'intérêt.
3. À partir de ces éléments, créez votre CV à votre image à l'aide d'un traitement de texte et de ses modèles proposés.

ZVELTANA DURANT

Z.DURANT@TEST.COM

06.XX.XX.XX.XX

LINKEDIN/ZVELTANADURANT

LANGUES

Anglais (TOEIC 580)
Espagnol (DELE 45)

CENTRES D'INTÉRÊT

Pratique de la course à pied
Théâtre

PROFIL

RIGOUREUSE - PONCTUELLE - PATIENTE
À la recherche d'un nouveau défi professionnel, j'aspire à travailler pour un cabinet comptable afin d'utiliser mes compétences dans un contexte professionnel exigeant et de qualité.

COMPÉTENCES

Archiver et saisir les données comptables et commerciales sur logiciel de comptabilité ;
Enregistrer les opérations comptables dans les livres comptables ;
Élaborer des documents de synthèse : Compte de résultat, bilan, balance, etc. ;
Suivre le traitement des factures clients et fournisseurs.

FORMATIONS

BTS COMPTABILITÉ ET GESTION – 2015
Lycée Emile Dubois, Paris XIVe

DIPLÔME DE COMPTABILITÉ GÉNÉRALE – 2017
Lycée polyvalent Le Rebours, Paris XIIIe

UTILISATION DE LOGICIELS COMPTABLE - 2018
Centre de formation de Paris
Sage, Isa Compta et EBP.

EXPÉRIENCES PROFESSIONNELLES

- 2014 : Stage comptable au sein d'un cabinet d'experts-comptables, FIDUCIAL, Paris Ve
- 2018 à ce jour : Comptable pour l'entreprise Vit'I, Paris XVIe

L'essentiel

JE RÉVISE
hachette-clic.fr/22sdgn042
- Le podcast du cours
- La synthèse en 1 clic
- Je manipule les notions

NOTIONS

- **Activité de travail :** tâches exécutées par un acteur dans l'organisation afin de produire un résultat attendu.
- **Compétence :** capacité d'un individu à mobiliser des savoirs, savoir-faire et savoir-être dans un contexte professionnel pour atteindre un objectif.
- **Conditions de travail :** aspects matériels, organisationnels et psychosociaux dans lesquels est exercée l'activité professionnelle.
- **Conflit :** situation d'hostilité voire d'affrontement ayant pour cadre l'organisation et affectant son fonctionnement et son activité.
- **Consensus :** Accord de volonté sans expression d'opposition
- **Fiche de poste :** description fidèle des caractéristiques d'un poste.
- **Profil de compétences :** portrait des compétences idéales recherchées chez un candidat au recrutement.
- **Qualification :** capacité d'une personne à exercer un métier ou à occuper un poste déterminé, acquise par la formation ou par l'expérience.

COURS

Favoriser l'activité de travail dans l'organisation est un enjeu important car cela conditionne la **performance** de l'organisation et donc sa **pérennité**.

1 Comment optimiser l'activité de travail ?

- Les conditions d'exercice de l'activité de travail ont une incidence sur la **(dé)motivation** des salariés et donc sur la performance.
- Les dirigeants doivent alors **optimiser les conditions de travail** qu'ils proposent, que ce soit dans les dimensions **matérielles**, **organisationnelles** ou **psychosociales**.
- Toutefois, de bonnes conditions de travail n'impliquent pas obligatoirement la performance.
- L'activité de travail peut aussi être favorisée en recrutant des ressources humaines qualifiées et/ou compétentes.

2 Comment maintenir une activité de travail efficace ?

- L'activité de travail peut générer des **conflits** au sein des organisations (conflits de personnes, d'idées, de pouvoir, d'intérêt).
- Les dirigeants doivent alors les résoudre, en privilégiant le **consensus** plutôt qu'une solution imposée.
- Le statut d'**auto-entrepreneur** a favorisé le développement de **nouveaux liens de travail** au sein des organisations.
- Ces nouveaux liens se traduisent par une **externalisation des activités**, ce qui supprime le **lien de subordination** imposé par les **contrats de travail classiques**.

CULTURE+

L'arrivée du sport en entreprise ?

Depuis 2016, les employeurs ont pour obligation de veiller à la santé physique de leurs salariés. Pourquoi ? Selon une étude de INSERM (Institut national de la santé et de la recherche médicale) de 2008, une pratique sportive régulière permettrait d'évacuer les tensions, de diminuer le stress, et augmenterait de 6 à 9 % la productivité d'un individu. C'est bien connu, *mens sana in corpore sano* : un esprit sain dans un corps sain ! Organiser des séminaires sportifs au sein d'une organisation, cela signifie donc augmenter la cohésion d'équipe, renforcer le mental, et ainsi garantir de meilleures conditions de travail !

POUR RETENIR AUTREMENT

1 Comment optimiser l'activité de travail ?

Proposer de bonnes conditions de travail — et/ou — **Recruter des salariés**

Proposer de bonnes conditions de travail :
- ....matérielles........................
- ...organisationnelles.................
- .....psychosociales...................

Recruter des salariés :
- Approche par la ..qualification....
- Approche par la ..compétence....

N. B. : Optimiser les conditions de travail et le recrutement favorise mais ne garantit pas l'amélioration de l'activité de travail.

2 Comment maintenir une activité de travail efficace ?

Face aux situations de conflits
- ....ouverts....................
- ....latents.....................

Les dirigeants doivent trouver une solution pour dégager un ....consensus......... ou imposer une décision.

Face aux nouveaux liens de travail
- Internalisation par contrat de ....travail.................
- Externalisation par contrat de ....prestation de services.......

5 Je prends en notes

Fiche méthode BAC
19 Prendre des notes, p. 296

1 Je connais les abréviations

Transforme ces mots en abréviations :

Monsieur : M	Homme : ♂	Problème : pb
Madame : Mme	Pendant : pdt	Pour : pr
C'est-à-dire : cad	Page : p	Quand : qd
Avant : avt	Dans : ds	Et : ∝
Beaucoup : bcp	Nombre : nb	Temps : tps
Cependant : cpdt	Exemple : ex	Souvent : svt
Par rapport : /	Mais : ms	Quelques : qqs
Tout : tt	Tous : ts	Grand : gd
Comme : c̄	Nous : ns	Sous : ss
Eternité : ∞	Femme : ♀	Aujourd'hui : auj

2 En action !

1. Prends en note les éléments que tu juges importants dans le podcast.

PODCAST
hachette-clic.fr/22sdgn043
Écoute attentivement ce podcast.

2. Prends du recul sur ta prise de notes :

a. Relis tes phrases : sont-elles compréhensibles ?

b. Certaines phrases pourraient-elles être améliorées par des symboles ? Des liens ? Des schémas ? Perfectionne-les.

c. Entoure en vert toutes les abréviations que tu as utilisées.

d. Entoure en rouge les mots qui auraient pu être écrits sous forme d'abréviations. Perfectionne encore.

3. Compare ta prise de notes avec la proposition de ton professeur :

a. As-tu noté les idées essentielles du scénario ?

b. Comment juges-tu ta mise en forme maintenant ?

	Non satisfaisant	À peu près satisfaisant	Satisfaisant
Le fond	☐	☐	☐
La forme	☐	☐	☐
Mon niveau en prise de notes	☐	☐	☐

6

CAPACITÉS

- Mesurer l'activité de travail à l'aide d'indicateurs pertinents
- Évaluer la productivité du travail
- Évaluer le coût global du travail avec les charges

NOTIONS

- Évaluation et rétribution de l'activité humaine dans les organisations : tableaux de bord, indicateurs d'activité et de productivité, rémunération et coût du travail

LACOSTE

L'évaluation et la rétribution des Hommes au travail

VIDÉO

hachette-clic.fr/22sdgn044

Les apprentis à la découverte de leur entreprise : Lacoste (2'39)

SITUATION

Surnommé « le crocodile » parce qu'il ne lâchait pas ses adversaires, le champion de tennis René Lacoste prend sa retraite sportive en 1933. Il fonde alors une société de textiles à son nom qui rencontre le succès commercial grâce à un produit devenu iconique : le célèbre polo Lacoste. La marque au crocodile poursuit son développement commercial tout au long du XXe siècle, avant d'entrer avec dynamisme dans le XXIe siècle. Lacoste défend aujourd'hui les savoir-faire du tissage, notamment grâce à la Lacoste Academy, qui présente les activités du groupe aux étudiants. Jeu, set et … !

1 Quels outils pour mesurer l'activité de travail ?

Il y a deux ans, Paulo a pris la direction du magasin Lacoste de Vallée Village à Marne-la-Vallée, en plus de sa boutique à Paris. Dès son arrivée, il a mis en œuvre des outils de gestion pertinents pour mesurer la quantité et la qualité du travail de ses salariés en boutique. En fin d'année N, il présente les résultats à son équipe de Marne-la-Vallée et leur communique les prochains objectifs.

A Les indicateurs de mesure de l'activité de travail

DOC 1 Discours de fin d'année de Paulo à son équipe

« Bonjour à toutes et à tous ! Je suis fier de vous présenter les résultats obtenus cette année grâce à votre engagement de chaque instant. Nous pouvons envisager l'avenir avec ambition ! Passons maintenant à l'analyse de nos résultats… »

NOTION

• **Tableau de bord :** comme le tableau de bord utilisé par l'automobiliste, le tableau de bord de gestion est un ensemble d'indicateurs qui permet au dirigeant de suivre en continu les résultats de son organisation.

	Réalisé N-1	Objectif N	Réalisé N	Écart = réalisé N – objectif N	Taux de réalisation de l'objectif N (%) = réalisé N / objectif N x 100
Chiffre d'affaires (en millions d'euros)	5,1	5,3	5,5	0,2	103,77
Nombre d'articles vendus	3 500	4 000	5 550	1 550	138,75
Nombre de nouveaux adhérents au programme de fidélité	40	45	39	-6	86,67
Nombre d'adhérent au programme	205	250	244	-6	97,60
Note de satisfaction globale des clients (sur 10)	7,5	8	8,5	0,5	106,25

Les données ci-dessus sont fictives, et ont un but purement pédagogique. Auteurs

1 Complétez le tableau de bord (▶ Doc. 1), puis faites le bilan détaillé de l'activité de la boutique Lacoste en N.

Le bilan de l'activité de la boutique est globalement positif. Le chiffre d'affaires et le nombre d'articles vendus sont supérieurs à ceux de l'année N-1, et qualitativement, le niveau global de satisfaction est bon (avec une note de 8,5/10). Cependant, certaines améliorations peuvent être faites, car l'équipe n'est pas parvenue à atteindre ses objectifs de fidélisation de la clientèle : seuls 39 nouveaux clients ont été recrutés (objectif de 45), et le nombre d'adhérents au programme est à 244 (objectif 250).

2 Justifiez en quoi ce tableau de bord est utile à Paulo dans la gestion de sa boutique.

Il regroupe les indicateurs d'activité essentiels du point de vente. Le tableau de bord permet à Paulo de piloter l'activité de la boutique en suivant plusieurs variables d'activité sur un seul document. Paulo doit notamment vérifier si les objectifs visés sont atteints. Si des écarts sont constatés et que la performance est insuffisante, il pourra agir à court terme (TDB comme outil d'alerte) mais aussi tirer les enseignements de ces écarts à plus long terme (TDB comme outil d'apprentissage). Enfin, Paulo pourra se servir des indications données pour déterminer ses futurs objectifs (TDB comme outil de prévision).

DOC 2 Performances individuelles dans la boutique de Marne-la-Vallée, année N

	Nombre d'articles vendus			Réclamations traitées		
	Objectif	Résultat	Taux de réalisation des objectifs (en %)	Objectif	Résultat	Taux de réalisation des objectifs (en %)
Gihan	1 500	1 750	117	15	10	67
Ororaé	1 000	800	80	15	20	133
Meïao	1 500	3 000	200	15	0	0
Total	4 000	5 550	139	45	30	67

	Nombre de comptes fidélité ouverts			Nombre de jours d'absence		Nombre de retards	
	Objectif	Résultat	Taux de réalisation des objectifs (en %)	N-1	N	N-1	N
Gihan	15	15	100	2	2	3	7
Ororaé	15	22	147	1	4	2	0
Meïao	15	2	13	1	0	3	2
Total	45	39	87	4	6	8	9

Auteurs

3 **Expliquez l'intérêt d'utiliser des indicateurs de performance individuelle.**

Ces indicateurs donnent une vision plus précise de l'activité de travail au sein de la boutique, et vont au-delà des indications générales figurant dans le doc. 1. On peut ici mesurer des aspects plus qualitatifs et quantitatifs de l'activité, pour chacun des vendeurs.

4 **Évaluez l'activité de travail de chaque vendeur en complétant le ▶ Doc. 2.**

5 **À partir du ▶ Doc. 2, analysez l'activité de chacun des vendeurs puis concluez sur leur contribution dans la performance de la boutique en année N.**

Gihan

Dépasse ses objectifs de vente et atteint son objectif d'ouverture de comptes de fidélité. En revanche, il ne traite pas assez de réclamations et a été absent et en retard.

Ororaé

N'est pas performant sur les ventes, mais il traite plus de réclamations et d'ouvertures de compte de fidélité. Il n'a jamais été en retard, mais a été absent.

Meïao

Dépasse largement les objectifs de vente, mais ne semble pas tenir compte de la satisfaction et de la fidélisation des clients puisqu'il n'a géré aucune réclamation et n'ouvre pas assez de comptes de fidélité.

L'analyse de ces indicateurs révèle que les trois vendeurs ne contribuent pas tous de la même façon à la création de valeur.

DOC 3 La productivité du travail

La productivité du travail mesure l'efficacité au travail, c'est-à-dire la capacité d'une organisation à produire ou à vendre ses biens ou ses services avec une quantité donnée de travail, comptabilisée en heures (productivité horaire) ou en nombre de salariés (productivité par tête) :

$$\frac{\text{Quantités produites ou CA}}{\text{Nombre d'heures travaillées ou Nombre de salariés}} \times 100$$

Auteurs

DOC 4 Prévisions de la productivité du travail dans les boutiques de Paulo

	Boutique de Marne-la-Vallée					Boutique de Paris				
	N	N+1	Taux d'évolution	N+2	Taux d'évolution	N	N+1	Taux d'évolution	N+2	Taux d'évolution
Ventes (en volume)	555	750	35,14	1 100	46,67	1 200	1 150	-4,17	1 100	-4,35
Effectifs	3	4	33,33	5	25,00	6	5	-16,67	5	0,00
Nombre d'heures de travail annuelles	4 821	6 428	33,33	8 035	25,00	9 642	8 035	-16,67	8 035	0,00
Productivité par tête	185	187,5	1,35	220	17,33	200	230	15,00	220	-4,35
Productivité horaire	0,115	0,117	1,35	0,137	17,33	0,124	0,143	15,00	0,137	-4,35

Auteurs

6 **À l'aide du ▶ Doc. 3, interprétez les résultats entourés dans le ▶ Doc. 4.**

- **185 :** en moyenne sur l'année N, chaque vendeur (unité de facteur travail) de la boutique de Marne-la-Vallée a réussi à vendre 185 articles.
- **0,124 :** en moyenne sur l'année N, en une heure de travail, la boutique parisienne a réussi à vendre 0,124 article par heure.

7 **Calculez les différents indicateurs pour compléter le tableau (▶ Doc. 4).**

8 **Selon vous, les vendeurs de la boutique de Marne-la-Vallée réussiront-ils à être aussi productifs que leurs collègues de Paris dans les années à venir ?**

Les indicateurs et les calculs réalisés soulignent une amélioration de la productivité beaucoup plus forte dans la boutique de Marne-la-Vallée entre N et N+2. Si les objectifs fixés par Paulo sont atteints, alors les vendeurs de la boutique de Marne-la-Vallée rattraperont la productivité des vendeurs de la boutique de Paris en seulement deux ans.

9 **Proposez à Paulo des moyens pour aider ses vendeurs à gagner en productivité.**

Paulo pourrait s'appuyer sur le tableau de bord et les indicateurs d'activité pour suivre la productivité et aider ses salariés. Il convient aussi de veiller à leur proposer de bonnes conditions de travail.

10 **Expliquez l'intérêt de compléter ces tableaux de bord par des entretiens individuels.**

Un tableau de bord ne permet pas à lui seul de mesurer l'activité de travail, car il ne traduit pas tout ce qui se produit dans la réalité. Les entretiens peuvent être un outil de gestion permettant de le compléter.

B Les autres outils de mesure de l'activité de travail

LACOSTE

DOC 5 L'évaluation du salarié et l'entretien annuel d'évaluation

L'évaluation d'un salarié dans l'entreprise est un dispositif facultatif qui a pour objet d'apprécier ses aptitudes professionnelles [comme] la réalisation des objectifs fixés. L'évaluation prend souvent la forme d'un entretien annuel entre le salarié et son supérieur hiérarchique pour faire un bilan du travail accompli et faire le point sur la réalisation des objectifs. Une grille d'appréciation peut servir de support à l'entretien.

service-public.fr, 22 juillet 2020

DOC 6 Grille d'évaluation de Meïao, vendeur dans la boutique de Marne-la-Vallée

Nom du collaborateur : Meïao	Date de l'entretien : 18/12/N
Savoir	**Note / 5**
Connaissance des produits et services Lacoste	5
Connaissance du profil des clients fidèles	2
Gestion de la relation client	3
Savoir-faire	**Note / 5**
Techniques de vente	5
Traitement des réclamations	1
Fidélisation de la clientèle	2
Savoir-être	**Note / 5**
Sens du travail d'équipe et relation avec les collègues	3
Assiduité et ponctualité	4
Autonomie et sens de l'initiative	4
Commentaires	
Meïao est un vendeur autonome et fiable qui met ses qualités commerciales au service de l'équipe. Il doit progresser sur les aspects qualitatifs du métier avec une meilleure connaissance des clients et une amélioration de la satisfaction (réclamations) et de la fidélisation.	
Remarques : l'échelle de notation va de 1 (insatisfaisant) à 5 (très satisfaisant). Les notes sont basées sur les résultats figurant au tableau de bord et sur l'entretien.	

11 **Aidez Paulo à compléter les notes sur la grille d'évaluation (▶ Doc. 6) à partir du ▶ Doc. 2, puis appréciez le travail de Meïao en remplissant la partie « commentaires ».**

Bilan

Expliquez l'intérêt des outils de mesure de l'activité de travail pour les dirigeants d'une organisation.

Pour s'assurer de l'atteinte des objectifs individuels et collectifs, les dirigeants d'une organisation doivent disposer d'informations relatives au travail des individus et des équipes. Les tableaux de bord et les entretiens sont des outils de synthèse permettant de faciliter la compréhension.

Vers la synthèse
JE ME TESTE
hachette-clic.fr/22sdgn045
Je révise l'essentiel p. 96-97

2 Comment évaluer le coût du travail ?

Si les salariés créent de la valeur grâce à leur activité de travail, ils sont aussi une charge pour l'organisation. Paulo souhaite donc évaluer précisément le coût global que représentent ses équipes… qui va bien au-delà des simples rémunérations !

VIDÉO
hachette-clic.fr/22sdgn046
Bulletin de salaire, salaire brut, net et coût du travail (3'05)

A Le coût de la rémunération du travail

DOC 7 Le bulletin de salaire de Meïao, en novembre N

EMPLOYEUR
Nom : Boutique LACOSTE Vallée Village
Adresse : 3, cours de la Garonne 77700 Serris

SALARIÉ Emploi : Vendeur en magasin
Nom et prénom : PETIOT Meïao
Adresse : 161, avenue des Marmousets 77700 Serris

Désignation	Base	Part salariale		Part patronale
		Taux	Montant	montant
Salaire de base	151,67	10,89 €	….1 651,69 €	
Prime d'ancienneté	50,00 €	100,00 %	50, 00 €	
Prime d'assiduité	30,00 €	100,00 %	30, 00 €	
Salaire brut			….1 731,69 €	
SANTÉ				
Sécurité sociale - Maladie Maternité Invalidité Décès	1 731, 69 €	-		121, 22 €
Complémentaire santé (mutuelle)	1 731, 69 €	0,50 %	8, 66 €	8, 66 €
ACCIDENT DU TRAVAIL - MALADIE PROFESSIONNELLE	1 731, 69 €			54, 72 €
RETRAITE	1 731, 69 €	6,90 %	119, 49 €	148, 06 €
FAMILLE - SÉCURITÉ SOCIALE	1 731, 69 €	-		70, 13 €
ASSURANCE CHÔMAGE	1 731, 69 €			72, 73 €
AUTRES CONTRIBUTIONS DUES PAR L'EMPLOYEUR	1 731, 69 €	-		34, 63 €
CSG/CRDS déductible/non déductibles de l'impôt sur le revenu	1 701, 39 €	9,70 %	165, 03 €	
TOTAL DES COTISATIONS SALARIALES ET PATRONALES			293, 18 €	510, 15 €
NET À PAYER AVANT IMPÔT SUR LE REVENU			….1 438,51 €	

1. **Surlignez sur le bulletin de salaire (▶ Doc. 7) le nombre d'heures travaillées par Meïao – les montants des primes – le montant total des cotisations salariales – le montant total des cotisations patronales.**

2. **Complétez le bulletin de salaire de Meïao (▶ Doc. 7).**

3. **Distinguez désormais le salaire brut du salaire net.**

Salaire brut	≠	Salaire net
Salaire correspondant à l'activité de travail avant le retrait des cotisations sociales salariales.		Salaire réellement perçu par le salarié en échange de son activité de travail.

4. **Déterminez le coût global que représente Meïao pour l'organisation.**

1 438,51 + 293,18 + 510,15 = 2 241,84

B Les coûts indirects du travail

LACOSTE

DOC 8 Les conséquences de l'absentéisme

L'absentéisme entraîne pour l'organisation des coûts directs (souvent le maintien du salaire), mais aussi des coûts indirects. En effet, les absences répétées d'un salarié désorganisent l'activité de l'organisation, qui devient moins performante.

Auteurs

DOC 9 La rotation du personnel, ou *turnover*

DOC 10 Les conséquences d'une grève

En cas de grève, le contrat de travail est suspendu : le salarié ne fournit plus d'activité de travail et l'employeur ne verse plus de salaire. Cependant, la grève peut avoir des coûts indirects pour l'organisation :

- Désorganisation, baisse de productivité.
- Dégradation de l'image de l'organisation.
- Climat social tendu qui réduit la motivation des salariés.

Auteurs

DOC 11 Le coût caché des conflits au travail

La gestion des tensions et conflits au bureau équivaut à un mois de travail par an et représente 152 milliards d'euros par an de coût salarial aux entreprises, selon le premier Observatoire du coût des conflits au travail créé par OpinionWay et le cabinet de coaching All Leaders Initiative*. [...] Dans les faits, 33 % des sondés ont un niveau de motivation et d'engagement qui s'amoindrit, 32 % sont touchés dans leur bien-être mental et psychique et enfin 30 % vont jusqu'à éviter les collègues avec qui ils sont en conflit.

Marie-Amélie Fenoll, daf-mag.fr, 2 décembre 2021

* Étude réalisée par OpinionWay entre les 2 et 20 septembre 2021, en ligne auprès d'un échantillon national représentatif de 974 salariés français, des secteurs public et privé.

5 **Surlignez dans les ▶ Docs. 8 à 11 les coûts indirects du travail et relevez leurs conséquences sur l'organisation dans le tableau :**

Coûts indirects pour l'organisation	
Doc. 8	**Doc. 9**
Désorganisation de l'activité de travail : baisse de performance et de CA.	Perte de savoir-faire, perte de temps, perte d'efficience.
Doc. 10	**Doc. 11**
Dégradation du climat social et de l'image, désorganisation de l'activité de travail.	Baisse de motivation, effets sur le bien-être, perte de cohésion de l'équipe.

Bilan

Expliquez comment évaluer le coût global du travail de manière fiable.

L'employeur doit tenir compte des éléments de rémunération (heures supplémentaires, primes au salaire de base…) et des cotisations sociales qui alourdissent le coût du travail. Il doit aussi penser aux coûts indirects, qui peuvent altérer le coût de l'activité de travail (absentéisme, instabilité des équipes, *turnover*, climat social tendu, grèves, conflits au travail…).

Vers la synthèse
JE ME TESTE
hachette-clic.fr/22sdgn047
Je révise l'essentiel p. 96-97

À moi de jouer

1 Jouez avec *Kyushi* !

Quiz interactifs pour réviser en classe !

hachette-clic.fr/kyushi

2 Mots mêlés

Huit notions essentielles du chapitre sont cachées ci-dessous. Saurez-vous les retrouver ?

P	T	K	A	R	T	C	G	D	Z	P	A	R	Y
R	E	G	B	F	S	R	U	R	I	A	L	E	C
N	W	A	S	J	N	J	E	A	E	S	Z	M	O
P	T	N	E	T	I	U	T	F	A	V	X	U	N
I	P	E	N	T	R	E	T	I	E	N	E	N	F
N	N	L	T	X	J	O	A	L	C	V	C	E	L
D	R	Q	E	F	R	G	G	C	M	G	Y	R	I
I	A	D	I	K	F	H	P	X	V	W	N	A	T
C	P	A	S	C	H	A	R	G	E	S	F	T	N
A	S	X	M	G	T	H	S	N	Y	U	N	I	N
T	Z	T	E	W	S	D	M	V	X	E	Q	O	Z
E	S	A	S	P	I	U	I	P	T	F	H	N	P
U	P	R	O	D	U	C	T	I	V	I	T	E	C
R	S	X	S	Q	P	L	Y	W	X	Y	K	R	E

3 Évaluer le coût du travail

Antoine a été recruté en tant qu'informaticien à temps plein. Le mois dernier :

- il a travaillé 151,67 heures au taux horaire de 12 euros brut ;
- il a réalisé 8 heures supplémentaires au taux majoré de 25 % ;
- il a réalisé 2 heures supplémentaires au taux majoré de 50 % ;
- il a reçu une prime de pénibilité de 50 euros.

1. **Calculez le salaire brut d'Antoine.**
2. **Déduisez son salaire net, en sachant que les cotisations salariales représentent 20 % du salaire brut.**
3. **Calculez le coût total du travail pour l'employeur, sachant que les cotisations patronales sont de 35 %.**

4 Mesurer l'activité de travail grâce à des indicateurs pertinents

Après avoir suivi une formation de pizzaïolo à Naples, Gino a ouvert son restaurant à Paris. Pour répondre à une demande croissante des clients, il voudrait réorganiser le restaurant et se questionne sur le meilleur investissement à réaliser pour gagner en productivité.

L'évolution de la productivité de travail selon les deux scénarii d'investissement

Investissement A :
réaménagement de la cuisine (changement de mobilier et réorganisation)

	Sans investissement	Avec investissement		
		Retombées immédiates	Après un mois d'utilisation	Après six mois d'utilisation
Nombre de pizzas produites et vendues par jour	300	280	320	360
Nombre de pizzaïolos	3	3	3	3
Nombre d'heures de travail par pizzaïolo et par jour	8	9	8,5	8

Investissement B :
remplacement du four

	Sans investissement	Avec investissement		
		Retombées immédiates	Après un mois d'utilisation	Après six mois d'utilisation
Nombre de pizzas produites et vendues par jour	300	250	350	400
Nombre de pizzaïolos	3	3	3	3
Nombre d'heures de travail par pizzaïolo et par jour	8	9	8	7,5

Fiche méthode BAC
⑪ Mettre en forme Excel, p. 278

Fiche méthode BAC
⑫ Utiliser des formules de calculs, p. 281

1. **Complétez les tableaux ci-dessus dans un logiciel de tableur, puis calculez les indicateurs demandés pour les deux scénarii :**
   - la productivité quotidienne par tête ;
   - la productivité horaire.
2. **Analysez comment évolue la productivité dans chacun des deux scénarii.**
3. **Expliquez pourquoi la productivité baisse après l'investissement puis augmente dans les deux scénarii.**
4. **Gino doit-il privilégier l'investissement A ou l'investissement B ? Choisissez et justifiez.**

L'essentiel

hachette-clic.fr/
22sdgn048

JE RÉVISE
- Le podcast du cours
- La synthèse en 1 clic
- Je manipule les notions

NOTIONS

- **Coût du travail :** ensemble des coûts directs et indirects liés à l'activité de travail et supportés par l'employeur (rémunération mais aussi absentéisme, *turnover*, conflits).
- **Indicateurs d'activité et de productivité :** paramètres quantitatifs (données) qui mesurent l'activité de travail dans diverses dimensions et notamment la productivité.
- **Rémunération :** ensemble des coûts supportés par l'employeur pour rétribuer l'activité de travail du salarié (salaire de base, primes, cotisations sociales).
- **Tableau de bord :** outil de mesure de l'activité d'une organisation constitué d'indicateurs permettant de mesurer la performance individuelle des acteurs ou la performance collective.

COURS

1 Quels outils pour mesurer l'activité de travail ?

- Une organisation emploie des salariés pour que leur travail crée de la **valeur**.
- Il convient d'évaluer l'apport de l'activité humaine à la performance de l'organisation grâce à des **indicateurs** regroupés dans des **tableaux de bord** d'activité.
- Ces indicateurs peuvent mesurer l'**activité individuelle ou collective** avec des **indicateurs de performance** tels que le volume d'activité, la productivité, la satisfaction…
- La mesure de l'activité individuelle de travail peut être complétée par un entretien qui s'appuie sur une grille d'évaluation.

2 Comment évaluer le coût du travail ?

- Les organisations doivent évaluer correctement **le coût du travail**. En effet, avant de devenir une ressource qui permet à l'organisation de créer de la richesse, les salariés sont une charge (source de dépenses).
- La **rémunération** représente le premier coût du travail puisque le salarié doit être rétribué à la hauteur de son travail.
- Il convient d'ajouter à cette rémunération les **cotisations sociales** supportées par l'employeur et le salarié et prélevées par l'État.
- Des **coûts indirects** doivent aussi être pris en compte par l'organisation : coûts de recrutement, de formation, mais aussi phénomènes tels que l'absentéisme ou les conflits.

CULTURE+

La mesure de l'activité de travail est loin d'être récente ! Il y a déjà plus de trois mille ans, en Mésopotamie, des formes d'écriture (dites cunéiformes) sont apparues et permettaient aux Hommes de noter au fur et à mesure leur performance de la journée. Ces écritures représentaient du bétail et des céréales, avec à côté des signes représentant les quantités (à l'époque, il ne s'agissait pas encore de nos chiffres actuels). Mesurer l'activité de travail a toujours été une nécessité pour l'Homme !

POUR RETENIR AUTREMENT

1 Quels outils pour mesurer l'activité de travail ?

L'organisation doit mesurer l'activité de travail

- grâce à des ....tableaux de bord.... ...
  - avec des indicateurs d'activité
  - avec des indicateurs de ...productivité....
- à plusieurs niveaux
  - individuel (l'acteur) et collectif (le service ou l'organisation)
  - quantitatif et .....qualitatif......

2 Comment évaluer le coût du travail ?

Il faut bien évaluer le coût du travail dans sa totalité.

Coût de la rémunération

- Salaire brut
  - .....Salaire net..... ....
  - .....Cotisations.... ....salariales.....
- .....Cotisations.... .....patronales.....
- = Coût total de la rémunération

Coûts indirects du travail

- Coûts liés à la gestion des ressources humaines
- Instabilité des équipes et ....turnover...................
- Grève
- ....Absentéisme.................
- etc.

6 J'utilise un outil de travail collaboratif

OBJECTIF BAC

Partez à la découverte des fonctionnalités d'un Google Drive, en duo !

1 Je crée et je partage un dossier

1. **Ouvrez Google.fr.**
2. **En haut à droite, créez ou connectez-vous à votre compte.**

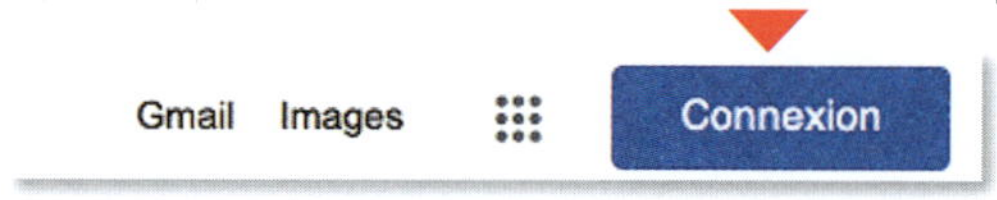

3. **Quand vous êtes connecté(e), ouvrez votre drive en cliquant sur l'onglet ⋮⋮⋮ puis Google Drive**
4. **Un membre du duo va créer un dossier, qu'il va ensuite partager avec son binôme.**

Méthode

a. Cliquez sur **Nouveau** puis **Dossier**

b. Donnez-lui le nom d'« Activité TD » : il apparaît.

c. Partagez-le en cliquant dessus avec un clic droit.

Deux possibilités

→ Vous ajoutez directement l'adresse Gmail de votre camarade.

→ Vous obtenez un lien à copier – coller puis à envoyer.

2 Je crée et j'utilise un document partagé Word

1. **Ouvrez tous les deux votre dossier « Activité TD ».**
2. **Le membre du duo qui n'a pas réalisé l'étape 1 va créer et partager un document Google Docs en cliquant sur :**

Nouveau puis

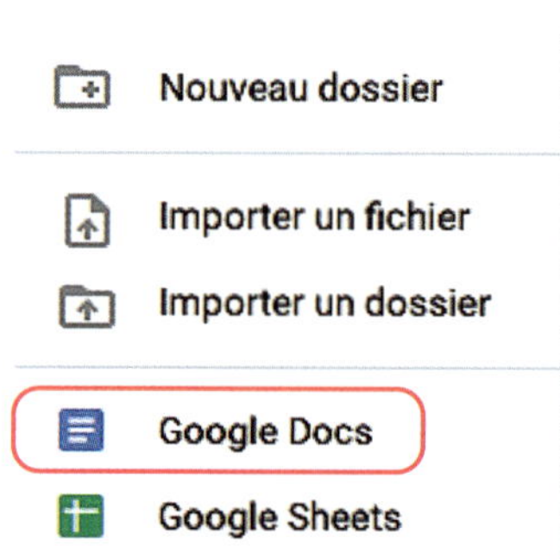

puis **Partager**

3. **Ouvrez chacun le document sur vos ordinateurs respectifs.**
4. **Découvrez et testez les fonctionnalités du logiciel version navigateur : écrire, insertion d'image, commentaires…**
5. **Vous pouvez reproduire l'étape 2 en réalisant une autre action, telle que :**
   - importer un fichier, un dossier ;
   - créer des pages Excel (Sheets), un diaporama (Slides), un questionnaire (Forms), etc. (Plus).
6. **Vous partagerez ensuite avec votre binôme votre travail commun. N'oubliez pas d'alterner les rôles.**

Mini-cas d'entraînement

THÈME 1

JE SAIS : OUI ✓ NON ✗

- **repérer** ce qui, dans les relations, relève de la culture et des valeurs de l'organisation. ☐ ☐
- **décrire, caractériser** et **analyser** les situations de communication à partir de leurs composantes et des phénomènes relationnels qu'elles contribuent à développer. ☐ ☐
- **distinguer** l'approche par la qualification de l'approche par la compétence. ☐ ☐
- **établir** un lien entre les conditions de travail et le comportement des membres de l'organisation. ☐ ☐
- **mesurer** l'activité du travail à l'aide d'indicateurs pertinents. ☐ ☐

Petit Bateau… recrute et intègre un(e) assistant(e) commercial(e).

SITUATION

Élève de terminale STMG, vous avez pour projet d'effectuer votre BUT en alternance. Précautionneux/précautionneuse, vous êtes déjà en recherche d'une organisation.

MISSION 1 DÉCOUVRIR L'ORGANISATION

Après plusieurs candidatures envoyées, vous venez d'être contacté(e) par le siège de Petit Bateau, au sujet d'un poste d'assistant(e) commercial(e).

Pour mettre toutes les chances de votre côté, vous faites quelques recherches…

À l'aide de vos connaissances et des ▶ Docs. 1 et 2, réalisez les missions suivantes :

Q1.1 **Identifiez les valeurs de la culture d'organisation et expliquez leurs rôles pour Petit Bateau.**

Q1.2 **Distinguez les compétences attendues au poste d'assistant(e) commercial(e).**

Q1.3 **Qualifiez l'approche de recrutement adoptée par Petit Bateau. Justifiez votre réponse.**

DOC 1 Pourquoi monter à bord de l'équipage Petit Bateau ?

Authenticité	Agilité	Intrépidité
• Amour du travail bien fait • Fierté de la marque et des produits	• Innovation • Dynamisme • Spontanéité des salariés	• Recrutement de talents • Créativité • Prise d'initiatives

petit-bateau.fr, 2021

DOC 2 Extrait de l'offre d'emploi : ALTERNANCE 35H – Assistant(e) commercial(e) – Petit Bateau !

Rattaché au service commercial et en étroite collaboration avec les services marketing et communication, vous aurez pour missions :

- Assister les commerciaux dans la mise à jour informatique des informations produits
- Accompagner les responsables de magasins dans l'interprétation des événements promotionnels
- Gérer et piloter le plan promotionnel des magasins situés en Ile-de-France
- Explorer de nouvelles offres commerciales

Au-delà d'un diplôme, nous recherchons un talent proche des valeurs de notre organisation : authentique, agile et intrépide. Alors si vous êtes une dynamique, enthousiaste, rigoureux(se) et organisé(e) mais aussi force de proposition et créatif(ve), rejoignez l'équipage !

Auteurs

MISSION 2 INTÉGRER L'ORGANISATION

Suite à votre entretien de recrutement, vous avez obtenu le poste ! Afin de mieux appréhender les différents métiers de l'organisation, vous avez réalisé deux semaines d'immersion en point de vente. La responsable de magasin souhaite faire un bilan.

À l'aide de vos connaissances et des ▶ Docs. 3 et 4, réalisez les tâches suivantes :

Q2.1 Calculez les productivités horaires des semaines 37 et 38. Analysez les résultats obtenus.

Q2.2 Retrouvez les composantes de la communication lors de l'entretien : acteurs, canal, message.

Q2.3 Indiquez les éléments démontrant l'écoute active et l'empathie dont fait preuve Frédérique.

Q2.4 Démontrez le lien entre les conditions de travail et votre comportement dans l'entreprise.

DOC 3 Tableau de bord des ventes

	SEMAINE 37		SEMAINE 38	
	Chiffre d'affaires réalisé	Nombre d'heures travaillées	Chiffre d'affaires réalisé	Nombre d'heures travaillées
Vendeur 1	7 000	35	4 000	28
Vendeur 2	3 000	24	2 000	24
Vous	5 000	35	6 000	35
Total	15 000	94	12 000	87

Auteurs

DOC 4 Extrait de l'entretien de fin de période d'essai

Frédérique, *souriante* : Je dresse un bilan plutôt positif de votre immersion. Vous vous êtes rapidement intégré(e) et avez su faire preuve d'initiative avec les clients. Votre chiffre d'affaires a évolué de 20 % entre les semaines 37 et 38. C'est une très belle évolution en seulement deux semaines.

Vous : Je vous remercie, je me suis senti(e) très bien accueilli(e). Toute l'équipe m'a accompagné(e) et conseillé(e) dès le premier jour. J'ai aimé le contact avec les clients et j'ai pu comprendre le fonctionnement de l'organisation.

Frédérique : Très bien, c'était l'objectif de cette immersion. Même si votre bilan est positif, quels seraient vos axes d'amélioration, si vous deviez rester au magasin ?

Vous : J'ai encore quelques difficultés avec le logiciel de caisse, je me sens parfois perdu(e) pour retrouver le fichier d'un client ou pour vérifier le stock.

Frédérique : Si je comprends bien, vous rencontrez des difficultés avec le logiciel sur des demandes particulières. Est-ce bien cela ?

Vous : Oui, c'est exactement cela.

Frédérique : Dans ce cas, nous aurions pu prévoir une heure ensemble afin que je réponde à vos questions. Autre sujet, je souhaitais que l'on évoque vos retards. Au cours des deux semaines, vous êtes arrivé(e) en retard 8 fois.

Vous, *gêné(e)* : Je suis vraiment désolé(e). Mon temps de transport entre le magasin et mon domicile est trop important. Les retards des transports sont très réguliers, je prends pourtant de l'avance.

Frédérique : Je comprends votre problématique, mais cela pose un réel problème pour le bon fonctionnement du magasin. Les retards entraînent des dysfonctionnements et il en sera de même quand vous serez au siège.

Vous : Je comprends, il faut que je trouve des solutions pour que cela n'arrive plus.

Auteurs

THÈME 2

Numérique et intelligence collective

Charlie & Gus
La BD animée STMG

VIDÉO

hachette-clic.fr/22sdgn049

Épisode #2

Gus et son nouvel ordi

1. **Notez tout ce qui vous vient à l'esprit lorsque l'on vous dit « numérique ».**
2. **Donnez des exemples concrets d'utilisation du numérique au sein de l'organisation.**

Dans nos sociétés ultrarapides, détenir l'information est devenu un enjeu fondamental pour l'organisation.

Les technologies numériques aident à collecter les données et à les transformer en informations utiles à l'Homme et sources de performance pour les organisations.

Question de Gestion

- En quoi les technologies transforment-elles l'information en ressource ?

CHAPITRE 7
L'apport du numérique pour transformer l'information en ressource stratégique

Le numérique offre de nouvelles opportunités pour l'organisation et ses parties prenantes.

Partage efficient des informations, effets de synergie intellectuelle, nouvelles formes de collaboration et de coopération

sont à la base du développement de l'intelligence collective.

Question de Gestion

- Comment le partage de l'information contribue-t-il à l'émergence d'une « intelligence collective » ?

CHAPITRE 8
Le numérique, facilitateur de l'intelligence collective

Les technologies numériques accélèrent (voire même bouleversent) le fonctionnement de l'organisation, pour le meilleur ou pour le pire…

Question de Gestion

- Le numérique crée-t-il de l'agilité ou de la rigidité organisationnelle ?

CHAPITRE 9
Le système numérique, pour améliorer les processus dans l'organisation

7

CAPACITÉS

- Repérer l'origine d'une information et les étapes de sa transformation
- Distinguer les données à caractère personnel et les contraintes de leur utilisation
- Manipuler les données ouvertes pour créer de l'information

NOTIONS

- Donnée, information, connaissance
- Données à caractère personnel
- Mégadonnées (big data), données ouvertes (open data)
- Rôles, accessibilité et valeur de l'information
- Système d'information (SI)

COWBOY

L'apport du numérique pour transformer l'information en ressource stratégique

VIDÉO

hachette-clic.fr/22sdgn050

On a testé le vélo électrique Cowboy dans les rues de Berlin (3'23)

FICHE D'IDENTITÉ

Type d'organisation : entreprise (start-up) privée à but lucratif

Date de création : 2017

Activité : conception, fabrication et vente de vélos électriques et connectés (smarts)

Champ d'activité : Europe

SITUATION

Tous en selle ! Créée en 2017, Cowboy est une start-up belge basée à Bruxelles qui conçoit, fabrique et vend des vélos à assistance électrique (VAE). Leur particularité ? Ils sont connectés ! Ces « smartbikes » collectent des données que l'entreprise utilise au profit du client. Le succès est au rendez-vous, et la société vient de lancer sa quatrième génération de VAE connectés, le Cowboy 4 !

1 Quelles sont les étapes de transformation d'une donnée ?

Smartphone, smartvélo… même racine : « smart. » Le Cowboy 4 est intelligent, car il collecte des données que l'entreprise transforme en véritable mine d'informations ! Il peut par exemple proposer un service GPS ou alerter en cas de chute. Si c'est pas futé, ça !

A De la donnée à la connaissance

Ghislain s'est offert un Cowboy 4 pour se rendre à son IUT. Il crée son profil d'utilisateur et commence à rouler en ville. Dès lors, son vélo intelligent collecte des données pour améliorer son expérience de circulation.

DOC 1 La transformation de l'information

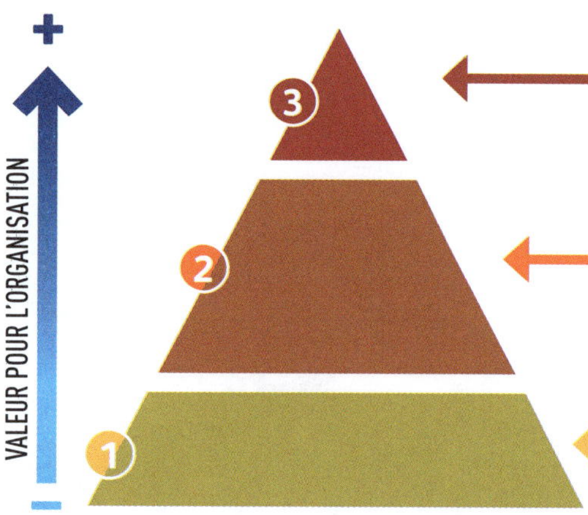

Connaissance

Enfin, une connaissance est une information qui a été comprise, assimilée et partagée pour aboutir à une action.

Information

Information vient du verbe latin *informare*, qui signifie « donner forme à ». Une information est une donnée brute qui a été interprétée et a ainsi pris du sens pour permettre la prise de décision.

Donnée

Une donnée est un élément élémentaire (mot, chiffre) permettant de décrire la réalité. Elle n'a pas de sens en elle-même et doit être interprétée pour permettre la prise de décision.

Auteurs

1 **Repérez dans le ▶ Doc. 1, les éléments constitutifs d'une donnée, d'une information et d'une connaissance. Surlignez-les.**

2 **Pour chaque situation, indiquez s'il s'agit d'une donnée, d'une information ou d'une connaissance.**

Situation	Donnée	Information	Connaissance	Justification
Ghislain parcourt chaque jour 4 km pour aller à la fac et revenir chez lui.	☐	☒	☐	La donnée brute « 4 km » prend du sens puisqu'elle est contextualisée et va pouvoir être exploitée.
4 km	☒	☐	☐	Élément brut n'ayant à lui seul aucun sens.
Pour se rendre à l'IUT, le vélo Cowboy conseille à Ghislain d'emprunter la rue de Trévise pour éviter des bouchons rue de Solférino.	☐	☐	☒	Les informations relatives au lieu d'habitation, à la destination et au trafic en ville permettent de proposer un service adapté à la situation.

3 **Résumez en un mot chacun des termes étudiés.**

Donnée = brut → **Information** = contextualisée → **Connaissance** = utilisable

Pour offrir un service optimal à Ghislain, Cowboy doit collecter de nombreuses données, et notamment des données à caractère personnel. Mais attention à la règlementation.

COWBOY.

B Le cas particulier des données à caractère personnel

DOC 2 Liste de données

- identifiants en ligne
- ~~nom d'entreprise~~
- données de localisation
- numéro de plaque d'immatriculation
- ~~photo floutée d'une personne~~
- enregistrement vidéo avec visage flouté et voix non retouchée

NOTION

Qu'est-ce qu'une donnée personnelle ?

VIDÉO

hachette-clic.fr/22sdgn051

Qu'est-ce qu'une donnée personnelle ? (0'53)

4 **Parmi les données de la liste (▶ Doc. 2), rayez celles qui ne sont pas des données personnelles, puis expliquez les raisons de votre sélection.**

Les seules informations ne rendant pas cette identification possible sont le nom d'entreprise ou une photo floutée.

DOC 3 La politique de données personnelles de Cowboy

Vous naviguez sur notre site Web

Nous traitons les informations concernant votre utilisation de notre site Web afin de conserver vos choix en mémoire et pour [...] améliorer notre site Web. [...]

Vous nous contactez volontairement (par ex. [...] en nous envoyant un e-mail)

Nous traitons vos données personnelles afin de gérer votre demande et d'y répondre [avec] votre consentement.

Vous achetez des produits/services Cowboy, vous téléchargez l'application Cowboy

Nous traitons vos données personnelles [pour permettre] l'exécution du contrat [...] concernant l'e-bike que nous vous fournissons. Ceci inclut [...] le traitement de votre nom, de votre e-mail, de la référence de votre vélo, de la clé privée servant à activer votre compte Cowboy privé et pour démarrer/éteindre le vélo, de la localisation de votre vélo afin de vous permettre de suivre et d'enregistrer les paramètres de durée, de distance et de vitesse de vos courses à vélo.

cowboy.com, 2021

5 **Repérez et surlignez les données personnelles collectées par Cowboy. Entourez les moyens de collecte.**

6 **Rendez-vous sur hachette-clic.fr/22sdgn052 et expliquez ce qu'est le RGPD.**

Réglementation européenne destinée à mieux protéger les données personnelles.

7 **Citez trois obligations que Cowboy doit respecter lors de la collecte des données personnelles.**

Recueillir l'accord des clients ; informer les clients de leur droit d'accès, de modification et de suppression des informations collectées ; assurer la confidentialité des données.

Bilan

Expliquez en quoi la transformation de l'information est une opportunité et une contrainte pour les organisations.

La transformation de l'information permet aux organisations de créer de la valeur en adaptant leurs biens et services aux attentes des clients (opportunité). Toutefois, les organisations doivent respecter la réglementation RGPD, qui peut être perçue comme une contrainte.

Vers la synthèse

JE ME TESTE

hachette-clic.fr/22sdgn053

Je révise l'essentiel p. 112-113

2 Pourquoi l'organisation transforme-t-elle les données en information ?

La transformation des données en information peut représenter une contrainte pour les organisations. Mais alors, pourquoi Cowboy le fait-elle ?

A L'information, une ressource stratégique

Les données personnelles collectées auprès de Ghislain et des autres utilisateurs vont être exploitées par Cowboy afin d'améliorer le service et ainsi mieux satisfaire l'usager !

NOTION

Les rôles de l'information

Ressource stratégique pour les organisations, l'information est un outil d'aide...

... à la décision.
L'information permet à l'organisation de prendre des décisions. Par exemple, en cas de baisse des ventes, une action de communication peut être lancée.

... au travail collaboratif.
La diffusion plus rapide des informations grâce aux outils numériques favorise le travail en interaction et permet d'ajuster les missions de chacun.

... à la communication.
En interne, l'information permet aux différents acteurs d'une organisation d'échanger pour se coordonner (ex. lors d'une réunion d'équipe). En externe, elle fait connaître les produits aux clients (ex. via un e-mailing).

1 **Pour chaque situation, indiquez le rôle de l'information et la valeur qu'elle crée au sein de l'organisation.**

Situation	Aide à la décision	Aide au travail collaboratif	Aide à la communication		Rôle de l'information au sein de l'organisation
			interne	externe	
Les personnes intéressées peuvent demander à tester le vélo via le site Internet.	☐	☐	☐	☒	Amélioration du service
Les employés de Cowboy consultent l'agenda partagé pour connaître les réunions d'équipe.	☐	☒	☐	☐	Ajustement des tâches de chacun grâce à l'intranet
Les commandes de vélos ont fortement augmenté pendant le confinement. Cowboy accroît donc sa production.	☒	☐	☐	☐	Adaptation du niveau de production pour réduire les délais d'attente et éviter les ruptures de stock, synonymes d'insatisfaction
Les clients Cowboy ont reçu un e-mail pour une réduction sur l'achat d'un garde-boue.	☐	☐	☐	☒	Augmentation du chiffre d'affaires, satisfaction et fidélisation du client
Les dirigeants de Cowboy informent leurs collaborateurs que les ventes de vélos à Lille sont en légère baisse.	☐	☐	☒	☐	Connaissance de l'environnement par les collaborateurs pour une meilleure adaptation

Grâce aux informations recueillies, Cowboy peut proposer à sa clientèle une offre adaptée à ses attentes ! Mais avant de les exploiter, il est nécessaire de vérifier leur qualité. Les salariés de Cowboy veillent au grain…

COWBOY.

B Une condition : l'information doit être de qualité

2 **Associez chaque critère de qualité à la bonne définition.**

Critère	Définition
FIABILITÉ	L'information répond à un besoin réel de l'organisation.
EXACTITUDE	La source de l'information est identifiée et crédible.
ACTUALITÉ	L'information peut être obtenue facilement et gratuitement.
PERTINENCE	L'information est actuelle et reste valable.
ACCESSIBILITÉ	L'information est conforme à la réalité.

(Liaisons tracées : FIABILITÉ – La source de l'information est identifiée et crédible ; EXACTITUDE – L'information est conforme à la réalité ; ACTUALITÉ – L'information est actuelle et reste valable ; PERTINENCE – L'information répond à un besoin réel de l'organisation ; ACCESSIBILITÉ – L'information peut être obtenue facilement et gratuitement.)

3 **Pour chaque situation, évaluez la qualité de l'information et expliquez si Cowboy pourra ou non l'utiliser.**

Situation	Fiable	Exacte	Récente	Pertinente	Accessible	Information utilisable ?
Le système d'exploitation du vélo de Ghislain permet à Cowboy de connaître ses déplacements quotidiens.	☒	☒	☒	☒	☒	(oui) / non
	Justification : la connectivité du vélo et son système d'exploitation permettent à Cowboy de collecter des informations de qualité optimale.					Tous les critères de qualité sont réunis.
Un particulier écrit aujourd'hui sur son blog qu'une société indienne va bientôt lancer un modèle comparable à Cowboy au prix imbattable de 250 €.	☐	☐	☒	☐	☒	oui / (non)
	Justification : l'information semble inexacte (impossible de proposer un smart bike à ce prix) ; cela s'explique par la source peu fiable (blog d'un particulier). En outre, l'information n'est pas pertinente car elle ne répond pas à un besoin de la société Cowboy.					Trop peu de critères réunis pour utiliser l'information.

Bilan

Dans quelle mesure une information de qualité impacte-t-elle l'activité de l'organisation ?

Toutes les informations ne se valent pas et, pour être utilisable, une information doit être de qualité, c'est-à-dire qu'elle doit répondre aux critères de fiabilité, d'exactitude, d'actualité, de pertinence et d'accessibilité. Une information de qualité aide l'organisation à mener à bien ses activités en améliorant la prise de décision, la communication et le travail collaboratif.

Vers la synthèse
JE ME TESTE
hachette-clic.fr/22sdgn054
Je révise l'essentiel p. 112-113

3 Comment l'organisation transforme-t-elle l'information en ressource ?

En collectant et traitant les données de ses clients, Cowboy transforme l'information en ressource… immatérielle.

A Grâce à son système d'information

Cowboy reçoit de nombreuses données d'origines diverses. Ses équipes s'appuient sur le numérique pour les transformer en ressource. Un système d'information (SI) performant est alors requis.

DOC 4 Le système d'information, colonne vertébrale des organisations centrées sur la data

..................Le SI permet de transformer l'information en ressource stratégique..................

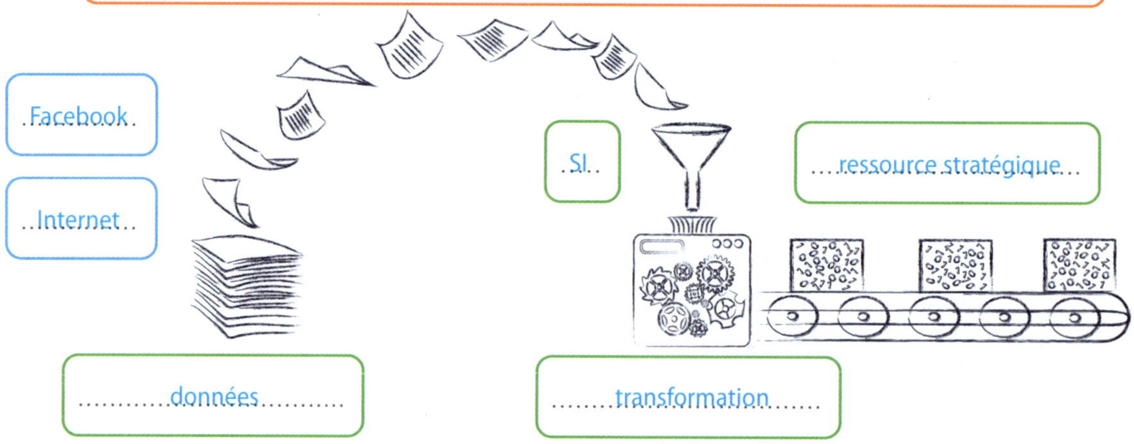

1 **Complétez le ▶ Doc. 4 en lui donnant un titre et en plaçant les termes suivants dans les encadrés verts :** ressource stratégique • transformation • données • SI

2 **Complétez le ▶ Doc. 4 en proposant dans les encadrés bleus d'autres types de données, différentes des documents papier représentés sur cette illustration.**

NOTION

Le système d'information

VIDÉO

hachette-clic.fr/22sdgn055

Le système d'information expliqué en émojis ! (2'20)

3 **Présentez le SI : ressources mobilisées, fonctions, objectif (▶ Notion).**

Ensemble organisé de ressources humaines, matérielles (hardware), logicielles (software), organisationnelles (procédures). Il collecte, traite, stocke et diffuse les informations dont ont besoin les membres d'une organisation. Il est essentiel pour maîtriser les flux croissants d'informations et prendre les bonnes décisions.........................

DOC 5 Le traitement de données en cas de chute avec le Cowboy 4

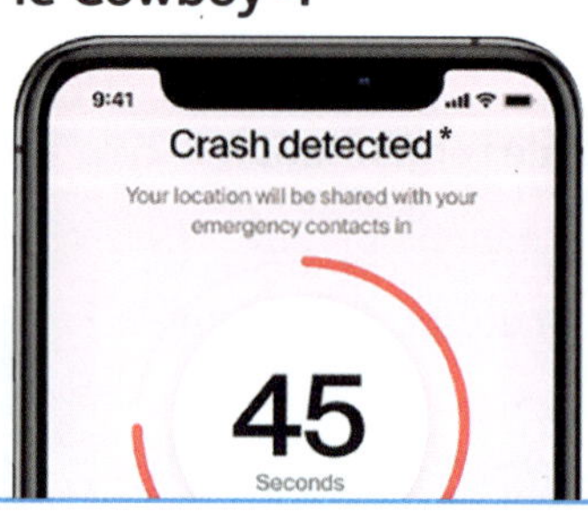

4 **À partir du ▶ Doc. 5, montrez que le SI de Cowboy est performant, en retraçant le traitement des données à chaque étape.**

- Collecte : .le SI détecte une chute.......................................
- Traitement : .le SI constate que la chute dure 45 s. (écran).......
- Diffusion : .un appel est émis (« call 112 »)..........................
- Stockage : le SI garde trace des incidents dans l'historique de l'utilisateur.

* Traduction : Chute détectée. Votre géolocalisation va être envoyée à vos contacts d'urgence dans les 45 secondes.

Face à la multiplication des données, Cowboy alimente son système d'information avec les données issues du big data et de l'open data.

COWBOY.

B Grâce au big data et à l'open data

NOTION

Comprendre le big data

VIDÉO

hachette-clic.fr/22sdgn056

Le big data, 60 secondes pour comprendre (1'20)

5 **À l'aide de la vidéo (▶ Notion), définissez le big data avec vos propres mots.**

BIG DATA = C'est l'ensemble des données qui transitent sur Internet. Elles se distinguent par leur volume gigantesque, leur vitesse de création exponentielle et leur variété (les « trois V »), ce qui les rend difficiles à gérer pour les organisations.

6 **Après avoir expliqué en quoi les commentaires et les « Like » alimentent le big data, donnez des exemples d'utilisation que Cowboy peut faire de ces données.**

Les réactions des internautes sont de nouvelles données publiées sur le Web, qui peuvent en réaction générer d'autres données. Cowboy peut analyser si ces publications rencontrent plus ou moins de succès et, ainsi, essayer de faire des prévisions de vente, par exemple.

NOTION

Différences entre big data et open data

Littéralement, le big data signifie mégadonnées, ou encore données massives. Le terme désigne un ensemble très volumineux de données [...]. L'open data désigne des données auxquelles tout le monde peut accéder, et que tout le monde peut utiliser ou partager.
Quelques points de divergence entre big data et open data :

- alors que le big data se détermine par son ampleur, l'open data [...] représente une volonté de démocratiser l'information [...] ;
- les big data ne sont pas toutes ouvertes [...] ;
- les open data n'ont pas besoin d'être énormes.

groupe-igs.fr, 2021

7 **Expliquez l'avantage d'utiliser les open data pour Cowboy. ▶ Notion**

Les open data sont des données accessibles, fiables, exactes et actualisées. Elles peuvent être pertinentes pour améliorer le service proposé par Cowboy à ses clients.

Bilan

Expliquez l'intérêt du système d'information, du big data et de l'open data pour les organisations.

Le SI, le big data et l'open data permettent aux organisations de transformer l'information en ressource stratégique et, ainsi, de créer plus de richesse. L'open data et le big data sont des sources de données alors que le SI est l'ensemble des éléments qui permet de collecter, traiter, stocker et diffuser les données et informations.

Vers la synthèse
JE ME TESTE
hachette-clic.fr/22sdgn057
Je révise l'essentiel p. 112-113

À moi de jouer

1 Jouez avec *Kyushi* !

Quiz interactifs pour réviser en classe !

hachette-clic.fr/kyushi

2 Mots mêlés

Des notions du chapitre se sont cachées dans cette grille. Retrouvez-en le plus possible !

B	C	N	O	Y	D	N	D	L	C	O	J	C	Q
Z	N	P	B	V	A	W	Z	I	O	W	D	O	O
A	C	T	U	A	L	I	T	E	L	P	O	N	G
T	O	M	U	Z	D	H	N	E	L	C	P	N	S
F	W	W	Q	Q	L	X	S	W	E	I	E	A	A
X	I	P	U	Q	E	U	D	N	C	Q	N	I	I
E	W	A	U	D	B	F	J	K	T	I	D	S	E
K	B	U	B	F	U	I	T	E	E	X	A	S	Y
Z	O	K	W	L	D	G	G	D	R	P	T	A	D
F	T	Z	Q	G	E	W	X	D	O	B	A	N	W
M	W	Q	A	F	I	J	X	Z	A	N	T	C	D
P	E	R	T	I	N	E	N	C	E	T	N	E	I
Q	U	S	C	F	B	T	I	R	R	W	A	E	F
F	Z	I	N	F	O	R	M	A	T	I	O	N	E

3 Repérer l'origine d'une information et les étapes de sa transformation

Paulo a trouvé un emploi saisonnier pour la prochaine période estivale au camping des Ajoncs à Audresselles (région Hauts-de-France). Le gérant, M. Carpentier, lui a confié le soin d'organiser une randonnée pédestre dimanche. Mercredi, Paulo effectue des recherches sur Internet pour préparer cette animation.

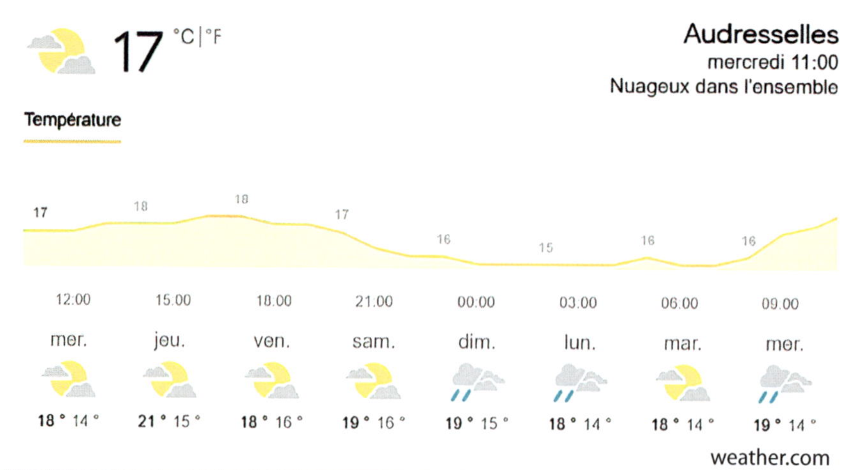

1. **Identifiez les différentes informations présentées sur ce document.**
2. **Repérez leur source et évaluez sa fiabilité.**
3. **Quelles données brutes relatives à la météo du dimanche sont disponibles dans le document ?**
4. **Réfléchissez aux décisions que peut prendre Paulo quant à la sortie prévue.**

4 Repérer l'origine d'une information et les étapes de sa transformation

Fiche méthode BAC
9 Insérer un élément, p. 276

Fiche méthode BAC
13 Insérer un graphique, p. 284

La société « Roule ma pool » vend et installe des piscines chez des particuliers en régions Grand Est et Hauts-de-France. Grâce à la crise sanitaire et les confinements de 2020 et 2021, les ventes ont augmenté. En effet, les Français souhaitent plus qu'avant rester chez eux et profiter de leur propriété.

Vous venez d'être recruté(e) comme commercial(e) pour développer les ventes dans la région Grand Est. Pour mieux comprendre la situation, vous commencez par examiner le nombre de contrats de vente signés pour les mois d'avril à juin.

	N-1	N
Avril	45	50
Mai	55	60
Juin	65	62

1. Créez un graphique (titre, légende et intitulé des axes) à partir du tableau ci-dessus.
2. Grâce à votre graphique, comparez les ventes mensuelles entre N-1 et N (sur Word ou sur Excel).
3. Quelles informations pouvez-vous extraire du graphique ?
4. Faites des recommandations à l'entreprise.

5 Distinguer les données à caractère personnel et les contraintes de leur utilisation

Fiche méthode BAC
21 Écrire un mail, p. 300

Votre amie Alice Opale est passionnée par les bijoux fantaisie. Elle envisage de créer un site Internet pour vendre ses créations en ligne. Alice sait qu'elle devra respecter les obligations liées à l'utilisation de données personnelles et vous demande de l'aider dans ses recherches.

1. Rendez-vous sur France Num, le portail de la transformation numérique des entreprises, à travers le QR code placé ci-contre.
2. Répondez aux questions posées en ligne.
3. Rédigez un e-mail à Alice résumant les principales obligations à respecter dans le cadre de son activité en matière d'utilisation de données personnelles.

SITE WEB
hachette-clic.fr/22sdgn058
Êtes-vous RGPD Friendly ?

L'essentiel

JE RÉVISE

hachette-clic.fr/
22sdgn059

- Le podcast du cours
- La synthèse en 1 clic
- Je manipule les notions

NOTIONS

- **Big data (mégadonnées) :** ensemble des données qui transitent sur le Web. Elles se caractérisent par leur variété, leur volume et leur vitesse.
- **Connaissance :** information comprise, assimilée et mémorisée. La connaissance permet de comprendre la situation pour aboutir à la décision et à l'action.
- **Donnée :** élément brut (mot, chiffre, image, son).
- **Donnée à caractère personnel :** toute information se rapportant à une personne physique identifiée ou identifiable.
- **Information :** donnée interprétée qui prend du sens.
- **Open data (données ouvertes) :** données totalement accessibles, exploitables et réutilisables par le grand public et par les organisations.
- **Système d'information (SI) :** ensemble organisé de ressources humaines, matérielles (hardware) et logicielles (software), qui permet de collecter, traiter, stocker et diffuser les informations dont ont besoin les membres d'une organisation.

COURS

1 Quelles sont les étapes de transformation d'une donnée ?

- Les données doivent être **collectées** et **transformées** par les organisations pour prendre de la valeur. Au fil de sa transformation, la donnée devient une **information** puis une **connaissance**. Elle devient alors une **ressource stratégique**.
- Les données personnelles ont un statut particulier : leur collecte et leur traitement doivent respecter le Règlement Général sur la protection des données personnelles (**RGPD**).

2 Pourquoi l'organisation transforme-t-elle les données en information ?

- L'information a plusieurs rôles pour l'organisation : outil d'**aide à la décision**, à la **communication** (interne et externe) et au **travail collaboratif**.
- L'information doit être **de qualité** : elle doit être fiable, exacte, pertinente, récente et accessible.

3 Comment l'organisation transforme-t-elle l'information en ressource ?

- Le SI est un ensemble organisé de ressources humaines, matérielles, logicielles et organisationnelles… qui permet de collecter, traiter, stocker et diffuser les informations dont ont besoin les membres d'une organisation.
- Ces SI doivent évoluer en permanence pour s'adapter aux nouvelles formes de données que sont le **big data** et l'**open data**.

CULTURE+

Sans vélo à assistance électrique, les cyclistes doivent utiliser la seule force de leurs jambes pour se mouvoir grâce au pédalier. Ce dernier fut inventé au XIXe siècle par Pierre Michaux, serrurier né à Bar-le-Duc… grâce à son fils ! En effet, fatigué de devoir pousser sur ses jambes pour faire avancer sa draisienne, le petit Michaux a suggéré à son père de lui installer un repose-pieds sur la roue avant. Mais Pierre Michaux a eu l'idée d'aller plus loin et de transformer le repose-pieds en système de manivelle pour faire tourner la roue avant. Le pédalier était né, et avec lui le vélo moderne, qui allait révolutionner la mobilité.

POUR RETENIR AUTREMENT

1 Quelles sont les étapes de transformation d'une donnée ?

Donnée → ……Information…… → ……Connaissance……

Attention, les données à caractère ………personnel……… sont soumises au RGPD.

2 Pourquoi l'organisation transforme-t-elle les données en information ?

Aide à la prise de décision + Outil de ……communication…… + Facteur de travail ………collaboratif………

L'information doit être de qualité :

Accessibilité	Fiabilité	Exactitude	Actualité	Pertinence

3 Comment l'organisation transforme-t-elle l'information en ressource ?

Système ………d'information……… = 1 Collecter → 2 …Traiter… → 3 Diffuser → 4 …Stocker…

Mégadonnées ………………(big data)……………… →

Données ouvertes ………………(open data)……………… →

OBJECTIF BAC

7 Je choisis mon sujet d'étude

Fiche méthode BAC
② Je choisis mon sujet d'Étude de Gestion*, p. 260

L'Étude de Gestion est un travail qui t'occuperas toute l'année, alors autant la baser sur un sujet qui te plaît !

Deux notions liées entre elles + Une organisation = Base de travail de mon Étude de Gestion

1 Je réfléchis au sujet et je note mes idées

Sujets d'actualité qui m'intéressent et qui sont en lien avec la SDGN	Mes centres d'intérêt	Les notions vues en cours que j'ai aimées
• Réponse libre de l'élève	• Réponse libre de l'élève	• Réponse libre de l'élève
• ...	• ...	• ...
• ...	• ...	• ...
• ...	• ...	• ...
• ...	• ...	• ...
• ...	• ...	• ...

Je n'ai pas d'idée…
Je vais au CDI, je regarde des sites fiables sur Internet, j'étudie les actualités « entreprises » de mon smartphone, je demande conseil…

2 Je réfléchis à mon organisation

Entreprise, association, organisation publique… au choix !

Réponse libre de l'élève

3 Je vérifie et je valide

Je fais une première recherche rapide pour voir s'il y a assez de documents fiables sur le sujet et l'organisation.

☐ Oui, je peux faire valider mon sujet par mon professeur. ☐ Non, je recommence avec une nouvelle idée !

** Cf. Les recommandations du Guide de l'évaluation dans le cadre de la réforme du lycée général et technologique, rentrée 2021.*

8

CAPACITÉS

- Se situer dans un environnement numérique : rôles, droits, responsabilités
- Comprendre la variété des usages et des impacts
- Contribuer à l'architecture numérique globale de l'organisation

NOTIONS

- Applications et usages du numérique dans les organisations : e-communication, partage de l'information, collaboration, communautés en ligne et réseaux sociaux
- Intelligence artificielle et automatisation des tâches organisationnelles

L'ORÉAL GROUPE

Le numérique, facilitateur de l'intelligence collective

VIDÉO
hachette-clic.fr/22sdgn060
Virtually Try On Makeup (Makeup Genius), L'Oréal (2'09)

➔ **Notez les applications numériques que vous utilisez dans les cadres scolaire et personnel.**

➔ **Mettez en évidence celles qui vous permettent de travailler en équipe.**

SITUATION

L'Oréal Paris, Garnier, Mixa Bébé, Yves-Saint-Laurent… Ces marques du groupe L'Oréal doivent vous être familières, non ? Ce qui n'était au départ qu'une petite entreprise française est devenu le leader mondial de la beauté avec 35 marques et plus de 85 000 collaborateurs répartis dans 150 pays.

Pour rester à la pointe, L'Oréal poursuit sa transformation numérique afin d'optimiser les échanges entre ses collaborateurs (en interne), mais aussi avec ses clients et ses partenaires (en externe). Ce partage de l'information favorise l'émergence d'une intelligence collective. Parce que nous le valons bien !

1 L'intelligence collective, nouvel atout pour l'organisation

Inès et les membres de son équipe développent la nouvelle application L'Oréal d'essayage de maquillage en réalité augmentée. La date de lancement approche ! Pour optimiser leurs échanges (et ainsi développer une intelligence collective !), toute l'équipe utilise de nombreux outils numériques.

A Des outils adaptés aux différents besoins de l'organisation

DOC 1 La journée très numérique d'Inès

Cas A

Cas B

1 Définissez avec vos propres mots le travail collaboratif, puis relevez et surlignez dans le ▶ Doc. 1 les outils de travail collaboratifs utilisés par Inès.

Travail collaboratif = fait, pour plusieurs personnes, de travailler ensemble sur un projet commun.

DOC 2 Les outils collaboratifs en entreprise

Le saviez-vous ? En moyenne, un salarié reçoit 88 e-mails par jour. […] Au milieu de ces flux quotidiens, comment faciliter le travail des collaborateurs et le travail en équipe ? C'est le rôle des outils collaboratifs – des logiciels ou des applications installés sur un ordinateur ou directement accessibles en ligne [: conversations instantanées, agenda partagé, partage de documents, modifications de fichiers en ligne…] Leur mission : accompagner les salariés dans la conduite de leurs projets [en synchronisant] les données en temps réel.

pole-emploi.fr, 2021

2 Identifiez le besoin auquel répond chacun des outils collaboratifs utilisés par Inès.

Les outils collaboratifs permettent de répondre aux besoins d'Inès, tels que : se coordonner grâce aux agendas partagés, communiquer avec les messageries, les Drive ou les outils de visioconférence, s'informer avec les réseaux sociaux…

B Favoriser l'intelligence collective (IC)

DOC 3 — 1 + 1 = 3, ou l'intelligence collective comme vecteur d'efficacité

Pourquoi miser sur l'intelligence collective (IC) ? Parce que […] « aucun d'entre nous n'est aussi intelligent que l'ensemble d'entre nous ». Le groupe serait en effet en capacité de générer des résultats supérieurs à la somme des résultats individuels, et à trouver des solutions innovantes. L'intelligence du collectif supplanterait ainsi celle des individus, même les plus intelligents. Émile Servan-Schreiber va encore plus loin sur les bénéfices de l'IC, estimant que « le XXIe siècle sera celui de l'intelligence… » et que « pour l'humain, l'intelligence est indissociable du collectif ».

Coralie Charles, lettreducadre.fr, 31 août 2021

3 Démontrez l'intérêt pour les organisations de miser sur l'intelligence collective.

L'IC est une nouvelle façon de trouver des solutions innovantes à la complexité de l'environnement des organisations. Les interactions dans le groupe sont facilitées par le numérique et favorisent une meilleure intelligence (ou compréhension) du monde : c'est la synergie intellectuelle. Cela permet de trouver des solutions plus adaptées pour obtenir de meilleurs résultats. L'IC rend donc les organisations plus efficaces.

DOC 4 — L'Oréal recourt à l'IC pour définir sa nouvelle vision RH

Le groupe a consulté ses 1 800 collaborateurs en ressources humaines dans le monde via une plateforme d'échanges. L'objectif était de construire la nouvelle vision des relations humaines de L'Oréal à l'horizon 2030 pour s'adapter aux nouveaux modes de travail. 80 % des collaborateurs ont participé à cette démarche d'intelligence collective en proposant plus de 500 idées ; plus de 100 équipes se sont impliquées dans une quarantaine de pays.

Auteurs

4 Démontrez que la consultation menée par L'Oréal correspond bien à une démarche d'intelligence collective.

L'Oréal a consulté ses équipes RH via une plateforme d'échange (ou d'idéation) pour définir sa nouvelle stratégie RH à l'horizon 2030. Cette démarche a favorisé les interactions et la réflexion collective pour faire émerger de nouvelles idées sur un sujet complexe.

Bilan

Définissez désormais l'intelligence collective.

Intelligence collective

=

synergie intellectuelle d'un groupe, dont le résultat génère une valeur supérieure à la simple addition des contributions individuelles.

Vers la synthèse
JE ME TESTE
hachette-clic.fr/22sdgn061
Je révise l'essentiel p. 124-125

2 Les nouvelles solutions numériques au service de l'intelligence collective

Trop d'outils collaboratifs tuent le travail collaboratif… Inès a parfois du mal à s'y retrouver ! Heureusement pour elle, L'Oréal a déployé une solution unique, dite « globale », pour favoriser l'intelligence collective. Aujourd'hui, le groupe va encore plus loin et se tourne vers l'intelligence artificielle (IA).

A Les solutions globales de travail collaboratif

DOC 5 La naissance d'un intranet commun chez L'Oréal

Avant 2012, L'Oréal disposait d'un réseau informatique morcelé : chaque service avait son propre réseau isolé du reste de l'entreprise. Depuis 2012, L'Oréal a développé un intranet commun à tous les employés.

Auteurs

1 À partir d'une recherche Internet, définissez la notion d'intranet.

Intranet = Réseau informatique interne à l'organisation permettant à ses membres de communiquer.

2 Devinez les services cachés derrière les icônes ci-dessous :

Messagerie instantanée

Annuaire partagé

Réservation de salle de réunion

Agenda partagé

Assistance

Impression à distance

3 Trouvez trois avantages à l'utilisation d'un intranet unifié pour L'Oréal.

- Favoriser les échanges entre collaborateurs
- Avoir accès aux informations à partir d'une interface unique
- Gagner en efficience et favoriser l'intelligence collective

DOC 6 L'Oréal utilise Microsoft Teams pour stimuler l'intelligence collective

- Meetings facilite les réunions : *discussion entre participants, partage de fichiers, répartition des tâches…*
- Office 365 intégré : *création, partage et modification de documents à plusieurs et sans changer d'application. Fini les envois de différentes versions, qui sont une source d'erreurs !*

Auteurs

Comment le service conditionnement de L'Oréal a-t-il choisi son nouveau packaging ? Grâce à Teams ! L'organisation des réunions et les discussions via le chat ont été grandement facilitées.

4 À l'aide du ▶ Doc. 6, expliquez en quoi Microsoft Teams favorise l'intelligence collective au sein de L'Oréal.

Teams facilite les échanges au sein du groupe : échange de contenus, organisation et préparation de réunions, travail synchrone ou asynchrone sur un document partagé. L'exemple du service conditionnement de L'Oréal met en avant ces avantages.

B L'intelligence artificielle et l'automatisation des tâches au service de l'intelligence collective

L'ORÉAL GROUPE

DOC 7 L'Oréal veut tirer parti des données et de l'IA pour nourrir sa croissance

« Le digital a permis aux marques de recruter, fidéliser et renforcer le lien avec nos consommateurs et nos parties prenantes » […] Modiface, filiale de L'Oréal spécialisée dans la réalité augmentée et l'intelligence artificielle, vient par exemple de signer un accord avec Facebook, [afin de proposer] aux acheteurs l'expérience d'un essayage virtuel réaliste. En naviguant sur la page Instagram [ou Facebook] d'une marque, les consommateurs vont pouvoir essayer un produit avant de l'acheter.

larevuedudigital.com, 29 juillet 2021

NOTIONS

- **Automatisation des tâches organisationnelles :** utilisation de technologies pour effectuer certaines tâches, au profit d'une intervention humaine réduite.
- **Intelligence artificielle (IA) :** reproduction de l'intelligence humaine par des machines.

5 **À partir du ▶ Doc. 7 et ▶ Notions, résumez les principaux bénéfices de l'utilisation de l'IA par L'Oréal, pour le client et pour le groupe.**

Client	Groupe L'Oréal
Tester les produits avant de les acheter.	Digitaliser sa distribution
	Recruter, fidéliser et renforcer le lien avec ses parties prenantes.

DOC 8 L'Oréal lance un chatbot recruteur

L'Oréal reçoit environ 2 millions de candidatures par an et n'embauche « que » 5 000 personnes par an. Un chatbot (ou robot conversationnel) a été conçu pour aider les recruteurs en les assistant dans les étapes de filtrage et de tri des candidatures.

Patrick Thibodeau, lemagit.fr, 5 octobre 2018

6 **Démontrez que l'utilisation d'un chatbot lors d'un recrutement correspond bien à une automatisation des tâches organisationnelles.**

Le chatbot automatise le filtrage et le tri des candidatures, éliminant ainsi les tâches répétitives à faible valeur ajoutée.

Bilan

Pourquoi les nouvelles solutions numériques améliorent-elles l'intelligence collective ?

Les organisations se dotent de solutions globales de travail collaboratif, avec le renforcement de leur intranet mais aussi avec des applications comme Microsoft Teams, qui permettent de faciliter et d'enrichir les échanges pour plus d'intelligence collective. Parmi les nouvelles solutions numériques, l'exploitation de l'IA et l'automatisation des tâches permettent également d'enrichir les réflexions pour trouver de nouvelles solutions adaptées aux besoins des clients (développement de nouveaux produits) ou de l'organisation (aide au recrutement).

Vers la synthèse
JE ME TESTE
hachette-clic.fr/22sdgn062
Je révise l'essentiel p. 124-125

3 Les enjeux liés au développement de l'intelligence collective dans l'organisation

L'utilisation par Inès de tous ces outils numériques n'est pas sans danger… Il convient d'aider chaque utilisateur à se situer dans un environnement numérique évolutif et à être vigilant face aux menaces informatiques.

A Les enjeux internes

DOC 9 Des enjeux en termes de motivation et de créativité

Selon une étude d'IPSOS […] en 2017, l'impact [de l'intelligence collective] est perçu comme positif, « notamment sur le partage des connaissances (69 %), […] la résolution des problèmes (62 %), la motivation des salariés (60 %) ou encore la créativité (59 %) ». [L'intelligence collective contribue ainsi à améliorer la productivité des équipes.]

slack.com, 25 juin 2020

1 **À partir du ▶ Doc. 9, relevez les bienfaits de l'intelligence collective sur la productivité.**

Bienfaits de l'IC	
Partage des connaissances	Résolution de problèmes
Motivation	Créativité

→ Productivité améliorée

DOC 10 Des enjeux en termes de sécurité

VIDÉO

hachette-clic.fr/22sdgn063

La gestion des accès aux données (3'04)

2 **À partir du ▶ Doc. 10, justifiez le fait que tous les salariés n'aient pas les mêmes droits d'accès.**

Tous les utilisateurs n'ont pas les mêmes besoins. Ainsi, pour des raisons de sécurité, ils ne doivent pas accéder à toutes les informations sur le réseau informatique et n'ont donc pas tous les mêmes droits d'accès. Ils disposent de droits adaptés à leur profil.

3 **Argumentez la mise en place d'une politique de sécurité par L'Oréal.**

Une entreprise comme L'Oréal doit mettre en place une politique de sécurité définissant les droits et devoirs des employés quant à l'utilisation de leur poste de travail, afin de gérer efficacement l'accès aux données et ainsi éviter l'altération, la destruction ou le vol de données.

B Les enjeux externes

DOC 11 Des enjeux en termes de sécurité

VIDÉO

hachette-clic.fr/22sdgn064

La sécurité informatique, c'est l'affaire de tous (jusqu'à 2'10)

DOC 12 La cybersécurité renforcée chez L'Oréal

Pour faire face aux menaces de plus en plus nombreuses et sophistiquées, L'Oréal a lancé un important programme de renforcement de la cybersécurité : cartographie des risques, protection des sites Web, [...] détection des intrusions [...]. Pour prévenir aussi bien le risque humain que le risque technologique, une importante campagne de sensibilisation des utilisateurs a été déployée [...].

loreal-finance.com, 2021

DOC 13 Le club des L'Oréalistas, un programme de fidélité au service de l'IC

SITE WEB

hachette-clic.fr/22sdgn065

Le club des L'Oréalistas

4 À partir des ▶ Docs. 11 et 12, conseillez L'Oréal pour renforcer sa cybersécurité et ainsi conserver la confidentialité du projet mené par Inès.

Bilan des actions menées

Pour réduire le risque technologique :

cartographie des risques, protection des sites web, détection des intrusions...

Pour réduire le risque humain :

campagne de sensibilisation pour que chaque utilisateur ait une attitude responsable.

Pistes d'amélioration

Ne pas révéler leurs mots de passe, ne pas ouvrir un mail dont la source est inconnue ou douteuse, installer des mises à jour, faire des copies des dossiers, verrouiller leurs PC/appareils, signaler tout incident potentiellement dangereux au service compétent

5 Comment les clients peuvent-ils aider une entreprise à améliorer son intelligence collective (▶ Doc. 13) ?

Pour recevoir des échantillons de produits, les clientes doivent répondre à des questions puis donner leur avis sur le produit et le partager avec la communauté. Les clientes aident les collaborateurs de L'Oréal à mieux les comprendre pour adapter les produits. Pour développer l'intelligence collective, L'Oréal peut donc aussi s'appuyer sur des partenaires extérieurs (ici, les clients).

Bilan

Résumez les enjeux de l'intelligence collective.

Enjeux	Internes	Externes
Positifs	Performance : meilleure productivité	Les clients peuvent aider à améliorer l'offre (L'Oréalistas)
Négatifs	Sécurité : nécessité de gérer l'accès aux données	Cybersécurité : nécessité de protéger le réseau et de former les équipes

Vers la synthèse
JE ME TESTE
hachette-clic.fr/22sdgn066
Je révise l'essentiel p. 124-125

À moi de jouer

1 Jouez avec *Kyushi* !

Quiz interactifs pour réviser en classe !

hachette-clic.fr/kyushi

2 Mini-cas

Continuez à suivre Inès dans son quotidien numérique et aidez-la à mener son projet à terme !
Pour chaque situation, dites si l'auteur de l'action a raison ou tort… et justifiez.

Ⓐ Pour aller travailler au siège de L'Oréal, Inès emprunte le métro et le bus. Sur le trajet, elle lit ses mails professionnels et son agenda sur son téléphone portable.

Inès a tort, ses mails et son agenda pourraient être vus par un autre usager. Cela constitue une faille pour la cybersécurité de L'Oréal.

Ⓑ Marc, le collègue préféré d'Inès, ne retient jamais son mot de passe pour accéder à l'intranet. Il l'a donc noté sur un post-it caché sous son pot de fleurs et l'a dit à Inès.

Marc et Inès ont tort car ils exposent L'Oréal à des risques informatiques ! Marc ne doit pas laisser son mot de passe facilement accessible, ni le donner à une collègue, aussi proche soit-elle.

Ⓒ Pour programmer et préparer la future réunion, Inès passe par Teams. Beaucoup plus rapide, efficace et pratique !

R.A.S., Inès a raison !

Ⓓ Marc a automatisé le transfert de ses mails professionnels intranet vers sa boîte personnelle marc.lebeaugosse@star.fr. Pratique, il ne s'embête plus avec les paramètres de sécurité et peut consulter ses mails directement depuis son smartphone, même quand il n'est pas au bureau.

Aïe ! Décidément, Marc manque de prudence. Il devrait laisser ses mails professionnels, en partie confidentiels, circuler sur une boîte dédiée sécurisée.

Ⓔ Pour permettre à chacun de trouver facilement l'information dont il a besoin sur l'intranet, le responsable du réseau a donné tous les droits d'accès à tous les salariés. Chaque collaborateur a ainsi accès à l'entièreté des dossiers de l'intranet.

Erreur ! La sécurisation du réseau suppose une gestion des droits d'accès adaptée aux besoins de chacun, mais aussi aux impératifs de cybersécurité. Ici, des dossiers qui ne concernent pas les agents leur deviennent accessibles, avec des risques de fuite.

Ⓕ Pour valoriser son futur service, Inès met en scène le travail de son équipe à travers des stories qu'elle publie toutes les semaines sur le compte Instagram de L'Oréal. Elle est très vigilante pour ne rien révéler de confidentiel sur ses posts. Elle a bien sûr recueilli au préalable l'accord des participants.

Rien à dire, au contraire ! Inès utilise les réseaux pour valoriser son travail, grâce à ce qu'on appelle du teasing (effet de suspense) et du storytelling (récit). Elle respecte le droit à l'image et ne révèle rien de confidentiel.

Ⓖ Marc veut lui aussi valoriser son travail en faisant des stories sur son compte Instagram personnel. Il filme son quotidien plusieurs fois par jour, et parfois même des réunions d'équipe. Rien de tel que d'être en immersion en caméra cachée pour avoir des likes et des abonnés.

Marc a tort, l'entreprise doit rester maîtresse de sa communication. En filmant tout ou presque, Marc risque de révéler des choses confidentielles.

3 Se situer dans un environnement numérique

Comme tous les établissements scolaires, votre lycée utilise un environnement numérique de travail (ENT) pour faciliter les échanges entre les membres de la communauté scolaire.

VIDÉO
hachette-clic.fr/22sdgn067
Présentation de l'ENT Néo (3'23)

CONNECTÉS AVEC L'ENT

Dans tous les collèges de l'Aisne, l'ENT (Environnement numérique de travail) mis à disposition par le Département est ouvert aux parents, élèves et professeurs. Il favorise les échanges et la communication entre les familles et les équipes éducatives. Au programme, des contenus éducatifs, le suivi de la scolarité, des informations pratiques ou encore du travail collaboratif.

aisne.com, 2021

1. **Identifiez les utilisateurs de cet ENT et expliquez comment sont gérés les droits de ces utilisateurs lors de la publication d'un nouveau contenu.**
2. **Relevez les fonctionnalités et services offerts aux utilisateurs.**
3. **Trouvez l'avantage principal de ce type d'outil pour ses utilisateurs.**

4 Contribuer à l'architecture numérique globale de l'organisation

Fiche méthode BAC
24 Communiquer sur les réseaux sociaux, p. 306

Vous avez rejoint l'Hôtel California et ses trente employés pour améliorer la qualité du service proposé. Vous décidez d'améliorer l'intelligence collective en complétant vos sources d'information avec l'analyse des avis clients sur les réseaux sociaux.

1. **Citez des réseaux sociaux qui pourraient vous aider à connaître l'avis des internautes ou mobinautes sur votre hôtel.**
2. **Expliquez en quoi le recueil des avis des clients, couplé avec l'utilisation d'outils collaboratifs, peut améliorer l'intelligence collective de votre hôtel.**

L'IA au service des hôteliers

L'IA doit être vue comme une aide, un moyen de récolter des données pour que l'humain puisse améliorer toujours plus le confort des clients. Avec un logiciel intelligent, vous pourrez vous souvenir que tel ou tel client ne jure que par le champagne, qu'un autre aime avoir son lit à une certaine inclinaison ou qu'un autre encore apprécie quand sa chambre est à 18 °C, ni plus ni moins.

blog.experience-hotel.com, 4 août 2020

3. **Proposez des outils collaboratifs pour améliorer l'intelligence collective de votre hôtel.**

L'essentiel

JE RÉVISE
hachette-clic.fr/22sdgn068
- Le podcast du cours
- La synthèse en 1 clic
- Je manipule les notions

NOTIONS

- **Automatisation des tâches organisationnelles :** utilisation de technologies pour effectuer certaines tâches avec une intervention humaine réduite.
- **Collaboration :** processus par lequel deux ou plusieurs personnes s'associent pour effectuer un travail intellectuel suivant des objectifs communs.
- **Communauté en ligne :** groupe de personnes qui interagissent, partagent et utilisent des informations sur Internet (via un réseau social, forum, site Web) ou sur un autre support interactif (SMS et mobiles).
- **E-communication :** échange d'informations réalisé via les outils numériques (TIC).
- **Intelligence artificielle :** ensemble des théories et techniques mises en œuvre en vue de réaliser des machines capables de simuler l'intelligence humaine.
- **Partage de l'information :** mise à disposition d'information à d'autres personnes.
- **Réseaux sociaux :** sites Internet permettant aux utilisateurs, professionnels et/ou particuliers de partager des informations sur un sujet.

COURS

1 L'intelligence collective, nouvel atout pour l'organisation

- Les outils numériques se développent pour répondre aux besoins de l'organisation en matière de **travail collaboratif** et favoriser l'**intelligence collective**.
- Cette dernière représente la capacité d'un groupe à faire émerger davantage de solutions que si chacun avait travaillé de son côté : **1+1 = 3**.

2 Les nouvelles solutions numériques au service de l'intelligence collective

- Face à la multiplication des outils, les organisations optent de plus en plus pour des **solutions globales** qui permettent d'intégrer les outils collaboratifs dans une application unique.
- Les nouvelles technologies, comme l'**intelligence artificielle** ou l'**automatisation des tâches**, permettent également de favoriser l'intelligence collective.

3 Les enjeux liés au développement de l'intelligence collective dans l'organisation

- L'intelligence collective présente des avantages pour l'organisation, puisqu'elle lui permet de **gagner en productivité** et d'**améliorer** son service grâce aux partenaires extérieurs, comme les clients.
- Mais l'IC présente aussi des **contraintes techniques** internes (gestion des droits d'accès aux données) et externes (protection face aux cyberattaques).

CULTURE+

L'expression « intelligence artificielle » fut prononcée pour la première fois lors d'un séminaire à l'université de Dartmouth aux États-Unis, par McCarthy et Minsky (les pères de l'IA), en… 1956 ! Mais les prémices de l'intelligence artificielle sont apparues dès la naissance de l'ordinateur dans les années 1940-1950 ! À cette époque, on parlait de « cerveaux électroniques ».

POUR RETENIR AUTREMENT

1 L'intelligence collective, nouvel atout pour l'organisation

Nombreux outils numériques adaptés aux besoins de l'organisation ▶ Ils favorisent une intelligence ....collective....... ▶ Cette intelligence permet :
- de nouvelles solutions
- de l'efficacité
- des résultats

Vers un gain d'efficience

2 Les nouvelles solutions numériques au service de l'intelligence collective

- Intranet et autres solutions ....globales...............
- ➕
- ....intelligence artificielle........................
- ➕
- Automatisation des tâches

3 Les enjeux liés au développement de l'intelligence collective dans l'organisation

Bénéfices	Risques
...........Productivité........	Formation
Amélioration du service	..........Cyberattaque..........
....Motivation, créativité....	Gestion des droits d'accès

OBJECTIF BAC

8 Je découvre mon organisation

En fonction de ton choix (organisation ou secteur d'activité), suis les conseils de l'hypothèse 1 ou 2.

Fiche méthode BAC
② Je choisis mon sujet d'Étude de Gestion*, p. 260

Hypothèse 1 J'ai choisi une organisation

Exemples : une marque/un groupe automobile, une enseigne d'hôtel/de chaîne hôtelière, une marque/enseigne textile

Nom de l'organisation choisie : ....

1. Raisons de mon choix :

Réponse libre de l'élève ....

2. Dates historiques phares :

Réponse libre de l'élève ....

3. Caractérisation (comme tu as appris à la faire en management).

4. Sources de mes informations :

Réponse libre de l'élève ....

....

....

Hypothèse 2 J'ai choisi un secteur d'activité

Exemples : le secteur automobile, le secteur de l'hôtellerie, le secteur textile

Nom du secteur choisi : ....

1. Raisons de mon choix :

Réponse libre de l'élève ....

2. Présentation du secteur :

Réponse libre de l'élève ....

3. Caractéristiques du secteur : chiffre d'affaires, ventes en volume, champ géographique, nombre d'acteurs/d'organisations, marques phares…

4. Sources de mes informations :

Réponse libre de l'élève ....

....

....

....

....

....

Hypothèse 1 ou 2, tu as maintenant toutes les informations nécessaires pour rédiger !

** Cf. Les recommandations du Guide de l'évaluation dans le cadre de la réforme du lycée général et technologique, rentrée 2021.*

CAPACITÉS

- Identifier les étapes d'un processus de gestion et en schématiser l'enchaînement
- Repérer les effets de l'automatisation des activités de gestion sur la circulation de l'information, l'organisation du travail et le rôle des acteurs
- Situer le rôle des acteurs et des applications du système d'information dans un processus de gestion donné
- Imaginer une nouvelle organisation des tâches avec l'intégration de l'intelligence artificielle

NOTIONS

- Processus
- Système de gestion intégrée (PGI, solutions de e-commerce, systèmes de gestion industrielle, sites de marché, etc.)
- Applications métier
- Travail à distance, mobilité
- Informatique en nuage (*cloud computing*)

9 Le système numérique, pour améliorer les processus dans l'organisation

VIDÉO

hachette-clic.fr/22sdgn069
La SNCF en 2020, ce qui a changé (3'53)

- **Type d'organisation :** entreprise publique à finalité lucrative
- **Date de création :** 01/01/1938
- **Activité :** transport ferroviaire de personnes et de marchandises
- **Forme juridique :** S. A. (société anonyme)
- **Chiffre d'affaires :** 30 milliards d'euros en 2020

- L'agence en ligne SNCF Connect est le premier site marchand français
- Plusieurs marques commerciales : TGV INOUI, OUIGO, Intercités, Eurostar, Thalys, Transilien, TER
- Pays desservis : France, Suisse, Espagne, Allemagne, Royaume-Uni, Belgique, Italie, Pays-Bas, Luxembourg

SITUATION

Avez-vous déjà pris le train ? Un tramway ? Un RER ? Si oui, alors vous avez déjà été client(e) de la SNCF ! Cette dernière est créée en 1938 par l'État français afin de mieux encadrer le développement des lignes de chemin de fer et le transport de personnes et de marchandises. Les progrès techniques permettent de gagner en vitesse sur le réseau et favorisent les déplacements, à l'image du TGV, capable de transporter les voyageurs à 300 km/h à partir de 1989 ! La SNCF développe son réseau, en desservant mieux les régions françaises (TER) et en se lançant à l'international (Eurostar, Thalys). Soucieuse de répondre aux besoins des voyageurs, elle cherche à tirer profit de la révolution numérique pour gagner en agilité.

1 Le processus de gestion : qu'est-ce que c'est ?

Passionné(e) par le secteur du tourisme et des transports, vous avez la chance d'effectuer un stage d'été à la SNCF. La semaine prochaine, vous accueillerez en gare un professionnel, qui vous a demandé de lui réserver une voiture de location à l'arrivée de son train. Prêt(e) pour la mission, vous suivez le protocole défini par la SNCF.

A Décrypter un processus de gestion

DOC 1 **Le processus de gestion pour réserver une voiture**

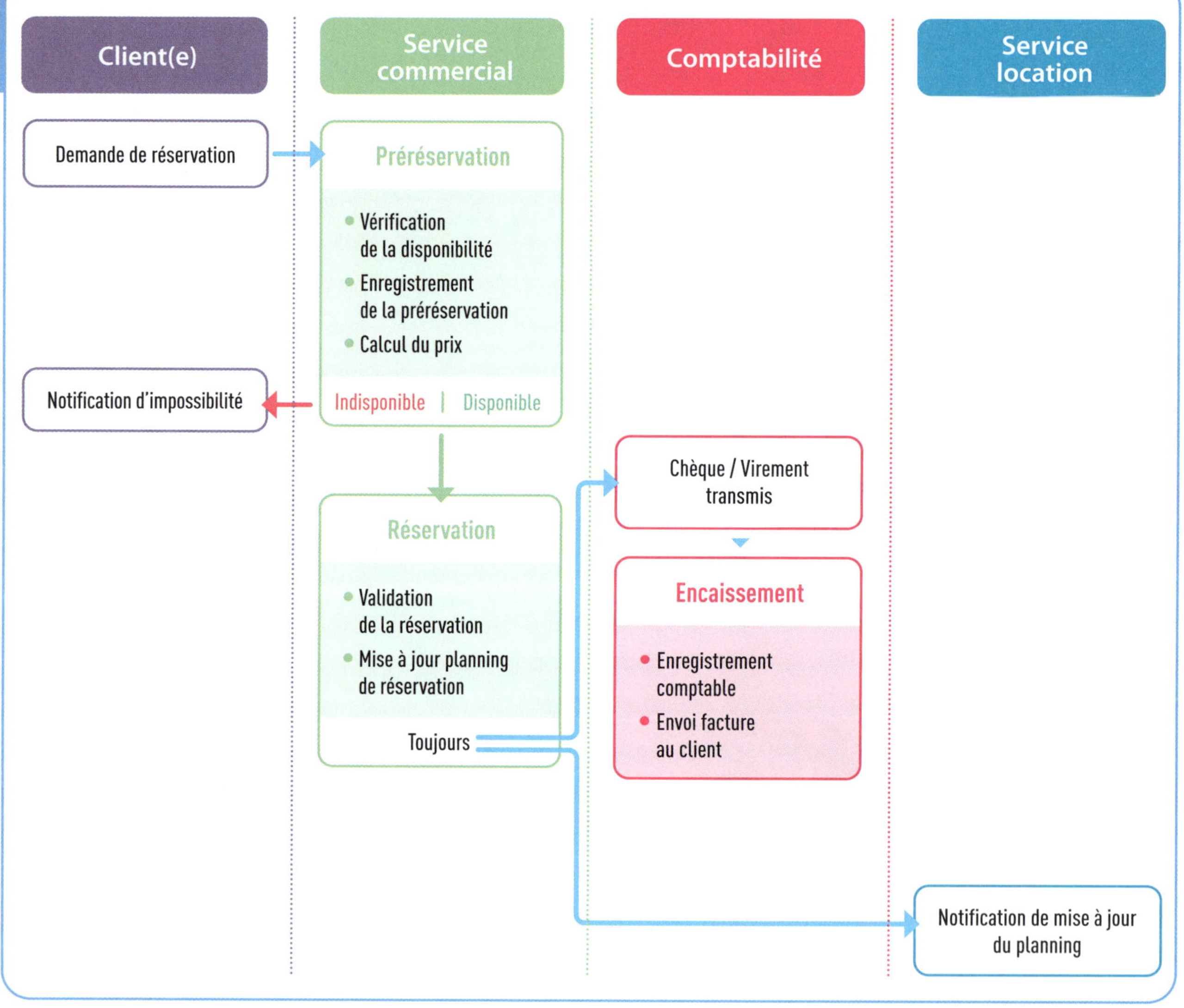

1. **Relevez, dans l'ordre chronologique, les acteurs impliqués dans ce processus de gestion.**

Les acteurs impliqués sont le client, le service commercial, la comptabilité et enfin le service de location.

2. **Expliquez les deux scénarii prévus dans ce processus, à l'étape de la préréservation.**

– En cas d'indisponibilité du véhicule, une notification d'indisponibilité est envoyée au client pour lui indiquer que la réservation ne pourra avoir lieu, faute de véhicule.

– Si le véhicule est disponible, la réservation a alors lieu. Un chèque est transmis par le client pour encaissement par la comptabilité et le véhicule est mis à disposition par le service location.

3 **À l'aide des mots suivants, complétez la définition du processus de gestion :**
acteurs • activités • résultat • automatisée • logiciels.

Un processus est un ensemble coordonné d'............activités............ (ou opérations) réalisées par différents ....acteurs............ appartenant à plusieurs services ou fonctions de l'organisation pour produire un ....résultat............ attendu par le client ou l'usager. Avec le progrès technique, une partie des processus peut désormais être ....automatisée.......... grâce à l'utilisation de ....logiciels............ ou d'applications métier.

Auteurs

DOC 2 Schématisation des processus de gestion grâce au diagramme évènement-résultat

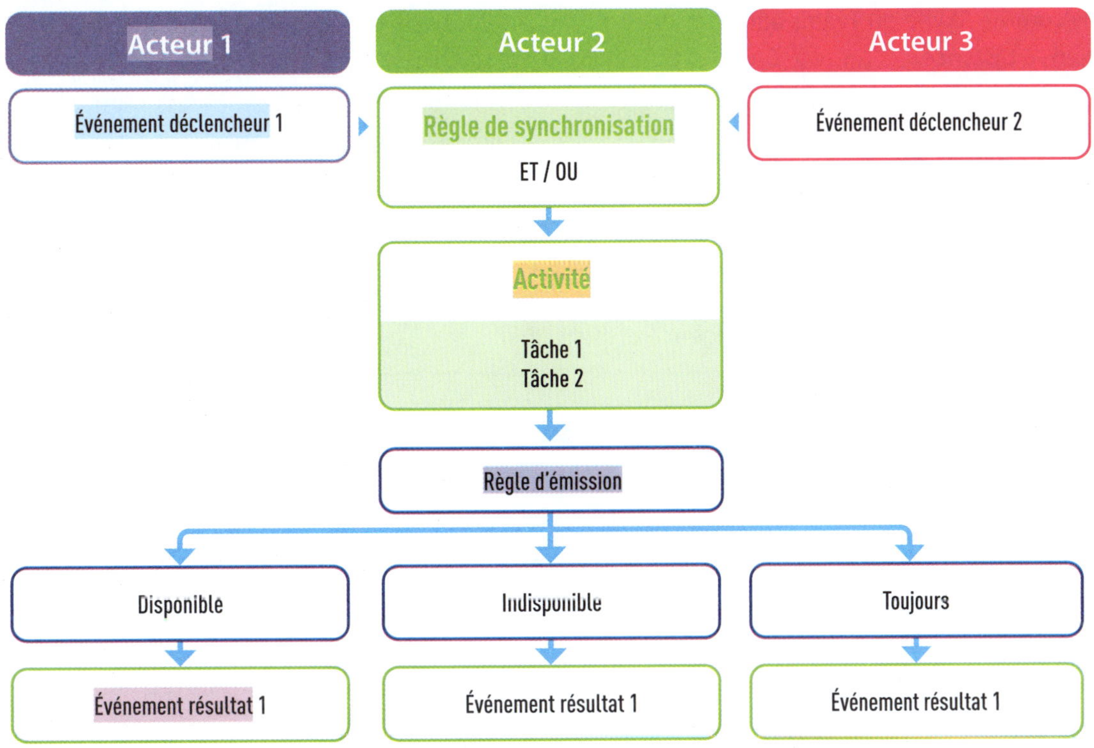

Plusieurs éléments composent un diagramme événement-résultat représenté ci-dessus :

- **Acteur :** il met en œuvre une ou plusieurs activité(s)/opération(s) dans le processus.
- **Événement déclencheur :** c'est l'événement qui va déclencher la mise en œuvre d'une activité. Son origine peut être externe ou interne au service. Par exemple, la réservation d'un trajet va entraîner l'émission d'un billet de train.
- **Règle de synchronisation :** si plusieurs événements déclencheurs existent, la règle de synchronisation précise si les évènements déclencheurs doivent se produire en même temps (« ET ») ou si un seul d'entre eux suffit (« OU ») pour lancer l'activité.
- **Activité :** c'est l'ensemble des tâches élémentaires mises en œuvre par un acteur lors d'une des étapes du processus.
- **Règle d'émission :** elle indique les différents cas de figure possibles si le résultat est variable ; par exemple, « disponible » ou « indisponible » pour traiter la réservation d'un client. Si le résultat est invariable, la règle d'émission est « TOUJOURS ».
- **Événement-résultat :** c'est le produit final de l'activité/opération mise en œuvre par un acteur.

Auteurs

1 Le processus de gestion : qu'est-ce que c'est ?

Le décryptage de ce processus de gestion vous a fortement intéressé(e), et vous demandez à votre responsable de vous en montrer un autre. Elle vous propose de vous présenter le processus de recrutement mis en œuvre par la SNCF. En effet, depuis le confinement lié au Covid-19, l'entreprise a dû faire évoluer ses processus de gestion des ressources humaines (GRH), afin de pouvoir recruter à distance.

B Mettre en œuvre un processus de gestion

DOC 3 Le recrutement de la SNCF en période de confinement

Face au confinement, nous avons davantage utilisé les réseaux sociaux et la radio pour communiquer sur les postes vacants. Nous nous sommes également servi d'outils comme Skype ou Teams afin de mener des entretiens à distance.

Ainsi, notre processus de recrutement se décompose en plusieurs étapes :

- Le candidat envoie au service RH les éléments requis (CV et lettre de motivation).
- Puis, le service RH étudie les dossiers de candidature et présélectionne les candidats (parfois à l'aide de logiciels et de robots utilisant l'intelligence artificielle), rédige le courrier de refus aux candidats non retenus et envoie le courrier de refus.
- Enfin, la direction du service concerné étudie les dossiers retenus par le service RH, effectue un second tri et envoie un courrier aux candidats non retenus, appelle les candidats retenus pour leur proposer un entretien, mène les entretiens, effectue le dernier tri et transmet les éléments au directeur des ressources humaines pour qu'il informe par téléphone les candidats reçus de la suite donnée à leur candidature.

Auteurs

4 **Expliquez pourquoi nous pouvons parler de processus dans le cadre des recrutements présentés dans le** ▶ Doc. 3**.**

Nous pouvons parler de processus pour les recrutements à la SNCF car il s'agit bien d'un ensemble coordonné d'étapes menées par plusieurs acteurs mobilisant des ressources pour arriver à un résultat donné (ici recruter des personnels).

5 **À partir des documents précédents, remplissez le tableau d'analyse du processus de recrutement à la SNCF.**

Étapes du processus de recrutement		Acteur concerné	Nature de l'étape		
Étape	Nom		évènement déclencheur	activité	évènement résultat
1	envoi des éléments requis	candidat	✗		
2	étude des dossiers de candidature et présélection	service RH		✗	
3	rédaction du courrier de refus aux candidats non retenus	service RH			✗
4	envoi du courrier de refus	service RH			✗
5	étude des dossiers retenus	direction		✗	
6	envoi d'un courrier aux candidats non retenus	direction			✗
7	appel des candidats retenus pour leur proposer un entretien	direction			✗

6 **Complétez à présent le diagramme évènement-résultat du processus de recrutement à la SNCF.**

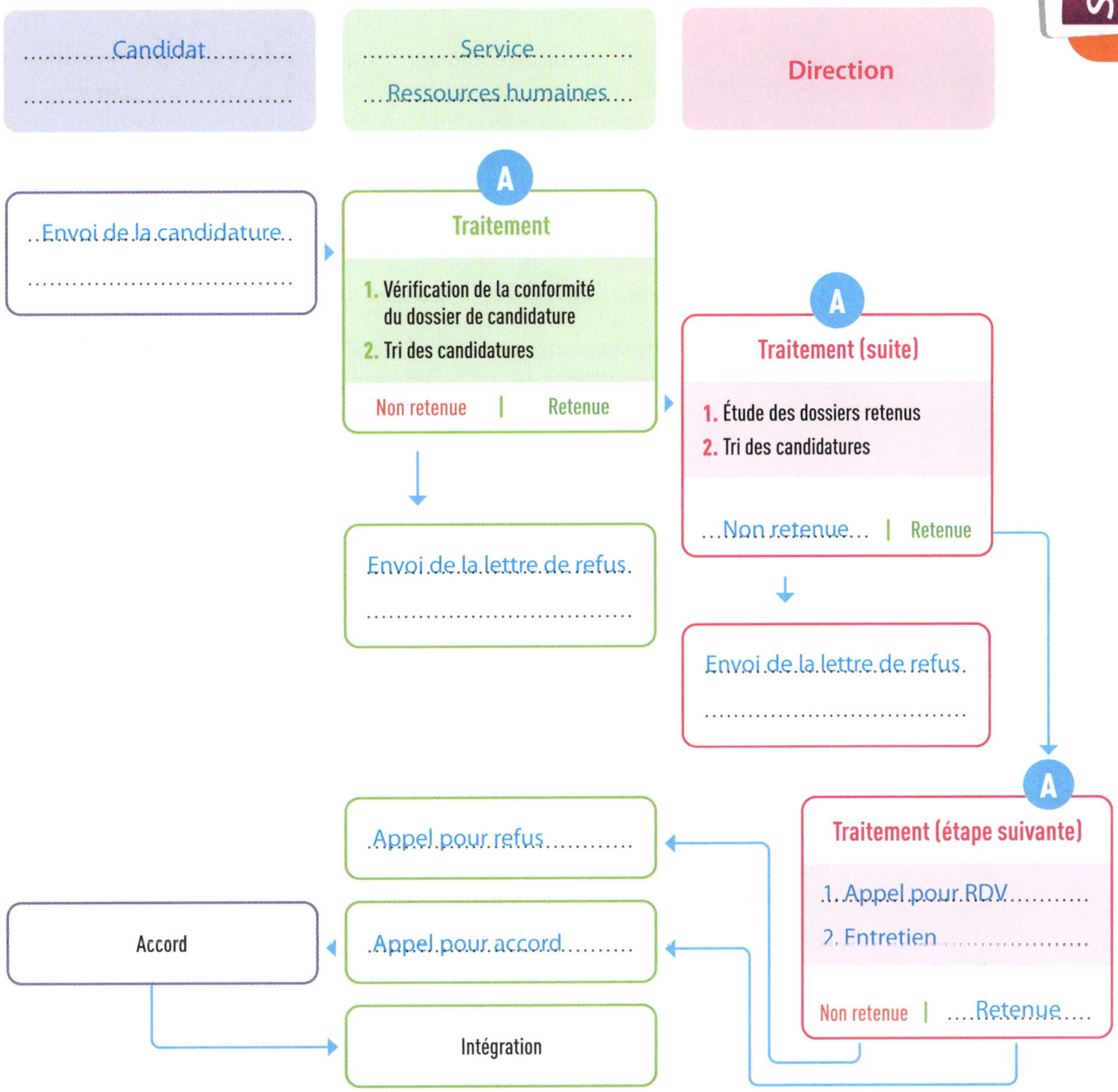

7 **À l'aide de l'article suivant hachette-clic.fr/22sdgn070, identifiez des étapes du processus de recrutement présentes dans le ▶ Doc. 3 qui pourraient être automatisées en partie, voire en totalité.**

Les étapes du processus de recrutement pouvant être automatisées sont l'étude des dossiers et la présélection, la saisie et l'envoi du courrier de refus, l'étude des dossiers retenus (en partie, car l'humain va prendre plus de place dans cette seconde étape), ainsi que la saisie et l'envoi du courrier de refus.

Bilan

Expliquez l'intérêt d'utiliser les processus de gestion pour les organisations.

La mise en œuvre de processus de gestion est intéressante pour la SNCF, car elle permet d'organiser en étapes consécutives ou concomitantes les activités que doivent mener les acteurs de différents services au sein d'une organisation. Chacun va mobiliser des ressources en coordination avec les autres membres pour produire le résultat attendu par le client et gagner en efficacité voire en efficience.

Vers la synthèse
JE ME TESTE
hachette-clic.fr/22sdgn071
Je révise l'essentiel p. 138-139

2 Quels outils numériques pour gagner en agilité ?

Face à un environnement en profonde évolution (concurrence, exigence des consommateurs, nouvelles technologies, préoccupations environnementales...), la SNCF cherche continuellement à gagner en agilité. Pour cela, elle a intégré des outils numériques dans ses processus. L'objectif ? Toujours satisfaire les usagers et les clients !

A Le PGI, outil d'amélioration des processus

Dans la branche d'activité du transport de personnes, la SNCF a recours à des progiciels de gestion intégrée pour améliorer l'efficacité de l'organisation.

DOC 4 La notion de progiciel de gestion intégrée (PGI)

Un PGI est un logiciel puissant s'appuyant sur une base de données unique partagée par les différents services permettant ainsi de gérer et de suivre l'ensemble des informations d'une organisation.

Auteurs

VIDÉO

hachette-clic.fr/22sdgn072

ERP : comprendre l'essentiel en 5 minutes (5'13)

NOTION

• **Progiciel** : contraction des mots « produit » et « logiciel ». Il s'agit d'un logiciel qui a la particularité d'être fourni par un éditeur et qui permet d'effectuer plusieurs tâches bien spécifiques à un domaine d'activité.

DOC 5 SNCF renouvelle sa confiance envers GIRO

Après avoir choisi la solution HASTUS pour [...] l'exploitation du réseau Transilien en Île-de-France, SNCF déploie le progiciel développé par GIRO sur son réseau de trains nationaux à grande vitesse (TGV).

OUI.SNCF* (aussi connu sous l'appellation Voyages SNCF) regroupe les offres grande vitesse desservant le territoire français. L'entité est composée de 380 rames, 5 000 agents de conduite et accompagnateurs à bord, et 9 000 employés dans les 187 gares desservies du réseau. Chaque année, c'est plus de 110 millions de voyageurs qui utilisent les TGV.

[...] OUI.SNCF a retenu la solution HASTUS de GIRO pour remplacer plusieurs outils existants de gestion des ressources matérielles et humaines par un progiciel intégré de planification des horaires et d'exploitation. Le projet porte l'appellation PROGRES (programme d'optimisation de gestion des ressources). [...] La solution sera hébergée dans le nuage.

giro.ca, 12 décembre 2018

* Depuis le 25 janvier 2022, OUI.SNCF est devenu SNCF Connect.

1 **À partir des ▶ Docs. 4 et 5, identifiez les avantages de passer au PGI pour la SNCF.**

Le PGI va permettre d'améliorer les processus liés au transport de voyageurs sur le réseau TGV. La meilleure circulation de l'information entre les services réduit les délais de traitement et les risques d'erreurs, afin d'assurer une meilleure coordination de l'activité et une meilleure qualité de service aux voyageurs.

2 **Relevez des contraintes et des risques associés à la mise en place d'un PGI que la SNCF va devoir prendre en compte.**

Plusieurs contraintes et risques doivent être anticipés. Tout d'abord, l'installation du PGI nécessite en amont une phase préparatoire d'étude des besoins de l'entreprise pour préciser les besoins, objectifs, budget... Il faut aussi veiller à impliquer les utilisateurs et les former à l'utilisation du PGI (des procédures précises doivent être respectées = risque de rigidité). Enfin, le PGI doit être paramétré en fonction des besoins de l'entreprise, ce qui coûte cher. La maintenance est également coûteuse.

B De nouvelles solutions numériques pour rendre les processus plus agiles

DOC 6 Définition de l'agilité du système d'information

Un système d'information sera sans aucun doute jugé agile, si en plus de supporter de façon robuste le modèle économique de l'entreprise, il peut réagir rapidement à de nouveaux besoins métiers de manière efficiente. […]

cloud-temple.com, 15 mars 2017

NOTION

• *Cloud computing :* en français « informatique dans les nuages », le *cloud computing* permet d'accéder via Internet à des données stockées sur les serveurs d'un fournisseur.

DOC 7 Le *cloud computing* et ses avantages

Flexibilité	Efficacité	Valeur stratégique
Les utilisateurs peuvent dimensionner les services en fonction de leurs besoins, personnaliser les applications et accéder aux services cloud depuis n'importe où avec une connexion Internet.	L'entreprise peut mettre des applications sur le marché rapidement sans s'inquiéter des coûts d'infrastructure ou de la maintenance.	Les services de cloud donnent aux entreprises un avantage concurrentiel en leur apportant la technologie la plus novatrice qui existe.

ibm.com, 2021

DOC 8 La SNCF va basculer 60 % de ses applications dans les *clouds* d'Amazon AWS, Microsoft et IBM

Sous l'égide d'e.SNCF, la nouvelle entité en charge de la transformation numérique de la société de chemins de fer français, la SNCF entend basculer 60 % de son patrimoine applicatif dans le cloud d'ici à la fin 2020. […]

« La bascule vers le cloud et vers de nouvelles technologies a pour but de donner à l'entreprise une agilité qui lui fait actuellement défaut », explique Raphaël Viard.

Christophe Bardy, lemagit.fr, 8 juillet 2018

3 **Expliquez pourquoi le *cloud computing* peut permettre aux organisations de gagner en agilité, par exemple dans l'utilisation de leur PGI.**

Avec les nouvelles technologies, le PGI peut désormais être stocké dans le cloud. Ceci dispense de l'installation et de la gestion de lourdes infrastructures techniques sur le réseau informatique de l'entreprise. Cela rend les PGI plus souples d'utilisation. Ainsi, la SNCF a fait le choix d'utiliser les serveurs d'Amazon Web Services pour gagner en agilité.

DOC 9 Zoom sur le store des applications métier* SNCF

Les applications

Découvrez dès maintenant le Store SNCF, une rubrique ouverte conçue pour regrouper et co-créer des applications mobiles liées au domaine du transport et aux métiers de la SNCF. Publiez et perfectionnez vos propres applications, accédez aux ressources de conception ou encore venez rejoindre la communauté des testeurs de #DIGITALSNCF.

digital.sncf.com, 2021

* Solution qui permet d'aider et de faciliter la gestion de certaines tâches en automatisant des processus.

DOC 10 Zoom sur une application métier SNCF

Wit Mobile 2

Application interne d'information Voyageurs destinée aux agents : infos gares, prochains départs/arrivées, détails des circulations, recherches d'itinéraire et plus encore…

Application interne

digital.sncf.com, 16 décembre 2019

2 Quels outils numériques pour gagner en agilité ?

4 Expliquez les avantages des applications métier à partir de l'exemple de WIT. ▶ Docs. 9 et 10

Automatiser les processus métier permet de répondre aux besoins spécifiques d'une entreprise et de gagner en efficacité. Avec WIT, les agents SNCF peuvent accéder à toutes les informations utiles pour répondre aux questions des voyageurs en gare ou en train (horaires, correspondances, retards…).

5 Relevez comment les agents SNCF peuvent accéder aux applications métier. ▶ Doc. 9

Les agents SNCF peuvent accéder aux applications métier depuis une plateforme dédiée : le store applications SNCF. Ils peuvent ensuite utiliser les applications depuis un ordinateur ou depuis leur téléphone portable pour gagner en mobilité.

6 Analysez comment les outils numériques SNCF permettent aux agents de gagner en mobilité.

Les outils numériques (dont le *cloud computing* ou les applications métier) permettent aux agents SNCF d'assurer les processus métier sur site (en gare) ou en déplacement (à bord des trains). Ces solutions favorisent donc la mobilité et le travail à distance.

DOC 11 L'application SNCF Connect

VIDÉO

hachette-clic.fr/22sdgn073

SNCF Connect : l'appli tout-en-un pour gérer tous vos trajets (1'27)

7 À partir du ▶ Doc. 11**, indiquez les bénéfices de cette application pour le client.**

Cette application a remplacé OUI.sncf dans l'optique d'améliorer le service aux voyageurs. Il est désormais possible, sur un seul et même outil (application ou site), de préparer son voyage, d'acheter ses billets ou ses abonnements, mais également de choisir des itinéraires urbains et d'acheter ou de recharger ses passes.

8 Précisez en quoi cette application permet à la SNCF de gagner en agilité.

Cette application permet à la SNCF de s'adapter aux nouvelles attentes et aux nouveaux modes de consommation des voyageurs. Les clients ont aujourd'hui besoin d'un accès plus rapide aux informations de voyage, et aux solutions « tout-en-un » pour accompagner leur mobilité. Ainsi, les voyageurs n'ont plus à se rendre physiquement au guichet en gare ou à consulter plusieurs applications pour avoir les informations qui les intéressent.

DOC 12 La SNCF roule pour le télétravail

Le train du télétravail est en marche et la SNCF entend bien ne pas le rater. [Depuis 2012, la SNCF implante des centres d'affaires dans les plus grandes] gares de France (Le Mans, Bordeaux, Lille Flandres, Nancy, Paris Nord et Amiens). Ces espaces de travail proposant bureaux, wi-fi et rafraîchissements sont un grand pas en avant dans le monde des travailleurs nomades, toujours plus nombreux et attirés par les tiers-lieux.

miroirsocial.com, 16 décembre 2011

9 **Relevez comment la SNCF s'adapte aux nouvelles façons de travailler des Français, dont le télétravail.**

La SNCF a intégré des espaces de travail connectés à ses principales gares pour s'adapter au développement du télétravail. L'entreprise a fait évoluer son architecture numérique pour que ces espaces offrent aux télétravailleurs un accès Internet sécurisé et avec un débit suffisant.

DOC 13 L'automatisation des trains SNCF

TRAIN AUTONOME, VERS UNE RÉVOLUTION FERROVIAIRE

Des prototypes de trains autonomes sur vos voies dès 2023 ? Telle est l'ambition de notre groupe et de ses partenaires industriels. Découvrez notre programme « Train Autonome ».

VIDÉO
hachette-clic.fr/22sdgn074
SNCF et ses partenaires annoncent des trains autonomes d'ici à 2023 (1'14)

[…] De nouveaux métiers à la clé

Au-delà de l'innovation, les recherches et les essais sur le train autonome font apparaître de nouveaux métiers, comme : superviseur pour le suivi des trains, téléconducteur pour la conduite à distance, télédépanneur pour le dépannage à distance.

sncf.com, 19 octobre 2021

10 **Réfléchissez aux conséquences possibles de l'automatisation des trains SNCF.**

Pour les clients	Pour les salariés
Davantage de trains, de ponctualité et de sécurité, grâce à l'optimisation de la vitesse.	Apparition de nouveaux métiers (superviseur, téléconducteur, télédépanneur).

11 **À partir du ▶ Doc. 13, repérez les effets de l'automatisation des trains sur l'organisation du travail à la SNCF et le rôle des agents.**

L'automatisation des trains va entraîner une modification de l'organisation du travail à la SNCF. De nouveaux métiers vont apparaître sur le terrain, comme le métier de superviseur pour le suivi des trains, de téléconducteur pour la conduite à distance ou encore de télédépanneur pour le dépannage à distance.

Bilan

Expliquez comment les outils numériques favorisent l'agilité organisationnelle.

Les outils numériques tels que les PGI, le *cloud computing* ou les applications favorisent l'agilité organisationnelle en permettant aux organisations de s'adapter plus facilement aux évolutions de leur environnement. Ainsi, les PGI permettent une meilleure circulation des informations et une meilleure articulation du travail entre les différents services. Le *cloud computing* améliore la circulation des informations avec des effets positifs en termes de mobilité par exemple.

Vers la synthèse
JE ME TESTE
hachette-clic.fr/22sdgn075
Je révise l'essentiel p. 138-139

À moi de jouer

1 Jouez avec *Kyushi* !

Quiz interactifs pour jouer en classe !

hachette-clic.fr/kyushi

2 Mini-cas

Horizontalement

A Sigle couramment utilisé pour « intelligence artificielle ».
B Contraction des mots « produit » et « logiciel » désignant une solution permettant une meilleure circulation des informations dans l'entreprise.
C Ensemble coordonné d'activités réalisées par des acteurs appartenant à plusieurs services pour produire un résultat attendu par le client ou l'usager.
D Solution permettant d'accéder via Internet à des données stockées sur des serveurs à distance.
E Sigle utilisé pour désigner un progiciel de gestion intégré.

Verticalement

1 Décrit la capacité d'une organisation à s'adapter aux évolutions de son environnement.
2 Représentation schématique d'un processus de gestion.
3 Solutions informatiques développées pour répondre aux besoins spécifiques d'une entreprise liée à son métier ou à ses clients et permettant de gagner en mobilité.
4 Utilisation des machines pour remplacer l'homme sur les tâches à faible valeur ajoutée.
5 Outil qui permet d'effectuer des traitements automatiques. Exemple : Word ou Excel

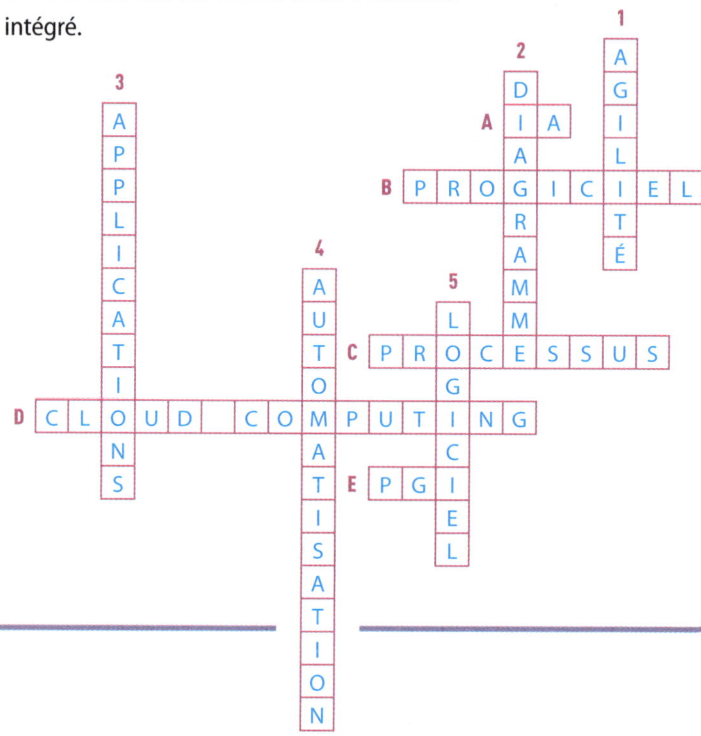

3 Découvrir une solution de e-commerce pour créer un site en ligne

Fan de scooters, Carole a décidé de créer sa concession : « Scoot Toujours ». Elle voudrait faire connaître ses produits en ligne via un site Internet et vous demande de l'aide.

1. Consultez la page Wix : hachette-clic.fr/22sdgn076
2. Découvrez l'outil en mettant en œuvre les étapes 1 à 3 pour la page d'accueil du site Scoot Toujours.

1. Inscrivez-vous (vous pouvez vous inscrire avec un compte Google ou Facebook).
2. Répondez aux questions qui vous sont proposées.
3. Sélectionnez l'option qui vous permet de créer votre site vous-même avec l'Éditeur.
– Choisissez un template adapté aux besoins de Carole, puis cliquez sur « Modifier ce site ».
– Continuez d'explorer le menu dans le bandeau à gauche pour :
- Créer une présentation rapide de l'entreprise
- Mettre en valeur quelques services proposés en boutique (par exemple : diagnostic, réparation de pannes, location, vente…)
- Ajouter des liens vers les médias sociaux

– Dans le bandeau horizontal, passez en mode « mobile » pour avoir un aperçu de votre site sur smartphone.
– Pour avoir un aperçu de votre site, cliquez sur « Aperçu ».

SITE WEB
hachette-clic.fr/22sdgn076
Comment créer un site Internet

4 Situer le rôle des acteurs et des applications du système d'information dans un processus de gestion donné

VIDÉO
hachette-clic.fr/22sdgn077
Qu'est-ce que le CRM ? (2'40)

Carole a créé sa concession : Scoot Toujours et a récemment lancé avec votre aide son site sur Wix (activité 3). Hélas, les résultats ne sont pas à la hauteur des espérances. Pour dynamiser les ventes, Carole décide d'améliorer son site grâce à un logiciel de CRM.

1. **Définissez avec vos mots ce qu'est le CRM.**
2. **À partir de l'expérience de Céleste, la cliente de la concession de scooters de Carole, expliquez comment le CRM a permis de rendre le site Web de l'entreprise plus efficace.**
3. **Indiquez pourquoi le recours au CRM est bénéfique pour tous les acteurs de l'entreprise et pour le client.**

5 Imaginer une nouvelle organisation des tâches avec l'intégration de l'intelligence artificielle

VIDÉO
hachette-clic.fr/22sdgn078
Le groupe Casino – présentation 2019 (2'36)

Casino déploie massivement la surveillance par IA du bon approvisionnement de ses rayons

Les enseignes Casino placent leurs rayons sous la surveillance de la vision par ordinateur afin d'éviter les ruptures de produits, réduire la perte de chiffre d'affaires due à l'absence des produits et améliorer la satisfaction client. La totalité [des magasins] Casino sera concernée par ce déploiement [...] d'ici la fin de 2022.

Les informations sont remontées instantanément [...] et les problèmes sont répertoriés par catégorie : ruptures partielles ou totales, [...] produits non rangés [...] Ces anomalies peuvent ainsi être prises en charge par les équipes magasins [pour gagner du temps].

[...] Ce nouveau mode de fonctionnement se traduit notamment par la création de nouveaux métiers, le « pilote flux approvisionnement » et « l'employé commercial polyvalent ». Cet outil permet [...] d'acquérir une base de données très riche et exhaustive, en *retail* alimentaire, en vue d'analyser la performance de plus de 10 000 produits auprès de millions de clients en temps réel.

Casino indique que ces datas produits seront destinées aux fournisseurs et producteurs, dans le but de leur permettre de faire leurs propres analyses de performance et d'améliorer leurs produits et leur offre.

larevuedudigital.com, 22 juin 2021

1. **Expliquez en quoi la surveillance par IA des rayons des magasins Casino permet d'alimenter le système d'information.**
2. **Notez dans un tableau les effets positifs pour Casino et pour les différents partenaires.**
3. **Indiquez les conséquences de cette utilisation de l'IA sur les emplois proposés par Casino.**
4. **À partir de la vidéo (de 1'29 à 1'49, puis de 2'09 jusqu'à la fin), montrez que les nouveaux outils numériques utilisés par Casino ont permis au groupe de gagner en agilité.**

L'essentiel

JE RÉVISE
hachette-clic.fr/22sdgn079
- Le podcast du cours
- La synthèse en 1 clic
- Je manipule les notions

NOTIONS

- **Application métier :** application informatique développée pour répondre aux besoins spécifiques liés à un métier.
- **Informatique en nuage (*cloud computing*) :** solution permettant d'accéder via Internet à des données stockées sur des serveurs à distance.
- **Mobilité :** modification des conditions d'exercice d'un emploi. Elle peut être fonctionnelle (changement de poste) ou géographique (changement de lieu de travail).
- **Processus :** ensemble coordonné d'activités réalisées par des acteurs appartenant à plusieurs services de l'organisation pour produire un résultat attendu par le client ou l'usager.
- **Système de gestion intégrée (SGI) :** système d'information bénéficiant d'une mise en cohérence technologique et organisationnelle. Le SGI peut être composé d'un PGI ou d'une solution e-commerce.
- **Travail à distance ou télétravail :** activité professionnelle effectuée en tout ou partie à distance du lieu où le résultat du travail est attendu.

COURS

1 Le processus de gestion : qu'est-ce que c'est ?

- Pour **gagner en efficience** et **améliorer leurs performances**, les organisations mettent en place des processus de gestion.
- Ces derniers représentent (souvent sous forme de schéma) une succession d'activités, réalisées par différents acteurs, avec pour objectif de répondre à une demande spécifique.

2 Quels outils numériques pour gagner en agilité ?

- La mobilisation des outils numériques permet d'**améliorer les processus.**
- Les progiciels de gestion intégré (ou **PGI**) peuvent améliorer la circulation de l'information entre les différentes bases de données de l'entreprise.
- L'utilisation de nouvelles technologies numériques a permis de gagner en agilité en améliorant l'**accessibilité des données** et en favorisant le déploiement de nouvelles **applications métier**.
- Le recours à l'**intelligence artificielle** est un levier puissant d'amélioration des processus de gestion. L'IA a notamment permis d'**automatiser** un certain nombre de processus pour **gagner en efficacité** et concentrer les ressources humaines sur les tâches à forte valeur ajoutée.
- L'automatisation ne signifie donc pas que l'homme disparaît complètement des processus de gestion.

CULTURE+

Le train est un puissant vecteur de croissance économique. L'invention de la locomotive à vapeur a favorisé la croissance en Amérique et en Europe au XIXe siècle en permettant une meilleure circulation des personnes et des biens. Avec le progrès technique, la locomotive électrique s'impose aux XXe siècle, avec des trains de plus en plus rapides qui ont redessiné notre quotidien (seulement 2 h 20 pour relier Paris à Bordeaux en TGV). Le train affiche de sérieux atouts pour continuer à s'imposer comme une locomotive de la croissance économique, notamment en France : formalités d'enregistrement et de contrôle plus rapides que dans les aéroports, arrivée en gare au cœur des grandes villes, possibilité d'admirer les paysages, coût écologique plus faible…

POUR RETENIR AUTREMENT

1 Le processus de gestion : qu'est-ce que c'est ?

À partir des activités quotidiennes des ....acteurs............
au sein des différents ....services............,

↓

le dirigeant analyse comment mieux ....coordonner.......... les opérations

↓

pour mieux satisfaire ....le client / l'usager...... en mobilisant autant voire moins
de ressources (meilleure ....efficience...........)

↓

Ce nouvel ensemble coordonné d'opérations est modélisé dans un document pour être connu
de tous et appliqué : c'est le ....diagramme évènement-résultat...............

2 Quels outils numériques pour gagner en agilité ?

		⊕	⊖
PGI	......Base de données..... ..unique partagée entre. ...les différents services..	Meilleure circulation de l'information pour plus de performance	Rigidité et difficultés de paramétrage et de maintenance
.......Cloud....... ....computing....	Données et services accessibles depuis un serveur distant	Favorise ..la mobilité... et le travail à distance	Perte de données ou de service dégradé en cas de panne
..Applications... métier ou clients	Solutions informatiques pour répondre aux besoins spécifiques d'une entreprise	Meilleure réponse aux besoins des collaborateurs et des clients : performance	Protection des .....données..... ..personnelles.. et formation des collaborateurs
Automatisation	.....La machine... remplace ......l'humain...... sur certaines étapes du processus	Efficacité et rentabilité	Risques en termes .....d'emploi..... .... et de qualité du service rendu

↓

Viser une meilleure agilité organisationnelle en tenant compte des risques et des contraintes

OBJECTIF BAC

9 Je recherche mes documents

Pour traiter ton sujet d'EDG*, il te faut établir un protocole de collecte de documents qui soit efficient. Cela te permettra de gagner du temps dans ton travail et de conserver une trace de tes recherches.

1 Annuaire e-sidoc et/ou Europresse, voire médiathèque de ta commune

Fiche méthode BAC
③ Je collecte mes documents, p. 262

À partir de ton Médiacentre, ouvre l'annuaire E-sidoc de ton lycée et/ou Europresse.

Mots-clés	Réponse libre de l'élève
Type(s) de recherche	☐ Simple ☐ Avancée, c'est-à-dire avec filtres : *année, type de document…*

Mets les documents que tu évalues intéressants dans ton panier.

2 Internet

À partir de ton Médiacentre, ouvre l'annuaire e-sidoc de ton lycée et/ou Europresse.

Navigateur	☐ Google Chrome ☐ Mozilla Firefox ☐ Safari ☐ Internet Explorer ☐ Microsoft Edge ☐ Autre…
Moteur de recherche	☐ Google ☐ Qwant ☐ Bing ☐ Yahoo ☐ Safari ☐ Ecosia ☐ Lilo ☐ Autre…
Mots-clés	Réponse libre de l'élève
Type(s) de recherche	☐ Simple ☐ Avancée, c'est-à-dire avec filtres : *année, type de document…*

3 Autres méthodes

À partir de ton Médiacentre, ouvre l'annuaire e-sidoc de ton lycée et/ou Europresse.

Quoi ?	Réponse libre de l'élève
Pourquoi ?	Réponse libre de l'élève
Où ?	Réponse libre de l'élève
Qui ?	Réponse libre de l'élève
Comment ?	Réponse libre de l'élève

** Cf. Les recommandations du Guide de l'évaluation dans le cadre de la réforme du lycée général et technologique, rentrée 2021.*

Mini-cas d'entraînement
THÈME 2

JE SAIS : OUI ✓ NON ✗

- **comprendre** la variété des usages et des impacts. ☐ ☐
- **identifier** les différentes étapes d'un processus de gestion ☐ ☐
- **repérer** les effets de l'automatisation des activités de gestion sur la circulation de l'information, l'organisation du travail et le rôle des acteurs. ☐ ☐

Petit Bateau...
prépare les soldes d'hiver.

SITUATION

En poste depuis trois mois au siège de Petit Bateau, vous êtes en pleine préparation des soldes de janvier.

MISSION 1 UTILISER LE NUMÉRIQUE POUR OPTIMISER LES VENTES

Afin d'optimiser les ventes de cette période, vous prêtez main-forte au service marketing.

À l'aide de vos connaissances et du ▶Doc. 1, traitez les missions suivantes :

Q1.1 **Identifiez les problématiques rencontrées par l'équipe merchandising et montrez les apports de Display pour Petit Bateau.**

Q1.2 **Démontrez l'aspect collaboratif de cette solution.**

Q1.3 **Réfléchissez à trois raisons pour Petit Bateau de communiquer sur les réseaux sociaux.**

DOC 1 **Comment Petit Bateau utilise la simulation numérique pour optimiser son merchandising* en point de vente ?**

Jusqu'en 2018, l'enseigne Petit Bateau disposait d'une « boutique école » [qui] avait pour vocation [la simulation de l'agencement (merchandising)] d'une boutique. [L'équipe en charge du merchandising] devait sélectionner et prendre de vrais produits, en l'occurrence les vêtements, les plier ou les déplier, les disposer, prendre des photos, puis élaborer [des plans pour que l'agencement choisi soit identique dans les 215 boutiques] en Europe. […]

UNE PLATEFORME UNIQUE ET COLLABORATIVE

Il y a deux ans, l'enseigne […] a mis au point une solution baptisée Display. [Elle permet à l'équipe merchandising] de créer virtuellement l'ensemble de sa collection, produit par produit, mobilier par mobilier, élément de [publicité par publicité. [L'idée est aussi d'avoir] une plateforme unique pour plusieurs utilisateurs et collaborative : les [documents] sont envoyé[s] instantanément à tout le réseau, tout en bénéficiant de mises à jour. Le personnel sur le terrain reçoit des documents précis et visuels. Les outils sont envoyés aux équipes magasins avec des instructions rapides et consultables sur tablettes. […] Autre avantage cité par l'enseigne, une meilleure collaboration entre les équipes : « [L'équipe merchandising est] mieux intégré[e] dans le développement de la collection, avec un discours plus qualitatif ». […]

Aude Chardenon, usine-digitale.fr, 29 octobre 2020

**Merchandising : ensemble des techniques qui cherchent à augmenter l'attractivité du point de vente.*

MISSION 2 METTRE EN PLACE LE « CALL AND COLLECT »

Déjà utilisatrice du Click and Collect, l'organisation Petit Bateau souhaite désormais lancer le « Call and Collect » : une nouvelle solution pour être au plus proche des clients. Vous participez à son développement.

À l'aide de vos connaissances et des ▶ Docs. 2 à 5, traitez les missions suivantes :

Q2.1 **Expliquez les différences entre le « Click and Collect » et le « Call and Collect ».**

Q2.2 **Indiquez en quoi le « Call and Collect » est un outil numérique au service de l'organisation et des clients.**

Q2.3 **Identifiez les éléments suivants présents dans le processus du « Call and Collect » : élément déclencheur, élément de clôture, acteurs, activités, outils numériques mobilisés.**

Q2.4 **Réfléchissez aux conséquences indésirables que la mise en place du « Call and Collect » peut avoir sur l'organisation du travail en magasin.**

DOC 2 Le « Click and Collect »

@Quadient, 2014

DOC 3 Petit Bateau lance le « Call and Collect »

La marque de vêtements pour enfants Petit Bateau lance un service d'achat assisté par visioconférence, baptisé « call and collect ». Le client appelle une boutique avec son smartphone, le vendeur lui montre alors la collection reçue en magasin en visio. Le règlement s'effectue par téléphone. Le consommateur vient ensuite récupérer sa commande à la façon d'un drive ou elle lui est livrée à domicile.

e-marketing, 7 mai 2020

DOC 4 Le processus du « Call and Collect »

On s'appelle ?

Je contacte une des boutiques participantes, qui m'accompagne et me conseille pour composer mon panier par téléphone.

Paiement sécurisé mon capitaine

Je reçois un SMS ou un mail de la boutique pour accéder à la plateforme PAYTWEAK pour finaliser mes achats en toute sécurité.

Ma commande est prête

Je viens chercher ma commande en boutique. Ou je choisis la livraison à domicile et je me fais livrer chez moi.

petit-bateau.fr, 2021

DOC 5 Les avantages du « Call and Collect »

Pour le consommateur, de tels systèmes possèdent différents avantages qui ne sont pas à négliger :

- Un gain de temps, car il est assuré de trouver le produit qu'il souhaite ;
- Le mix parfait des atouts de l'e-commerce et du commerce traditionnel ;
- L'économie des frais de livraison ;
- La possibilité de réserver le produit ;
- L'éventualité que le consommateur achète d'autres produits en venant dans votre commerce.

lecommercantdigital.fr, 2021

THÈME 3

Création de valeur et performance

Charlie & Gus

La BD animée STMG

VIDÉO

hachette-clic.fr/22sdgn080

Épisode #3

Match « Gus vs Performance »

1. Relevez dans la BD tous les éléments qui traitent de la valeur de l'entreprise de Gus.
2. Prenez la place de Charlie et répondez à la dernière question de Gus.
3. Donnez des exemples concrets de performance pour une organisation, autre que l'argent.

Toute organisation
crée de la valeur…
mais pas toute seule !

Chacune de ses parties prenantes lui apporte une valeur différente.

Question de gestion

- Peut-on mesurer la contribution de chaque acteur à la création de valeur ?

CHAPITRE 10
La valeur ajoutée et partenariale dans l'organisation.

CHAPITRE 11
Les valeurs financière, actionnariale et boursière

CHAPITRE 12
La valeur perçue

CHAPITRE 13
Relation « coût, marge, prix et qualité »

Attention

Même si l'organisation
crée de la valeur,
cela ne signifie pas obligatoirement
qu'elle est performante !

Valeur ≠ Performance

Question de gestion

- La création de valeur conduit-elle toujours à une performance globale ?

CHAPITRE 14
La performance globale de l'organisation

CAPACITÉS

- Caractériser les différents types de valeur et les mettre en relation avec les attentes d'acteurs
- Identifier le rôle des différents acteurs intervenant dans le processus de création de valeur
- Repérer à partir de la notion de valeur ajoutée, les répartitions possibles afin de répondre aux attentes des acteurs, en prenant en compte les contraintes de gestion
- Utiliser des indicateurs simples pour repérer la valeur produite par l'organisation

NOTIONS

- Valeur ajoutée : création et répartition
- Valeur partenariale

10

Michel & Augustin
Les trublions du goût

Les valeurs ajoutée et partenariale dans l'organisation

VIDÉO
hachette-clic.fr/22sdgn081
Le film de notre folle aventure (1'43)

Cette photographie a été prise avant la crise du Covid-19.

SITUATION

Michel & Augustin, c'est avant tout une histoire d'amitié qui existe entre les deux créateurs de la marque française… Michel et Augustin ! De leur belle histoire d'amitié et de leur passion pour la pâtisserie est née l'entreprise en 2004. Michel & Augustin propose une gamme de plusieurs produits alimentaires, tous plus appétissants les uns que les autres, allant du yaourt à boire au biscuit apéritif, en passant par le cookie ! Depuis sa création, l'entreprise ne cesse de s'accroître, notamment avec son implantation aux États-Unis depuis 2019. Gourmandes, gourmands : à vos fourchettes !

1 La valeur ajoutée : c'est quoi ?

Michel & Augustin ont eu envie de partager leur amour des bonnes choses en transformant des ingrédients du quotidien (lait, sucre, fruit…) en des produits goûteux à haute valeur ajoutée ! Décryptons cette notion en situation réelle (et gourmande) avec le yaourt « Vache à boire ».

DOC 1 Du lait au yaourt, que de valeur ajoutée !

Armées de leurs tabliers, les équipes de Michel & Augustin suivent une recette bien précise pour fabriquer le très apprécié yaourt « Vache à boire », goût vanille (vendu 2,68 € H.T. l'unité).

Auteurs

Données relatives à la production quotidienne

Quantités produites : 10 000 unités

- Achats de matières premières (lait, fruits, arômes...) pour une valeur de 2 500 €
- Bouteilles, bouchons, étiquettes, achats de marchandises : 2 300 €
- Achat d'électricité : 1 200 €
- Versement du loyer des locaux (3 600 €) et de leur assurance (300 €)

1 Analysez le processus de fabrication de Michel & Augustin en complétant dans le schéma suivant :
- les acteurs partenaires intervenant en amont et en aval de Michel & Augustin.
- les éléments entrant dans le processus de production et leurs montants (▶ Doc. 1).

Le processus de fabrication des yaourts à boire (hummm !)

Fournisseurs → MICHEL & AUGUSTIN Les trublions du goût → Clients

- Matières premières (2 500 €)
- Énergie (1 200 €)
- Marchandises (2 300 €)
- Loyer et assurance (3 900 €)

→ **Transformation des** matières premières **en yaourts à boire**

Carrefour — Intermarché

2 Calculez les montants des achats et des ventes effectués par Michel & Augustin au cours de la semaine.

Total des achats

2 500 + 2 300 + 1 200 + 3 900 = 9 900 €

Total des ventes

10 000 × 2,68 = 26 800 €

3 Déterminez le montant de valeur créée par Michel & Augustin lors de ce processus. Interprétez le résultat.

Montant de la valeur créée par Michel & Augustin = 26 800 – 9 900 = 16 900 €

Le processus de fabrication des yaourts permet à Michel & Augustin de créer 16 900 € de valeur.

DOC 2 La notion de valeur ajoutée vous est (enfin ! 😉) expliquée

Tous les achats effectués auprès de fournisseurs extérieurs constituent les fameuses « consommations intermédiaires » vues en économie. Grâce à son savoir-faire, Michel & Augustin les transforme pour obtenir un produit fini a plus forte valeur. L'organisation lui ajoute donc de la valeur, d'où l'expression de valeur ajoutée. C. Q. F. D. ! C'est pour cela que la valeur (et donc le prix de vente) du yaourt à boire est supérieure à la somme des valeurs des consommations intermédiaires (CI) nécessaires à sa fabrication.
La valeur ajoutée se calcule de la manière suivante :

VA = CA – CI...

Auteurs

VIDÉO
hachette-clic.fr/22sdgn082
Combien une entreprise gagne-t-elle réellement ? (jusqu'à 1'14)

4 **À l'aide de votre réponse à la question 3, renseignez la formule sur le ▶ Doc. 2.**

5 **Expliquez pourquoi cette valeur s'appelle valeur « ajoutée ».**

La valeur ajoutée est, comme son nom l'indique, la valeur que l'entreprise va ajouter aux produits et/ou services qu'elle va revendre. Nous pouvons aussi parler de richesse créée.

DOC 3 Le Morning Briefing : information de dernière minute !

Le rdv du lundi matin !

Tous les lundis matin, la tribu se retrouve pour prendre un petit-déjeuner ensemble. L'occasion de se retrouver et de tenir les équipes informées des dernières nouvelles importantes.

Chers trublions,
Avec la crise, les prix d'achat des matières premières et des marchandises ne cessent d'augmenter : 3 % la semaine dernière. Nous devons revoir notre valeur ajoutée...

6 **Évaluez les conséquences de cette augmentation du prix d'achat des matières premières sur la valeur ajoutée dégagée par Michel & Augustin.**

Formule	Calcul	Montant
CA	10 000 x 2,68	26 800 €
-CI	(4 800 x 1,03) + 1 200 + 3 900	10 044 €
= VA	26 800 – 10 044	16 756 €

Conclusion : L'augmentation du prix des matières premières engendre une augmentation du montant des consommations intermédiaires et donc une diminution de la valeur ajoutée à chiffre d'affaires égal (16 756 - 16 900 = - 144 €).

Vers la synthèse
JE ME TESTE
hachette-clic.fr/22sdgn083
Je révise l'essentiel p. 156-157

Bilan

Donnez votre définition de la valeur ajoutée.

La valeur ajoutée représente la richesse que l'entreprise « ajoute » aux achats qu'elle effectue avant revente aux consommateurs. Elle se calcule avec la formule CA – CI.

2 Comment se décide la répartition de la valeur ajoutée ?

L'entreprise Michel & Augustin ne crée pas cette valeur toute seule ! Il est donc normal que tous les acteurs qui ont contribué à sa création soient considérés comme il se doit. Mais de qui parle-t-on exactement ?

A Les acteurs concernés par la répartition de la valeur ajoutée

DOC 4 Le partage de la valeur ajoutée : pour quoi et pour qui ?

La valeur ajoutée par l'organisation...

... se partage avec	Les salariés	Les actionnaires	Les banques	L'État et les organismes sociaux	L'entreprise elle-même
... sous la forme de	Salaires	Un dividende	Intérêts et frais bancaires	Impôts, taxes et cotisations	Épargne, autofinancement
... car ils contribuent à la création en...	Permettant la production de délicieux biscuits en apportant leur savoir et savoir-faire.	Investissant au lancement de l'entreprise ou du lancement de nouveaux produits... Parfois en dirigeant.	Finançant l'organisation par des prêts.	Permettant la production des produits en proposant des infrastructures (routes, formations, justice...).	Organisant sa production de manière efficiente.

Auteurs

1 **Complétez les rétributions et les contributions manquantes dans le ▶ Doc. 4.**

2 **Expliquez la présence des banques et de l'État dans la répartition de la valeur ajoutée.**

Ces deux acteurs sont présents dans la répartition de la valeur ajoutée car ils contribuent à la création de richesse de l'entreprise.

Les banques permettent le financement des différents investissements nécessaires à la création de valeur.

L'État propose des infrastructures pour le bon déroulement de la production.

DOC 5 Séance de travail dans le bureau de Michel & Augustin

L'année N fut riche en évènements pour Michel & Augustin. Le plus important est sans conteste son lancement aux États-Unis. *It was so exciting !* Mais nos trublions savent que cela a engendré des conséquences sur la répartition de la valeur ajoutée entre N-1 et N. Analyse…

Année N-1	Année N
23 700 000 € de VA répartie comme suit : • 8 millions € pour le personnel • 2,7 millions à l'État • 40 000 € de frais bancaires • 11 millions € en dividendes • Le reste incorporé en réserves	Valeur ajoutée dégagée : 30 500 000 € : • 10 millions € de rémunération du personnel • 2,5 millions € d'impôts et taxes • 50 000 € de frais bancaires • 15 millions € de versement de dividendes • Le reste placé en réserves.

Auteurs

NOTIONS

• **Taux d'évolution :** pourcentage d'évolution d'une donnée entre deux périodes.

$$\frac{V^{arrivée} - V^{départ}}{V^{départ}} \times 100$$

3 **À l'aide du ▶ Doc. 5, établissez les répartitions des valeurs ajoutées en N-1 et N, ainsi que leur évolution dans le tableau ci-dessous :**

Acteurs	Année N-1		Année N		Taux d'évolution
	Montant en €	Part en %	Montant en €	Part en %	
L'État	2 700 000 €	11,39 %	2 500 000 €	8,20 %	-7,41 %
La Banque	40 000 €	0,17 %	50 000 €	0,16 %	+25 %
Les salariés	8 000 000 €	33,76 %	10 000 000 €	32,79 %	+25 %
Les actionnaires	11 000 000 €	46,41 %	15 000 000 €	49,18 %	+36,36 %
L'entreprise	1 960 000 €	8,27 %	2 950 000 €	9,67 %	+50,51 %
TOTAL	23 700 000 €	100 %	30 500 000 €	100 %	+28,69 %

4 **Étudiez l'évolution de la répartition de la valeur ajoutée entre N-1 et N.**

Avec une augmentation de +28,69 % de sa valeur ajoutée, Michel & Augustin peut distribuer une partie plus importante à chacun des acteurs concernés sauf pour l'État ou les taxes et impôts ont été moins importants sur l'année N. L'internationalisation de l'entreprise a donc été bénéfique à l'ensemble des acteurs concernés.

B La répartition de la valeur ajoutée face aux contraintes de gestion

DOC 6 L'assemblée générale de Michel & Augustin

Après un an d'implantation aux États-Unis, une assemblée générale (A. G.) est organisée pour voter la répartition de la valeur ajoutée en N+1. Cette répartition risque de voir se confronter des contraintes de gestion nouvelles par rapport à l'an passé…

Auteurs

5 Identifiez les contraintes de gestion qui pèsent sur la répartition de la valeur ajoutée en N+1.

Les contraintes de gestion qui pèsent sur l'organisation sont l'augmentation des dividendes de 10 % réclamée par les actionnaires, l'augmentation de 5 % des salaires réclamée par les salariés et la nécessité de conserver 3 millions d'euros en épargne pour de futurs autofinancements.

6 **Calculez la possibilité d'arriver à satisfaire l'ensemble des demandes des parties prenantes en N+1.**

Lien vers le management • à la rencontre du management des organisations

	Année N	Année N+1	
Acteurs	Rappel de la répartition	Demande des acteurs	Hypothèse de répartition
L'État	2 500 000 €		2 940 000 €
La Banque	50 000 €		100 000 €
Les salariés	10 000 000 €	+ 5 %	10 500 000 €
Les actionnaires	15 000 000 €	+ 10 %	16 500 000 €
L'entreprise elle-même	2 950 000 €	3 000 000 €	3 000 000 €
TOTAL			33 040 000 €

Faisabilité ? ☐ Oui ☒ Non

DOC 7 Michel & Augustin prennent une décision !

Pour Michel & Augustin, il est indispensable de prendre en compte les différentes demandes des acteurs avec qui ils travaillent et ne pas léser leurs relations.

Après réflexion, ils décident de déduire la différence entre l'hypothèse de répartition et le montant de la valeur ajoutée sur leur propre partie, sans mettre en danger leurs *american investments* !

Auteurs

7 **Déterminez à combien s'élève le montant conservé par l'entreprise elle-même après cette décision.**

3 000 000 – 540 000 (33 040 000 – 32 500 000) = 2 460 000 €

8 **Analysez la faisabilité de cette décision et ses conséquences.**

Cette hypothèse est réalisable et répond aux différentes demandes des acteurs concernés par la répartition. En sacrifiant sa partie de répartition, l'entreprise parvient à trouver une solution qui répond aux différentes contraintes de gestion. Or, elle devra sûrement faire appel aux banques (les prêteurs) pour ses besoins de financement.

Bilan

Expliquez comment une entreprise peut parvenir à répartir sa valeur ajoutée en prenant en compte l'ensemble des contraintes de gestion.

Afin de répartir sa valeur ajoutée entre les différents acteurs concernés en respectant les différentes contraintes de gestion, l'entreprise doit collaborer avec ses parties prenantes afin de connaître leurs attentes et leurs intentions. De ce fait, l'entreprise pourra prendre en compte les différentes demandes des parties prenantes et rendre la collaboration plus pérenne.

Vers la synthèse
JE ME TESTE
hachette-clic.fr/22sdgn084
Je révise l'essentiel p. 156-157

3 Comment prendre en compte la valeur partenariale dans les organisations ?

Le monde se modernise et les trublions du goût l'ont bien compris ! Dans la tribu, personne n'est laissé de côté et toutes les parties prenantes qui participent à cette folle aventure sont prises en considération.

DOC 8 La valeur partenariale, la valeur qui fait bouger les lignes !

Lien vers le management • à la rencontre du management des organisations

Il s'agit de tenir compte du caractère pluriel de l'entreprise et d'évaluer la performance de l'entreprise dans une perspective certes économique mais aussi environnementale et sociale. La notion de valeur partenariale se trouve dans le prolongement de la responsabilité sociale de l'entreprise développée au milieu du XXe siècle. Au lieu de limiter la relation aux seules relations entre les dirigeants et les propriétaires, celle-ci est étendue aux autres parties prenantes de l'entreprise, ses salariés, ses clients, ses fournisseurs, ses riverains, les associations de consommateurs, de protection de l'environnement…

creg.ac-versailles.fr, 7 novembre 2019

1 Résumez en une phrase l'idée de la valeur partenariale.

La valeur partenariale a pour objectif d'accorder une valeur aux différents acteurs concernés par la création de valeur de l'entreprise.

DOC 9 Fournisseurs et distributeurs : des parties prenantes précieuses au « schmilblick »

Trublion surveille brebis

Nous voulons que nos ingrédients soient au top niveau goût, qu'ils soient récoltés dans de BONNES conditions et nous tenons à entretenir un lien particulier avec ceux qui en prennent soin ! Nous choisissons nos partenaires fabricants pour leur savoir-faire et la passion avec laquelle ils exercent leur métier ! Dans nos biscuits apéritifs nous utilisons de BONS fromages AOP (appellation d'origine protégée), pour nos vaches à boire nous choisissons du lait français récolté à moins de 100 km du lieu de production, la vanille de Madagascar que nous utilisons est tracée et récoltée dans de bonnes conditions.

Ce mois-ci, c'est la fête ! On célèbre nos **10 ans d'aventure du goût avec Monoprix**, notre partenaire HISTORIQUE ! C'est chez eux que Michel (le vrai) et Augustin (l'unique) ont référencé leur TOUTE première recette. Pour l'occasion, plein de surprises en magasin.

micheletaugustin.com, 2021

2 Indiquez quelles actions démontrent une prise en compte des producteurs et des distributeurs chez Michel & Augustin.

Michel & Augustin – Les trublions du goût

Producteurs ▶
- Travaillent main dans la main avec eux.
- Favorisent les achats français.
- Exigent des bonnes conditions de production.

Distributeurs ▶
Une relation de plus de dix ans avec Monoprix, partenaire qualifié d'historique par Michel & Augustin. À cette occasion, les deux entreprises ont prévu des surprises en magasin.

DOC 10 Salariés et consommateurs : encore des parties prenantes indispensables au « schmilblick »

LE FILET À PAPILLONS

Dans notre tribu, toutes les idées sont les bienvenues. On les attrape comme des papillons avec notre filet ! Une recette révolutionnaire, un projet FOU, une vision pour l'aventure ? Il suffit de glisser un petit mot dans le filet à papillons ! On l'ouvre tous les mois en plein cœur de la bananeraie.

micheleetaugustin.com, 2021

Dépouillage des chouettes idées !

LES PORTES OUVERTES

C'est le moment que tous les gourmands attendent… le 1er jeudi du mois ! La tribu vous invite à franchir les portes de la bananeraie.

Au programme des festivités ?

- Découverte de nos TOUTES nouvelles recettes.
- Dégustation des recettes en développement pour récolter vos avis.
- Folles animations et activités en tout genre.
- Bavardages avec les trublions.

Un chouette moment pour vivre l'aventure du goût ! Et pourquoi pas vous donner le goût de l'aventure ?

micheleetaugustin.com, 2021

3 **Expliquez en quoi la considération des salariés et des consommateurs est importante pour la valeur partenariale de Michel & Augustin.**

La considération des trublions (salariés) et des consommateurs de Michel & Augustin est importante pour la valeur partenariale car cette dernière prend en compte la relation qu'elle a avec toutes ses parties prenantes. Les salariés et les consommateurs sont des parties prenantes importantes pour une entreprise, il faut donc veiller à ce que la relation soit le plus solide possible.

4 **Réfléchissez aux coûts que la valeur partenariale implique pour les organisations. Justifiez dès lors son intérêt.**

La valeur partenariale engendre des coûts : matières premières plus chères, sacrifices consentis aux distributeurs, investissements pour recevoir les clients, conditions de travail optimales,… Néanmoins, ces dépenses sont nécessaires pour que chaque partie prenante y trouve satisfaction et s'implique à long terme.

Bilan

Expliquez comment les organisations peuvent favoriser leurs relations avec certains de leurs acteurs grâce à la valeur partenariale.

Les organisations peuvent favoriser les relations avec certains de leurs acteurs en « sacrifiant » une part de leur recette pour favoriser la relation avec un acteur. En sacrifiant une partie de sa recette, l'organisation va montrer qu'elle prend en compte les attentes de différents acteurs avec qui elle travaille. Cette prise en compte permettra de créer de la valeur partenariale.

Vers la synthèse
JE ME TESTE
hachette-clic.fr/22sdgn085
Je révise l'essentiel p. 156-157

À moi de jouer

1 Jouez avec *Kyushi* !

Quiz interactifs pour réviser en classe !

hachette-clic.fr/kyushi

2 Mini-cas

Identifiez la nature de chacun des éléments suivants, en cochant chaque fois la bonne colonne 😉 :

Éléments	Chiffre d'affaires	Consommations intermédiaires	Acteurs…	
			… concernés par la répartition de la VA	… non concernés par la répartition de la VA
Matières premières	☐	☒	☐	☐
Clients	☐	☐	☐	☒
Salariés	☐	☐	☒	☐
Marchandises achetées	☐	☒	☐	☐
Production vendue	☒	☐	☐	☐
Électricité	☐	☒	☐	☐
Marchandises vendues	☒	☐	☐	☐
Banque	☐	☐	☒	☐
État	☐	☐	☒	☐
Fournisseur	☐	☐	☐	☒
Entreprise	☐	☐	☒	☐
Actionnaire	☐	☐	☒	☐
Loyer	☐	☒	☐	☐

3 Identifier les contraintes de gestion qui président à la répartition de la valeur ajoutée

Fiche méthode BAC
12 Utiliser des formules de calcul, p. 281

Fiche méthode BAC
13 Insérer un graphique, p. 284

L'entreprise Le Lunettier produit et vend des lunettes de soleil modernes dans toute la France. L'entreprise a connu une explosion de ses ventes après avoir collaboré avec de nombreux influenceurs pour atteindre 900 000 € de chiffre d'affaires en N ! Pour parvenir à ce résultat, le Lunettier a réalisé 300 000 € d'achats de matières premières, 50 000 € d'autres achats (énergie, matériel, transport…) et autant de loyers payés.

Auteurs

1. **Sur un logiciel de tableur, calculez le montant de la valeur ajoutée.**
2. **Réalisez un tableau de répartition de la valeur ajoutée entre les différents acteurs.**
3. **Réalisez un graphique en secteur pour illustrer la répartition de la valeur ajoutée en N.**
4. **Commentez la répartition de la valeur ajoutée.**

4 Appréhender la contribution des acteurs à la création de valeur partenariale

World Rugby opte pour une approche partenariale pour la sélection de l'hôte de la Coupe du Monde

Le conseil de World Rugby a approuvé les modifications apportées au processus de sélection des hôtes de la Coupe du Monde de rugby, accordant le statut de Candidat préférentiel exclusif à l'Angleterre pour la Coupe du Monde 2025 et à l'Australie pour la Coupe du Monde 2027.

Le conseil de World Rugby a également confirmé que les États-Unis entameront un dialogue exclusif ciblé pour la Coupe du Monde de rugby 2031 dans le cadre d'un modèle axé sur l'établissement de partenariats significatifs entre World Rugby et les pays hôtes potentiels. Tous les pays ont travaillé en étroite collaboration avec World Rugby et d'autres parties prenantes majeures pour remplir les conditions requises afin d'obtenir respectivement le statut de Candidat préférentiel et de Dialogue exclusif ciblé.

Les modifications font suite à une révision complète du processus de sélection des hôtes, des objectifs de la Coupe du Monde de rugby et de l'environnement mondial actuel afin de s'assurer que la fédération internationale soit en phase avec un monde qui évolue rapidement. Elles permettront un meilleur alignement entre les futurs hôtes de la Coupe du Monde de rugby sur les objectifs à long terme de World Rugby, tout en offrant une expérience exceptionnelle aux joueurs et aux supporters. [...] L'objectif final est de créer un modèle d'organisation qui maximise l'efficacité financière et opérationnelle, tout en dégageant une plus grande valeur pour les hôtes et le développement du rugby mondial, en mettant l'accent sur la construction de relations durables avec les pays hôtes et l'élargissement de l'attrait commercial et des fans. […]

ffr.fr, 25 novembre 2021

1. **Relevez les différentes parties prenantes concernées par ce changement.**
2. **Démontrez que le conseil de World Rugby s'engage à développer une vraie valeur partenariale.**
3. **Expliquez l'objectif d'une telle démarche.**

L'essentiel

hachette-clic.fr/22sdgn086

JE RÉVISE
- Le podcast du cours
- La synthèse en 1 clic
- Je manipule les notions

NOTIONS

- **Valeur ajoutée :** valeur que l'organisation va ajouter aux produits et/ou services qu'elle va revendre. Nous pouvons aussi parler de richesse créée.
- **Valeur partenariale :** fonctionnement d'une organisation visant à assurer un partage de la valeur créée entre les différentes parties prenantes. Elle est mesurée par la différence entre le prix que la partie prenante est prête à payer ou faire payer et ce qu'elle paie ou fait payer réellement.

CULTURE+

Et si on faisait le lien avec l'économie ? La valeur ajoutée est une notion clé en économie ! En effet, la somme des valeurs ajoutées créées par toutes les entreprises présentent sur le territoire constitue le… **P. I. B.** (produit intérieur brut) ! L'évolution du P. I. B. entre deux périodes donne le taux de croissance du pays ! « *VA et P. I. B., tu vois le lien maintenant ?* »

COURS

1 La valeur ajoutée : c'est quoi ?

- C'est la **richesse créée** par l'organisation, la valeur qu'elle ajoute à ses achats (par son savoir-faire, ses machines, son temps…).
- Elle se calcule : **Chiffre d'affaires (CA) – Consommations intermédiaires (CI)**
- Les consommations intermédiaires sont représentées par les achats auprès des fournisseurs.

2 Comment se décide la répartition de la valeur ajoutée ?

Pour créer de la valeur, l'organisation a besoin de certains acteurs, qu'il convient de rétribuer.

- Les **acteurs** concernés sont les salariés, les banques, l'État, les actionnaires et l'entreprise elle-même.
- Ils perçoivent une rétribution nommée : salaires (salariés), intérêts (banques), dividende (actionnaires), impôts et taxes (État), épargne (entreprise elle-même).
- La répartition peut varier selon les contraintes de l'organisation, appelées « **contraintes de gestion** » comme un besoin d'investissement, une demande d'augmentation des dividendes, des salaires…

3 Comment prendre en compte la valeur partenariale dans les organisations ?

- Une entreprise doit construire des relations solides avec ses **parties prenantes**, qui ont un rôle dans son succès.
- Les sacrifices financiers mais aussi les relations sociales enrichies constituent la valeur partenariale.

POUR RETENIR AUTREMENT

1 La valeur ajoutée : c'est quoi ?

Chiffre .... Affaires ....

–

Consommations .... Intermédiaires ....

=

Valeur .... Ajoutée ....

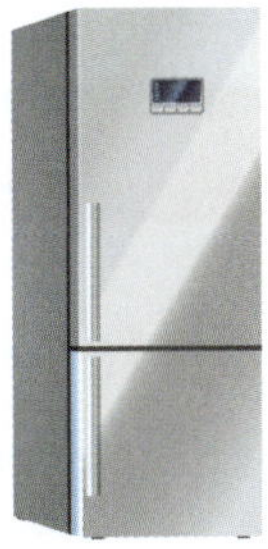

2 Comment se décide la répartition de la valeur ajoutée ?

Valeur ajoutée

Entreprise elle-même (Épargne)	Salariés (Salaires)	Banques (Intérêts)	Actionnaires (Dividendes)	État (Impôts et taxes)

La répartition de la valeur ajoutée .... peut être sujette à des contraintes ...., l'entreprise doit donc trouver un équilibre .... entre les différents acteurs ....

3 Comment prendre en compte la valeur partenariale dans les organisations ?

L'organisation travaille à sa .... pérennité .... mais aussi…

… avec et pour le développement de ses .... parties prenantes ..... .

Objectif BAC

10 Je sélectionne les meilleurs documents

Fiche méthode BAC
④ Je sélectionne les meilleurs documents, p. 264

1 Je fais une recherche de documents sur Internet

Mon objectif : collecter quatre documents (articles, vidéos, images…) valides pour pouvoir traiter la question suivante :

« *L'intelligence artificielle est-elle un danger pour le monde du travail de demain ?* »

2 Je valide les documents trouvés

À partir des documents que tu as trouvés, reproduis le tableau ci-dessous puis remplis-le.

Document étudié				Note de 0 à 3 *(0 la plus petite, 3 la plus grande)*						**Sélection ?** *Oui ou non ?*
Titre	Source	Auteur	Date	Actualité	Fiabilité	Pertinence	Disponibilité	Lisibilité	Total	

3 J'évalue mon travail

1. Je montre les articles sélectionnés à un(e) camarade ou à mon professeur.
2. Je m'évalue : combien sont valides ?

CAPACITÉS

- Caractériser les différents types de valeur et les mettre en relation avec les attentes d'acteurs
- Identifier le rôle des différents acteurs intervenant dans le processus de création de valeur
- Utiliser un bilan et un compte de résultat pour repérer la valeur financière produite par une organisation (principalement une entreprise)
- Utiliser des indicateurs simples pour repérer la valeur produite par l'organisation

NOTIONS

- Valeur financière
- Valeur actionnariale
- Valeur boursière

11 Les valeurs financière, actionnariale et boursière

VIDÉO

hachette-clic.fr/22sdgn087

L'histoire incroyable du créateur de Nike (8'23)

«JUST DO IT»

UNE ACTION = **169,09 $** FIN 2021

BÉNÉFICE = **2,2** MILLIARDS DE DOLLARS EN 2019

CAPITAUX PROPRES = **7,1** MILLIARDS DE DOLLARS EN 2019

SITUATION

Nike a révolutionné le monde de l'équipement sportif en proposant des produits variés, à la fois esthétiques et techniques. Tout commence en 1962, lorsque Phil Knight emprunte 50 $ à son père afin de créer son entreprise d'import en chaussures de course (dans un premier temps, vendues depuis le coffre de sa voiture !). En décembre 1980, les actions Nike font leurs débuts à la Bourse de New York, au prix unitaire de 10,50 $ l'action !

Aujourd'hui, l'entreprise Nike dégage des bénéfices de plusieurs milliers de dollars, a multiplié par 16 sa cote boursière et ne cesse de gagner de la valeur. Une vraie *success story* à étudier…

1 La valeur financière, c'est quoi ?

Pour commencer l'analyse de cette *success story*, penchons-nous sur l'étude de la valeur financière de Nike. Prêt(e) pour une immersion dans ses études comptables ?

A La valeur financière fondée sur le résultat

DOC 1 Les opérations d'un magasin Nike à Lyon

Opérations	Montants	Charges (sorties d'argent)	Produits (entrées d'argent)
Achat de paires de baskets et d'accessoires	4 550 000 €	☒	☐
Vente de paires de baskets	5 850 000 €	☐	☒
Paiement du loyer et des factures du magasin	250 000 €	☒	☐
Vente d'accessoires	100 500 €	☐	☒
Rémunération des employés	240 000 €	☒	☐
Perception d'intérêts liés aux placements en épargne	15 000 €	☐	☒

1. Identifiez dans le ▶ Doc. 1 si les opérations représentent des charges ou des produits pour le magasin.

2. Déterminez le résultat du magasin Nike en complétant le tableau proposé ci-dessous.

Charges	Montant (en €)	Produits	Montant (en €)
Achat	4 550 000	Vente de baskets	5 850 000
Loyer et factures	250 000	Vente d'accessoires	100 500
Rémunération	240 000	Perception d'intérêts	15 000
TOTAL	5 040 000 €	TOTAL	5 965 500 €
Résultat de l'exercice = 925 000 €			

3. Notez sur chacun des graphiques ci-dessous, la nature du résultat : bénéfice, perte ou nul.

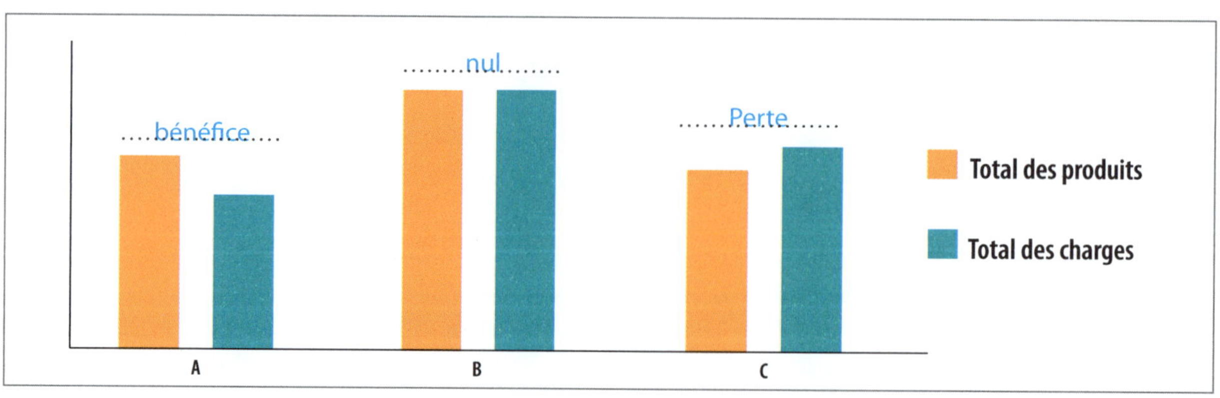

4. Déduisez si le magasin Nike est créateur de valeur financière.

Oui, le magasin est créateur de valeur financière car il dégage un bénéfice (résultat positif) de 925 000 €.

DOC 2 Le compte de résultat

NOTION

- **Valeur financière fondée sur le résultat :** se mesure à l'aide du compte de résultat : si une entreprise réalise un bénéfice alors elle crée de la valeur financière fondée sur le résultat, si c'est une perte alors elle n'en crée pas.

VIDÉO

hachette-clic.fr/22sdgn088

1 min pour comprendre le compte de résultat (1'10)

RÉSULTAT DE L'EXERCICE = Total des produits − Total des charges

5 À partir de la vidéo du ▶ Doc. 2, définissez le compte de résultat.

Un compte de résultat permet de retracer l'activité d'une entreprise.

6 Indiquez en complétant le schéma du ▶ Doc. 2 comment se calcule le résultat de l'exercice.

7 Expliquez l'intérêt pour une entreprise de réaliser un compte de résultat.

Ce document comptable est important pour les entreprises, car il permet de calculer le montant des charges et des produits sur une période donnée. Il permet ainsi de dégager le résultat de l'exercice (bénéfice ou perte). À partir de ce résultat, l'entreprise pourra prendre des décisions pour maintenir son attractivité dans le secteur et pérenniser son activité.

DOC 3 Le compte de résultat de l'entreprise Nike (CR en millions de $)

Charges	Exercice N	Exercice N−1	Produits	Exercice N	Exercice N−1
Charges d'exploitation			**Produits d'exploitation**		
– Achat de marchandises	10 000	10 700	– Ventes de marchandises	27 200	28 100
– Achat de matières premières	3 100	2 000	– Ventes de produits finis	10 000	11 000
– Autres charges	350	770			
– Impôts, taxes et versement assimilés	1 000	1 200			
– Salaires (salaires + charges sociales)	20 000	20 400			
Charges financières	220	0	**Produits financiers**	200	0
Charges exceptionnelles	190	0	**Produits exceptionnels**	0	0
Total des charges	34 860	35 070	**Total des produits**	37 400	39 100
Bénéfice	2 540	4 030	**Perte**	0	0
Total général	37 400	39 100	**Total général**	37 400	39 100

investing.com, août 2021

8 Calculez les résultats des exercices N et N−1 pour Nike, dans le ▶ Doc. 3. Commentez les résultats obtenus.

En N, l'entreprise Nike réalise un résultat positif de 2 540 millions de dollars et réalise donc un bénéfice. En N−1, elle réalisait un résultat bénéficiaire également de 4 030 millions de dollars soit un taux d'évolution de -36,97 %, ce qui montre que malgré un résultat bénéficiaire, ce dernier est en baisse.

9 Déterminez si l'entreprise Nike est créatrice de valeur financière fondée sur le résultat.

L'entreprise Nike est créatrice de valeur financière fondée sur le résultat sur les deux années étudiées dans la mesure où elle est bénéficiaire à la fin de chaque exercice.

B La valeur financière fondée sur le patrimoine

DOC 4 Le bilan comptable d'une organisation

VIDÉO
hachette-clic.fr/22sdgn089
Le bilan comptable
(24'09)

Actifs (ce que possède l'organisation)	Passifs (ce que doit l'organisation)
Actif immobilisé : il reste sur le long terme dans l'organisation.	**Capitaux propres :** ressources apportées par le créateur et les associés
Actif circulant : il concerne l'exploitation de l'organisation, il circule.	**Passif circulant :** il concerne les différentes dettes nécessaires à l'exploitation de l'organisation.

Total actif = Total passif

10 À partir de la vidéo du ▶ Doc. 4, définissez les termes suivants :

- Bilan : état des lieux de l'entreprise à une date donnée.
- Créances clients : montant que les clients doivent à l'entreprise.
- Disponibilités : somme étant disponible sur le compte bancaire de l'entreprise.
- Réserves : bénéfices antérieurs mis en épargne.
- Capital social : somme d'argent qu'une entreprise a mis à disposition pour créer son entreprise.

11 Expliquez ce qu'est un bilan.

Un bilan est constitué de deux colonnes : à gauche, tout ce que l'organisation a (actif) et à droite tout ce que l'organisation doit (passif). Chaque colonne est divisée en deux lignes : à la première ligne, les éléments qui restent dans l'organisation à long terme, et à la seconde ligne, les éléments destinés à circuler durant l'année. Les actifs et passifs sont obligatoirement égaux.

12 Reliez les différents éléments qui composent un bilan à la catégorie correspondante.

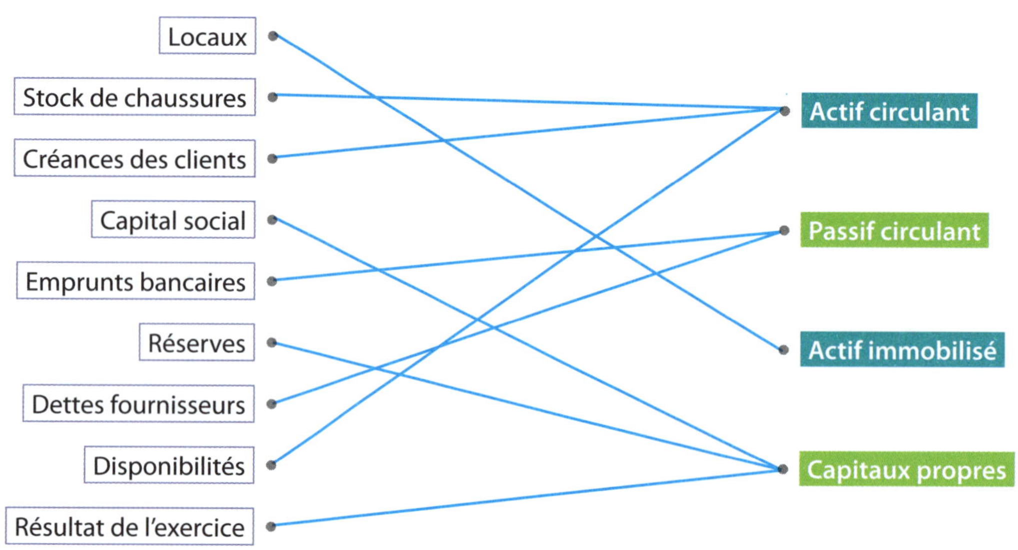

NOTIONS

- **Patrimoine :** l'ensemble des biens et des dettes d'une organisation (actif + passif).
- **Valeur financière fondée sur le patrimoine :** elle se calcule suivant deux méthodes :
  - **Méthode 1 : on relève le montant des capitaux propres**
  - **Méthode 2 : Total de l'actif – Total des dettes**

N.B. Même en situation de perte, une organisation peut avoir une valeur financière fondée sur le patrimoine grâce à ses réserves antérieures.

DOC **5**

Le bilan de l'année N de l'entreprise Nike (en millions de $)

Actif	Montant	Passif	Montant
Actif immobilisé		**Capitaux propres**	
Immobilisations incorporelles Immobilisations corporelles Immobilisations financières	275 7 960 2 330	Capital social Réserves Résultat de l'exercice	8 000 1 235 2 540
Total I	**10 565**	**Total I**	**11 775**
Actif circulant		**Dettes**	
Stocks Créances clients Disponibilités	7 370 2 750 8 790	Emprunts Dettes fournisseurs	9 400 8 300
Total II	**18 910**	**Total II**	**17 700**
Total général actif	**29 475**	**Total général passif**	**29 475**

investing.com, août 2021

13 **À partir du ▶ Doc. 5, calculez la valeur financière fondée sur le patrimoine de l'entreprise Nike.**

- Méthode 1 : montant des capitaux propres = 11 775 $
- Méthode 2 : total général actif – total des dettes = 29 475 – 17 700 = 11 775

14 **Trouvez le lien entre le compte de résultat (▶ Doc. 3) et le bilan (▶ Doc. 5).**

Le lien entre le compte de résultat et le bilan d'une entreprise est le résultat de l'exercice que l'on retrouve dans chaque document. En effet, nous pouvons retrouver le montant du résultat de l'exercice dans le bilan (dans la catégorie des capitaux propres) et en fin de compte de résultat.

15 **Déterminez si les affirmations suivantes sont vraies ou fausses. Corrigez les affirmations fausses.**

- La valeur financière fondée sur le patrimoine de l'entreprise Nike s'élève à 17 700 €.

☐ Vrai ☒ Faux → 17 700 correspond au total des dettes, or la valeur financière fondée sur le patrimoine correspond aux capitaux propres.

- Le montant des capitaux propres représente le montant de la valeur financière fondée sur le patrimoine.

☒ Vrai ☐ Faux

Les disponibilités représentent « l'argent » disponible en banque.

☒ Vrai ☐ Faux

Bilan

Expliquez la différence entre la valeur financière fondée sur le résultat et celle fondée sur le patrimoine.

La valeur financière fondée sur le résultat correspond au bénéfice (création de valeur) ou à la perte (destruction de valeur) de l'entreprise sur un exercice. Celle-ci peut différer de la valeur financière fondée sur le patrimoine. En effet, bien que cette dernière prenne en compte le résultat de l'exercice, les réserves des précédents exercices permettent de maintenir une valeur parfois plus élevée... Aussi, la première se calcule en partant du compte de résultat alors que la seconde à partir du bilan.

Vers la synthèse
JE ME TESTE
hachette-clic.fr/22sdgn090
Je révise l'essentiel p. 168-169

2 Valeurs actionnariale et boursière : une différence ?

Si la valeur financière de l'organisation dépend de son activité, qu'en est-il des valeurs actionnariale et boursière ? Mais quelle est la différence entre ces deux valeurs ?

DOC 6 Une action, plusieurs valeurs ?

Une action est une part du capital social de l'entreprise détenue par un actionnaire. Elle est achetée à la création de l'entreprise ou lors d'une augmentation de capital. Sa valeur fixée lors de l'achat s'appelle la valeur nominale de l'action. Cette valeur va évoluer avec le temps sur le marché boursier où une cote (une évaluation de la valeur) journalière de l'action est proposée. Le marché boursier se décompose en deux « sous-marchés » : le marché primaire (aussi appelé marché du neuf) sur lequel s'échangent les nouvelles actions et le marché secondaire (aussi appelé marché d'occasion) sur lequel s'échangent des actions qui ont déjà été échangées sur le marché.

Par conséquent, l'action détenue par un actionnaire n'a jamais la même valeur. Une action a donc une valeur nominale lors de sa première émission et des valeurs boursières définies en fonction du marché. La valeur actionnariale est égale à la somme des dividendes versés aux actionnaires, alors que la valeur boursière correspond au nombre d'actions multiplié par la valeur du cours de l'action à la Bourse.

Auteurs

VIDÉO

hachette-clic.fr/22sdgn091

Dessine-moi l'éco : la bourse et le financement des entreprises (3'25)

1 En vous appuyant sur le ▶ Doc. 6 et la vidéo, proposez une définition du marché boursier.

Le marché boursier est le marché où s'échangent les actions des entreprises.

Celles-ci peuvent être « neuves » et vendues sur le marché primaire, ou revendues sur le marché secondaire

où elles sont appelées « d'occasion ».

DOC 7 Les informations sur les actionnaires et leurs dividendes

Le capital social de l'entreprise Nike est divisé en 1 000 000 000 d'actions. Tous les trimestres, Nike verse des dividendes à ses actionnaires.

Un tableau récapitulatif vous est transmis ci-contre :

Date de paiement	Montant du dividende
28/12/2021	0,305 $
01/10/2021	0,275 $
01/07/2021	0,275 $
01/04/2021	0,275 $
29/12/2020	0,275 $
01/10/2020	0,245 $
01/07/2020	0,245 $

2 Calculez la valeur actionnariale de l'entreprise Nike au 01/07/2021 à partir des ▶ Docs. 6 et 7.

Valeur actionnariale = Dividendes versés = 0,275 x 1 000 000 000 = 275 000 000 $ au 01/07/2021

DOC **8** **De la valeur nominale aux valeurs d'échange**

- **1980** : Entrée en Bourse à une valeur nominale de 10,50 $ par action
- **1990** : Valeur d'échange de 150 $ par action
- **1996** : Chute importante du CA donc des dividendes versés → L'action chute à 80 $.
- **2000** : La valeur d'échange de l'action remonte pour atteindre 155 $.
- **2021** : 1 000 000 000 d'actions pour une valeur de… (correspond à la valeur d'échange)

3 **À partir du lien hachette-clic.fr/22sdgn092, découvrez la valeur d'échange de l'action Nike à ce jour, et note-la.**

x $ (à regarder le jour J)

4 **Calculez la valeur boursière de l'entreprise Nike.**

Valeur boursière = Valeur du cours à la bourse × le nombre d'actions = x $ × 1 000 000 000
= 1 000 000 000x $ (Réaliser le corrigé avec les élèves avec le cours actuel de la Bourse)

5 **Distinguez la valeur actionnariale et la valeur boursière.**

- La valeur actionnariale correspond au montant des dividendes qui sont versés aux actionnaires de l'entreprise. C'est la part du bénéfice qui leur est redistribuée.
- La valeur boursière représente la valeur de l'entreprise sur le marché des Bourses. Elle se calcule en multipliant le nombre d'actions en circulation par le cours du marché.
- La principale différence entre ces deux valeurs est donc le calcul. La première sera basée sur la valeur reversée aux actionnaires sous forme de dividendes alors que la seconde représentera la valeur de l'ensemble des titres sur le marché.

Bilan

Concluez sur la différence entre la valeur boursière et la valeur financière de l'entreprise Nike.

La valeur boursière de Nike s'élève à 1 000 0000 000 x [selon le résultat trouvé en question 3] de $ alors que sa valeur financière s'élève à 11 775 millions de $ en N.
La principale différence entre ces deux valeurs vient du fait que la valeur boursière va varier en fonction de la loi de l'offre et de la demande sur les actions de Nike. Plus les actions seront demandées plus elles auront un cours élevé. Or, la valeur financière ne dépend pas de l'offre et de la demande mais de la situation financière de l'entreprise.
Cependant, ces deux éléments sont aussi de très bons indicateurs sur la santé de l'entreprise. Plus leurs valeurs sont élevées, plus l'entreprise devrait être en bonne santé.

Vers la synthèse
JE ME TESTE
hachette-clic.fr/22sdgn093
Je révise l'essentiel p. 168-169

À moi de jouer

1 Jouez avec *Kyushi* !

Quiz interactifs pour jouer en classe !

hachette-clic.fr/kyushi

2 Mini-cas

Reliez les différents éléments dans le document comptable qui convient.

- Loyer
- Créances sur les clients
- Dettes fiscales
- Achat de marchandises
- Matériel de transport
- Ventes de marchandises
- Bâtiment
- Emprunt bancaire
- Dettes envers les fournisseurs
- Salaires

- Bilan
- Compte de résultat

3 Utiliser des indicateurs simples pour repérer la valeur produite par l'organisation

Pourquoi Apple a gagné 500 milliards de dollars en Bourse en 2019.

Depuis janvier, la valeur boursière du fabricant d'iPhone a grimpé de plus de 70 %, à 1 162 milliards de dollars. Un record historique pour le groupe, qui a pourtant vécu une année agitée. […]

① L'iPhone : une année difficile, mais des signes de reprise
[…] Une hausse de 6 % sur un an et une grosse bouffée d'air pour Apple, qui a beaucoup souffert de la baisse de ses ventes sur ce marché. […] Et les perspectives pour 2020 sont meilleures. Apple a pour ambition de franchir de nouveau la barre des 200 millions d'iPhone écoulés. […]

② Les autres produits du groupe en pleine forme
Le marché des tablettes baisse, mais l'iPad vit une nouvelle jeunesse. Après cinq années consécutives de recul, cet appareil a vu ses revenus bondir de 16 % sur un an, à 21,3 milliards de dollars. Toujours solides, les Mac sont, eux, en hausse de 2 % sur la même période (à 25,7 milliards). […] À l'instar des « autres produits » d'Apple […] dont la croissance du chiffre d'affaires […] s'est accélérée sur 2019, à 41 %. […]

③ Une politique actionnariale qui soutient le cours
Apple continue de gâter ses actionnaires. En quatre ans, le groupe leur a reversé 263,7 milliards de dollars entre le versement des dividendes et ses programmes massifs de rachats d'actions. Une politique qui soutient activement le cours de Bourse de la société. […] Ce qui ne semble pas inquiéter Wall Street outre mesure. « *Nous continuons de penser que l'action d'Apple a de l'espace pour progresser* », a avancé cette semaine, Katy Huberty, analyste chez JP Morgan, estimant que le titre d'Apple pourrait progresser de plus de 10 % encore. Ce qui porterait la valeur boursière à plus de 1 300 milliards de dollars. Un nouveau record en perspective.

Nicolas Richaud, lesechos.fr, 22 novembre 2019

1. **Expliquez la relation entre l'augmentation des ventes des produits Apple et le montant des dividendes versés aux actionnaires.**
2. **Comment Apple arrive-t-il à valoriser sa valeur boursière avec sa valeur actionnariale ?**
3. **Recherchez sur Internet les trois plus grandes entreprises à l'heure actuelle en termes de valeur boursière.**

4 Utiliser un bilan et un compte de résultat pour repérer la valeur financière produite

Fiche méthode BAC
21 Écrire un mail, p. 300

Isabelle Faivre, dirigeante de l'entreprise Adomicile vous demande de l'aide sur la réalisation de son compte de résultat et de son bilan. Pour cela, elle vous transmet un mail avec les différents éléments nécessaires à l'élaboration de ces documents.

Bonjour à vous,
Tout d'abord merci de l'aide que vous m'apportez en répondant à ma requête.
Merci de bien m'envoyer vos travaux en réponse à ce mail.

Voici un tableau récapitulatif de mon année :

Éléments	Montant (en €)	Éléments	Montant (en €)
Achat de marchandises	25 000	Emprunts	70 000
Ventes de marchandises	52 000	Produits financiers	5
Charges exceptionnelles	0	Salaires (salaires + charges sociales)	6 500
Immobilisations incorporelles	40 000	Produits exceptionnels	150
Capital social	50 000	Dettes fournisseurs	5 000
Impôts, taxes et versements assimilés	500	Immobilisations corporelles	173 000
Autres charges	5 000	Charges financières	155
Réserves	150 000	Stocks	5 000
Immobilisations financières	10 000	Créances clients	12 000
Disponibilités	50 000		

Bien cordialement,

Isabelle Faivre
Entreprise Adomicile

À l'aide d'un logiciel de tableur :

1. **Établissez le compte de résultat et le bilan de l'entreprise Adomicile.**

2. **Identifiez la valeur financière dégagée sur l'année.**

3. **Rédigez un mail à madame Faivre expliquant les résultats obtenus, en les analysant.**

L'essentiel

JE RÉVISE

hachette-clic.fr/22sdgn094

- Le podcast du cours
- La synthèse en 1 clic
- Je manipule les notions

NOTIONS

- **Bilan :** état des lieux/photographie, du patrimoine d'une organisation à une date donnée. Il présente l'ensemble des biens que possède l'entreprise (actif) et leurs sources de financement (passif).
- **Compte de résultat :** tableau récapitulatif des charges et des produits engagés par une organisation sur une période donnée. Il permet de calculer son résultat : bénéfice, nul ou perte.
- **Valeur actionnariale :** valeur créée pour les actionnaires, représentée par le montant des dividendes qui leur est versé.
- **Valeur boursière :** valeur estimée de l'entreprise sur le marché.
- **Valeur financière :** valeur fondée sur le résultat ou sur le patrimoine (Total de l'actif – Total des dettes)

COURS

1 La valeur financière, c'est quoi ?

- La valeur financière fondée sur le résultat se calcule à partir du compte de résultat de l'organisation.
- Valeur financière fondée sur le résultat
  = Total des produits – Total des charges
- L'entreprise crée de la valeur financière fondée sur le résultat uniquement si elle dégage un bénéfice lors de sa période. Elle doit être recalculée chaque année.
- La valeur financière fondée sur le patrimoine se calcule à partir du bilan comptable de l'organisation.
- L'organisation crée de la valeur financière fondée sur le patrimoine à partir du premier exercice où elle sera bénéficiaire grâce à la mise en réserve suite à ce bénéfice.
- Valeur financière fondée sur le patrimoine
  = [Capitaux propres] OU [Total actif – Total des dettes]
- Une organisation qui réalise une perte sur un exercice peut très bien créer de la valeur financière fondée sur le patrimoine grâce aux réserves qu'elle détient.

2 Valeurs actionnariale et boursière : une différence ?

- La valeur actionnariale correspond au montant des dividendes versés aux actionnaires de l'entreprise.
- Comme son nom l'indique c'est une valeur créée pour les actionnaires (leur rémunération en échange de leur apport en capital).
- La valeur boursière représente quant à elle le montant de la valeur de l'entreprise sur le marché boursier. Elle se calcule en faisant :
  Nombre d'actions sur le marché × Valeur boursière.

CULTURE+

Le CAC 40, c'est quoi ?

La **C**otation **A**ssistée en **C**ontinu mesure les valeurs boursières des **40** premières entreprises françaises cotées à la Bourse de Paris (du lundi au vendredi, de 9 h à 17 h 30 et toutes les... 15 secondes !). Le CAC 40 est l'indice boursier français. Aux États-Unis, on parle de Dow Jones, en Allemagne de DAX, au Japon de Nikkei… À l'écriture de ce manuel, le CAC 40 s'élevait à 6 717,53 points. Aujourd'hui, à combien est-il ?

POUR RETENIR AUTREMENT

1 La valeur financière, c'est quoi ?

A. La valeur financière fondée sur le résultat

Compte de résultat

- ……Charges…… (Dépenses)
- ……Produits…… (Recettes)

Le résultat dégagé dans le compte de résultat (Produits – Charges) peut être :

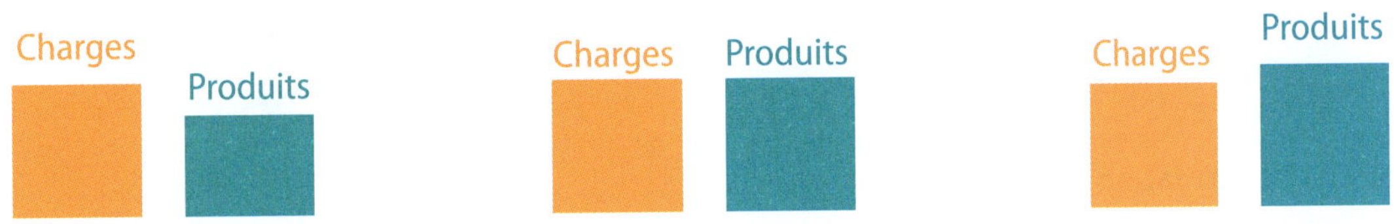

……Une perte…… | ……Nul…… | ……Un bénéfice……

B. La valeur financière fondée sur le patrimoine

Bilan

- ..Actif.. (Biens possédés)
- ..Passif (Sources de financement)

Valeur financière fondée sur le patrimoine = **Capitaux propres** = …Capital social + les réserves… ……+ le résultat……

2 Valeurs actionnariale et boursière : une différence ?

Valeur actionnariale ≠ **Valeur boursière**

Valeur actionnariale
↓
Dividendes
↓
……Rémunération des actionnaires……

Valeur boursière
↓
Valeur boursière
=
……Nombre d'actions……
×
……Valeur boursière d'une action……

OBJECTIF BAC

11 Je sépare l'essentiel du superflu

Trouver des documents remplis d'informations, c'est bien. Sélectionner celles qui te seront vraiment utiles, c'est mieux !

Fiche méthode BAC
4 Je sélectionne les meilleurs documents, p. 264

Essentiel

↓

Grande décision stratégique/opérationnelle, explications, exemple pertinent, chiffre parlant, date essentielle…

↓

Je conserve l'information, car elle va apporter une plus-value à ma réponse.

Superflu

↓

Anecdote, 2e/3e exemple(s), élément hors sujet…

↓

Je n'utilise pas l'information, car elle n'est pas pertinente.

À partir du document de l'activité 3 p. 166, ou d'un document choisi par ton/ta professeur(e), suis la méthodologie suivante :

1. Lis bien le titre et note l'objectif du document :

....

....

....

....

....

2. Relève les informations essentielles pour comprendre le document. Surligne ou souligne-les.

3. Explique en quoi elles sont importantes dans les marges.

4. Résume l'articulation des idées du document :

....

....

....

....

....

....

....

....

....

12

CAPACITÉS

- Caractériser les différents types de valeur et les mettre en relation avec les attentes d'acteurs
- Identifier le rôle des différents acteurs intervenant dans le processus de création de valeur
- Utiliser des indicateurs simples pour repérer la valeur produite par l'organisation.

NOTIONS

- Valeur perçue : image de marque, notoriété, satisfaction, qualité, indicateurs des médias sociaux, avis communautaires, recommandations, réputation

NETFLIX

La valeur perçue

➔ **À l'aide de la vidéo de présentation et de quelques recherches sur Internet, reliez les différents éléments pour caractériser l'organisation de Netflix.**

VIDÉO
hachette-clic.fr/22sdgn095
10 faits sur … Netflix / Netflix France (1'56)

Type •	• 25 milliards de dollars H. T.
Activité •	• 8 600 salariés
Forme juridique •	• 18 millions de dollars
CA 2020 •	• Société anonyme (S. A.)
Effectifs •	• International
Capital social •	• Plateforme de streaming, productrice de séries
Champ d'activité •	• Entreprise privée à but lucratif

SITUATION

« Toudoum » ! Qui n'apprécie pas d'entendre ce fameux son diffusé en début de série ou de film ? L'histoire de Netflix débute en 1997, lorsque Reed Hasting et Marc Randolph ont l'idée de louer des DVD et de les envoyer par voie postale pour une durée déterminée. Forts de ce succès, les créateurs profitent des nouvelles technologies pour évoluer en une plateforme numérique, et au fil des années, Netflix devient un créateur de contenus connu et reconnu ! La preuve : vingt-trois séries nominées aux Emmy Awards en 2018 et quatre Oscars remportés en 2019 ; Netflix compte aujourd'hui plus de 200 millions d'abonnés, impressionnant !

1 Qu'est-ce que la valeur perçue ?

Mohamed et Sophia ont 18 ans et viennent d'emménager en colocation pour leurs études. Ils s'interrogent sur la pertinence de souscrire à un abonnement Netflix.

DOC 1 La valeur perçue

Composée de trois aspects, la valeur perçue est la valeur que représente un bien ou un service aux yeux du consommateur.

Valeur perçue

- **Valeur d'usage** → Quelle est l'utilité de ce bien ou de ce service ? À quoi sert-il ?
- **Valeur hédonique** → Quel plaisir va me procurer l'achat ou la consommation de ce bien ou de ce service ?
- **Valeur de signe** → Quelle image l'achat, la consommation de ce bien ou de ce service donne-t-elle de moi ?

1 Déterminez votre valeur perçue de Netflix à travers les trois composantes énoncés dans le ▶ Doc. 1.

Composantes	Votre valeur perçue de Netflix
Valeur d'usage	Réponse libre de l'élève
Valeur hédonique	Réponse libre de l'élève
Valeur de signe	Réponse libre de l'élève

2 Comparez vos réponses avec celles d'un de vos camarades.

3 Expliquez pourquoi vous n'obtenez pas forcément les mêmes réponses que vos camarades.

Car la valeur perçue d'une marque, d'un objet ou d'un service est propre à chaque individu ; elle est subjective.

La valeur perçue résulte de la confrontation chez le consommateur entre les avantages qu'il attend de l'achat/la consommation du produit, et les sacrifices qu'il est prêt à consentir pour l'obtenir. Revenons à Mohamed et Sophia, qui pèsent le pour et le contre quant à leur possible souscription à Netflix...

DOC 2 La valeur perçue de Mohamed et de Sophia

Mohamed : J'en ai marre de la télé, il n'y a jamais rien de bien ! On devrait prendre Netflix, comme nos amis.
Sophia : C'est clair… Ça nous permettrait de regarder des séries qu'on ne voit nulle part ailleurs ! Il y a tellement de séries inédites dessus.
Mohamed : Ouais, mais financièrement, ça ne va pas coincer avec notre budget ?
Sophia : Si tu arrêtes ton abonnement à Mario Kart, ça passera…
Mohamed : Pff… OK je vais arrêter mon abonnement ! Au moins, avec Netflix, on pourra passer des soirées tranquilles et décompresser après nos journées de cours !
Sophia : Et je me sentirai enfin incluse dans les conversations quand nos amis parleront de *La Casa de papel* !
Mohamed : C'est décidé, on le prend ?

4 **Relevez les différentes composantes de la valeur perçue sur lesquelles s'appuient Mohamed et Sophia afin de souscrire à un abonnement Netflix.**

- Valeur d'usage : regarder des films, séries et documentaires inédits en streaming, quand on veut.
- Valeur hédonique : passer des soirées tranquilles et décompresser après les journées de cours.
- Valeur de signe : faire partie du groupe des amis qui ont Netflix et échanger sur les séries.

5 **À partir du ▶ Doc. 2, distinguez les avantages attendus et les sacrifices consentis par Mohamed et Sophia pour s'abonner à Netflix.**

Avantages attendus	Sacrifices consentis
– Accès à la plateforme	– Mohamed doit résilier son abonnement
– Plus de choix de films/séries en streaming	de jeu pour Mario Kart
– Accès aux séries/films produits par Netflix	– Leur budget est limité
– Passer de bonnes soirées devant	
de nombreux films et séries	
– Sentiment d'appartenance au groupe	

6 **Expliquez le lien entre la valeur perçue de Netflix pour Mohamed et Sophia et leur choix définitif de souscription.**

Mohamed et Sophia perçoivent une valeur perçue positive de l'entreprise Netflix. Cela leur est propre. Avec leur perception, ils ont décidé de souscrire à l'abonnement en étant convaincus de la qualité du service. D'autres personnes pourraient ne pas avoir le même avis.

Bilan

Concluez sur l'intérêt pour une organisation de mettre en évidence sa valeur perçue.

La prise en compte de la valeur perçue pour les organisations est très importante. En effet, si la valeur perçue est trop faible aux yeux des consommateurs, ceux-ci vont se rendre chez les concurrents de l'entreprise ; il y a donc un risque de perte de clientèle. À l'inverse, si l'organisation propose un bien ou service avec une valeur perçue assez élevée, l'organisation pourra bénéficier d'un nombre de clients plus important et même imaginer proposer un prix un peu plus élevé que la concurrence.

Vers la synthèse
JE ME TESTE
hachette-clic.fr/22sdgn096
Je révise l'essentiel p. 180-181

2 Comment déterminer la valeur perçue d'une organisation ?

Six mois d'abonnement et nos colocataires sont toujours enchantés des services proposés par Netflix. Tout cela ne fait qu'augmenter leur valeur perçue ! Mais du point de vue de l'organisation, quels sont les indicateurs à prendre en compte pour mesurer sa valeur perçue ?

DOC 3 Étude de marché sur la VOD

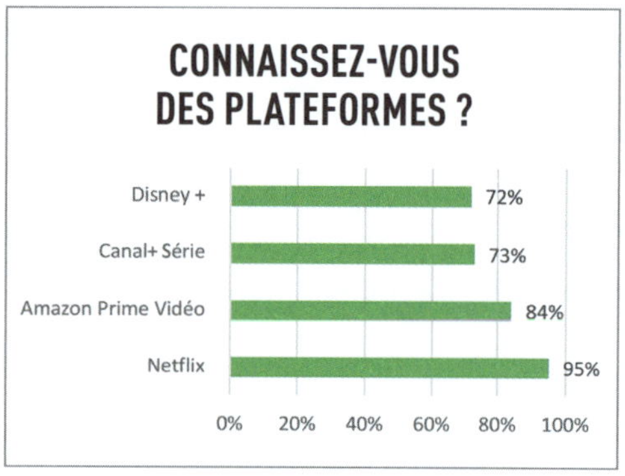

Échantillon de 1 245 individus de 15 à 65 ans interrogés en face à face.

webedia-group.com, 20 mars 2020

DOC 4 Avis Netflix : que pensent les abonnés de la plateforme ?

Avis positifs

- ✔ Un catalogue varié avec un choix très étendu de films et séries
- ✔ Des séries originales de qualité
- ✔ Des tarifs abordables
- ✔ Possibilité de visionner sur tous les supports

Avis négatifs

- ✘ Plusieurs séries annulées, ou saisons manquantes
- ✘ Traduction en français souvent manquante
- ✘ Manque de nouveautés concernant les films
- ✘ Quelques bugs sur smartphones

echosdunet.net, 23 juin 2021

DOC 5 Le retour des abonnés Netflix

Netflix gagne de nouveaux abonnés tous les mois. Voici un récapitulatif des années 2019 à 2021 :

SATISFACTION DES ABONNÉS NETFLIX

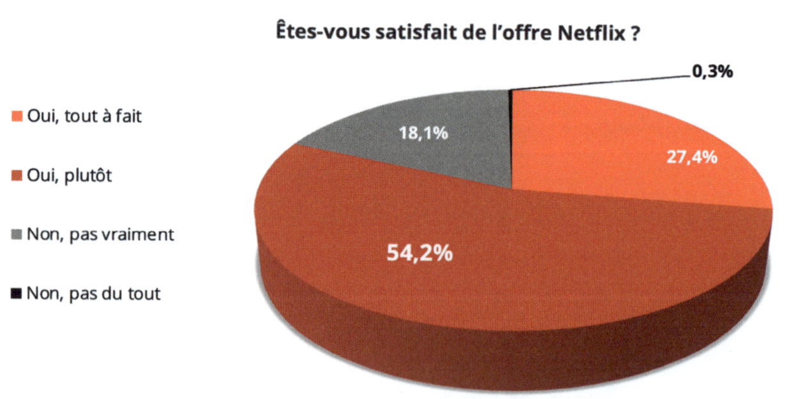

Étude exclusive de l'observatoire de la satisfaction, Satellifacts, décembre 2019

DOC 6 SMS reçu par Mohamed

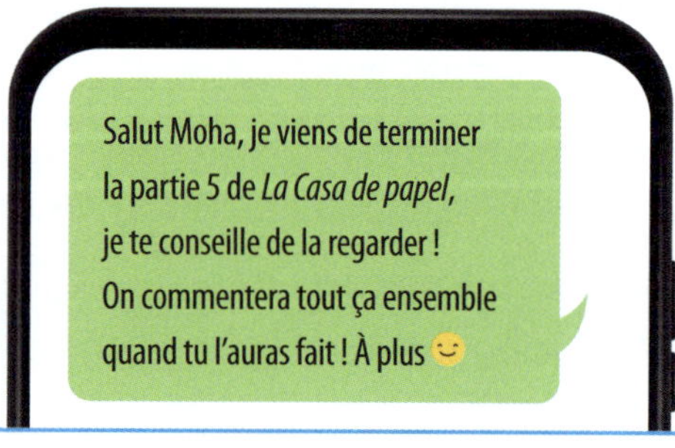

DOC 7 Le service proposé par Netflix

Pour la deuxième année consécutive, Netflix a été élue meilleure plateforme de VOD* en 2020 par le magazine seriestreaming. Le classement évalue l'adéquation entre les goûts des abonnés et les propositions de contenus, grâce à des algorithmes mathématiques puissants. Cette place de leader se retrouve sur les réseaux sociaux où les abonnés se comptent par millions.

Auteurs

** Video on demand*

1 **Étudiez chacun des indicateurs constitutifs de la valeur perçue de Netflix dans le tableau suivant, puis concluez sur la valeur perçue de Netflix.**

Un conseil : Aide-toi des Notions, p. 180

Indicateurs mesurés :

indicateurs des médias sociaux | qualité | notoriété | recommandations | image de marque | satisfaction

Doc.	Nom de l'indicateur	Nature : Qualitative	Nature : Quantitative
3	Notoriété	☒	☐
	Apport dans la valeur perçue : Elle est la première condition pour commencer à créer la valeur perçue.		
4	Image de marque	☐	☒
	Apport dans la valeur perçue : C'est l'image que représente Netflix dans l'esprit des consommateurs.		
5	Satisfaction	☒	☐
	Apport dans la valeur perçue : La satisfaction améliore la valeur perçue, l'insatisfaction la dégrade.		
6	Recommandations	☐	☒
	Apport dans la valeur perçue : La recommandation que reçoit Mohamed engendre une valeur perçue positive de Netflix chez l'étudiant. S'il veut regarder La Casa de papel, il va devoir se rendre sur la plateforme.		
7	Qualité et indicateurs des médias sociaux	☒	☒
	Apport dans la valeur perçue : Le nombre d'abonnés permet de créer une communauté qui entretient une valeur positive. Le fait de proposer des contenus adaptés fidélise le consommateur et maintient la valeur positive.		

Conclusion : À la lecture des indicateurs, la valeur perçue de Netflix est positive.

Bilan

Justifiez l'importance d'utiliser des indicateurs pour établir la valeur perçue d'une organisation.

La valeur perçue étant subjective, il est important de prendre en compte le plus d'éléments possibles. En effet, chaque indicateur est un retour des consommateurs sur leur vision de l'organisation. Ces différents retours peuvent alors constituer des axes d'amélioration.

Vers la synthèse — JE ME TESTE — hachette-clic.fr/22sdgn097

Je révise l'essentiel p. 180-181

3 Quel est le lien entre la valeur perçue et les autres valeurs d'une organisation ?

Le succès de Netflix est grandissant et sa valeur perçue toujours positive ! Mais cela a-t-il des conséquences sur les autres valeurs de l'entreprise ?

DOC 8 Netflix : Squid Game pourrait devenir son plus gros succès historique.

Netflix perd un peu de terrain ce vendredi sous les 600 \$, après avoir atteint des sommets historiques à Wall Street pour une capitalisation boursière de 265 milliards de dollars. […] La série Squid Game devrait prochainement devenir la série originale la plus regardée de l'histoire de la plateforme de streaming. […] La série va devenir le plus gros succès non-anglophone du leader de la vidéo en streaming, détrônant Lupin ou La Casa de papel. […]

Jean-Noël Legalland, boursier.com, 1er octobre 2021

DOC 9 Sondage auprès des employés de Netflix

Êtes-vous heureux sur votre lieu de travail actuellement ? C'est la question qu'a posée Blind, l'application qui réunit trois millions de professionnels aux États-Unis, à ses membres. […] En tête de ce classement, on trouve les salariés de Netflix qui se sont déclarés heureux au travail à 86 %. […] « Tout le monde n'est pas fait pour travailler chez Netflix » […] Blind a ainsi demandé aux salariés d'évaluer leur compagnie sur les perspectives de carrières qu'elle leur proposait. Cette fois, Netflix arrive en quinzième position mais figure toujours bel et bien dans le classement. […] Les futurs collaborateurs sont prévenus, lorsque l'on vient chez Netflix, ce n'est pas « pour se construire une carrière tranquille ». […]

Jean-Yves Alric, presse-citron.net, 25 janvier 2020.

DOC 10 Netflix proche des 210 millions d'abonnés mais son bénéfice déçoit.

[…] La plateforme a fini le trimestre avec plus de 209 millions d'abonnés payants, et engrangé 7,3 milliards de dollars (+19 %) de chiffre d'affaires pour un bénéfice net de 1,35 milliard. […] Le groupe s'est félicité d'être « en avance sur ses prévisions » en termes de croissance d'abonnés, et a rappelé que l'engouement pour la vidéo à la demande pendant la pandémie empêchait de faire des comparaisons normales.

lefigaro .fr, 20 juillet 2021

DOC 11 Netflix verse-t-il un dividende ?

Compte tenu de cette croissance, les investisseurs pourraient penser que la société envisagerait de verser un dividende aux actionnaires, mais Netflix n'a pas versé de dividende à ce jour. […] Les coûts de contenu sont élevés, c'est pourquoi Netflix a un rendement bénéficiaire si faible et ne verse pas de dividende.

comparatifsbanques .ca, 2021

1 **Rappelez la valeur perçue de Netflix mis en évidence dans la conclusion de la question 1, page 175.**

- Négative ☐
- Neutre ☐
- Positive ☒

2 **Indiquez les conséquences potentielles de cette valeur perçue sur les valeurs suivantes (▶ Docs. 8 à 11).**

Valeur perçue de Netflix

Conséquence sur la valeur actionnariale :
Pour le moment aucune, aucun dividende n'a été versé jusqu'à présent.

Conséquence sur la valeur partenariale (les employés) :
Conditions de travail appréciées par les employés malgré l'exigence de l'entreprise.

Conséquence sur la valeur financière fondée sur le résultat (son bénéfice) : Augmentation du bénéfice.

Conséquence sur la valeur boursière :
Augmentation de l'attractivité boursière de plus de 17 milliards de $.

Attention, cela n'est pas une science exacte, il existe de nombreux exemples où la valeur perçue n'a pas d'effets sur les autres valeurs.

Bilan

Résumez comment les différentes valeurs d'une organisation peuvent être impactées par la valeur perçue.

La valeur perçue d'une entreprise est composée de différents indicateurs qui peuvent venir impacter les autres valeurs de l'organisation. Bien que les organisations travaillent sur leur valeur perçue pour qu'elle soit la plus positive possible aux yeux des consommateurs, il est possible que les autres valeurs de l'organisation ne suivent pas le pas. En effet, bien qu'une valeur perçue positive puisse être source d'augmentation des autres valeurs, il est tout de même fréquent de voir des valeurs (actionnariale, partenariale, financières,...) non concernées par les répercussions que la valeur perçue engendre.

Vers la synthèse
JE ME TESTE
hachette-clic.fr/22sdgn098
Je révise l'essentiel p. 180-181

À moi de jouer

1 Jouez avec *Kyushi* !

Des quiz interactifs pour jouer en classe !

hachette-clic.fr/kyushi

2 Mots croisés

Horizontalement

1. La valeur perçue comporte trois…
2. Indicateur de la valeur perçue qui peut être spontanée ou assistée.
3. La valeur perçue n'est pas objective, elle est donc…
4. Indicateur représentant la capacité d'un produit à répondre correctement aux besoins des consommateurs.

Verticalement

A. Valeur qui répond à « Quelles sensations va me procurer la consommation de ce bien / service ? ».
B. Indicateur qui présente un résultat positif par rapport aux attentes du consommateur.
C. Valeur qui répond à « Quelle image l'utilisation de ce bien / service va-t-elle renvoyer de moi ? ».
D. Valeur qui répond à « Quelle est l'utilité retirée de la consommation de ce bien / service ? ».

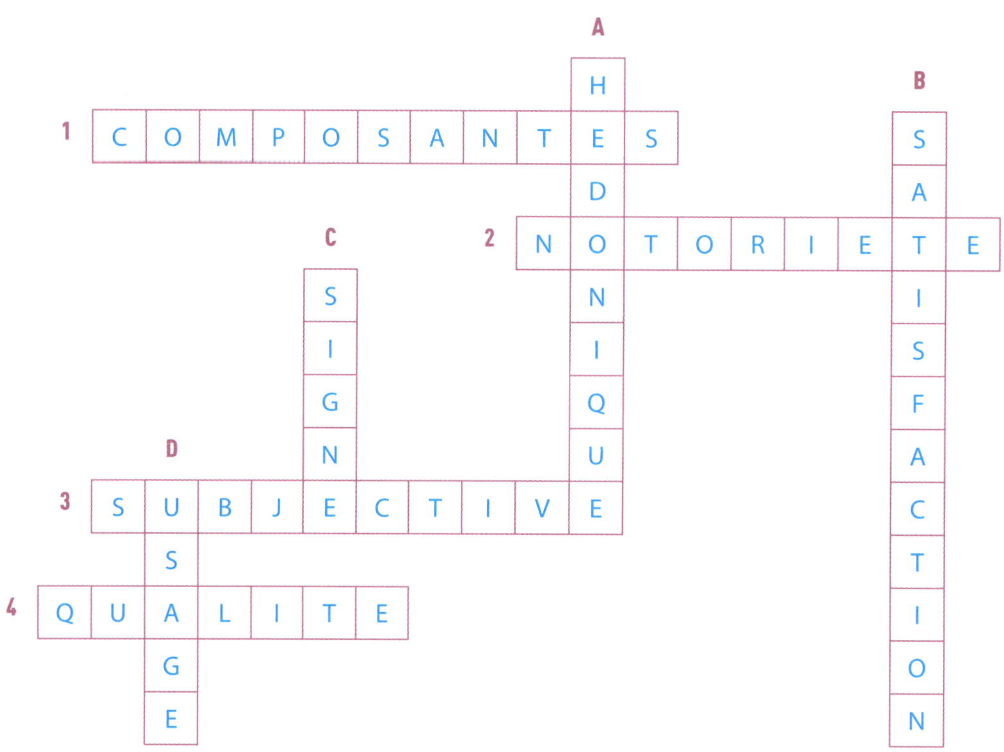

3 Identifier le rôle des différents acteurs intervenant dans le processus de création de valeur

1. **Constituez un binôme et choisissez une organisation dans la liste suivante : Vinted, Zara, Ferrero, Médecins du Monde.**
2. **Seul, rédigez votre valeur perçue de cette organisation. Comparez vos avis.**
3. **Rendez-vous sur Google pour voir les avis laissés par les consommateurs. Que constatez-vous ?**
4. **Votre valeur perçue initiale a-t-elle été modifiée par les avis partagés et lus ?**

4 Caractériser les différents types de valeur et les mettre en relation avec les attentes d'acteurs

Fiche méthode BAC
13 Insérer un graphique, p. 284

Charlotte est esthéticienne à Pau (Pyrénées-Atlantiques). Elle aimerait se reconvertir et ouvrir un magasin de cosmétique. Pour se rassurer, elle envisage de prendre une franchise ; elle hésite entre différentes enseignes : Yves Rocher, Kiko, L'Occitane, Lush, Avril. Elle est sensible à l'impact environnemental des produits, à leur efficacité et au bien-être de ses clientes. Elle fait une enquête auprès d'un échantillon de 1 000 personnes représentatives de la population française, âgées de 18 à 65 ans.

Notoriété spontanée et assistée de marques de cosmétiques

Quelle(s) enseigne(s) de parfumeries cosmétiques connaissez-vous ?

Marque	Nombre de fois citée
Sephora	950
Marionnaud	830
Beauty Success	350
Yves Rocher	950
Kiko	380
L'Occitane	520
Lush	270
Avril	60

Quelle(s) enseigne(s) de parfumeries cosmétiques connaissez-vous parmi celles-ci ?

Marque	Nombre de fois citée
Sephora	1 000
Marionnaud	920
Beauty Success	560
Yves Rocher	1 000
Kiko	520
L'Occitane	850
Lush	390
Avril	160

Échantillon : 1 000 personnes

Auteurs

1. **À l'aide d'un logiciel tableur, réalisez un histogramme groupé pour comparer les deux notoriétés.**

2. **Analysez les résultats obtenus.**

Malheureusement, Charlotte est obligée d'éliminer Sephora, Marionnaud et L'Occitane car ces enseignes exigent un investissement financier initial trop important. En outre, elle souhaite réellement choisir une enseigne en accord avec ses valeurs personnelles. Elle se lance dans une recherche sur les sites des enseignes restantes.

3. **Mettez en évidence les valeurs défendues par ces enseignes.**

4. **À partir de vos réponses aux questions précédentes, conseillez Charlotte, de manière argumentée, sur l'enseigne propice à sa nouvelle vie.**

L'essentiel

hachette-clic.fr/22sdgn099

JE RÉVISE
- Le podcast du cours
- La synthèse en 1 clic
- Je manipule les notions

NOTIONS

- **Avis communautaires :** avis laissés en ligne par les utilisateurs.
- **Image de marque :** image d'un produit, d'une marque, d'une organisation dans l'esprit du consommateur.
- **Indicateurs des médias sociaux :** nombre d'abonnés, de j'aimes, de vues… Tout dépend du réseau social utilisé.
- **Notoriété :** fait d'être connu. Elle peut être évaluée de manière spontanée ou assistée.
- **Qualité :** capacité d'un produit à satisfaire le besoin initial.
- **Recommandations :** conseil que donne un consommateur à une autre personne sur l'utilisation (ou non) d'un service ou d'un bien.
- **Réputation :** ce qui est dit au sujet d'une marque par les consommateurs.
- **Satisfaction :** résultat positif entre les attentes d'un consommateur vis-à-vis d'un produit, d'une marque… et son expérience de consommation.
- **Valeur perçue :** valeur que représente un bien ou un service aux yeux des consommateurs.

COURS

1 Qu'est-ce que la valeur perçue ?

- La **valeur perçue** est la valeur que le consommateur perçoit d'une marque, d'un bien ou service proposé.
- Elle résulte d'une comparaison entre les avantages attendus / retirés et les sacrifices à réaliser / consentis afin d'accéder au bien / service.
- Elle a plusieurs dimensions : la **valeur d'usage**, **la valeur hédonique** et **la valeur de signe**.

2 Comment déterminer la valeur perçue d'une organisation ?

- Plusieurs indicateurs existent : **la notoriété**, **l'image de marque**, **la réputation**, **la qualité** des produits/services ou encore la satisfaction des clients.
- Avec l'utilisation croissante des **NTICs** (Nouvelles Technologie de l'Information et de la Communication), l'organisation doit aussi gérer : les **avis communautaires**, les **recommandations**, le **nombre d'abonnés** sur les plateformes…
- Ces différents moyens doivent être utilisés et maîtrisés par les entreprises afin de maintenir une **valeur perçue positive** et ainsi garantir leur **pérennité**.

3 Quel est le lien entre la valeur perçue et les autres valeurs d'une organisation ?

- La valeur perçue a souvent une relation de cause à effet (à la hausse ou à la baisse) avec une, plusieurs ou toutes les autres valeurs : **ajoutée**, **financière**, **actionnariale**, **boursière** et/ou **partenariale**.

CULTURE+

L'importance de la e-réputation pour l'organisation

88 % des consommateurs consultent les avis en ligne avant de passer à l'acte d'achat. Une entreprise perd en moyenne **22 %** de ses revenus potentiels lorsqu'un article négatif est publié à son sujet et visible en première page Google. Surveiller sa e-reputation… une nécessite pour l'organisation !

POUR RETENIR AUTREMENT

1 Qu'est-ce que la valeur perçue ?

Valeur perçue

- Valeur ..d'usage................
- Valeur ..hédonique......
- Valeur .....de signe............

La valeur perçue résulte de la confrontation entre ..avantages... et ...sacrifices....

2 Comment déterminer la valeur perçue d'une organisation ?

La valeur perçue se mesure grâce à des .....indicateurs........

- ....Qualité..............
- ....Satisfaction..........
- ....Notoriété...........
- ....Image de marque.......
- Indicateurs des médias sociaux.
- ......Recommandations......

3 Quel est le lien entre la valeur perçue et les autres valeurs d'une organisation ?

Valeur perçue positive aux yeux des consommateurs

peut engendrer pour l'organisation

Augmentation des ....ventes............. et donc du ....chiffre d'affaires.......

Amélioration du résultat comptable
valeur ....financière....................

Augmentation des dividendes versés
valeur ....actionnariale..................

Augmentation de l'attractivité de l'action : valeur ..boursière..

! Attention, la valeur perçue (positive ou négative) peut impacter ou non les autres valeurs d'une organisation !

OBJECTIF BAC

12 Je rédige ma problématique

Fiche pas à pas
5 Je rédige une bonne problématique p. 266

Tout bonne argumentation découle d'une problématique claire et pertinente. Découvre ici comment t'y prendre !

1 Je note mes idées de problématique :

- Réponse libre de l'élève
- ……
- ……
- ……
- ……

2 Je vérifie les points suivants pour chacune de mes idées de problématique :

	Oui	Non
Ma problématique pose un problème.	☐	☐
Ma problématique demande une réponse structurée.	☐	☐
Ma problématique établit un lien clair avec mon sujet.	☐	☐
Ma problématique couvre l'ensemble de mes documents.	☐	☐
Ma problématique n'est ni trop large ni trop restreinte.	☐	☐
Ma problématique est rédigée dans un langage clair.	☐	☐

Oui → J'ai tout coché ! ☑ → Je la fais valider par mon professeur. → À moi la synthèse !

Non → Une ou plusieurs cases sont cochées ? → Je corrige et je revérifie. → Courage, j'y suis presque !

13

CAPACITÉ

- Analyser la relation entre le coût, le prix et le niveau de qualité d'un produit ou d'un service.

NOTIONS

- Charge
- Coût
- Marge
- Prix

Relation « coût, marge, prix et qualité »

VIDÉO

hachette-clic.fr/22sdgn100

Je découvre le quotidien d'entrepreneurs engagés : Charlotte et Arnaud, alias Toche et Nono (6'25)

FICHE D'IDENTITÉ

Type d'organisation : entreprise privée à but lucratif

Activité : fabrication artisanale de cosmétiques solides

Champ d'activité : local, Troyes (10)

Forme juridique : S. A. R. L. (Société à responsabilité limitée)

Capital social : 10 000 €

Effectifs (2021) : 2

CA 2021 : 90 000 €

SITUATION

Derrière ces surnoms de « Toche et Nono » se trouvent les créateurs de cette toute jeune entreprise créée en 2020 : Charlotte et Arnaud ! À l'origine de leur formidable projet se trouve une envie de changer de vie : revenir à l'essentiel, faire quelque chose de leurs mains, respecter notre planète… Et pourquoi pas dans le monde de la cosmétique ? C'est donc tout naturellement que Toche et Nono est née, au travers d'une offre pleine de sens : les cosmétiques solides. Façonnés à la main à partir de produits bio et faits maison, naturels et sans déchets inutiles… Ces savons et autres produits ont un gros plus : ils sont fabriqués avec amour !

1 Une charge et un coût, c'est différent ?

Le produit phare de Toche et Nono se nomme… le Titi ! C'est un savon en forme de tranche de cake, composé de beurre de karité et de calendula, une plante précieuse reconnue pour ses bienfaits sur la peau. Aujourd'hui, nos « serials créateurs » sont au bureau pour comptabiliser les dépenses liées à sa production et à sa commercialisation. Eh oui, pour vendre, il faut bien savoir combien cela nous coûte !

NOTION

Charge : dépense réalisée dans le cadre de l'activité d'une organisation.

A Les charges

DOC 1 La recette (secrète !) des Titi

Savon surgras

- Huile d'olive bio
- Huile de coco bio
- Beurre de karité bio
- Huile de ricin bio
- Glycérine
- Beurre de cacao bio
- Macérat de fleurs de calendula bio
- Lait d'amande bio

1 Justifiez le fait que les ingrédients (▶ Doc. 1) soient bien des charges pour Toche et Nono. ▶ Notion

L'ensemble des ingrédients utilisés (huile d'olive, huile de coco, beurre de karité, etc.) représente bien des charges pour l'entreprise Toche et Nono car ils sont tous consommés par l'entreprise au cours de son activité.

2 Citez d'autres exemples de charges nécessaires à la production d'un Titi.

Électricité, eau, loyer, main-d'œuvre, entretien des locaux, impôts et taxes…

B Les coûts

DOC 2 Combien ça coûte, un savon Titi ?

En plus des ingrédients, Toche et Nono ont d'autres charges à prendre en compte dans leurs calculs :

Charges	Montant pour un Titi
Distribution	0,01 €
Électricité	0,03 €
Transport et stockage	0,09 €
Locaux	0,04 €
Machines de production	0,03 €
Main-d'œuvre	0,20 €

Liste des ingrédients pour un savon Titi

- Huile de coco bio
- Huile d'olive bio
- Beurre de karité bio
- Huile de ricin bio
- Glycérine
- Beurre de cacao bio
- Lait d'amande bio

→ 0,60 €

- Macérat de fleurs de calendula → 3,23 €

Et beaucoup d'amour !

NOTIONS

- **Coût :** ensemble de charges.
- **Coût d'achat :** dépenses liées aux achats.
- **Coût de production :** dépenses liées à la production.
- **Coût hors production :** dépenses non liées à la production (administration, comptabilité, distribution).
- **Coût de revient :** dépenses totales liées à la production et à la distribution d'un bien ou d'un service.

[Toche et Nono]

3 **Déterminez les différents coûts nécessaires pour parvenir au coût de revient dans l'ordre chronologique. Puis, à partir du ▶ Doc. 2, calculez leurs différents montants pour cent Titi. ▶ Notions**

Coût d'achat

Éléments	Calculs	Montants
Ingrédients	(3,23 + 0,6) x 100	383 €
Total		383 €

Coût de production

Éléments	Calculs	Montants
Ingrédients		383 €
Électricité	0,03 € x 100	3 €
Transport et stockage	0,09 € x 100	9 €
Locaux	0,04 € x 100	4 €
Machines de production	0,03 € x 100	3 €
Main-d'œuvre	0,20 € x 100	20 €
Total		422 €

Coût hors production

Éléments	Calculs	Montants
Distribution	0,01 x 100	1 €
Total		1 €

Coût de revient

Éléments	Montants
Coût de production	422 €
Coût hors production	1 €
Total	423 €

4 **Calculez le coût de revient d'un savon Titi.**

423 / 100 = 4,23 €

Bilan

Expliquez la différence entre une charge et un coût.

Une charge est une dépense engagée par l'entreprise.

Un coût est un ensemble de charges relatives à un produit.

Vers la synthèse — JE ME TESTE

hachette-clic.fr/22sdgn101

Je révise l'essentiel p. 192-193

2 Comment fixer un prix de vente aux consommateurs ?

Un savon Titi coûte donc 4,23 € à fabriquer et à distribuer. OK ! Mais il est vendu 5,80 € aux consommateurs. Pourquoi cette différence ? Comment fixe-t-on un prix de vente ?

A Fixer le prix de vente hors taxes (PV HT)

DOC 3 La fixation du prix de vente hors taxes (PV HT)

Toche et Nono fabriquent eux-mêmes leurs merveilleux produits : on parle donc d'une entreprise industrielle. Mais que l'activité soit industrielle, artisanale (savoir-faire et petites quantités) ou commerciale (achat pour revente en l'état), la fixation du prix de vente hors taxes (PV HT) suit le même principe.

Auteurs

Coût de revient — Base du prix de vente, la loi française interdit de vendre en dessous.
+
Montant de la marge — Profit réalisé sur chaque produit vendu.
=
Prix de vente HT

1 Expliquez la différence entre une entreprise commerciale et une entreprise industrielle, et l'incidence sur la fixation du PV HT.

Une entreprise industrielle produit des biens en transformant des matières premières en produits finis alors qu'une entreprise commerciale va revendre les marchandises qu'elle a achetées. Il n'y a pas d'incidence sur le PV HT car sa fixation suit le même principe.

DOC 4 Quelle marge chez Toche et Nono ?

Curieux(se), vous avez envoyé un mail à Toche et Nono pour savoir comment ils ont déterminé leur niveau de marge. Adorables, ils vous ont répondu !

> Bonjour,
> Suite à de longs calculs de notre part, nous avons décidé de retenir une marge de 14,20 % sur l'ensemble de nos produits. C'est sûrement original, mais n'est-ce pas à l'image de nos produits ? Cette marge est aussi inférieure à la moyenne du marché. J'ai fait des simulations, et cela sera à la fois suffisant pour notre entreprise, et équitable pour les consommateurs. N'hésitez pas si vous avez des questions !
>
> Cordialement,
> Charlotte et Arnaud.
> Toche et Nono

2 À partir du coût de revient précédemment obtenu, calculez le montant de marge dégagé sur chaque Titi vendu.

Toche et Nono ont l'habitude de pratiquer une marge à 14,20 %. Pour calculer le montant de la marge qu'ils pourront obtenir avec le savon Titi, il faut multiplier le coût de revient par 14,20 %, soit : 4,23 x 0,1420 = 0,60 €

3 Déterminez le prix de vente HT d'un savon Titi.

Le prix de vente qui devrait être pratiqué chez Toche et Nono est 4,23 + 0,60 = 4,83 €

B Déterminer le prix de vente toutes taxes comprises (PV TTC)

DOC 5 Comment passer du PV HT au PV TTC ?

VIDÉO
hachette-clic.fr/22sdgn102
Comment calculer le prix de vente TTC d'un article ? (3'21)

VIDÉO
hachette-clic.fr/22sdgn103
Calculer le prix de vente HT d'un voyage ! (2'54)

4 **À partir des vidéos du ▶ Doc. 5, expliquez la différence entre un PV HT et un PV TTC.**

La différence entre ces deux prix est l'ajout de la TVA, qui est un impôt indirect imposé par l'État français.

5 **En vous appuyant sur l'exemple d'un bien acheté à 100 € HT au taux de 20 %, complétez le schéma suivant :**

Prix de vente HT	+	Montant de TVA	=	Prix de vente TTC
100 €		100 × 20 % = 20 €		100 + 20 = 120 €

DOC 6 Les taux de TVA en France

En France, chaque bien ou service vendu est soumis à un impôt sur la consommation : la TVA, taxe sur la valeur ajoutée. Depuis 2014, il existe différents taux de TVA :

Le taux normal à 20 % : concerne la majorité des biens et services

Le taux intermédiaire à 10 % : concerne la restauration, la vente de produits alimentaires préparés, les transports...

Le taux réduit à 5,5 % : concerne les produits de première nécessité

Le taux super réduit à 2,1 % : concerne la presse et les médicaments remboursés par la Sécurité sociale

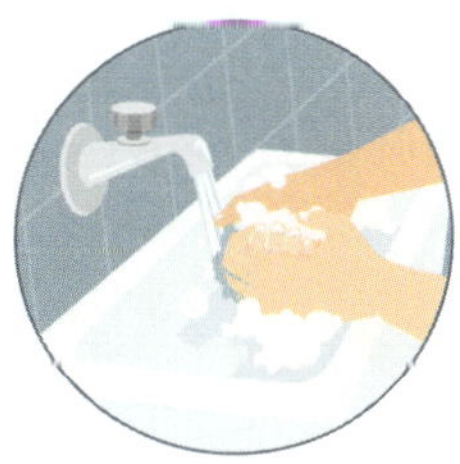
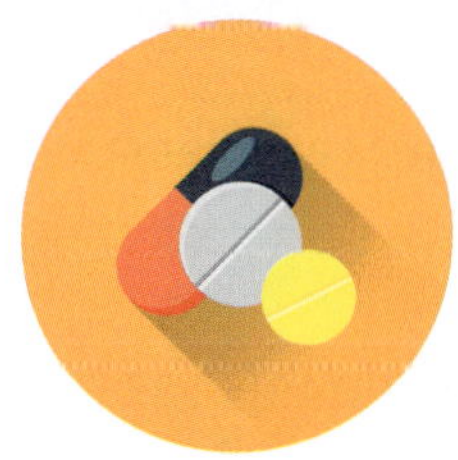

Auteurs

6 **En sachant que le prix de vente HT pour le savon Titi chez Toche et Nono est de 4,83 €, retrouvez par le calcul le prix de vente TTC du savon Titi. ▶ Doc. 6**

Coût de revient + Montant de la marge = PV HT ;
PV HT + Montant de la TVA = PV TTC
Soit pour Toche et Nono et le savon Titi : 4,83 x 1,20 = 5,80 €

Vers la synthèse
JE ME TESTE
hachette-clic.fr/22sdgn104
Je révise l'essentiel p. 192-193

Bilan

Expliquez comment est fixé un prix de vente aux consommateurs.

Un prix de vente HT est composé du coût de revient du produit vendu plus la marge attendue par l'entreprise. Pour déterminer le prix proposé aux consommateurs, il convient d'ajouter le montant de la TVA au prix HT.

3 Quelle est la prise en compte de la qualité dans la fixation du prix de vente ?

Toche et Nono souhaitent proposer des produits finis de grande qualité aux consommateurs désireux de prendre soin d'eux tout en respectant la nature. Pour cela, ils sont sans cesse à la recherche de fournisseurs qui proposent la meilleure qualité au meilleur prix !

A Lien entre coût, prix de vente et qualité

DOC 7 Toche et Nono hésitent…

Depuis la création de leur entreprise, Toche et Nono travaillent avec le même fournisseur de beurre de cacao, dont la qualité est très appréciée des clients. Cependant, ils ont reçu il y a quelques jours une offre d'un fournisseur concurrent. Aujourd'hui, ils les comparent.

Critères de comparaison	Fournisseur actuel	Fournisseur éventuel
Prix d'achat au kg	9,27 €	9,45 €
Label bio	Oui	Oui
Fabriqué à proximité de l'entreprise	Non	Oui
Note de respect de l'environnement lors de la collecte	7/10	8,5/10
Avis d'autres entreprises clientes sur la qualité	4,5/5	4,7/5

1. **Aidez Charlotte et Arnaud, à l'aide du ▶ Doc. 7, à choisir le fournisseur le plus pertinent selon leur critère de choix premier : la qualité des produits.**

Le fournisseur éventuel semble proposer une qualité supérieure et entre davantage dans l'esprit de Toche et Nono en utilisant des produits locaux, de qualité et bio.

2. **Réfléchissez aux conséquences de changer de fournisseur sur le coût de revient d'un Titi.**

Ce nouveau fournisseur va faire augmenter le coût de revient d'un Titi dans la mesure où le coût d'achat des matières premières va augmenter.

3. **Sachant que l'augmentation du coût de revient sera de 0,10 € pour un Titi, calculez le nouveau PV TTC.**

Coût de revient : 4,23 + 0,10 = 4,33 € → PV HT : 4,33 x 1,1420 = 4,94 € HT → PV TTC : 4,94 x 1,20 = 5,93 € TTC

4. **Toche et Nono souhaitent garder le même PV TTC de 5,80 €. Indiquez la solution pour y arriver.**

Pour maintenir le PV TTC à 5,80 €, Toche et Nono peuvent réduire la marge sur le produit.

B Les coûts de la non-qualité

DOC 8 Les coûts de la non-qualité

Un produit engendre des coûts dits de « non-qualité » lorsqu'il ne respecte pas les critères de satisfaction attendus par le producteur et / ou le consommateur.

Le coût de la non-qualité :

- **Lors de la production** : recycler les rebuts, effectuer des réparations… → Coût de la non-qualité interne
- **À la sortie de l'entreprise** : gérer les réclamations, accorder des remises… → Coût de la non-qualité externe

DOC 9 Les répercussions financières de la non-qualité

En octobre 2017, l'AFNOR [association française de normalisation] avait réalisé une enquête sur le coût de la non-qualité dans l'industrie. Ainsi, chez les deux tiers des entreprises déclarant procéder à la mesure des coûts de non-qualité, les pertes liées à cette dernière sont de l'ordre de 5 % du chiffre d'affaires. Elles atteignent le double chez 15 % des entreprises, ce qui est loin d'être négligeable. On peut donc raisonnablement penser que le fait de remédier à la non-qualité permet théoriquement de récupérer 5 à 10 % du CA. […]

picomto.com, novembre 2021

5 **À l'aide du ▶ Doc. 9, relevez la principale conséquence de la non-qualité pour une entreprise. Expliquez si cette conséquence peut impacter Toche et Nono.**

Pour une entreprise, la principale conséquence de la non-qualité sera la perte de 5 % de son CA expliquée par le coût de la non-qualité. Oui, cette conséquence peut impacter le CA de Toche et Nono.

DOC 10 Les R'calés chez Toche et Nono

Pour Toche et Nono, il est inconcevable de jeter des produits qui restent de bonne qualité mais qui sont cabossés, pas assez lourds, un peu moins beaux que les autres… Pour ne pas jeter ces savons, ils ont opté pour une rubrique sur le site Internet « Les R'calés ». Cette rubrique propose à prix réduit des savons ne remplissant pas le cahier des charges !

Auteurs

6 **À partir des ▶ Docs. 8 et 10, retrouvez le coût de la non-qualité auxquel appartiennent les R'calés.**

Ils appartiennent au coût de la non-qualité interne → Rebuts.

7 **Proposez d'autres solutions permettant de limiter la non-qualité.**

Pour limiter les coûts de la non-qualité, il est possible aussi d'instaurer des phases de contrôle à différents moments du processus.

Bilan

Concluez sur l'importance de la qualité dans la fixation du prix de vente.

Lorsque l'entreprise définit son prix de vente, elle prend en compte la qualité du produit qu'elle propose à ses clients. Si le produit est certifié par un label, par exemple, son prix de vente peut être augmenté. Dans l'éventualité où l'entreprise produit des biens ou services inférieurs à la qualité attendue par les consommateurs, leur prix de vente sera revu à la baisse ou les produits ne seront pas vendus (perte de recettes pour l'entreprise).

Vers la synthèse
JE ME TESTE
hachette-clic.fr/22sdgn105
Je révise l'essentiel p. 192-193

À moi de jouer

1 Jouez avec *Kyushi* !

Quiz interactifs pour réviser en classe !

hachette-clic.fr/kyushi

2 Mots croisés

Complétez ces mots croisés à l'aide des définitions proposées ci-dessous :

Horizontalement

1. Aptitude d'un produit à satisfaire un besoin
2. Dépense pour l'entreprise
3. Impôt indirect ajouté au PV HT

Verticalement

A. Ensemble de charges
B. Premier coût dans un processus de production
C. Gain de l'entreprise sur la vente d'un produit
D. La non-qualité survenant à la sortie de l'entreprise

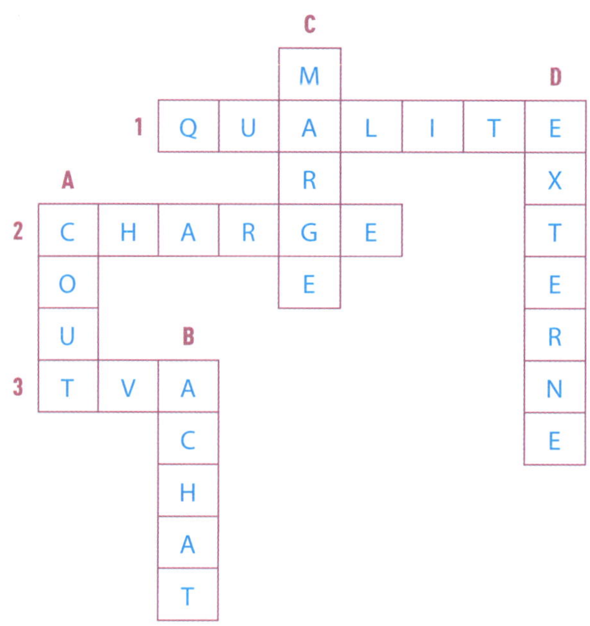

3 Analyser la relation entre le prix, le coût et le niveau de qualité d'un produit ou d'un service

Fiche méthode BAC
22 Gérer l'oral, p. 302

Samsung Galaxy S21 : le célèbre smartphone voit son prix dégringoler

Les smartphones développés par Samsung s'améliorent d'année en année et se placent parmi les téléphones haut de gamme au même titre que les iPhones. Aujourd'hui, Rakuten vous offre l'opportunité de retrouver le Galaxy S21 à moins de 600 euros sur son site. Pour seulement 591 euros au lieu de 859 euros habituellement, offrez-vous le Galaxy S21 intelligent couleur gris fantôme. […] Ce smartphone est accessible en paiement en plusieurs fois à partir de 33 euros par mois. […] Compatible 5G, il vous aidera à rester informé des dernières nouvelles en temps réel et ainsi profiter d'un réseau bien plus rapide et performant qu'auparavant. […]

Les clients sont tous très satisfaits de ce téléphone vendu sur Rakuten, il n'y a aucun souci à se faire concernant sa qualité. Il obtient haut la main la note de 5 étoiles sur plus de 130 avis.

01net.com, 12 novembre 2021

1. **Expliquez la relation entre le prix de vente et la qualité d'un téléphone.**

2. **Analysez pourquoi l'offre présentée dans cet article paraît intéressante, puis présentez vos arguments à l'oral.**

4 Analyser la relation entre le prix et le coût

Fiche méthode BAC
(12) Utiliser des formules de calculs, p. 281

Adrien Storm est directeur d'un magasin de vêtements et de chaussures pour hommes. Il vient de recevoir un tout nouveau modèle de chaussures et vous demande de déterminer son prix de vente aux consommateurs.

Les différentes charges liées à la vente de son nouveau modèle de chaussures

- Achat de la paire : 60 €
- Salaire des vendeurs : 2 € par paire
- Locaux : 0,50 € par paire
- Électricité : 0,30 € par paire
- Comptabilité : 0,70 € par paire

Le coût de revient dans une entreprise commerciale

Le coût de revient dans les entreprises commerciales se calcule différemment que dans les entreprises industrielles. En effet, il y a moins d'étapes. Adrien vous transmet le schéma ci-dessous pour vous aider à réaliser votre mission.

Coût d'achat des marchandises + Coût de distribution et coût administratif = Coût de revient

1. **À l'aide d'un tableur, calculez le coût de revient d'une paire du nouveau modèle de chaussures.**
2. **Adrien pratique un taux de marge de 25 % sur les chaussures. Calculez le PV HT puis le PV TTC aux consommateurs.**

L'essentiel

JE RÉVISE

hachette-clic.fr/22sdgn106

- Le podcast du cours
- La synthèse en 1 clic
- Je manipule les notions

NOTIONS

- **Charge :** dépense engagée.
- **Coût :** somme des charges nécessaires pour réaliser un bien ou un service.
- **Marge :** profit réalisé sur chaque bien ou service vendu.
- **Prix :** montant versé par un acheteur à un vendeur pour l'obtention d'un bien ou la réalisation d'une prestation de service.
- **Qualité :** aptitude d'un bien ou d'un service à satisfaire un besoin.

COURS

1 Une charge et un coût, c'est différent ?

- Oui, c'est différent mais complémentaire !
  Un **coût** = plusieurs **charges** !
- Il existe différents coûts : le **coût d'achat**, le **coût de production**, le **coût hors production** et le **coût de revient**.
- Chacun de ces **coûts** est la somme de plusieurs **charges**.

2 Comment fixer un prix de vente aux consommateurs ?

- Pour fixer un **prix de vente**, il convient de partir du **coût de revient** auquel on ajoute la **marge** attendue sur le produit. Le résultat nous donne le **prix de vente HT**.
- Pour parvenir au prix proposé aux clients, le **prix de vente TTC**, il convient d'ajouter la **TVA**.
- Il existe différents taux de TVA : **le taux super-réduit** (2,1 %), **le taux réduit** (5,5 %), **le taux intermédiaire** (10 %) et **le taux normal** (20 %).

3 Quelle est la prise en compte de la qualité dans la fixation du prix de vente ?

- Une augmentation de la **qualité** n'engendre pas obligatoirement une augmentation du prix.
- En effet, l'entreprise devra effectuer une **décision de gestion** : augmenter ses prix ou diminuer sa marge.
- En augmentant ses prix, l'entreprise prend le risque de perdre de la clientèle.
- L'entreprise doit aussi veiller aux **coûts de non-qualité**, qui peuvent réduire ses recettes.
- Il faut donc une procédure de contrôle interne pour limiter au minimum les coûts liés à la non-qualité.

CULTURE+

Combien a rapporté la TVA à l'État en 2020 ?

En 2020, la TVA représentait 126,1 milliards d'euros de recettes, soit environ 43 % des recettes de l'État. Le plus impressionnant dans cet impôt indirect, c'est qu'il est parfois qualifié « d'indolore » par certains économistes. En effet, les consommateurs ne prêtent pas souvent attention au montant de la TVA qu'ils paient en achetant un bien ou un service.

Par exemple : connaissez-vous le montant de la TVA sur l'iPhone 13 Pro qui est vendu environ 1 159 € TTC ? Eh bien nous oui : 193,17 € de TVA. Impressionnant, non ?

POUR RETENIR AUTREMENT

1 Une charge et un coût, c'est différent ?

Coût

Charge 1 + Charge 2 + Charge 3 ...

2 Comment fixer un prix de vente aux consommateurs ?

Coût de revient + Montant de marge = PV HT

PV HT + Montant de la TVA = PV TTC

3 Quelle est la prise en compte de la qualité dans la fixation du prix de vente ?

Sans recherche de la qualité
Sans gestion des coûts de non-qualité

Ex. : Vente de 100 000 produits à 1 € soit 100 000 € de chiffre d'affaires

Montant des coûts 90 000 €

Marge 10 000 €

Avec recherche de la qualité
Avec gestion des coûts de non-qualité

Ex. : Vente de 100 000 produits à 1,10 € soit 110 000 € de chiffre d'affaires

Montant des coûts 80 000 €
Diminution des coûts liés à la non-qualité

Marge 30 000 €
Augmentation de la marge obtenue par l'augmentation du PV et la baisse des coûts générés par la non-qualité

OBJECTIF BAC

13 Je structure ma synthèse

Fiche méthode BAC
6 Je construis ma synthèse, p. 268

1 Je construis ma synthèse

- Je place devant moi cinq ou six feuilles blanches.
- Je prends tous mes documents sélectionnés.
- Je suis les conseils donnés dans la Fiche méthode BAC 6.

Stylo en main → Je suis prêt(e) !

2 Je rédige, focus sur mon introduction et ma conclusion

Mon introduction

Étapes indicatives	Mon introduction
Accroche pertinente *Un chiffre, un pourcentage, une citation, un fait récent… pour donner envie !*	
Phrase qui mène à la problématique	
Problématique *Je la recopie simplement.*	
Annonce du plan **Exemples :** *– Dans une première partie, nous étudierons… et dans une deuxième, nous verrons…* *– Tout d'abord, nous aborderons… pour finir sur…*	

Mes arguments

Je sais rédiger au mieux mes arguments, grâce à l'Objectif Bac 3. J'applique la méthode.

Ma conclusion

Étapes indicatives	Ma conclusion
Réponse à la problématique en prenant appui sur le plan.	
Ouverture *J'ouvre ma réflexion sur un aspect nouveau du sujet non ou très peu développé dans les arguments.*	

CAPACITÉS

- Identifier les indicateurs pertinents pour apprécier la performance de l'organisation
- Effectuer des comparaisons dans le temps et dans l'espace pour situer la performance d'une organisation
- Repérer, dans une organisation, en quoi les aspirations des différents acteurs peuvent constituer des contraintes et/ou des opportunités dans la recherche de la performance
- Percevoir le caractère potentiellement contradictoire des différents types de performance

NOTIONS

- Performance des processus : efficacité et efficience
- Performance commerciale : fidélité, chiffre d'affaires, part de marché
- Performance financière : rentabilité, profitabilité, dividendes, autofinancement
- Performance sociale : bilan social
- Performance environnementale
- Tableau de bord

14 La performance globale de l'organisation

DANONE
ONE PLANET. ONE HEALTH

VIDÉO
hachette-clic.fr/22sdgn107
Danone, c'est une histoire de pionniers Partie 1 (2'34)

SITUATION

L'entreprise Danone naît en 1919, lorsque Isaac Carasso, médecin espagnol d'origine grecque, s'inspire des yaourts au lait fermenté de son pays pour créer un remède contre les troubles digestifs, vendu en pharmacie. Un pot de yaourt nature bleu et blanc, cela vous dit quelque chose ? Bien sûr que oui ! Cet objectif d'apporter la santé par l'alimentation au plus grand nombre est devenu la mission même de Danone. Après moult rachats, l'entreprise est devenue l'un des groupes agroalimentaires les plus importants dans le monde. Mais si le groupe est capable de dégager de la richesse, qu'en est-il de sa performance ?

1 La performance d'une organisation, c'est quoi ?

Après des études de communication, John rejoint le service « Relations Publiques – Communication » de Danone. Il est chargé de rédiger les résumés des rapports d'activité financière et extra-financière, qui seront affichés sur le site corporate de l'entreprise. Avant de se lancer dans sa mission, John se remémore la notion même de performance…

A La mesure de la performance

DOC 1 L'efficacité et l'efficience des processus

NOTION

• **Performance :** niveau d'atteinte des objectifs préalablement fixés.

1 **À l'aide du ▶ Doc. 1, expliquez la différence entre efficacité et efficience.**

Efficacité : capacité d'une organisation ou d'un acteur à atteindre son objectif.
Efficience : capacité d'une organisation ou d'un acteur à atteindre son objectif en utilisant le moins de ressources possible.

DOC 2 Extrait du tableau de bord sur la production des Danette

Le groupe Danone produit ses délicieuses Danette dans l'usine de Saint-Just-Chaleyssin près de Lyon (fonctionnement en 3 × 8). Comme tous les jours, les dirigeants du site analysent les performances des équipes à partir d'un tableau de bord.

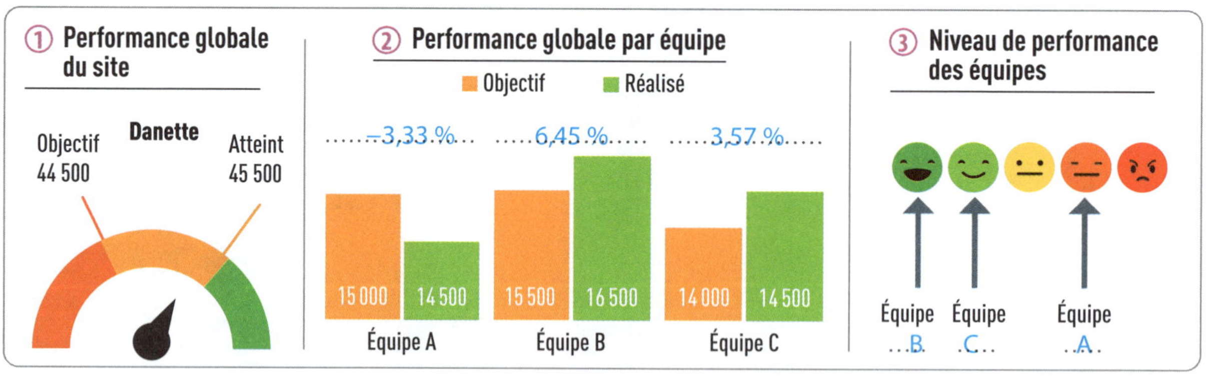

Auteurs

2 **Calculez les écarts de performance par équipe et inscrivez-les directement sur le tableau de bord.**

3 **Classez les équipes par ordre d'efficacité croissante (de la moins efficace à la plus efficace).**

B, puis C. L'équipe A ne peut pas être classée, dans la mesure où elle n'a pas atteint son objectif. Elle n'a donc pas été performante.

4 **Placez les curseurs des équipes A et B sur le graphique 3.**

5 **Concluez sur les performances globale et par équipe du site de production.**

La performance globale du site est bonne car les objectifs de production sont atteints. Les performances par équipe sont plus mitigées. L'équipe A n'est pas du tout performante, alors que les deux autres sont efficaces.

B Les quatre dimensions de la performance

DOC 3 Zoom sur la performance organisationnelle

Pendant longtemps, seul le fait d'atteindre ses objectifs commerciaux (chiffre d'affaires, quantités vendues, parts de marché, etc.) et financiers (résultat net, capitaux propres, etc.) permettait d'évaluer la performance d'une organisation. Depuis quelques décennies, la notion de performance évolue face à la pression de certaines parties prenantes qui portent une attention particulière au respect des engagements sociaux et environnementaux des organisations. Ainsi, pour que ces dernières soient jugées performantes, elles doivent l'être à travers ces quatre dimensions.

Auteurs

DOC 4 Les objectifs 2030 du groupe Danone

Objectifs 2030	Performance			
	Commerciale	Financière	Sociale	Environnementale
Préserver la planète et renouveler ses ressources.	☐	☐	☐	☒
Confier le futur du groupe à nos équipes en fournissant un environnement de travail sécurisé, inclusif et diversifié en s'appuyant sur un dialogue social constructif.	☐	☐	☒	☐
Générer une croissance supérieure, durable et rentable.	☒	☒	☐	☒
Fédérer autour de la révolution alimentaire avec l'aide des différents partenaires.	☐	☐	☒	☐
Augmenter notre part de marché sur le secteur du bio.	☒	☐	☐	☒

danone.com, 2020

6. À partir du ▶ Doc. 3, retrouvez les dimensions de la performance organisationnelle, puis inscrivez-les en tête de colonne du ▶ Doc. 4.

7. Pour chaque objectif, précisez-la / les dimension(s) de performance concernée(s) (▶ Doc. 4).

8. Expliquez l'intérêt pour Danone de se fixer de tels objectifs.

En s'engageant sur des objectifs ambitieux, Danone entend répondre aux besoins de consommateurs qui se soucient davantage de la provenance des aliments qu'ils consomment, de la façon dont ils sont produits, de leurs circuits de distribution et des pratiques sociales et environnementales des marques.

Bilan

Résumez à John la notion de performance.

La performance est l'atteinte des objectifs. On parle aussi d'efficacité. Une organisation peut même être efficiente dès lors qu'elle économise les ressources mobilisées pour le même résultat. La notion de performance revêt quatre dimensions complémentaires : commerciale, financière, sociale et environnementale.

Vers la synthèse
JE ME TESTE
hachette-clic.fr/22sdgn108
Je révise l'essentiel p. 206-207

2 Comment apprécier les performances commerciale et financière ?

Au point sur la notion de performance, John se lance dans la lecture du rapport d'activité financière de l'entreprise. Eh oui, le résumé ne va pas se rédiger tout seul !

A La performance commerciale

DOC 5 La performance commerciale

La performance commerciale peut être définie par la capacité d'une entreprise à proposer un produit / service adapté aux besoins des consommateurs […]. Des indicateurs (chiffre d'affaires, nombre de ventes, marges, parts de marché…) permettent de mesurer la performance commerciale. [Elle] ne se résume donc pas simplement à l'acquisition de nouveaux clients mais aussi (et surtout ?) à la fidélisation de la clientèle existante.

ideagency.fr, 2021

DOC 6 Danone retrouve enfin de l'élan dans le yaourt en France

La crise sanitaire a réveillé la consommation de produits laitiers ultra frais en France, mal orientée depuis des années. Danone, qui contrôle le quart des ventes, regagne des parts de marché en surfant sur la vague nature, locale, végétale et « plaisir ». […]

[En 2020,] les ventes ont bondi de plus de 4 % en valeur et presque autant en volume (3,8 %) à fin septembre selon l'institut IRI [Institut de recherche et d'innovation]. […]

Après une année 2017 « chahutée », le groupe a lancé 200 nouvelles références en deux ans, jouant sur toutes les nouvelles notes. Parmi celles-ci, le Skyr islandais, hyperprotéiné et pauvre en matières grasses, se veut loin du fromage blanc 0 % maigre et peu gourmand qui avait envahi les linéaires il y a dix ans. […] « Les consommateurs ne veulent plus de produits uniquement destinés à garder la ligne. La dimension plaisir est redevenue importante », souligne François Eyraud.

Marie-Josée Cougard, lesechos.fr, 2 octobre 2020

1 À partir du ▶ Doc. 5, identifiez les indicateurs de mesure de la performance commerciale.

2 À partir du ▶ Doc. 6, relevez les indicateurs de la performance commerciale de Danone (si rien, notez NC pour « non communiqué »).

Indicateurs	Éléments de la performance commerciale de Danone
Chiffre d'affaires	+ 4 % en valeur
Ventes en volume	+ 3,8 % en volume à fin septembre
Marge commerciale	NC
Parts de marché	Danone contrôle le quart des ventes de yaourt en France → Leader du marché
Capacité d'innovation	200 nouveaux produits pour répondre à l'envie de plaisir des consommateurs
Nombre de clients fidèles	NC

3 Concluez sur la performance commerciale de Danone en 2020.

Danone est une entreprise commercialement performante puisqu'elle représente le quart des ventes sur un marché en croissance (en volume comme en valeur) et elle est capable de s'adapter aux nouvelles attentes du marché avec de nouveaux produits.

4 Expliquez l'importance d'être performant commercialement.

L'entreprise sait satisfaire ses clients en optimisant les processus, elle peut espérer avoir une bonne performance financière et mobiliser des ressources en faveur de la performance sociale et environnementale.

NOTION

- **Chiffre d'affaires :** total des ventes HT sur une période donnée.

DOC 7 Données relatives au chiffre d'affaires de Danone

(En millions d'euros)	Trois premiers trimestres N-1	Trois premiers trimestres N	Variation (%)
PAR DAS (Domaine d'activité stratégique)			
Produits laitiers	9 699	9 686	– 0,1 %
Nutrition spécialisée	5 441	5 294	– 2,7 %
Eaux	2 864	3 031	+ 5,8 %
PAR ZONE GÉOGRAPHIQUE			
Europe et Amérique du Nord	10 156	10 282	+ 1,2 %
Reste du monde	7 848	7 729	– 1,5 %
TOTAL	**18 004**	**18 011**	+ 0,04 %

danone.com, 19 octobre 2021

5 **Calculez les taux de variation des chiffres d'affaires de Danone dans le ▶ Doc 7.**

6 **Proposez à John un bilan de la performance commerciale de Danone sur la période.**

La performance commerciale globale est stable à + 0,04 % de CA HT sur la période. Certaines activités (eaux) et zones (Europe et Amérique du Nord) sont plus dynamiques.

DOC 8 L'importance de la fidélisation pour la performance commerciale

Un client fidèle est un client qui rachète les produits de l'organisation par satisfaction (fidélité attitudinale), opportunisme ou par dépit (fidélité comportementale). Les effets de la fidélisation sur les performances de l'organisation sont avérés.

Auteurs

- 20 % de vos clients font 80 % de votre chiffre d'affaires.
- Un client très satisfait en parle à 3 personnes. Un client mécontent à 12 !
- Recruter un client coûte 3 fois plus cher que de le fidéliser.
- 5 % d'augmentation de la fidélité augmente vos profits de 25 à 55 %.

Observatoire-fidélité.com

DOC 9 La fidélisation client du groupe Danone : l'échec du programme DanOn

En 2015, Danone a ouvert un site Internet entièrement dédié à la fidélisation de ses clients : DanOn. Outre les traditionnels coupons de réduction, le site proposait des recettes et des conseils personnalisés. Malgré les efforts (notamment financiers) le site a dû fermer, faute d'avoir atteint son objectif d'adhérents.

Auteurs

7 **À partir des ▶ Docs. 8 et 9, identifiez la fidélité recherchée par le programme DanOn. Justifiez votre réponse.**

La fidélité recherchée est attitudinale, car le programme proposait de développer une relation personnalisée avec les clients, bien au-delà des simples bons de réduction (opportunisme).

8 **Expliquez en quoi la fidélisation concourt à la performance commerciale.**

Un consommateur fidèle consomme plus et souvent, et attire des prospects. Cela génère une hausse du chiffre d'affaires et un gain de parts de marché.

B La performance financière

NOTIONS

- **Performance financière :** atteinte des objectifs financiers fixés sur une période.
- **Capitaux propres :** ensemble du capital, des réserves (bénéfices précédents non distribués) et du résultat de l'année d'une organisation.

DOC 10 Les indicateurs de la performance financière

La performance financière peut se mesurer à l'aide de deux indicateurs :

La profitabilité
Capacité de l'organisation à dégager un résultat par son activité (CA HT).

Taux de profitabilité =
(Résultat / CA HT) x 100

Ex. : Une entreprise réalise un CA HT de 2,5 millions d'euros et dégage un bénéfice de 25 000 €. Sa profitabilité est donc de (25 000 / 2 500 000) x 100 = 1 %. L'entreprise dégage 1 € de bénéfice pour 100 € de CA HT.

La rentabilité financière
Capacité d'une organisation à générer des profits à partir de ses capitaux propres.

Taux de rentabilité financière =
(Résultat / Capitaux propres) x 100

Ex. : Une entreprise ayant 1 000 k € de capitaux propres et un résultat de 100 k € aura une rentabilité financière de 10 % ((100 / 1 000) x 100). Elle génère 10 € de bénéfice pour 100 € de capital investis.

9 À l'aide du ▶ Doc. 10 et des ▶ Notions, distinguez l'organisation profitable de l'organisation rentable.

Organisation profitable =

Organisation capable de dégager un résultat positif quand elle vend ses produits sur le marché.

Organisation rentable =

Organisation capable de dégager un résultat positif avec les capitaux propres engagés (moyens investis).

10 Identifiez l'intérêt pour une organisation d'être performante financièrement.

La performance financière permet à l'entreprise de générer du profit à partir de son activité (profitabilité) ou de moyens investis (rentabilité). Si l'entreprise est performante financièrement, alors elle pourra s'autofinancer pour les prochains investissements et/ou verser des dividendes à ses associés.

DOC 11 Quelques données concernant Danone

(En milliards d'euros)	Résultats N
Chiffre d'affaires HT	23,62
Résultat	2,35
Capitaux propres	12,27

danone.com, 2020

11 À l'aide des ▶ docs. 10 et 11, calculez les indicateurs de performance financière de Danone suivants :

Taux de profitabilité		Rentabilité financière	
Objectif N	Réalisé N	Objectif N	Réalisé N
9,75 %	9,95 %	19 %	19,15 %

* Les objectifs ci-dessus sont fictifs et ont un but purement pédagogique.

12 Expliquez si l'entreprise Danone a été performante financièrement en N.

L'entreprise Danone a été performante financièrement en N. En effet, au niveau de l'indicateur de la profitabilité, celle-ci dépasse son objectif fixé. De plus, elle parvient à dégager une rentabilité financière de 19,15 %, ce qui est également supérieur à l'objectif fixé.

DOC 12 La performance financière de Danone ouvre des perspectives…

Capacité d'autofinancement

La capacité d'autofinancement représente la capacité de l'entreprise à financer elle-même ses propres investissements.

N-3	N-2	N-1
315,92 %	81,11 %	135,59 %

societe.com, 2021

Dividende par action

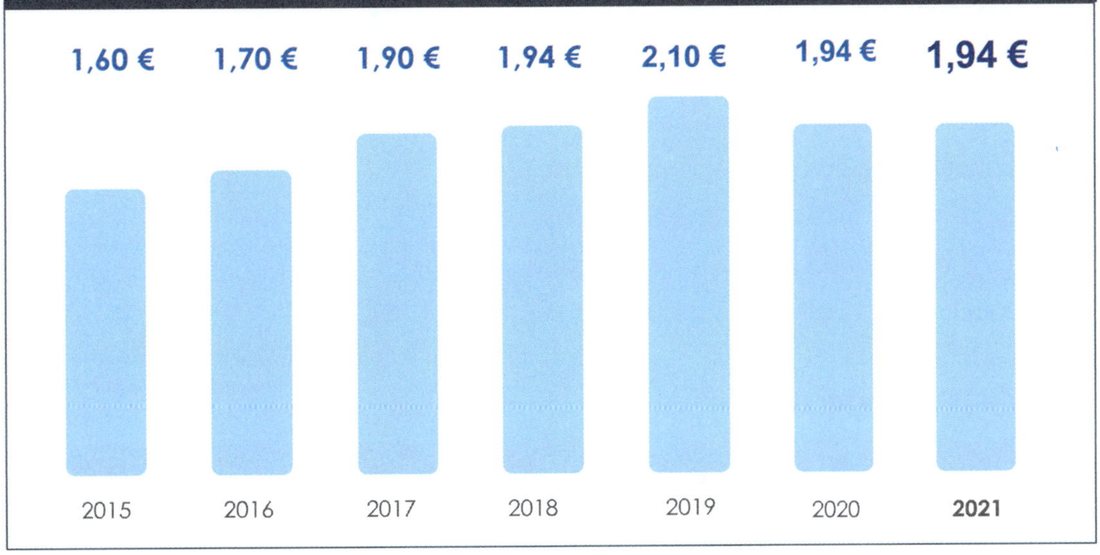

danone.com, 2019

13 Expliquez si Danone peut financer ses prochains investissements.

Oui, Danone peut financer ses prochains investissements étant donné que sur les trois dernières années l'entreprise parvient à dégager une capacité d'autofinancement entre 81,11 % et 315,52 %.

14 Commentez l'évolution des dividendes versés aux actionnaires.

L'évolution des dividendes versés aux actionnaires depuis 2015 est importante. En effet, le dividende est passé de 1,60 € à 1,94 € en six ans. Avec une rémunération ayant atteint 2,10 € en 2019, la performance financière de Danone lui permet de rémunérer tous les ans ses actionnaires.

Bilan

Concluez sur :

- la complémentarité des performances commerciale et financière ;

Une organisation capable de satisfaire ses clients et de les fidéliser à moindre coût (efficience liée à une optimisation des processus) sera plus facilement profitable ou rentable.

- l'importance pour les organisations de les mesurer.

Une organisation qui ne mesurerait pas ses performances commerciale et financière prendrait le risque de voir sa performance se dégrader sans s'en apercevoir et ainsi de mettre en péril sa pérennité.

Vers la synthèse
JE ME TESTE
hachette-clic.fr/22sdgn109
Je révise l'essentiel p. 206-207

3 Comment évaluer les performances sociale et environnementale ?

Désormais à l'aise avec la lecture de rapport, John se penche sur son résumé d'analyse extra-financière. Eh oui, la performance globale revêt aussi des aspects sociaux et environnementaux.

A La performance sociale

DOC 13 La performance sociale chez Danone

SITE WEB

hachette-clic.fr/22sdgn110

Notre performance 2018

1 **À partir du ▶ Doc. 13, citez différents critères de mesure de la performance sociale.**

L'évolution des effectifs, la répartition des effectifs par genre (homme ou femme), les embauches, le taux de rotation, la qualité de dialogue social, la politique de formation, l'intégration/inclusion/lutte contre les discriminations, la santé et la sécurité au travail (accidents, absentéisme).

NOTION

• **Bilan social :** état des lieux de la situation sociale d'une organisation sur trois ans.

DOC 14 Éléments du bilan social de Danone

Domaines d'études	Indicateurs	Résultat N-2	Objectif N-1	Résultat N-1	Écart N-1	Évolution N-2 / N-1 (%)
Rémunération	Salaire moyen mensuel (€)	2 668	2 750	2 802	+ 52,00	+ 5,02
Formation	Nombre d'heures de formation (en millions)	2,51	2,50	2,48	- 0,02	- 1,20
	Nombre de salariés formés	83 653	90 000	94 125	+ 4 125,00	+ 12,52
Emploi	Taux de rotation (%)	17	15	16	+ 1,00	- 5,88
	Absentéisme (%)	2,4	2	2,3	+ 0,30	- 4,17
	Part des femmes cadres et cadres dirigeants (%)	49	50	50	0,00	+ 2,04

danone.com, 2019

2 **Calculez les éléments d'analyse demandés pour compléter le tableau de performance sociale (▶ Doc. 14). Notifiez ensuite à John les points forts et les pistes d'amélioration.**

Points forts	Pistes d'amélioration
L'objectif a été atteint voire dépassé sur : la rémunération, la formation et la place des femmes.	La situation sociale s'améliore sans atteindre ses objectifs sur les taux de rotation et d'absentéisme.

3 **Rédigez pour John un résumé de la performance sociale de Danone sur la période.**

Le bilan social de Danone est globalement positif puisque le groupe atteint ses objectifs sur la plupart des indicateurs figurant au document 3. Sur les autres indicateurs, même si l'objectif n'a pas été atteint, on constate une évolution positive, bien qu'elle ne soit pas assez rapide.

B La performance environnementale

DOC 15 Les engagements du groupe Danone en matière de performance environnementale

Dans le cadre de son Objectif 2030 « Préserver la planète et renouveler ses ressources », Danone a pour ambition [d'adopter un mode de production efficace et respectueux de l'environnement]. Pour ce faire, l'entreprise a construit sa stratégie environnementale autour de quatre piliers prioritaires.

danone.com, 2021

Piliers prioritaires	Objectif	Résultat N+1	Objectif 2020	Objectif 2025	Objectif 2030
Changement climatique	Réduire l'empreinte carbone depuis 2015	24,5 %			50 %
	Électricité renouvelable	24,5 %			
	Pourcentage des volumes de lait frais dans le monde évalués par l'outil d'évaluation du bien-être de Danone ou par Validus Animal Welfare.	87 %	80 %		
Gestion de l'eau	Protéger les ressources	100 %	100 %		
	Réduire la consommation d'eau dans les sites de production depuis 2000	49 %	60 %		
Économie circulaire	Utiliser des emballages réutilisables, recyclables ou compostables	81 %		100 %	

danone.com, 2019

4 À partir du ▶ Doc. 15, analysez les performances environnementales actuelle et future de Danone.

Performance en N+1 :

La performance de Danone est mitigée car deux indicateurs sur quatre sont atteints. On peut remarquer par ailleurs que les deux autres sont juste atteints.

→

Ambitions futures :

Les ambitions à 5 et 10 ans sont très éloignées des résultats actuels. La performance demandera des efforts pour être atteinte.

5 Rendez-vous sur hachette-clic.fr/22sdgn111. À partir de la vidéo, identifiez trois contraintes liées à la mise en place d'une politique environnementale par Danone.

Investissements nécessaires pour repenser les processus ; formation des ressources humaines ; adaptation des processus de gestion et des outils de production en interne et en externe.

6 Expliquez à John pourquoi, malgré ces contraintes, Danone développe une politique environnementale ambitieuse.

Danone doit donc être performant pour préserver la planète et assurer sa pérennité. Le groupe se doit d'être un exemple pour les autres, et doit être en cohérence avec sa mission.

Bilan

Expliquez pourquoi la poursuite des performances sociale et environnementale peut compromettre l'atteinte des performances commerciale et financière.

En 1972, Antoine Riboud, déclarait : « Il n'y a qu'une seule terre, on ne vit qu'une seule fois ». Ces mots sont à l'origine d'une vision qui guide Danone encore chaque jour : se développer tout en faisant prospérer son écosystème, préserver notre planète et apporter la santé aux générations actuelles et à venir.

Vers la synthèse
JE ME TESTE
hachette-clic.fr/22sdgn112
Je révise l'essentiel p. 206-207

À moi de jouer

1 Jouez avec *Kyushi* !

Quiz interactifs pour jouer en classe !

hachette-clic.fr/kyushi

2 Mots mêlés

Débusquez dans la grille de mots mêlés les termes correspondants aux définitions suivantes.

1. Dimension de la performance qui inclut la rentabilité de l'organisation.
2. Dimension de la performance qui concerne les ventes de l'organisation.
3. Dimension de la performance qui concerne le bien-être des collaborateurs.
4. Performance qui englobe les quatre dimensions.
5. Atteinte des objectifs fixés par l'organisation.
6. Atteinte des objectifs fixés par l'organisation en utilisant le moins de ressources possibles.

C	Q	A	L	R	B	R	G	Z	O	F
E	O	G	L	O	B	A	L	E	I	I
V	F	M	S	O	C	I	A	L	E	N
T	N	F	M	Z	Q	U	C	A	V	A
D	B	L	I	E	C	M	J	I	R	N
F	G	C	M	C	R	B	I	C	B	C
Q	C	K	F	M	I	C	B	C	X	I
Q	J	M	D	G	O	E	I	E	J	E
O	V	S	F	F	C	B	N	A	J	R
Q	R	T	F	V	X	S	X	C	L	E
E	F	F	I	C	A	C	I	T	E	E

Quelle est la dimension de la performance qui n'apparaît pas ? La dimension environnementale

3 Comprendre la notion de performance

Pour la semaine prochaine, vous devez faire un devoir à la maison en sciences de gestion et numérique. Vous avez regardé rapidement le sujet et vous estimez le temps de travail à 2 h 30.

Faites une phrase pour expliquer que vous avez été efficace, efficient(e) ou aucun des deux.

J'ai été efficace car …

J'ai été efficient(e) car …

Je n'ai été ni efficace ni efficient(e) car …

4 Identifier les indicateurs pertinents pour apprécier la performance de l'organisation

Great Place to Work (GPTW) est un label qui récompense chaque année des entreprises françaises « où il fait bon travailler ». Ce dispositif évalue si l'entreprise offre un environnement de travail favorable en fonction des relations vécues par les employés. Le programme ne prend donc pas en compte les avantages matériels mais plutôt la confiance envers les dirigeants, l'appréciation envers ses collègues, la fierté de faire son travail… En 2021, leboncoin reçoit la deuxième place au palmarès des entreprises françaises (de 1 000 à 2 500 salariés) où il fait bon travailler.

Auteurs

Ce qu'en disent les collaborateurs de leboncoin : « J'ai rejoint les équipes du boncoin comme Lead Developer Android il y a plus de cinq ans. Ce qui m'a tout de suite plu en tant que développeur, c'est la possibilité d'être force de proposition, à la fois sur les aspects techniques mais aussi produit. Tout ce qui compte, c'est d'être motivé et d'avoir envie de participer à des projets ambitieux dans une équipe sympa. »

Sylvain Gourdaut

87 % Dans l'ensemble, je peux dire que c'est une entreprise où il fait vraiment bon travailler.	**95 %** Les nouveaux collaborateurs sont bien accueillis.
90 % J'apprécie la contribution citoyenne de mon entreprise.	**81 %** Le management fait preuve d'un intérêt sincère à mon égard en tant qu'individu et pas seulement en tant que salarié(e).
80 % L'entreprise m'offre des formations utiles à mon développement professionnel.	**82 %** Nous sommes encouragés à conserver un équilibre entre notre vie professionnelle et notre vie privée.

greatplacetowork.fr, 2021

1. **Expliquez de quel type de performance atteste le label « Great Place to Work ».**
2. **Identifiez les principaux critères de cette performance dans l'entreprise leboncoin.**
3. **En binôme, proposez d'autres critères qui permettraient de la mesurer.**

5 Percevoir le caractère potentiellement contradictoire des différents types de performance

Fiche méthode BAC
8 Mettre en forme Word, p. 274

1. **Rendez-vous sur hachette-clic.fr/22sdgn113 et expliquer l'intérêt du site MoralScore.**
2. **Recherchez le MoralScore de l'entreprise Veja et comparez ses performances sociale et environnementale à celles de ses concurrents.**
3. **Démontrez que la recherche des performances sociale et environnementale constitue pour Veja une opportunité mais aussi une contrainte. Rédigez et présentez votre argument sur un logiciel de traitement de texte.**

L'essentiel

JE RÉVISE
hachette-clic.fr/22sdgn114
- Le podcast du cours
- La synthèse en 1 clic
- Je manipule les notions

NOTIONS

- **Autofinancement :** financement d'une entreprise par ses capitaux propres.
- **Bilan social :** document permettant d'apprécier la situation sociale d'une entreprise sur trois ans.
- **Chiffre d'affaires (CA) :** total des ventes HT sur une période donnée.
- **Efficacité :** atteinte des objectifs.
- **Efficience :** atteinte des objectifs avec le moins de ressources possibles.
- **Fidélité :** tendance d'un consommateur à revenir acheter ses produits dans une même entreprise.
- **Part de marché :** pourcentage des ventes détenues par une entreprise sur son marché.
- **Profitabilité :** capacité d'une entreprise à générer un résultat par son activité.
- **Rentabilité :** capacité d'une entreprise à générer un rendement pour ses investisseurs.
- **Tableau de bord :** outil constitué de plusieurs indicateurs qui permet de visualiser les résultats d'une organisation.

COURS

1 La performance d'une organisation, c'est quoi ?

- La **performance** se mesure par le **niveau d'atteinte d'objectifs préalablement fixés.**
- Atteindre ses objectifs signifie être **efficace**.
- Atteindre ses objectifs en économisant les ressources signifie être **efficient**.
- La **performance globale** d'une organisation est **multidimensionnelle : commerciale, financière, sociale** et **environnementale**.

2 Comment apprécier les performances commerciale et financière ?

- La **performance commerciale** peut être définie par la capacité d'une organisation à proposer un produit/service adapté aux besoins des consommateurs.
- Elle s'évalue à partir d'**indicateurs** comme le chiffre d'affaires, la part de marché ou la fidélisation des clients.
- La **performance financière** mesure la capacité d'une organisation à dégager un bénéfice par rapport à son activité (**profitabilité**) ou par rapport à ses capitaux investis (**rentabilité financière**).
- L'entreprise qui réalise des bénéfices peut verser des dividendes aux actionnaires ou **s'autofinancer**.

3 Comment évaluer les performances sociale et environnementale ?

- Liée à la prise en compte des aspirations des salariés, la **performance sociale** porte sur la rémunération, la qualité de vie au travail ou les perspectives d'évolution professionnelle.
- Sa mesure permet de dresser un **bilan social**.
- La **performance environnementale** vise à réduire les impacts environnementaux de l'organisation.
- Elle se mesure à l'aide d'**indicateurs** : émissions de gaz à effet de serre, consommation d'énergie et part d'énergie renouvelable, gestion des déchets…

CULTURE+

Connaissez-vous l'origine du mot « performance » ? Ce dernier apparaît dans les dictionnaires français en 1839 pour désigner les résultats d'un cheval de course. Sa racine est empruntée de l'anglais *performance*, dérivé du verbe *to perform* qui signifie « réaliser, accomplir ».

POUR RETENIR AUTREMENT

1 La performance d'une organisation, c'est quoi ?

Efficacité | Efficience

Performance globale

=

Performance commerciale

Performance financière

Performance sociale

Performance environnementale

2 Comment apprécier les performances commerciale et financière ?

Performance commerciale → Chiffre d'affaires, ventes en volume, part de marché

Performance financière → Profitabilité et rentabilité

3 Comment évaluer les performances sociale et environnementale ?

Performance sociale → Amélioration du climat social de l'organisation sur différents aspects : emploi, rémunération, formation

Performance environnementale → Impact de l'organisation sur l'environnement

OBJECTIF BAC

14 Je prépare mon dossier d'EDG*

Fiche méthode BAC
7 Je prépare mon oral, p. 270

1 Je choisis le format

Papier	Je vérifie que j'ai… • mis une feuille transparente devant. ☐ • placé une feuille cartonnée à la fin. ☐ • choisi une bonne reliure. ☐ • imprimé uniquement sur le recto des feuilles. ☐
Numérique	Je convertis mon document au format PDF pour éviter les décalages à l'ouverture.
Les deux	Je peux imprimer les dix pages et créer un/des QR Code(s) de renvoi à mes articles Internet, à un dossier partagé….

2 Je vérifie le contenu de mon dossier

- Page de présentation ☐
- Sommaire ☐
- **Raison(s) du choix de la problématique** ☐
- **Caractéristiques de la / des organisation(s) étudiée(s)** ☐
- **Sources utilisées** ☐
  Au choix : liste des articles mis en annexe, des liens hypertextes, en QR Code…
- **Démarche d'analyse** ☐
- **Synthèse** ☐
- Annexe(s) ☐

! **10 pages**

J'ai tout coché ! ☑

Mon dossier est prêt

En route vers la préparation de l'oral !

** Cf. Les recommandations du Guide de l'évaluation dans le cadre de la réforme du lycée général et technologique, rentrée 2021.*

Mini-cas d'entraînement

THÈME 3

JE SAIS : | OUI ✓ | NON ✗
- **caractériser** les différents types de valeur et les mettre en relation avec les attentes d'acteurs. ☐ ☐
- **utiliser** un compte de résultat pour repérer la valeur financière produite par une organisation. ☐ ☐
- **utiliser** des indicateurs simples pour repérer la valeur produite par l'organisation. ☐ ☐
- **identifier** les indicateurs pertinents pour apprécier la performance de l'organisation. ☐ ☐

Petit Bateau...
analyse sa performance globale

SITUATION

Voilà 6 mois que vous êtes en alternance au siège de Petit Bateau. Vos compétences évoluent grâce aux missions qui se multiplient.

MISSION 1 ANALYSER LA CRÉATION DE VALEUR

Vos responsables vous font travailler sur les valeurs perçue et financière de Petit Bateau.

À l'aide de vos connaissances et des ▶ Docs. 1 à 3, répondez aux questions suivantes :

Q1.1 **À l'aide d'indicateurs, analysez la valeur perçue de Petit Bateau.**

Q1.2 **Retrouvez les résultats des exercices N et N-1, puis calculez leur taux d'évolution. Commentez.**

Q1.3 **Justifiez si l'entreprise Petit Bateau a créé ou détruit de la valeur financière en année N.**

Q1.4 **Réfléchissez aux conséquences de ces résultats sur les actionnaires et l'entreprise elle-même.**

DOC 1 La marque Petit Bateau

Avec une notoriété de 100 % auprès des Français, Petit Bateau a tout de l'icône nationale. Les spécialistes du marketing la rangent dans la catégorie des « love brands », les marques que l'on aime spontanément sans toujours savoir pourquoi. Sans doute parce qu'elle renvoie « à l'enfant qui est en nous », dit Muriel Fagnoni de BETC, l'agence qui conçoit les pubs Petit Bateau depuis 1996.

Valérie Leboucq, lesechos.fr, 18 février 2011

DOC 2 Découvrez les avis de mamans sur la marque Petit Bateau

Qualité/Prix :	8 /10
Résistance au lavage :	9.5 /10
Style & Originalité :	8.2 /10
Fiabilité des tailles :	8.8 /10
Résistance à l'usure :	9.5 /10
NOTE GLOBALE :	**8.8 / 10**

paroledemamans.com, 2016

DOC 3 Extrait du compte de résultat de Petit Bateau en K € (hors taxes)

Charges d'exploitation			**Produits d'exploitation**		
Achats de matières premières	136 678	141 411	Vente de produits finis	184 486	193 937
Impôts et taxes	2 695	2 788			
Salaires et traitements	26 950	27 884			
Charges sociales	26 180	27 087			
Charges financières			**Produits financiers**		
Intérêts et charges assimilées	541	491	Autres produits financiers	823	3 508
Charges exceptionnelles			**Produits exceptionnels**		
Impôts sur les bénéfices	384	375	Cession de biens et matériels	6 010	999
Total des charges (1+2+3)	**193 428**	**200 036**	**Total des produits (1+2+3)**	**191 319**	**198 444**
Résultat de l'exercice			Résultat de l'exercice	2 109	1 592
TOTAL GÉNÉRAL	193 428	200 036	TOTAL GÉNÉRAL	193 428	200 036

Attention, certaines données du tableau ont été modifiées à des fins pédagogiques. bilansgratuits.fr, 2020

Mini-cas d'entraînement

THÈME 3

MISSION 2 DÉVELOPPER LES PERFORMANCES COMMERCIALE ET ENVIRONNEMENTALE

Centenaire, Petit Bateau ? Certes ! Mais ce n'est pas pour autant que la marque ne relève plus de défis. Maintenir la fidélité de ses clients et améliorer son impact environnemental sont notamment au cœur de ses préoccupations. Vous analysez l'évolution et l'impact de ces deux démarches.

À l'aide de vos connaissances et des ▶ Docs. 4 à 6, répondez aux questions suivantes :

Q2.1 **Étudiez les positions concurrentielles sur le marché du textile bébé. Analysez la place occupée par Petit Bateau.**

Q2.2 **Expliquez l'enjeu de la fidélité pour Petit Bateau dans le cadre de sa performance commerciale.**

Q2.3 **Retrouvez les différentes mesures mises en place par Petit Bateau pour améliorer sa performance environnementale.**

Q2.4 **Évaluez l'impact de l'amélioration de la performance environnementale sur la performance globale de Petit Bateau.**

DOC 4 Top 5 des enseignes de textile bébé

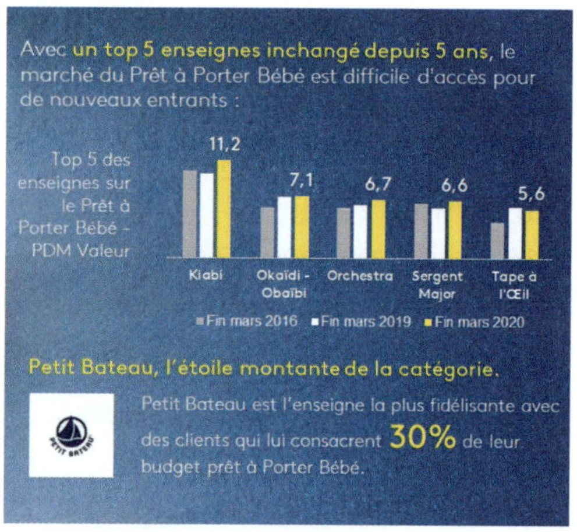

Kantar – Panel Worldpanel, 11 décembre 2020

DOC 5 La Grande Tribu : la fidélité chez Petit Bateau, c'est du costaud !

Être là pour vous, ce n'est pas seulement l'être à travers nos vêtements : c'est aussi marquer le coup lors des grands évènements. Une naissance, bien sûr, mais aussi les anniversaires, les rentrées : des surprises vous sont réservées pour chacun de ses moments clés, car si vous pensez toujours à tout, nous, on pense à vous ! [...]

Les grands moments, c'est bien, mais ça compte aussi d'être là au quotidien ! Quand on est parent, chaque jour est une aventure avec son lot de joies, et de points d'interrogation : vous trouverez dans votre boîte mail, comme des petits conseils glissés à l'oreille, des infos et des astuces d'experts, adaptés à l'âge de votre enfant. [...] Et bien sûr, vous cumulez des points de fidélité qui vous donnent droit à des remises pour vous équiper durablement, et faire durer notre histoire encore longtemps !

blog.petit-bateau.fr, 3 novembre 2021

DOC 6 Petit Bateau, est-ce une entreprise éthique ? Notre avis sur la marque

Liberté, qualité, durabilité : on a vérifié

[...] Petit Bateau a pour objectif l'obtention d'une certification B Corp en 2025 [...]. B Corp est une certification attribuée aux entreprises qui conjuguent performance économique et socio-environnementale, la plus exigeante à ce jour. [...]

Le maintien et le développement continu des savoir-faire locaux est le gros point fort de Petit Bateau. La qualité des vêtements permet leurs vies multiples et donc de les amortir au maximum via plusieurs générations d'enfants. Le rapatriement des activités de production est un effort dont l'impact est mesurable et significatif pour l'environnement. [...] Le changement des packagings et des cintres en vue d'un zéro plastique est également un gros effort pour une marque de cette envergure.

Nous avons par ailleurs eu des échanges honnêtes et très détaillés avec différent·e·s intervenant·e·s de l'entreprise, renforçant notre confiance dans cette marque qui semble très consciente de sa responsabilité et engagée dans un processus de transformation profonde, inscrit dans le temps long, intensifié significativement depuis 2017. À suivre !

Victoire Satto, thegoodgoods.fr, 19 janvier 2022

THÈME 4

Temps et risque

Charlie & Gus
La BD animée STMG

VIDÉO

hachette-clic.fr/22sdgn115

Épisode #4

Charlie et la chance

1. Que signifie pour vous « prendre des risques » ?
2. Jugez l'importance pour une organisation de prendre des risques.

Gérer une organisation impose de prendre des décisions tous les jours dans le but d'assurer son avenir.

Prévoir, anticiper sont d'ailleurs des ambitions légitimes pour les organisations

Question de Gestion

- Quelle prise en compte du temps dans la gestion de l'organisation ?

CHAPITRE 15
Le temps, un paramètre fondamental dans les décisions de gestion

CHAPITRE 16
Les outils d'aide à la décision et à la gestion du temps

Mais le risque 0 n'existant pas, gérer une organisation implique de prendre des risques (mais mesurés !).

Question de Gestion

- L'amélioration de la performance est-elle sans risque ?

CHAPITRE 17
La gestion des risques

15

CAPACITÉS
- Repérer l'importance d'une information actualisée pour prendre des décisions pertinentes
- Identifier, en lien avec le contexte proposé, les temps caractéristiques de l'organisation
- Expliquer en quoi le temps est source d'incertitude
- Expliquer pourquoi, au sein de l'organisation, il peut y avoir des rétentions et de l'asymétrie d'informations

NOTIONS
- Veille informationnelle
- Actualité et pérennité de l'information
- Horizon
- Période

Le temps, un paramètre fondamental dans les décisions de gestion

Le Manoir de Paris

VIDÉO
hachette-clic.fr/22sdgn116
Halloween 2017, oseriez-vous ? (1'45)

FICHE D'IDENTITÉ

Type d'organisation : entreprise privée à but lucratif
Activité : salle de spectacle type maison hantée
Champ d'activité : national (Paris, France)
Forme juridique : S. A. S. U. (Société par actions simplifiées unipersonnelle)

.......fans ....followers ....abonnés

➔ **Recherchez sur Internet le nombre de personnes suivant le Manoir de Paris sur Facebook, Twitter et Instagram et complétez la fiche d'identité.**

SITUATION

Peur sur la ville ! Vous voici en immersion dans le lieu le plus effrayant de Paris ! Vous allez adorer le Manoir de Paris, une attraction de type maison hantée d'une superficie de 1 500 m². Depuis son ouverture en 2011, le dirigeant Adil Houti et ses équipes proposent régulièrement de nouvelles thématiques liées aux « Légendes de Paris », ces histoires sombres qui se sont déroulées du XVIIIe au XXe siècle… Son pic d'activité ? Il a lieu pendant la fête d'Halloween, bien sûr ! Le Manoir devient alors plus terrifiant que jamais, pour vous faire vivre une expérience hors du commun. Grâce à son succès, une nouvelle activité de type « escape game » a pu voir le jour en 2017 ! Laissez-vous tenter, si vous en avez le courage…

1 L'information au service de la décision

Le Manoir de Paris est en alerte constante vis-à-vis de son environnement, afin d'anticiper ses évolutions et de rester compétitif. Cette veille informationnelle continue et automatisée a pour objectif d'aider M. Houti à prendre des décisions stratégiques pertinentes. Encore faut-il que l'information collectée soit de valeur...

A Les outils de la veille informationnelle

DOC 1 La veille informationnelle

Étude des prix pratiqués par les attractions parisiennes incluant des escape game : veille concurrentielle

Visite du salon « Make Up in Paris » pour découvrir les nouveautés en matière d'effets spéciaux et de techniques de maquillage professionnel : veille technologique

Analyse des commentaires clients afin de déceler d'éventuelles pistes d'amélioration des attractions : veille commerciale

Surveillance des obligations et normes en vigueur concernant la sécurité des installations techniques : veille juridique

1 **Pour chacune des situations de veille menée par les équipes du Manoir (▶ Doc. 1), indiquez s'il s'agit d'une *veille juridique, commerciale, technologique* ou *concurrentielle*.**

DOC 2 Des outils de veille informationnelle

NOTIONS

- **Méthode « pull » :** l'information est recherchée et extraite par l'utilisateur.
- **Méthode « push » :** l'information arrive automatiquement à l'utilisateur.

2 **En vous aidant des images du ▶ Doc. 2, proposez au moins cinq outils numériques qui permettent aux équipes du Manoir de mener une veille informationnelle <u>automatisée</u> de type « push ».**

Il existe l'installation de notifications provenant de sites concurrents ou bien de sites institutionnels. Les Flux RSS peuvent également détecter les nouveautés sur des sites ciblés, sauvegarder les informations sur un drive ou sur une application de type « pocket ». De plus, les recherches par hashtags, les systèmes d'abonnement à des magazines spécialisés ou à des newsletters permettent de mener une veille informationnelle automatisée de type « Push ». Le suivi sur les réseaux sociaux ou la sélection de sites « favoris » peuvent aussi être utiles.

3 **Donnez une définition de la veille informationnelle.**

Construction de la définition avec les élèves et la participation orale.

DOC 3 Évolution du nombre d'enseignes d'escape game en France

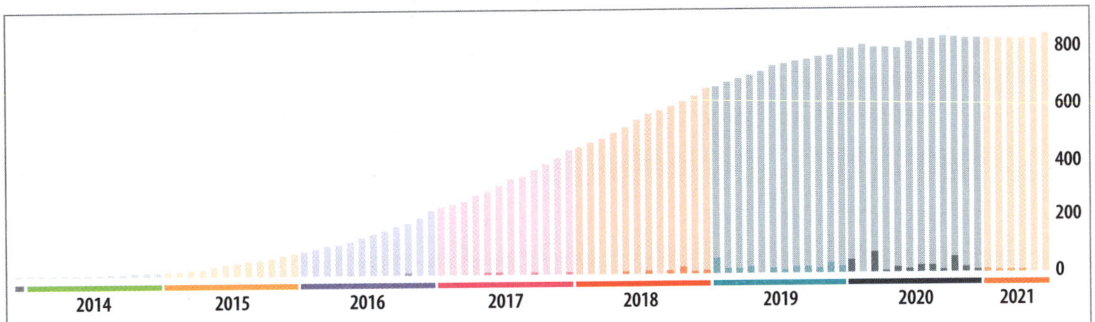

Depuis 2013, 114 enseignes d'escape game ont fermé en France.

escapegame.fr, octobre 2021

DOC 4 Nombre d'abonnements hebdomadaires à la chaîne YouTube du Manoir de Paris

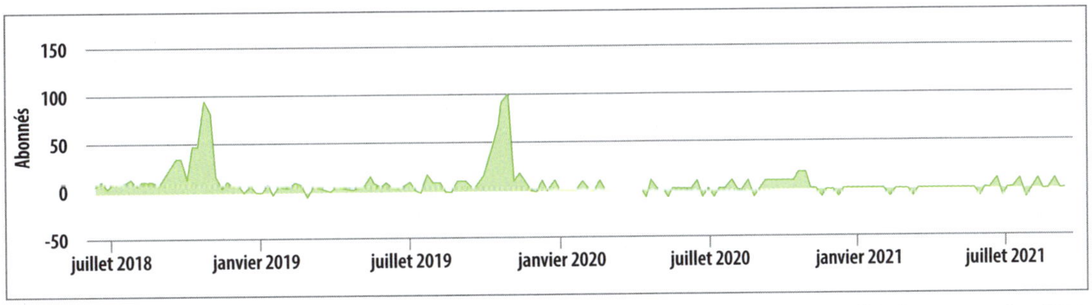

socialblade.com, octobre 2021

4 Analysez la valeur des informations recueillies par les équipes du Manoir de Paris (▶ Docs. 3 et 4) en complétant le tableau ci-dessous : chap.7 → Rôle, accessibilité et valeur de l'information

Valeur de l'information	Doc. 3	Doc. 4
Pertinence	☒ Oui ☐ Non	☒ Oui ☐ Non
Fiabilité	☒ Oui ☐ Non	☒ Oui ☐ Non
Actualité	☒ Oui ☐ Non	☒ Oui ☐ Non
Pérennité	☐ Oui ☒ Non	☐ Oui ☒ Non
Utilité	☒ Oui ☐ Non	☒ Oui ☐ Non
Justification	L'escape game est une activité pratiquée par le Manoir ; il est donc utile d'analyser sa tendance, notamment au vu d'une concurrence accrue avec un nombre croissant de salles. Il faut aussi faire attention à mettre constamment à jour l'information (qui est donc non pérenne).	L'information est utile et importante afin de mesurer l'impact de la communication établie par le Manoir de Paris. Ici, on remarque que c'est en période d'Halloween que le nombre d'abonnés augmente.

Adil Houti se demande comment il pourra faire de sa réouverture post-Covid un succès tout en respectant les nouvelles contraintes mises en évidence par sa veille... Après réflexion, lui et son équipe décident de délocaliser le spectacle d'Halloween à la Halle de La Villette, afin de proposer davantage d'animations avec 4 000 m^2 disponibles, au lieu des 1 500 habituels.

B Veille informationnelle et prise de décision

DOC 5 Extrait de la veille informationnelle du Manoir de Paris

À partir du 1er juillet, les restrictions de jauge seront levées pour toutes les salles et là où le public est assis. La distanciation restera de mise dans les espaces de circulation. Les festivals de plein air en configuration debout pourront reprendre, selon une jauge de 4 m^2 par festivalier et dans une limite qui sera définie par le préfet en fonction des circonstances locales. L'effectif maximal est de 1 000 personnes pour les salles de spectacle et il appartient à l'exploitant de répartir le public sur l'ensemble de la surface exploitée de l'établissement dans le respect de la distanciation physique.

L'utilisation du pass sanitaire est obligatoire au-delà de 1 000 personnes (sauf cinémas).

gouvernement.fr, 20 mai 2021

5 **Relevez dans le ▶ Doc. 5 les deux contraintes auxquelles M. Houti est confronté s'il souhaite rouvrir le Manoir de Paris.**

Il s'agit de contraintes juridiques liées au nombre de personnes (jauge) pouvant accéder à la salle et au protocole à mettre en place (contrainte matérielle) afin d'assurer la distanciation physique des clients.

6 **Réfléchissez et listez les conséquences pratiques de ces contraintes sur l'activité du Manoir de Paris.**

Les conséquences de ces contraintes sont un investissement supplémentaire en ressources matérielles et/ou humaines afin de faire respecter ces nouvelles règles (balisage parcours, gel hydroalcoolique, vérification numérique du pass sanitaire...). Par ailleurs, une diminution de la capacité d'accueil, et donc du nombre de clients, entraîne une diminution du chiffre d'affaires.

7 **Par groupe de trois à quatre élèves, conseillez à M. Houti des solutions pour que son festival d'Halloween soit une réussite.**

Accepter toute proposition cohérente : délocalisation du festival afin d'accueillir plus de clients, pass sanitaire obligatoire pour les acteurs (car proches des clients), investissement sur la communication en insistant à la fois sur les nouveautés proposées et sur les instructions sanitaires obligatoires nécessaires afin d'y assister...

En pleine préparation du festival d'Halloween, M. Houti et ses équipes entreprennent un grand nombre d'actions pour attirer un maximum de clients. Au fur et à mesure de leurs démarches, ils se rendent compte que leurs informations ne sont pas les mêmes que celles des autres parties prenantes…

C L'information : une ressource pas toujours partagée

NOTIONS

- **Asymétrie d'information :** situation dans laquelle les participants à un marché ne disposent pas tous de la même information.
- **Rétention d'information :** dissimulation d'une information ou de son existence même afin qu'une personne, un ensemble de personnes ou une organisation, légitimement en droit de la connaître, n'en disposent pas.

8 **Distinguez l'asymétrie et la rétention d'information.**

Asymétrie	≠	Rétention
Des vendeurs ont davantage de connaissances techniques que leurs clients (comme un mécanicien qui vend une automobile défectueuse).		Ne pas dévoiler un taux d'émission de CO_2 en hausse aux actionnaires d'une entreprise afin de ne pas perdre leur confiance. On peut dire que l'asymétrie d'information peut souvent résulter d'une rétention d'information.

9 **Expliquez pour les deux situations ci-dessous s'il s'agit d'asymétrie ou de rétention d'information.**

Situation / Type d'information	Justification
Afin de financer les nouveaux investissements, la banque propose au Manoir de Paris un taux de crédit élevé car elle estime que le risque financier est important. L'étude menée par les équipes commerciales du Manoir de Paris est au contraire très optimiste concernant les revenus espérés. ☒ Asymétrie ☐ Rétention	Chaque acteur ne possède pas la même qualité d'information. La banque se fie aux résultats et preuves de solvabilité apportées, alors que l'organisation se base sur des projections espérées de chiffre d'affaires qui ne sont pas encore réalisés.
Adil Houti souhaite acquérir de nouvelles figurines effrayantes pour renouveler la décoration de son manoir. Il en parle à son fournisseur habituel, qui lui dissimule le fait qu'il possède ce genre de produits. En effet, le fournisseur les réserve à un plus gros client… ☐ Asymétrie ☒ Rétention	Il s'agit d'une non-divulgation volontaire de l'information par un acteur.

Bilan

Appréciez l'utilité mais aussi les limites de la veille informationnelle pour les organisations.

La veille informationnelle menée par les organisations permet de récolter des informations de qualité liées aux évolutions de leur marché et de leur environnement. Cette recherche les amène à mieux appréhender la concurrence, à adapter leur offre et ainsi à optimiser la rentabilité de leur activité. La veille est donc un outil de surveillance nécessaire à la prise de décision, qui doit être régulièrement renouvelée afin d'actualiser les collectes et ainsi de conserver la valeur de l'information. Les limites de cette veille seraient les accès aux informations parfois payantes ou non communiquées.

Vers la synthèse — JE ME TESTE

hachette-clic.fr/22sdgn117

Je révise l'essentiel p. 224-225

2 Horizon et période, les différentes dimensions du temps pour l'organisation

La période d'Halloween fut un véritable succès pour le Manoir de Paris ! Heureux, M. Houti et ses équipes ne se reposent cependant pas sur leurs acquis et envisagent déjà l'avenir.

A Horizon

DOC 6 Bilan de réunion

À la sortie de leur réunion hebdomadaire du 15 novembre N, M. Houti et son équipe ont relevé plusieurs axes à développer afin de pérenniser l'activité de l'entreprise en année N+1 :

- Investir dans l'agrandissement des locaux.
- Établir de nouvelles thématiques de spectacle pour N+1.
- Lister les activités répétitives afin d'anticiper leurs impacts.
- Diversifier les activités proposées par le Manoir pour augmenter son attractivité.
- Fidéliser les salariés avec des contrats de plus longue durée et une revalorisation salariale.
- Développer la communication.

Auteurs

1 Pour les différentes décisions prises par le Manoir de Paris (▶ Doc. 6), précisez dans le tableau ci-dessous l'horizon ainsi que le type de décision concerné. Lien vers le management • Les différents types de décision

Décision	Horizon	Type de décision	Justification
1 – Demander un prêt bancaire de 98 000 euros afin de procéder à des travaux d'agrandissement d'une salle du Manoir. Le prêt est remboursable en 120 mensualités de 829 euros.	☐ Court terme ☐ Moyen terme ☒ Long terme	☐ Opérationnelle ☐ Tactique ☒ Stratégique	Difficilement réversible, engage d'importants moyens financiers. Décidée par les dirigeants.
2 – Réaliser l'inventaire bihebdomadaire(= 2 fois par semaine) des boissons afin de réapprovisionner le restaurant « Corner Food ».	☒ Court terme ☐ Moyen terme ☐ Long terme	☒ Opérationnelle ☐ Tactique ☐ Stratégique	Facilement réversible et peu coûteuse.
3 – Proposer d'ici cinq ans une animation de réalité virtuelle type maison hantée.	☐ Court terme ☒ Moyen terme ☒ Long terme	☐ Opérationnelle ☒ Tactique ☒ Stratégique	Horizon et montant financier à évaluer en fonction de la pérennité de l'action.
4 – Trouver la thématique du prochain Halloween.	☒ Court terme ☐ Moyen terme ☐ Long terme	☐ Opérationnelle ☒ Tactique ☐ Stratégique	Décision annuelle à horizon court qui demande des moyens de réflexion humaine mais pas financiers.
5 – Recruter des influenceurs afin de promouvoir le Manoir de Paris sur les réseaux sociaux d'ici deux ans.	☐ Court terme ☒ Moyen terme ☐ Long terme	☐ Opérationnelle ☒ Tactique ☐ Stratégique	Moyens financiers modérés et décision dont la réversibilité reste possible.

2 **Reportez sur cet axe du temps les différentes décisions analysées précédemment (1/2/3/4/5) et les horizons correspondants (N+1, N+2, N+5, N+10).**

Axe du temps

2	4	5	3	1
N	N+ 1	N+ 2	N+ 5	N+ 10

3 **Proposez une définition de l'horizon.**

L'horizon est la limite temporelle plus ou moins éloignée sur laquelle le décideur va agir (à court, moyen ou long terme).

4 **Expliquez le lien qui existe entre l'horizon de la décision et son caractère incertain.**

Plus l'horizon est éloigné (long terme), plus l'incertitude est importante puisque de nombreuses contraintes et événements peuvent intervenir dans ce laps de temps et modifier les décisions établies au début de la démarche.

Chaque année, le dirigeant Adil Houti tente de mieux analyser les contraintes liées aux activités répétitives de son organisation. Son assistant a donc recensé quelques-unes d'entre elles pour l'année N.

B Période

5 **Classez par nature dans le** ▶ Doc. 7 **les exemples de contraintes suivants :** *loi sur la durée du travail – demande de nouveautés de la part des clients – règlement intérieur – obligations sociales et fiscales – saisonnalité des activités – obsolescence programmée – course à l'innovation.*

DOC 7 **Les trois principales familles de contraintes pour une organisation**

Institutionnelle	Sectorielle	Technologique
loi sur la durée du travail, règlement intérieur, obligations sociales et fiscales.	demande de nouveautés de la part des clients, saisonnalité des activités	obsolescence programmée, course à l'innovation

NOTIONS

• **Contrainte institutionnelle :** liée au cadre juridique dans lequel s'exerce l'activité en interne (règlement intérieur par exemple) ou en externe (loi sur la durée du travail, obligations sociales et fiscales, etc.).

• **Contrainte sectorielle :** liée au secteur d'activité de l'entreprise. Par exemple, la forte saisonnalité de l'activité (plus de ventes lors d'Halloween) nécessite une organisation particulière (embauches pour cette période, heures supplémentaires à effectuer, logistique différente à organiser, communication particulière à mettre en place…).

• **Contrainte technologique :** liée aux évolutions technologiques et aux outils numériques, notamment des réseaux sociaux.

6 **Peut-on parler d'activité saisonnière pour le Manoir de Paris ? Justifiez votre réponse.**

Cela dépend des activités proposées. L'escape game est une activité qui peut s'effectuer toute l'année, elle n'est donc pas saisonnière. En revanche, le reste des activités du Manoir, comme les animations d'Halloween, sont saisonnières car elles se déroulent à un seul moment dans l'année. Ces activités de maison hantée connaissent alors des périodes de très forte activité à l'automne, et des périodes de quasi-inactivité (au printemps, par exemple).

7 **Reliez les activités repérées par l'assistant de M. Houti aux périodicités et aux contraintes correspondantes.**

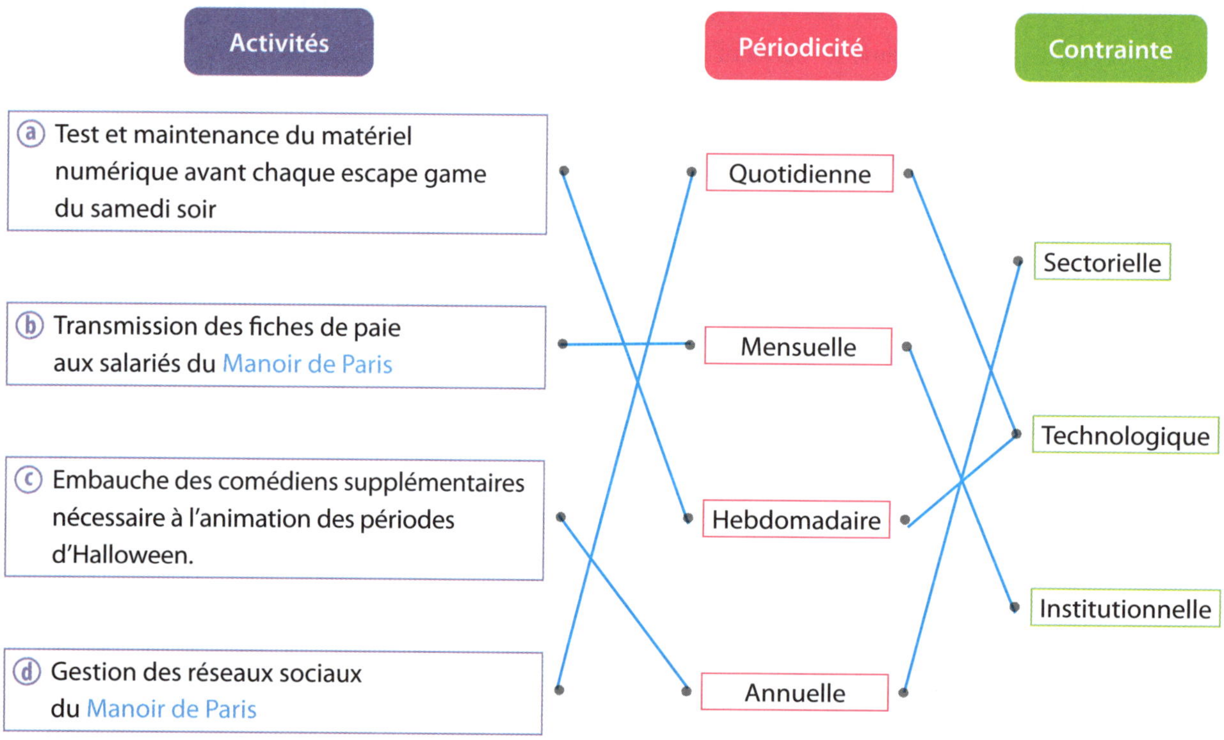

8 **Replacez les activités ⓐ, ⓑ, ⓒ et ⓓ sur le graphique ci-dessous afin de visualiser leur caractère répétitif.**

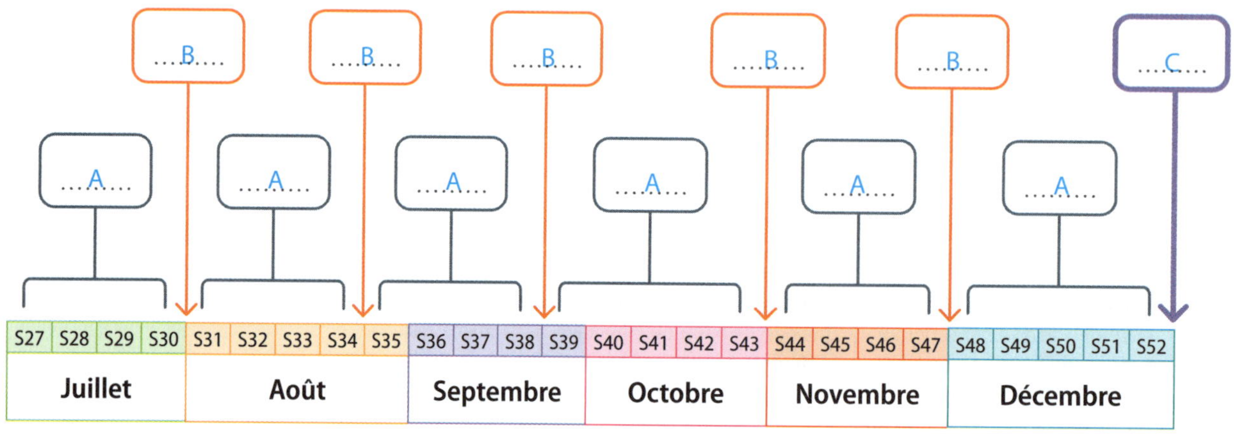

9 **Distinguez la notion de période de celle d'horizon.**

Horizon	Période
Effet dans le temps plus ou moins lointain d'une décision	Découpage du temps en actions/activités/décisions répétitives

10 **Précisez en quoi le travail du dirigeant est impacté par ces deux éléments temporels.**

En tant que décideur et source de stratégie, le dirigeant a pour rôle de se projeter dans le temps, à la fois pour les projets à plus ou moins longue échéance (horizon), et pour gérer les tâches du quotidien et leurs contraintes (périodes).

Cette gestion du temps est donc un facteur essentiel de réussite pour l'entreprise, car le dirigeant a aussi pour objectif d'apprendre à bien investir le temps dont il dispose : comment planifier, placer les priorités, déléguer et organiser ses activités au quotidien. C'est une qualité qui définira la valeur des décisions prises et leur chance de réussite future.

Bilan

Expliquez pourquoi il est nécessaire pour les organisations de s'adapter aux différentes dimensions temporelles qu'elles rencontrent.

Les différentes dimensions temporelles, l'horizon et la période, permettent un découpage du temps qui favorise l'anticipation des événements et de l'activité de l'entreprise.

En revanche, les différentes contraintes qui viennent s'ajouter à ce découpage alimentent l'incertitude liée à un environnement constamment changeant.

Il est donc clair que la projection dans l'avenir pour une entreprise, est par définition, hypothétique : le découpage en horizon et période avec la prise en compte des contraintes environnementales permet seulement de mieux cadrer les événements afin de les « fixer » de manière provisoire en attendant leur mise en action. Des actions correctrices seront donc parfois nécessaires si les événements prévus se déroulent différemment de ce qui était planifié. L'entreprise développera une nécessaire agilité/flexibilité afin de prendre en compte les différents aléas liés au temps (retards, contraintes, changements environnementaux ou internes...).

Vers la synthèse
JE ME TESTE
hachette-clic.fr/22sdgn118
Je révise l'essentiel p. 224-225

À moi de jouer

1 Jouez avec *Kyushi* !

Des quiz interactifs pour réviser en classe !

hachette-clic.fr/kyushi

2 Mini-cas

Comme toutes les organisations, une boutique de chaussures est amenée à prendre des décisions. En voici trois exemples. Identifiez pour chacune d'elles l'horizon temporel ainsi que le type de décision et de contrainte associés parmi les propositions suivantes : *Opérationnelle – Stratégique – Tactique – Court terme – Moyen terme – Long terme – Technologique – Sectorielle – Institutionnelle*

Décisions	Type de décision	Horizon ou Période ?	Type de contrainte
① Sneakers & Chill sauvegarde et stocke quotidiennement ses factures clients dans son logiciel comptable et sur un drive afin de faciliter la transmission au comptable des documents nécessaires à la déclaration fiscale annuelle.	Opérationnelle	Période (quotidienne)	Institutionnelle (obligation comptable)
② Constatant une forte progression des commandes de clients provenant du sud de la France, les dirigeants Romain, Nathan et Jean souhaitent ouvrir un troisième atelier à Marseille d'ici quatre ans.	Stratégique	Long terme	Sectorielle (augmentation de la demande, incertitude de sa fluctuation)
③ Ayant comme objectif d'enrichir leur gamme, ils décident également d'acheter un scanner et une imprimante 3D (9 000 euros) afin de proposer une semelle personnalisée à leur clientèle.	Tactique	Moyen terme	Technologique (utilisation et maintenance)

3 Repérer l'importance d'une information actualisée pour prendre des décisions pertinentes

Fiche méthode BAC
(11) Mettre en forme Excel, p. 278

L'entreprise Trottix fabrique et commercialise des trottinettes électriques haut de gamme. Son dirigeant souhaite avoir une vision claire du marché, car il hésite entre lancer prochainement leur nouveau modèle ergonomique ou attendre. Il vous demande d'effectuer une recherche d'informations de type « pull ».

VIDÉO
hachette-clic.fr/22sdgn119
Rencontre avec Trottix au Salon Entrepreneur 13 (1'53)

1. **Caractérisez l'organisation Trottix à partir de son site et de la vidéo. Vous réaliserez cette caractérisation en utilisant un traitement de texte.**
2. **Grâce à une recherche documentaire sur Internet, relevez trois informations sur l'environnement de Trottix.**
3. **Appréciez la qualité des informations collectées en reproduisant le tableau ci-dessous sur un logiciel de tableur :**

Source d'information	Type d'information (économique, juridique, sociétale…)	Actualité …/3	Fiabilité …/3	Pertinence …/3	TOTAL …/9

4. **Grâce aux informations recueillies, conseillez le dirigeant quant au lancement de la nouvelle trottinette.**

4 Expliquer pourquoi il peut y avoir des rétentions et de l'asymétrie d'information

Fiche méthode BAC
(22) Gérer l'oral, p. 302

Nutri-Score, c'est quoi ?

- Un logo apposé en face avant des emballages qui informe sur la qualité nutritionnelle des produits sous une forme simplifiée et complémentaire à la déclaration nutritionnelle obligatoire (fixée par la réglementation européenne)
- Basé sur une échelle de cinq couleurs : du vert foncé au rouge
- Associé à des lettres allant de A à E pour optimiser son accessibilité et sa compréhension par le consommateur

Comment est-il attribué ?

Le logo est attribué sur la base d'un score prenant en compte, pour 100 g ou 100 ml de produit, la teneur :

- en nutriments et aliments à favoriser (fibres, protéines, fruits, légumes, légumineuses, fruits à coque, huile de colza, de noix et d'olive) ;
- et en nutriments à limiter (énergie, acides gras saturés, sucres, sel).

Après calcul, le score obtenu par un produit permet de lui attribuer une lettre et une couleur.

NUTRI-SCORE A B C D E (A) — NUTRI-SCORE A B C D E (B) — NUTRI-SCORE A B C D E (C) — NUTRI-SCORE A B C D E (D) — NUTRI-SCORE A B C D E (E)

santepubliquefrance.fr, 4 octobre 2019

1. **Présentez oralement ce que représente le Nutri-Score.**
2. **Expliquez en quoi le Nutri-Score permet d'agir sur l'asymétrie d'information dans le secteur agroalimentaire.**
3. **Recherchez d'autres solutions visant à minimiser l'asymétrie d'information dans ce secteur et présentez vos résultats à l'oral avec un support numérique libre (2 minutes max).**

L'essentiel

JE RÉVISE
hachette-clic.fr/22sdgn120
- Le podcast du cours
- La synthèse en 1 clic
- Je manipule les notions

NOTIONS

- **Actualité :** information récente.
- **Horizon :** limites temporelles (court, moyen ou long terme) auxquelles correspondent différents types de décision (opérationnelle, tactique ou stratégique).
- **Pérennité :** caractère de ce qui dure dans le temps.
- **Période :** découpage du temps qui définit des activités répétitives et qui sont influencées par différentes contraintes : institutionnelles, sectorielles ou technologiques.
- **Veille informationnelle :** situation d'alerte constante vis-à-vis de son environnement pour en anticiper les évolutions.

COURS

1 L'information au service de la décision

- L'information est une **ressource stratégique** pour l'organisation et doit donc être de **qualité** : **pertinence**, **fiabilité**, **actualité**, **pérennité**, **utilité**.
- L'activité de « **veille** » permet **de comprendre et d'anticiper** les évolutions de l'environnement de l'organisation et ainsi de **réduire l'incertitude** pour prendre les **décisions** les plus adaptées. La **veille informationnelle** est donc source d'**avantage concurrentiel**.
- L'activité de veille peut s'effectuer en **méthode « pull »** (je recherche l'information moi-même) ou en **méthode « push »** (des outils numériques m'apportent automatiquement l'information).
- Toutefois, l'information n'est pas partagée équitablement entre les acteurs, ce qui entraîne un déséquilibre dans la relation d'échange ou de collaboration. On distingue la **rétention d'information** de l'**asymétrie d'information**.

2 Horizon et période, les différentes dimensions du temps pour l'organisation

- Le temps est une source d'**incertitude** pour les organisations.
- Le temps se découpe en **horizon** (court, moyen et long terme) et en différentes **périodes** (les cycles de répétition).
- Le temps engendre des **contraintes** dans l'environnement de l'organisation et *a fortiori* dans sa **prise de décision** (opérationnelle, tactique ou stratégique).

CULTURE+

La **matrice d'Eisenhower** aurait été inspirée par Dwight D. Eisenhower, 34e président des États-Unis d'Amérique, qui aurait un jour déclaré : « Ce qui est important est rarement urgent et ce qui est urgent rarement important. » Cette matrice vise à donner des priorités aux tâches et est présentée comme un moyen d'aider les décideurs à prioriser les tâches et objectifs.

	PAS URGENT	URGENT
IMPORTANT	Priorité 100 – À planifier et s'y tenir	Priorité 1 000 – À faire en priorité
PAS IMPORTANT	Priorité 1 – Laisser m(o)ûrir	Priorité 10 – Requalifier Renégocier

POUR RETENIR AUTREMENT

1 L'information au service de la décision

Méthode « push » → L'information vient à l'utilisateur.

Méthode « pull » → L'utilisateur recherche l'information.

Les outils

- Flux RSS
- Abonnements à des newsletters
- Réseaux sociaux
- Partage et stockage d'informations

La collecte de données limite les situations d'asymétrie et de rétention d'information.

2 Horizon et période, les différentes dimensions du temps pour l'organisation

Horizon

Court terme	Moyen terme	Long terme
Décisions opérationnelles	Décisions tactiques	Décisions stratégiques
N N+1 N+2	N+5	N+10

Période = activité répétitive

Le temps est encadré par des contraintes :

- institutionnelles 
- sectorielles 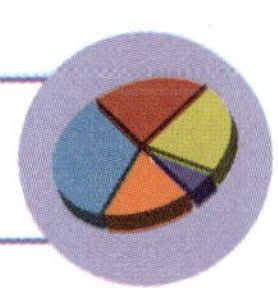
- technologiques 

La prise en compte du temps est donc essentielle afin de :

- réduire l'incertitude
- améliorer la prise de décision
- créer un avantage concurrentiel

OBJECTIF BAC

15 Je réalise un support pour mon oral

Fiche méthode BAC
7 Je prépare mon oral, p. 270

Fiche méthode BAC
22 Gérer oral, p. 302

Produire un bon oral demande de la préparation. Découvre ici tout le matériel donc tu pourrais avoir besoin, et fais ta check-list !

1 Je prends conscience des caractéristiques de mon oral

Temps imparti	.... minutes au total • .... d'exposé • .... d'entretien	**Matériels mis à disposition :**	☐ Tableau traditionnel ☐ Tableau interactif ☐ Ordinateur ☐ Vidéoprojecteur ☐ Connexion Internet ☐ Autres : ....
Position demandée	☐ Debout ☐ Assise		
Notes	☐ Autorisées ☐ Refusées		

2 Je choisis et j'évalue le(s) support(s) que je souhaite utiliser

+	Support	−
Valeur sûre	☐ Diaporama	Classique
Dynamique	☐ Prezi ☐ Vidéo	Besoin de compétence spécifique
Complet, sérieux	☐ Dossier au jury	
Visuel	☐ Panneau d'affichage ☐ Tableau d'idées	Long à réaliser
Tous les sens en éveil	☐ Maquette ☐ Produit apporté	Coûteux
☐ Autres :		

3 Je suis créatif / créative ET professionnel(le)

Créativité
☐ Mes couleurs, mes polices, mes images sont cohérentes avec le thème, l'organisation choisi(e)
☐ Mes visuels sont pertinents et beaux
☐ Mon support est aéré

Professionnalisme
☐ Mon support est structuré
☐ Mon support reste une aide, un appui à mon discours (et non l'inverse…)
☐ Mon travail est soigné, sans faute…

16

CAPACITÉS

- Utiliser des données prospectives pour repérer l'incidence d'une évolution de l'activité d'une organisation sur son résultat (seuil de rentabilité)
- Utiliser des données prospectives pour repérer l'incidence d'une évolution de l'activité d'une organisation sur sa trésorerie (démarche budgétaire)

NOTIONS

- Prospective en matière d'activités : enquête, budget, seuil de rentabilité
- Lien entre temps et valeur financière
- Outils de planification, de gestion du temps et de simulation, calendrier prévisionnel

Les outils d'aide à la décision et à la gestion du temps

SITE WEB

hachette-clic.fr/22sdgn121

À la découverte de La Rustine VR

FICHE D'IDENTITÉ

Type d'organisation : entreprise privée à but lucratif

Activité : autres activités récréatives et de loisirs

Champ d'activité : départemental

Forme juridique : SASU (Société par actions simplifiée unipersonnelle)

SITUATION

Vous souhaitez échapper à la réalité et vous aventurer dans un monde parallèle ? Résoudre des énigmes et déjouer les ennemis ne vous font pas peur ? Ne cherchez pas plus loin. La Rustine VR est là pour vous ! Une surface impressionnante de 200 m² entièrement dédiée à la réalité virtuelle à Limoges, voilà le pari fou que Cédric Goergen s'est lancé en fondant en février 2019 ce temple du gaming. Au menu : une trentaine de jeux d'arcades individuels et un espace dédié à des escape games de groupes aux multiples scénarii. Après un début d'activité prometteur et le recrutement d'un employé à mi-temps, La Rustine VR a vu sa croissance ralentir l'année suivante. Cédric doit réagir et prendre des décisions afin d'assurer la pérennité de son entreprise.

1 Les outils de prévision de l'activité

Afin de proposer une expérience encore plus immersive à sa clientèle, Cédric Goergen envisage d'investir dans de nouvelles machines de réalité virtuelle : les tapis roulant Kat Walk C. Mais avant de prendre sa décision, il demande à un cabinet d'experts d'effectuer une enquête commerciale.

A L'enquête commerciale

DOC 1 Extraits des résultats de l'enquête commerciale

Parmi ces machines, laquelle aimeriez-vous découvrir dans votre salle de réalité virtuelle ?

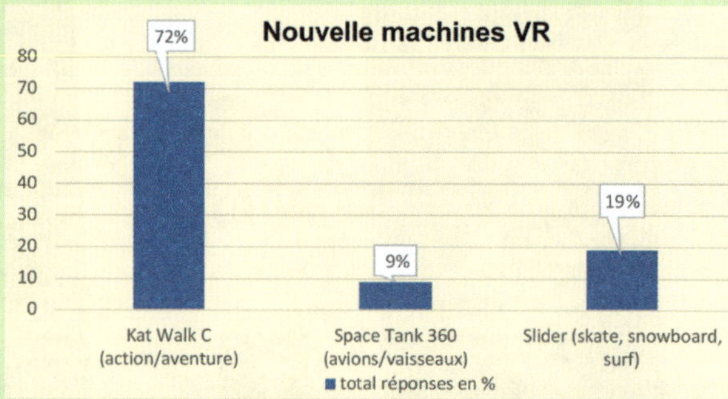

Quel genre de jeu attendez-vous sur ce type de machine ?

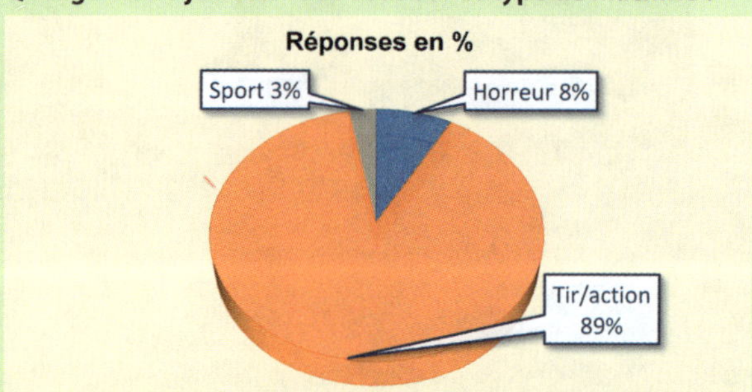

Quel prix seriez-vous prêt à dépenser pour profiter d'une heure d'activité immersive sur ce type de machine ?

Prix	Nombre de réponses
5 €	14
10 €	95
15 €	292
20 €	830
25 €	659
30 €	110

Combien de fois envisagez-vous d'utiliser cette machine dans votre salle de réalité virtuelle ?

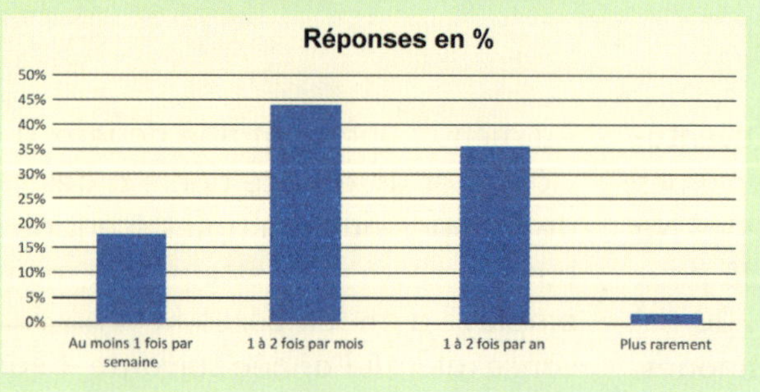

Auteurs

NOTION

• **Échantillon :** groupe d'individus représentatifs d'une population donnée qui sera étudiée lors d'une enquête.

1 **Décrivez l'échantillon visé par cette enquête commerciale (▶ Doc. 1).**

L'échantillon visé est la clientèle de La Rustine VR ainsi que les prospects de réalité virtuelle de la région sur les réseaux sociaux, soit un total de 2 000 personnes. Il s'agit d'une cible plutôt jeune et en partie connue de Cédric (ses propres clients).

2 **Après avoir présenté les résultats de l'enquête, justifiez la pertinence d'un investissement sur les nouvelles machines Kat Walk C (▶ Doc. 1).**

L'enquête commerciale permet de récolter des informations liées au prix et aux intentions de consommation de l'échantillon ciblé. La majorité de l'échantillon est d'accord pour un prix de 20 euros. Les jeux attendus sont Tir/Action (pour 89 % de l'échantillon). Il y a une fréquence d'achat assez élevée. Comme la machine est plébiscitée (à 72 %), on a bien une réelle demande : ce serait un investissement pertinent.

Grâce aux conclusions de l'enquête commerciale, Cédric peut désormais simuler plusieurs hypothèses afin d'évaluer l'impact de l'achat de nouvelles machines et l'embauche des salariés sur son futur résultat comptable.

B Le compte de résultat prévisionnel

DOC 2 Hypothèses d'activité à la suite du lancement des machines Kat Walk C, pour l'année N+1

Éléments de prévision	Hypothèse basse	Hypothèse moyenne	Hypothèse haute
Nombre de clients	2 000	3 000	4 000
Panier moyen en €	22	22	22
CA (Chiffre d'affaires)	44 000	66 000	88 000

DOC 3 Évaluation des charges prévisionnelles pour l'année N+1

Charges prévisionnelles	Hypothèse basse	Hypothèse moyenne	Hypothèse haute	Nature des charges	
				Fixes	Variables
Achat de 8 machines	9 600	9 600	9 600	✗	
Maintenance des machines	850	850	850	✗	
Loyer et assurance	2 200	2 200	2 200	✗	
Honoraires experts (comptabilité / marketing)	750	750	750	✗	
Électricité	450	550	650		✗
Salaires nets et cotisations sociales	30 000	37 000	44 000		✗
Impôts et taxes	1 500	1 500	1 500	✗	
TOTAL CHARGES EN €	45 350	52 450	59 550		

3 Calculez dans le ▶ Doc. 2 le chiffre d'affaires prévisionnel pour chaque hypothèse.

4 Identifiez la nature de chaque charge en cochant la bonne case dans le ▶ Doc. 3.

5 Calculez ci-dessous le montant des charges variables et des charges fixes pour chaque hypothèse (▶ Doc. 3) :

Charges prévisionnelles	Hypothèse basse	Hypothèse moyenne	Hypothèse haute
Total Charges fixes (CF)	14 900	14 900	14 900
Total Charges variables (CV)	30 450	37 550	44 650
TOTAL CHARGES EN €	45 350	52 450	59 550

1 Les outils de prévision de l'activité

6 **Définissez ci-dessous les charges fixes et les charges variables.**

Charges fixes

=

Charges qui restent stables quel que soit le niveau d'activité.

≠

Charges variables

=

Charges qui varient en fonction de la quantité de production ou de l'évolution du chiffre d'affaires.

DOC 4 Le compte de résultat différentiel

	Hypothèse basse		Hypothèse moyenne		Hypothèse haute	
	Montant	%	Montant	%	Montant	%
Chiffre d'affaires	**44 000**		66 000		88 000	
⊖ Charges variables	30 450	69,2	37 550	56,9	44 650	50,7
⊜ **Marge sur coût variable**	13 550	30,8	28 450	43,1	43 350	49,2
⊖ Charges fixes	14 900	33,8	14 900	22,5	14 900	16,9
⊜ **Résultat comptable**	**– 1 350**	**– 3**	13 550	20,5	28 450	32,3

7 **Rappelez l'objectif d'un compte de résultat.**

Son objectif est de déterminer le résultat financier d'une période. Ce résultat peut correspondre à une perte, un bénéfice, ou bien être nul en fonction des montants de charges et produits de l'entreprise.

8 **Expliquez pourquoi on appelle ce compte de résultat un compte de résultat « différentiel » (▶ Doc. 4).**

Car on y différencie la nature des charges.

9 **Déterminez les résultats prévisionnels par hypothèse d'activité, en complétant le ▶ Doc. 4.**

10 **Montrez que le compte de résultat différentiel permet de diminuer les risques dans la prise de décision.**

Un compte de résultat différentiel indiquera quelle hypothèse est la plus rentable pour l'organisation et donc précisera le risque en fonction des estimations anticipées. C'est un indicateur qui permet de limiter les risques liés aux différents scénari de ventes réalisées.

Plutôt confiant sur les hypothèses, Cédric souhaite déterminer son seuil de rentabilité prévisionnel…

C Le seuil de rentabilité

DOC 5 Explications autour du seuil de rentabilité

Définition : le seuil de rentabilité (SR) en valeur correspond au chiffre d'affaires qu'il est nécessaire d'atteindre pour que le résultat soit nul.

NOTIONS

- Marge sur coût variable (MSCV) : → MSCV = CA – CV
- Taux de marge sur coût variable (TMCV) : → $TMCV = \frac{MSCV}{CA} \times 100$
- Seuil de rentabilité (SR) : → $SR = \frac{CF}{TMCV}$

DOC 6 Représentation graphique du seuil de rentabilité

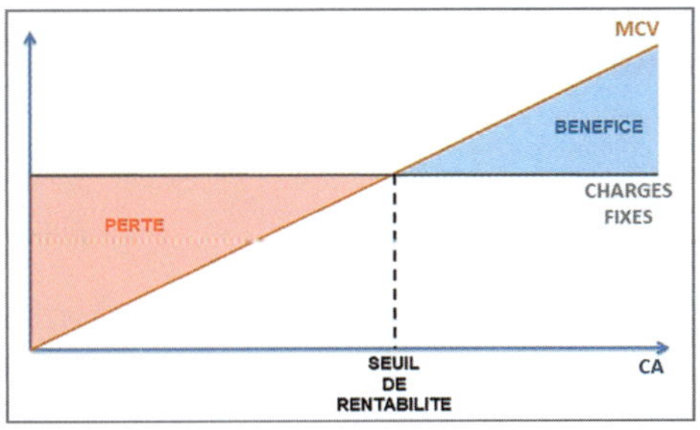

- Si CA < SR alors le résultat comptable est en perte.
- Si CA > SR alors le résultat comptable est un bénéfice.
- Si CA = SR alors le résultat comptable est nul.

sciencesdegestion.fr, 25 mars 2018

11 À l'aide des ▶ Doc. 5 et 6, calculez le seuil de rentabilité en valeur et en volume pour chaque hypothèse envisagée par Cédric.

	Basse	Moyenne	Haute
CA prévisionnel	44 000	66 000	88 000
Charges variables	30 450	37 550	44 650
Marge sur coût variable (CA – CV)	13 550	28 450	43 350
Taux de marge sur coût variable	30,8 %	43,1 %	49,2 %
Charges fixes	14 900	14 900	14 900
Seuil de rentabilité en valeur (€)	14 900 / 0,308 = 48 376,62	14 900 / 0,431 = 34 570,76	14 900 / 0,492 = 30 284,55
Seuil de rentabilité en volume (clients)	48 376,62 / 22 = 2 199 clients	34 570,76 / 22 = 1 572 clients	30 284,55 / 22 = 1 377 clients

12 Interprétez le seuil de rentabilité obtenu pour l'hypothèse moyenne.

En suivant l'hypothèse moyenne, Cédric commencera à dégager du bénéfice avec son entreprise lorsqu'il réalisera un chiffre d'affaires minimal de 34 570,76 euros. Cela équivaut à 1 572 clients.

1 Les outils de prévision de l'activité

Le 30 novembre N, Cédric vient de recevoir l'extrait de compte bancaire de son entreprise et les nouvelles ne sont pas bonnes : elle est à découvert de 19 400 euros ! Cédric doit cependant agrandir ses locaux s'il veut accueillir sa nouvelle activité au cours de l'année prochaine. Cet investissement nécessite un emprunt bancaire et Cédric s'interroge sur son impact sur sa trésorerie à venir. Mais avant toute chose, qu'en est-il de sa valeur actualisée nette (VAN) et de son budget à venir ?

NOTION

- Valeur actualisée nette (VAN) : **la VAN est la somme des revenus annuels générés par l'investissement (R), soit : VAN = R année 1 + R année 2 + R année 3 + …**

D VAN et budget de trésorerie

DOC 7 Évaluation de la VAN pour un investissement d'aménagement de locaux

Montant de l'investissement	20 000 euros	Flux net de trésorerie encaissé annuel (FNT)	7 600 euros
Taux d'actualisation	10 %	Durée	4 ans

VIDÉO
hachette-clic.fr/22sdgn122
La valeur actuelle nette (5'19)

13 À l'aide de la ▶ Notion et du ▶ Doc. 7, complétez le tableau ci-dessous afin d'estimer la VAN aujourd'hui.

Investissement initial : 20 000

Année	N+1	N+2	N+3	N+4
FNT	6 908,4	6 280,64	5 709,8	5 190,8
FNT sur 4 ans	24 089,64			
VAN	24 089,72 – 20 000 = 4 089,64			

14 Jugez l'intérêt d'investir pour Cédric.

L'investissement de 20 000 euros va dégager 24 089,72 euros de FNT, soit une VAN d'un peu plus de 4 000 euros (4 089,64). L'investissement est donc rentabilisé dans le temps.

DOC 8 Mail d'information de Monsieur Cotillon, expert-comptable de La Rustine VR

PDF
hachette-clic.fr/22sdgn123
Le budget de trésorie

Certes, cette nouvelle activité nécessite un investissement, mais elle va aussi engendrer plus de trésorerie dans les années à venir ! Cependant, l'argent du futur n'a pas la même valeur que celui d'aujourd'hui… Cédric demande alors à son expert-comptable d'évaluer sa valeur aujourd'hui !

15 Appréciez la situation du compte au 30 novembre N.

La situation est à découvert, l'entreprise de Cédric est en besoin de financement à la fois en termes de trésorerie disponible mais aussi pour pouvoir investir.

16 Montrez la nécessité d'établir un budget de trésorerie pour l'entreprise (▶ Doc. 8).

Le budget est essentiel afin d'équilibrer les entrées et sorties d'argent. Il permet à l'entreprise d'anticiper ses revenus, dépenses et investissements en sachant ce qu'il reste en trésorerie disponible à la fin du mois.

17 Précisez quels éléments doivent être mobilisés afin de construire un budget (▶ Doc. 8).

Les éléments à mobiliser seront d'un côté les dépenses et leurs types (récurrentes, exceptionnelles, présentes ou futures comme l'achat de marchandises ou le remboursement d'un prêt…) et de l'autre les produits (entrées d'argent présentes ou futures comme les ventes de produits ou bien les placements financiers).

DOC **9** **Budgets prévisionnels de La Rustine VR**

Conditions de paiement : 90 % des clients paient au comptant (le mois même) et 10 % le mois suivant.

Budget des ventes	Janvier N+1	Février N+1	Mars N+1	Avril N+1
CA HT	11 000	13 500	10 700	8 300

Budget des achats	Janvier N+1	Février N+1	Mars N+1	Avril N+1
Achats HT	600	500	650	500

Budget des encaissements	Janvier N+1	Février N+1	Mars N+1	Avril N+1
ENCAISSEMENTS	9 900	13 250	10 980	8 900

Budget des décaissements	Janvier N+1	Février N+1	Mars N+1	Avril N+1
Achats	600	500	650	500
Salaires	1 500	1 500	1 500	1 500
Impôts et taxes	85	85	85	85
Loyer et assurances	1 200	1 200	1 200	1 200
Autres charges	55	65	55	45
DÉCAISSEMENTS	3 440	3 350	3 490	3 330

Budget de trésorerie	Janvier N+1	Février N+1	Mars N+1	Avril N+1
Trésorerie initiale	– 19 400	– 12 940	– 3 040	4 450
Encaissements	9 900	13 250	10 980	8 900
Décaissements	3 440	3 350	3 490	3 330
Trésorerie finale	– 12 940	– 3 040	4 450	10 020

18 **En prenant en compte les conditions de paiement, calculez les encaissements prévisionnels et les décaissements prévisionnels. Puis remplissez le budget de trésorerie (▶ Doc. 9).**

19 **Expliquez comment La Rustine VR a réussi à passer d'une trésorerie négative à une trésorerie positive en l'espace de quatre mois (▶ Doc. 9).**

La Rustine VR a réussi à ne pas augmenter ses décaissements tout en continuant à générer du chiffre d'affaires (encaissements). Cela lui a permis de résorber sa trésorerie, au départ négative, au fil des mois.

Bilan

Précisez en quoi les outils de prévision de l'activité permettent de réduire l'incertitude.

Les outils permettent de réduire l'incertitude car ils sont par définition des outils d'anticipation. L'enquête permettra d'anticiper l'activité de l'entreprise et donc son budget et sa trésorerie. La qualité des informations collectées et des hypothèses formulées est un facteur déterminant afin de réduire les risques liés aux investissements de l'entreprise.

Vers la synthèse
JE ME TESTE
hachette-clic.fr/22sdgn124
Je révise l'essentiel p. 238-239

2 Les outils pour optimiser la gestion du temps

Cédric peut donc acheter ses nouvelles machines et se lancer dans les travaux d'aménagement ! Pour que ce lancement soit un évènement, il a prévu d'accueillir médias locaux et gagnants à un jeu concours lors d'une grande soirée. Il va falloir s'organiser. Heureusement, Cédric peut compter sur son équipe : Aminata, Sophie et Yacine (alternants en BTS NDRC) ainsi que Tristan, assistant commercial.

A GANTT : un outil de simulation et de planification

DOC 10 Liste des tâches à réaliser pour respecter la date prévue de lancement.

Tâches	Descriptif	Durée (en jours)	Tâche(s) directement antérieure(s)
A	Lancement du jeu concours sur les réseaux sociaux	4	F, E
B	Demande et choix de devis pour les travaux	3	–
C	Traiteur (nourriture + boisson)	1	A, G
D	Tests machines avant présentation	2	E
E	Réception et installation des machines	2	F
F	Travaux d'aménagement	7	B
G	Décoration du local pour réception	2	D
H	Envoi des invitations presse	1	E

DOC 11 Diagramme de GANTT – Soirée de lancement Kat Walk C

Jours / Tâches	1	2	3	4	5	6	7	8	9	10	11	12	13	14	15	16	Jour J
......B......	A + S	A + S	A + S														
......F......				T	T	T	T	T	T	T							
......E......											Y	Y					
......H......													T				
......D......													T + Y	T + Y			
......A......													A + Y	A + Y	A + Y	A + Y	
......G......															S	S	
......C......																	T

A = Aminata *S = Sophie* *Y = Yacine* *T = Tristan*

1. **Ordonnez chronologiquement les tâches définies dans le ▶ Doc. 10, puis notez-les dans la colonne 1 du ▶ Doc. 11.**

2. **Expliquez cette différence d'ordre. Et donnez un exemple tiré du ▶ Doc. 10.**

Le document 11 prend en compte la chronologie des tâches en fonction des antériorités. Il est en effet parfois impossible de commencer une tâche si la précédente n'est pas finalisée. Les travaux d'aménagement (tâche F) ne peuvent logiquement pas commencer avant que le devis ait été signé (tâche B).

3 **Calculez la durée totale des tâches et de celle du projet. Sont-elles les mêmes ? Expliquez pourquoi.**

Durée totale des tâches = 4 + 3 + 1 + 2 + 2 + 7 + 2 + 1 = 22 jours. Durée totale du projet = 17 jours car certaines tâches sont concomitantes, elles peuvent avoir lieu en même temps.

4 **Expliquez quel serait l'impact sur le projet si Sophie était en retard d'une journée pour l'exécution de la tâche H. Et l'impact d'une journée de retard de la tâche F.**

Aucun impact pour un jour de retard de la tâche H, puisqu'elle n'est pas une condition de commencement (d'antériorité) d'une autre tâche. En revanche, un jour de retard de la tâche F retarderait aussi la tâche E et donc décalerait dans le temps tout le projet d'un jour par effet « domino ».

Cédric aimerait organiser une réunion d'équipe pour faire le point sur la soirée de lancement. Il souhaiterait l'organiser un matin dans la semaine, mais doit faire face aux contraintes des agendas de chacun. Pour gagner en efficience, il crée un agenda partagé.

DOC 12 **L'agenda partagé de l'équipe**

PDF
hachette-clic.fr/22sdgn125
L'agenda partagé

B L'agenda partagé : un outil de gestion du temps

DOC 13 **Les contraintes individuelles**

- Cédric a un RDV client le mercredi 9 de 8 h 30 à 9 h 30 et doit déposer ses enfants à l'école entre 8 heures et 8 h 30 chaque lundi et jeudi. Il pratique aussi le yoga de 8 heures à 9 heures chaque mardi.
- Aminata suit une formation d'anglais tous les mercredis entre 10 heures et midi. Elle a aussi un RDV avec un fournisseur le lundi 7 à 11 heures.
- Sophie est en congé les vendredis et suit une formation informatique les mardis de 8 heures à 10 heures.
- Yacine reçoit un fournisseur tous les mardis à 12 heures et tous les jeudis entre 10 heures et 11h30.
- Tristan est disponible toute la semaine sauf le mercredi, où il sera en congé.

5 **Déterminez les plages horaires pour organiser la réunion (▶ Doc. 13).**

L'équipe peut se réunir le lundi entre 9 heures et 11 heures, le mardi entre 10 heures et midi ou bien le jeudi entre 9 heures et 10 heures.

6 **Indiquez les limites d'un agenda partagé.**

Un salarié peut le manipuler pour se dégager du temps personnel.

Bilan

Appréciez l'utilité des outils d'optimisation de la gestion du temps.

Les outils comme GANTT ou les agendas partagés permettent d'optimiser la gestion des projets et de réagir en temps réel aux contraintes, afin de respecter au mieux les délais et minimiser les coûts.

Les outils de gestion du temps réduisent donc l'incertitude et offrent aux dirigeants une aide à la prise de décision.

Vers la synthèse
JE ME TESTE
hachette-clic.fr/22sdgn126
Je révise l'essentiel p. 238-239

À moi de jouer

1 Jouez avec *Kyushi* !

Quiz interactifs pour jouer en classe !

hachette-clic.fr/kyushi

2 Mots croisés

Complétez ces mots croisés à l'aide des définitions proposées ci-dessous :

Horizontalement

1. À établir afin d'analyser la situation de trésorerie finale.
2. Les bénéfices débutent lorsque ce seuil est atteint.

Verticalement

A. Processus de récolte d'information.
B. Charges évoluant au gré de la production.
C. Part de population interrogée lors d'une enquête.
D. Rétroplanning.

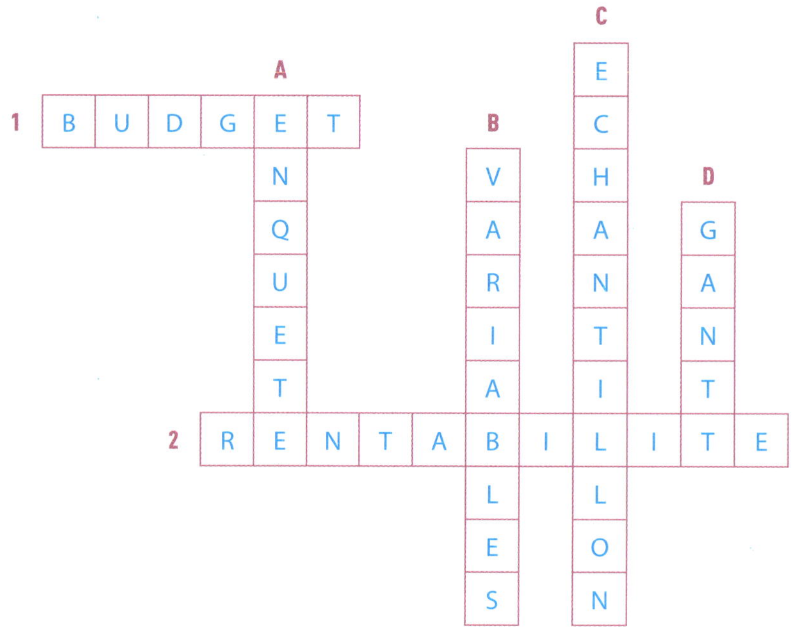

3 Utiliser des outils de gestion du temps

Fiche méthode BAC
11 Mettre en forme Excel, p. 278

Afin de développer les ventes de son entreprise d'apprentissage de langues en ligne, Samia a décidé de lancer une version sous forme d'application. La date de lancement est prévue pour le 1er septembre N. La date approche, elle doit s'organiser.

Afin de réaliser ce projet, Samia décide d'utiliser un diagramme de GANTT avec le tableau de tâches suivantes :

Tâches	Descriptif	Antériorité	Durée en jours
A	Analyse des applications existantes sur le marché	-	3
B	Constitution de l'équipe de développeurs	A	1
C	Définition des interfaces graphiques	A, B	2
D	Développement des fonctions principales	B	3
E	Codage de l'application	A, C et D	2
F	Tests	E	2

1. Sur un logiciel de tableur de type Excel, représentez le diagramme de GANTT.

2. Précisez la durée totale du projet.

4 Calculer un seuil de rentabilité

Après un an d'exercice, Léo souhaite ouvrir une sandwicherie à Marseille.
Pour prévoir au mieux sa future activité, il décide de calculer son seuil de rentabilité prévisionnel.
Après recherches, il a établi les points suivants :

- les ventes prévisionnelles s'établissent à 21 000 euros pour une formule au prix de vente moyen de 5,50 euros ;
- les charges prévisionnelles sont données ci-dessous.

Loyer	9 000 €
Achat de matières premières	22 900 €
Salaires	36 500 €
Énergie (électricité + gaz)	3 200 €
Frais administratifs et abonnements	650 €
Amortissements	3 000 €
Remboursement d'emprunts	3 800 €

1. **Établissez le compte de résultat différentiel (à l'image du ▶ Doc. 4 p. 230).**
2. **Établissez le seuil de rentabilité en valeur et en volume.**
3. **Interprétez vos résultats.**

5 Réaliser un budget de trésorerie

Fiche méthode BAC
(12) Insérer des formules de calculs, p. 201

Mme Rusterholtz est la gérante de la librairie L'histoire sans fin située à Brive-la-Gaillarde. Elle souhaite réaliser des travaux afin d'agrandir sa surface de vente, mais se demande si elle disposera de la trésorerie suffisante ou bien si elle devra financer ce projet par un emprunt bancaire.

Informations financières de la librairie L'Histoire sans fin

Les ventes sont payées comptant par les clients, et les achats sont payés aux fournisseurs 50 % le mois en cours et 50 % le mois suivant. L'investissement pour la machine est payé comptant. Mme Rusterholtz dépense 3 800 euros de salaires et charges patronales chaque mois. La TVA à décaisser est payée le mois suivant. Le montant de trésorerie au 31/12/N-1 est de 2 900 euros.

Auteurs

1. **Rappelez l'utilité pour Mme Rusterholtz de réaliser un budget de trésorerie.**
2. **À l'aide d'un logiciel de tableur, calculez les budgets d'achats et de ventes.**
3. **Calculez désormais les budgets d'encaissements, de décaissements et de trésorerie.**
4. **Conseillez Mme Rusterholtz sur la nécessité de contracter ou non un emprunt pour son projet.**

L'essentiel

JE RÉVISE
hachette-clic.fr/22sdgn127
- Le podcast du cours
- La synthèse en 1 clic
- Je manipule les notions

NOTIONS

- **Agenda partagé :** outil permettant de mieux coordonner le travail des collaborateurs en faisant apparaître simultanément les activités de chacun.
- **Budget :** différence entre les flux monétaires entrants et sortants afin d'établir le montant de la trésorerie finale.
- **Calendrier prévisionnel :** similaire à un calendrier traditionnel, il insère les étapes d'un projet avec leurs échéances afin de s'assurer des délais de réalisation.
- **Diagramme de GANTT :** représentation visuelle des différentes activités qui constituent un projet. Il permet de visualiser facilement les répartitions de tâches et les retards éventuels.
- **Enquête :** collecte d'informations pour comprendre l'environnement de l'entreprise et anticiper ses activités.
- **Seuil de rentabilité :** chiffre d'affaires ou quantités au-delà desquels l'entreprise commence à dégager un bénéfice.

COURS

1 Les outils de prévision de l'activité

- Les enquêtes commerciales permettent aux entreprises de collecter des informations fiables et utiles auprès d'échantillons représentatifs de la population. Cela leur permet de prendre des décisions plus cohérentes concernant de futures activités.
- L'entreprise va aussi chercher à prévoir l'incidence de son activité sur son résultat futur. Des hypothèses de chiffre d'affaires ainsi que l'étude des **charges fixes et variables** permettent d'estimer la viabilité d'un projet et de calculer un **seuil de rentabilité** qui correspond au chiffre d'affaires minimal à réaliser afin de dégager du bénéfice.
- L'établissement de **budgets** permettra de calculer la **trésorerie** disponible en fin de période, en soustrayant les **sommes décaissées des sommes encaissées** par l'entreprise. Des périodes de découvert (trésorerie négative) seront par exemple des **risques** à anticiper.

2 Les outils pour optimiser la gestion du temps

- Un projet se planifie en fonction de ses différentes étapes dont la **durée**, les **délais** et les **ressources** allouées sont définis par avance.
- Le **diagramme de GANTT** est un **outil de planification** qui permet la visualisation simplifiée et le suivi des étapes d'un projet en temps réel. Cela permet d'apporter des actions correctrices au fil du temps en cas de retard, par exemple.
- Un autre outil, comme **l'agenda partagé**, permet à chaque collaborateur d'informer ses collègues de son propre planning de manière transparente, ce qui facilite la coordination des équipes et le **travail collaboratif**.

CULTURE+

« Choisir c'est renoncer ! » Pour une organisation, c'est la même chose ! En SDGN mais aussi en économie, cela revient à calculer un « coût d'opportunité ». Ce coût (également appelé « coût de renoncement ») représente la perte des revenus auxquels on renonce lorsque l'on procède à un choix (en abandonnant toutes les autres options !). Ce coût peut être pris en compte lors des réflexions sur les différentes possibilités d'investissement, par exemple.

POUR RETENIR AUTREMENT

1 Les outils de prévision de l'activité

Les enquêtes

- Échantillon ciblé
- Analyse des données

→

- Aide à la prise de décisions présentes (actions correctrices) et futures (décisions d'investissement, projets…)
- Diminue ....l'incertitude...............

La démarche budgétaire

Budget des ....ventes.............. → Budget des ....encaissements.........

Budget des ....achats.................... → Budget des ....décaissements.............

→ **BUDGET DE TRÉSORERIE**

TRÉSORERIE ...FINALE... = Trésorerie initiale + ..Encaissements.. − ..Décaissements..

La rentabilité

AVANT

Analyse des charges

- Charges ....fixes...........
- Charges ....variables........

→

APRÈS

Calcul du SR : SR = ...CF... / ....TMCV...

avec TMCV* = MSCV** / ..CA.. et ..MSCV.. = CA – CV

* TM / CV = taux de marge sur coût variable
** MSCV = marge sur coût variable

2 Les outils pour optimiser la gestion du temps

..............Diagramme de GANTT..............

- Tâches listées + suivi de l'avancement
- Simplicité de lecture
- Adaptable et automatisable
- Impact des retards et délais mis à jour en temps réel

..................Agenda partagé..................

- Coordonne les disponibilités de ses membres
- Améliore le travail collaboratif
- Gestion des RDV optimisée

▶ Ces outils réduisent ....l'incertitude.......... liée au temps et sont une aide à la prise de ....décision............. afin d'optimiser les délais et les coûts liés à un projet.

OBJECTIF BAC

16 Je réfléchis à mon orientation

Où en suis-je de ma To-Do List ? (p. 14)

- ☐ Oups… *À faire dès maintenant…*
- ☐ En cours
- ☑ Fait !

Je fais un point sur moi avant de poursuivre

- Les principaux traits de ma personnalité sont : ……………………………………
- J'aimerais faire un métier qui me demande de : ……………………………………
- J'ai une idée, je souhaite devenir : ……………………………………

J'envisage comme futur enseignement spécifique (ES) :

☐ **Ressources humaines et communication**
= ES axé sur **la gestion des salariés**
- *Recruter, intégrer, former*
- *Optimiser les conditions de travail pour accroître les performances*
- *Gérer les licenciements, les départs à la retraite*
- …

☐ **Mercatique**
= ES axé sur **le consommateur**
- *Développer le produit le plus en accord avec les besoins*
- *Déterminer son prix*
- *Choisir où le distribuer*
- *Élaborer sa communication*
- …

☐ **Gestion finance**
= ES axé sur **les finances de l'organisation**
- *Assurer la comptabilité de l'organisation*
- *Analyser la situation financière de l'organisation*
- *Accompagner la prise de décision en apportant le point de vue des chiffres*
- …

☐ **Systèmes d'information de gestion**
= ES axé sur **le numérique dans et au service de l'organisation**
- *Accompagner l'évolution numérique des organisations*
- *Construire son système d'information*
- *Utiliser le numérique comme outil d'optimisation des performances*
- …

J'hésite entre deux ES ?

Alors je compare les programmes, je fais des recherches ou je demande à mon/ma prof.

Option 1

Option 2

CAPACITÉS

- Repérer les risques externes auxquels les organisations sont confrontées
- Repérer les risques induits par une décision dans un contexte organisationnel donné
- Apprécier l'incidence du risque sur la performance de l'organisation
- Mesurer les conséquences écologiques de la recherche de performance

NOTIONS

- **Facteurs externes :** évolution de la demande, cycle de vie obsolescence, rupture technologique, dépendance énergétique et technologique, approvisionnement, empreinte environnementale
- **Facteurs internes de risque** (liés aux décisions de l'organisation)

17 La gestion des risques

STELLANTIS

VIDÉO

hachette-clic.fr/22sdgn128
Baromètre 2020 des risques émergents à un an (1'30)

FICHE D'IDENTITÉ

Type d'organisation : groupe multinational
Activité : construction et vente de véhicules automobiles
Champ d'activitét : international
Forme juridiquet : S. A. (société anonyme)
Effectifs (2021)t : 300 000 salariés
CA 2020t : 147 milliards d'euros

SITUATION

Citroën, Opel, Peugeot, Alfa Romeo… Ces marques de voitures doivent vous être familières ! Elles appartiennent toutes à Stellantis, le quatrième groupe automobile mondial en 2020. Afin de garder sa place parmi les meilleurs, Stellantis poursuit sa stratégie de croissance en se tournant vers la production de voitures électriques, dont le marché est en plein essor. Mais cette tendance fait naître de nouveaux risques : la concurrence s'intensifie, de nouvelles législations apparaissent, l'abandon progressif des moteurs thermiques nécessite une importante réorganisation de la production… Stellantis doit alors être capable d'analyser et de gérer ces aléas afin de piloter au mieux son virage vers le 100 % électrique…

1 Les facteurs de risque

Le monde change, vite, continuellement. Les facteurs de risque se multiplient en externe mais aussi en interne ! Pour ne pas qu'ils se concrétisent et deviennent des menaces, le responsable « Veille » Stellantis vous demande de lui analyser quelques documents. En détective aguerri(e) que vous êtes, vous relevez le défi ! Loupe, bloc-notes, stylo ! Cette enquête est pour vous !

A Les facteurs de risque externes

DOC 1 Voiture électrique : qu'en pensent les consommateurs ?

La voiture électrique gagne du terrain sur le marché auto, en France comme ailleurs. Mais qu'en pensent vraiment les premiers concernés, les consommateurs ?

[…] 97 % des propriétaires de voiture électrique n'envisagent pas de revenir au moteur thermique. Cet avis a également des répercussions sur la part d'automobilistes prêts à changer leur véhicule thermique. Elle était de 11 % en 2019 et s'élève désormais à 25 %. […]

Quelques réticences subsistent. […] Si l'on se base sur l'avis des Français, 52 % des consommateurs fustigent l'autonomie. Une critique qui sonne un peu « creux » quand on sait que la distance moyenne d'un trajet en voiture thermique de nos jours tourne autour des trente km. Le nombre de bornes (38%), le temps de charge (34%) et le tarif (31%) sont les autres critères synonymes de réticences pour les interrogés dans nos frontières.

« D'énormes obstacles subsistent sur de nombreux fronts, notamment pour atteindre la parité en matière de coût des véhicules, répondre aux consommateurs qui veulent acheter en ligne, sans parler de la prise en compte du développement des stations de recharge », commente Alexandre Marian, directeur associé chez AlixPartners France. « Les bouleversements que connaît cette industrie sont historiques. »

Guillaume Alvarez, autojournal.fr, 5 novembre 2021

1 **Résumez l'opinion des consommateurs quant à la voiture électrique.**

Leur opinion est plutôt favorable (comme le montrent les statistiques), mais des réticences plus ou moins fondées existent toujours.

Mais alors…

2 **Identifiez et surlignez dans le ▶ Doc. 1, les facteurs de risque externes que doit prendre en compte Stellantis.**

3 **Qualifiez-les sur le bloc-notes ci-contre.**

Quels types de facteurs externes ?

- ☐ Législation
- ☐ Approvisionnement
- ☐ Empreinte environnementale
- ☒ Rupture Technologie
- ☐ Dépendance énergétique
- ☒ Évolution de la demande
- ☐ Cycle de vie – Obsolescence
- ☒ Économie – Niveau de vie
- ☐ Marché du travail
- ☐ Concurrence

DOC 2 Le cycle de vie du produit

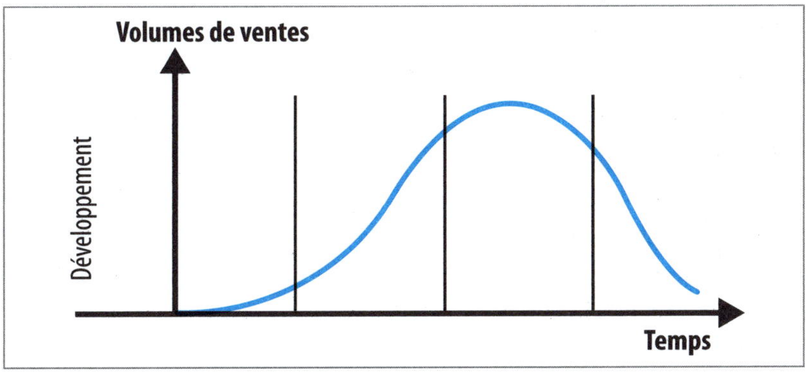

VIDÉO
hachette-clic.fr/22sdgn129
Le cycle de vie du produit (5'11)

4 **Après avoir visionné la vidéo, tracez la courbe représentant les différentes étapes du cycle de vie d'un produit sur le ▶ Doc. 2.**

5 **Réfléchissez en quoi toutes ces étapes sont sources de risque pour l'organisation.**

- Développement : risque que le produit ne sorte jamais !
- Introduction : le produit ne rencontre pas son public à cause d'une erreur inhérente au produit, erreur de positionnement, inadaptation de la communication… incapacité à rentabiliser la R&D.
- Croissance : arrivée massive des concurrents, investissements massifs risqués.
- Maturité : incapacité de renouveler le produit, détournement des clients, remise en question du produit.
- Déclin : mort du produit.

DOC 3 Rupture technologique et obsolescence

Les investisseurs sont convaincus que les constructeurs traditionnels auront du mal à rattraper l'avance technologique acquise par le groupe [d'] Elon Musk. [Ils] devront faire face à de nouveaux entrants […] plus innovants, […] qui maîtrisent bien mieux les technologies dans les batteries électriques, l'électronique embarquée, ou le véhicule autonome. [Ils devront aussi] accompagner la fin de vie du moteur thermique, voué à l'obsolescence à moyen terme. […] [Le défi de Stellantis sera donc de développer sa production de batteries électriques tout en attirant] des talents qui, à ce stade, sont concentrés chez les géants du numérique.

lemonde.fr, 6 janvier 2021

6 **Repérez les risques auxquels sont exposés les constructeurs historiques, dont Stellantis.**

Ils sont exposés à des risques concurrentiels, avec des entreprises qui maîtrisent mieux les technologies. Ils risquent aussi de manquer de main d'œuvre qualifiée car déjà embauchée par des géants du numérique ou des pionniers comme Tesla et Toyota. Enfin, un risque technologique existe, car l'obsolescence des voitures thermiques pose le problème de reconversion des modes de production.

7 **Complétez votre check-list pour les ▶ Docs. 2 et 3.**

Quels types de facteurs externes ?

- [ ] Législation
- [ ] Approvisionnement
- [x] Rupture Technologie
- [ ] Empreinte environnementale
- [ ] Dépendance énergétique
- [ ] Évolution de la demande
- [x] Cycle de vie – Obsolescence
- [ ] Économie – Niveau de vie
- [x] Marché du travail
- [x] Concurrence

1 Les facteurs de risque

DOC 4 Stellantis suspend sa production à Vienne

La pénurie de composants électroniques est liée à une demande très forte pour des automobiles de plus en plus chargées en systèmes électroniques.
Le constructeur automobile Stellantis a annoncé ce mardi 5 octobre 2021 la suspension de sa production à Vienne, en Autriche, du 18 octobre au 31 décembre, en raison de la pénurie mondiale de puces. […] Environ 460 personnes sont employées dans l'usine de la capitale autrichienne […]. La crise des semi-conducteurs [menace] les salariés de l'automobile qui subissent des mesures de chômage dans plusieurs pays, dont l'Allemagne. […] [Dans ce contexte, Stellantis se trouve] en concurrence avec d'autres industries gourmandes – ordinateurs, smartphones – qui captent ces pièces fabriquées pour la plupart en Asie. Le marché automobile allemand a connu un mois de septembre noir avec moins de 200 000 véhicules neufs écoulés, du jamais vu en trente ans, tandis que les ventes de voitures au Royaume-Uni ont poursuivi leur chute, reculant de 34,4 % à leur plus bas niveau depuis 1998 pour ce mois, en raison de la pénurie de semi-conducteurs.

sudouest.fr avec AFP, 5 octobre 2021

8 **Horreur, un crime est avéré… Mais saurez-vous le retrouver ? Identifiez chacun des éléments demandés ci-dessous pour retracer l'histoire tragique de l'usine de Vienne…**

Facteur de risque	→	Risque avéré	→	Conséquences pour Stellantis
Demande très forte de composants électroniques	→	Pénurie de composants électroniques	→	Suspension de la production, chômage partiel, ventes de voitures en baisse

DOC 5 Batteries *Made in Europe* : les projets de Gigafactory

En 2020, les six principaux producteurs de batteries pour véhicules électriques étaient tous originaires d'Asie de l'Est et se sont partagé 68 % du marché. Pour sortir de cette dépendance aux fournisseurs asiatiques, les groupes européens Stellantis, Tesla et Volkswagen BMW se sont respectivement associés à des entreprises spécialisées dans la fabrication de batteries électriques comme Saft (une filiale de Total Energies), Panasonic et Northvolt. But annoncé de ces alliances : produire en Europe plus de 30 % de la demande du vieux continent d'ici à 2031.

Auteurs

9 **Repérez le facteur de risque exposé dans le ▶ Doc. 5.**

Risque de dépendance d'approvisionnement des batteries auprès des usines originaires d'Asie de l'Est.

10 **Expliquez la solution envisagée par les constructeurs européens, dont Stellantis.**

Association entre entreprises du secteur automobile pour implanter des usines de production de batteries en Europe

11 **À vos petites cellules grises… Qualifiez les risques évoqués dans les ▶ Docs. 4 et 5.**

Quels types de facteurs externes ?

- [X] Législation
- [ ] Approvisionnement
- [X] Empreinte environnementale
- [ ] Rupture Technologie
- [ ] Dépendance énergétique
- [ ] Évolution de la demande
- [ ] Cycle de vie – Obsolescence
- [ ] Économie – Niveau de vie
- [ ] Marché du travail
- [ ] Concurrence

DOC 6 Projet de loi de la Commission européenne

Mercredi 14 juillet 2021, la Commission européenne a dévoilé son « pacte vert » visant à réduire de 55 % les émissions de CO_2, avec pour but que l'Europe soit le premier continent à parvenir à la neutralité climatique d'ici 2050. Pour parvenir à ce résultat, une des mesures les plus spectaculaires concerne l'interdiction de la vente de véhicules neufs, thermiques (essence et diesel) dès 2035 !

Christophe Congrega, automobile-magazine.fr, 23 septembre 2021

12 **Notez les objectifs du pacte vert de l'Union européenne et relevez la grande menace que cela implique pour Stellantis.** ▶ Doc. 4

Objectifs du pacte vert

- Réduire les émissions de CO_2 d'ici à 2030
- Faire de l'Europe le premier continent à être neutre en CO_2 d'ici 2050

→

MENACE !

Interdiction de distribuer les voitures en UE en voire Europe

13 **Prenez des décisions pour faire de cette menace une opportunité.**

- Revoir l'ensemble de ses modèles dès maintenant
- Réorganiser ses modes de production

14 **Pointez sur votre check-list, la nature des deux derniers facteurs de risque externes présentés dans ce document.**

Quels types de facteurs externes ?

- [ ] Législation
- [X] Approvisionnement
- [ ] Empreinte environnementale
- [ ] Rupture Technologie
- [X] Dépendance énergétique
- [ ] Évolution de la demande
- [ ] Cycle de vie – Obsolescence
- [ ] Économie – Niveau de vie
- [ ] Marché du travail
- [ ] Concurrence

Bilan

Première check-list remplie ! Il est temps bien réfléchir.
Votre acolyte et vous vous posez la question suivante : quelles peuvent être l'incidence des risques externes sur la performance de l'organisation ?

Les risques externes impactent la performance de l'entreprise. Par exemple, une diminution de la demande peut engendrer la baisse du chiffre d'affaires. L'innovation peut également dégrader la performance financière si son investissement n'est pas rentabilisé. De plus, le cycle de vie du produit peut menacer la pérennité de l'entreprise qui n'aurait pas anticipé la fin de vie de ses produits, synonyme d'une baisse des ventes. La législation peut également imposer des changements liés à l'activité de l'entreprise. Enfin, les défaillances de fournisseurs (rupture de stock, retards…) auront un impact immédiat sur la capacité de production.

Vers la synthèse
JE ME TESTE
hachette-clic.fr/22sdgn130
Je révise l'essentiel p. 252-253

B Les facteurs internes

DOC 7 Chez Renaud et Stellantis, les incertitudes plombent le moral des salariés

« L'avenir à court terme est très imprévisible. […] Ça génère beaucoup d'inquiétude, d'angoisse et de risques psychosociaux », s'alarme […] Christine Virassamy, déléguée syndicale CFDT* de Stellantis.

Dans les usines touchées par le chômage partiel, les salariés ne savent s'ils travaillent que « la veille pour le lendemain », critique-t-elle. « Les constructeurs apprennent au tout dernier moment les semi-conducteurs dont ils vont disposer », a expliqué Luc Chatel, président de la Plateforme automobile. […]

[L]'industrie automobile doit aussi affronter une « phase très lourde de transformation à la fois de son produit et de son modèle » vers la neutralité carbone […].

capital.fr, 16 octobre 2021

* Confédération française démocratique du travail

15 Réalisez le lien entre le ▶ Doc. 4 et le ▶ Doc. 7.

La pénurie des semi-conducteurs oblige les usines Stellantis à mettre du personnel en chômage partiel. Cette situation tend à se répéter en fonction des approvisionnements et engendre de l'angoisse chez les salariés qui sont sujets à des bouleversements dans leur rythme de travail. Des équipes sont arrêtées, la menace du chômage structurel lié à la fin des moteurs thermiques est aussi une réalité.

16 Précisez en quoi ces risques sociaux peuvent impacter l'activité du groupe.

Les risques sociaux importants peuvent engendrer des grèves ou de la démotivation chez les salariés. Cela peut impacter la qualité et la quantité de la production (diminution du chiffre d'affaires, arrêt de la production…).

DOC 8 Risque 0 ; Stellantis 1

[…] Stellantis vient d'annoncer la résiliation de tous ses contrats de distribution européens avec un préavis de deux ans. […]

Certains distributeurs y voient un premier signe de centralisation [du réseau] afin de réduire drastiquement les coûts tout en conservant les volumes. […] Cela permettra au groupe de se concentrer sur la vente en ligne, qui nécessite bien évidemment beaucoup moins d'investissement qu'un réseau de distribution physique. De plus, Stellantis estime que la rentabilité de son réseau est trop faible (1,3 % en France pour le groupe PSA, 0,12 % pour FCA), tandis que les coûts de distribution atteignent 30 % du prix d'une voiture.

Yann Lethuillier, motor1.com, 25 mai 2021

17 Précisez quel risque Stellantis souhaite éviter en réorganisant son réseau de distribution.

Stellantis souhaite éviter un risque financier, en centralisant la gestion de son réseau de distribution. Ce choix permettra d'augmenter la rentabilité de ce réseau, qui est pour l'instant jugée trop faible, car la centralisation engendrera une diminution des coûts.

DOC 9 Carlos Tavares, PDG de Stellantis, s'exprime

[…] Le 12 septembre 2017, […] à l'occasion d'une « table ronde organisée lors de la première journée presse du salon », […] un journaliste demande [à Carlos Tavares] si « le moteur diesel a encore un avenir ». […]

[Sa réponse fut la suivante] : « Je ne voudrais pas que dans trente ans on ait découvert quelque chose qui n'est pas aussi beau que ça en a l'air, sur le recyclage des batteries, sur l'utilisation des matières premières rares de la planète, sur l'émission électromagnétique de la batterie en situation de recharge.

[…] En tant que citoyen, je serais rassuré par le fait que ce sont les administrations qui prennent la responsabilité scientifique du choix de la technologie. En tant qu'entreprise, je me dois évidemment d'être conforme à toutes les régulations […] mais c'est un changement important, sociétal ».

[Depuis,] Carlos Tavares a réitéré à plusieurs reprises son scepticisme.

Alexis Orsini, 20minutes.fr, 25 octobre 2018

18 **Précisez en quoi cette interview du dirigeant de Stellantis représente un risque pour l'entreprise.**

M. Tavares donne à la fois son opinion en tant que citoyen et en tant que dirigeant d'une entreprise fabriquant des voitures électriques. Le danger pour l'image de Stellantis serait ce paradoxe « schizophrénique » d'un citoyen doutant des bienfaits du 100 % électrique d'un côté, et d'un dirigeant valorisant son développement de l'autre côté. Cela pourrait altérer la crédibilité que les clients accordent au groupe Stellantis et à ses stratégies de développement.

19 **Nouveaux risques, nouvelle check-list. Identifiez les risques internes abordés dans les** ▶ **Docs. 7, 8 et 9.**

20 **Déduisez l'origine de ces facteurs de risque internes. Indice sur la page de présentation…**

Les décisions prises par l'organisation : PDG, DG ou à des niveaux hiérarchiques inférieurs.

Bilan

Seconde check-list remplie ! Reformez votre duo et reposez-vous la question suivante : quelles peuvent être les incidences des risques internes sur la performance de l'organisation ?

Un management trop autoritaire engendrera une démotivation et de l'absentéisme chez les salariés avec une baisse de la qualité ou de la quantité de la production *in fine*. Des investissements déraisonnés ou des dépenses trop importantes peuvent également mettre en péril la performance.

Vers la synthèse
JE ME TESTE
hachette-clic.fr/22sdgn131
Je révise l'essentiel p. 252-253

2 La gestion des risques

Votre mission de détective terrain est désormais finie… Grâce à vos recherches et à vos bilans, le responsable « Veille » de Stellantis peut maintenant reprendre la main avec sérénité. À lui de gérer les risques désormais…

DOC 10 Les étapes de la gestion des risques

VIDÉO

hachette-clic.fr/22sdgn132

Qu'est-ce que la gestion des risques ? (2'58)

1 À partir de la vidéo (▶ Doc. 10), relevez les différentes étapes de la gestion des risques en entreprise.

1. Relever les objectifs de l'entreprise
2. Évaluer l'impact des risques
3. Analyser et mettre en place d'un plan d'action
4. Suivre du plan et mise à jour
5. Contrôler des actions et communiquer afin de vérifier les résultats d'action

2 Appréciez l'importance du rôle du *risk manager* au sein de l'entreprise.

Son rôle est central et important puisqu'il travaille en collaboration avec la direction et doit mener à bien le plan d'action de prévention des risques. La surveillance du plan d'action dans le temps permet au *risk manager* d'anticiper et de diminuer l'incertitude au sein de l'entreprise. Cela permet de prendre des décisions plus cohérentes et éclairées et ainsi d'améliorer la performance globale de l'entreprise.

DOC 11 La matrice de criticité des risques

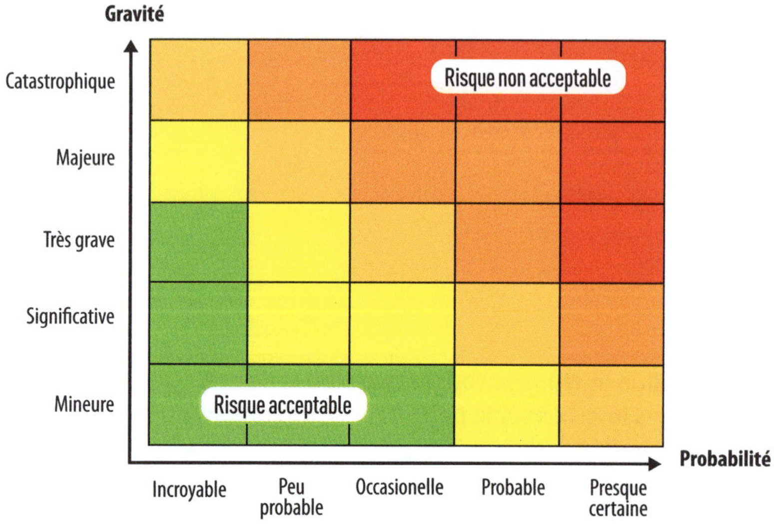

atlas-mag.net, 13 mars 2017

3 Expliquez le fonctionnement de la matrice de mesure du risque ▶ Doc. 11.

La matrice s'appuie sur deux facteurs afin de classifier les risques : la gravité et la probabilité. Plus ces facteurs augmentent, plus le risque est important et dangereux pour l'organisation ; on parlera alors de criticité (= probabilité x gravité).

4 **Expliquez l'intérêt de cette évaluation du risque pour les organisations.**

L'évaluation des risques va permettre de classer et hiérarchiser les risques en fonction de leur « criticité ». Une fois ce classement établi, l'entreprise pourra envisager des procédures à mettre en place afin de minimiser leurs impacts s'ils surviennent réellement.

DOC 12 Exemples d'actions d'atténuation des risques par Stellantis en 2019

Risques RSE intégrés au plan de vigilance	Actions et résultats principaux
Gestion des conflits et dialogue social	99 % des salariés sont représentés par des organisations syndicales ou des représentants du personnel
Manque de diversité et d'égalité des chances	26 % des femmes dans les recrutements
Gaspillage des matières dans le cycle de vie du véhicule	100 % des nouveaux véhicules soumis à une analyse du cycle de vie

plan-vigilance.org, 2018

5 **Précisez en quoi les actions entreprises par le groupe Stellantis permettent d'améliorer la performance de l'entreprise.**

En diminuant les risques sociaux et environnementaux, Stellantis diminue les risques associés de grève, de non-respect de la législation associée à son impact environnemental (risque de procédures juridiques et d'amendes) et de dégradation de son image auprès de ses clients.

En s'assurant de minimiser les risques liés au bien-être de ses salariés et à son impact sur l'environnement, le groupe Stellantis s'assure d'une meilleure efficacité des processus organisationnels et de production. Les impacts de ces risques seront donc minimisés grâce à cette cartographie de gestion des risques qui les anticipe et propose des solutions.

Bilan

Appréciez l'utilité des outils de gestion des risques pour l'organisation.

Les outils d'évaluation (matrice de criticité) et d'action (cartographie et plans d'action ou d'atténuation des risques) permettent à la fois de cibler et de catégoriser selon leur importance un ensemble de risques variés mais aussi de pouvoir imaginer une réponse adéquate et concrète si un ou plusieurs de ces risques deviennent réalité.

Une gestion des risques dynamique deviendra alors un des outils de management et d'amélioration continue de l'entreprise en termes de performance globale (économique, sociale et sociétale) puisque celle-ci sera capable de répondre de manière cohérente aux différents risques rencontrés.

Vers la synthèse
JE ME TESTE
hachette-clic.fr/22sdgn133
Je révise l'essentiel p. 252-253

À moi de jouer

1 Jouez avec *Kyushi* !

Quiz interactifs pour réviser en classe !

hachette-clic.fr/kyushi

2 Mots mêlés

Retrouvez trois facteurs de risque interne et trois facteurs de risque externe dans ces mots mêlés.

X	L	V	B	Y	T	T	N	W	D	U	S	H	F
X	E	M	Z	A	Z	A	W	Q	B	W	D	U	O
Y	G	U	Y	K	I	R	E	M	U	U	Q	S	U
A	I	F	W	P	Y	M	D	I	H	Z	F	K	R
Q	S	F	Z	R	X	Q	Z	I	U	K	J	F	N
M	L	B	I	L	L	V	N	K	M	J	K	Y	I
C	A	Q	P	N	O	D	C	D	A	O	U	I	S
Q	T	D	E	M	A	N	D	E	I	L	E	D	S
Q	I	J	X	L	U	N	V	Z	N	D	O	T	E
S	O	Z	I	T	Z	D	C	M	S	W	D	P	U
R	N	S	K	M	Q	D	L	I	D	V	D	R	R
B	F	K	H	A	A	L	W	Q	E	J	H	Z	O
G	F	H	Z	D	P	G	L	T	B	R	Y	Z	Y
O	F	K	E	N	R	Y	E	J	R	Z	A	M	X

EXTERNE

demande..................................
législation..................................
fournisseur..................................

INTERNE

financier..................................
image..................................
humain..................................

3 Apprécier l'incidence du risque sur la performance de l'organisation

Estée Lauder : une faille donnait accès à des millions de données

Jeremiah Fowler […], chercheur en cybersécurité, a mis le doigt sur un accès à une base de données où étaient stockées plus de 440 millions de données. L'accès à ces informations était totalement libre et ne nécessitait pas même un mot de passe. […] Il était ainsi possible de retrouver des adresses mail, des documents internes et notamment des rapports d'audit sur l'entreprise. […] [L'entreprise en question, Estée Lauder, a été contactée par Jeremiah Fowler] : « [J']ai […] réussi à être en contact avec une personne qui m'a promis qu'elle ferait remonter l'information » et dans la journée la faille était comblée. […]

[Cette faille représente un risque réel pour l'entreprise car] avec les millions de données importantes exposées, […] des hackers [pourraient se créer] une porte dérobée dans le système informatique d'Estée Lauder. [La prise en otage des données de l'entreprise pourrait être ensuite utilisée afin de] demander une rançon.

[…] Estée Lauder est une société détentrice d'une vingtaine de sociétés au total. Ensemble elles génèrent plus de 14,8 milliards de dollars de chiffre d'affaires annuel. Nul doute donc qu'une cyberattaque pourrait avoir d'importantes conséquences sur l'image et le chiffre d'affaires de l'entreprise.

Yvonne Gangloff, siecledigital.fr, 14 février 2020

1. **Précisez en quoi le risque encouru par Estée Lauder peut être caractérisé de risque à la fois interne et externe.**
2. **Appréciez les conséquences d'une mauvaise gestion du risque sur les performances d'Estée Lauder.**
3. **Précisez les solutions qu'Estée Lauder pourrait envisager afin de limiter ce risque.**
4. **Recherchez sur Internet l'impact de cette cyberattaque sur l'action en Bourse d'Estée Lauder.**

4 Repérer les risques externes auxquels les organisations sont confrontées

Fiche méthode BAC
8 Mettre en forme Word, p. 274

L'inflation en hausse et la pénurie de matières premières menacent le secteur des jouets, qui sont majoritairement fabriqués en Chine. Le manque de matières premières notamment en électronique ou en plastique empêche une production optimale des jouets et certains des plus grands ports du monde sont bloqués à cause du Covid, ce qui rend le transport très aléatoire en cette période.

[…] Pour autant du côté de JouéClub, on reste plutôt optimiste […] : « Nous avons fait nos sélections de produits de Noël en fonction des risques de rupture [de nos fournisseurs], confie Jacques Baudoz, le P. D. G. de JouéClub. S'il y avait un risque, on a préféré ne pas sélectionner les produits. Nous avons positionné nos commandes fermes plus tôt que d'habitude, aux alentours du mois de mars. Et surtout nous avons anticipé les livraisons pour Noël. Elles ont débuté en mai et vont se poursuivre jusqu'en septembre. »

Pas de quoi s'inquiéter pour la disponibilité mais l'inflation n'est pas à écarter. […] [Joué Club tient cependant à relativiser le phénomène] :
[…] « Quelques multinationales ont effectivement augmenté leurs prix mais ce n'est pas la majorité […]. Nous avons négocié avec elles pour les limiter. Nous leur avons demandé de sacrifier un peu de leurs marges et nous en ferons autant. »

L'enseigne qui tente aujourd'hui de se fournir davantage en Europe [veut] rassurer ses clients.

« Nous n'augmenterons pas nos prix entre le moment où nous dévoilerons le catalogue et ce jusqu'au 25 décembre. » […]

Frédéric Bianchi, bfmtv.com, 1er septembre 2019

Le responsable du magasin JouéClub de votre département souhaite avoir une vision synthétique de la stratégie mise en place par l'enseigne pour ne pas subir les menaces externes. Il vous confie donc les missions suivantes.

1. Analysez l'article de presse ci-dessus en mettant en évidence :
– les menaces pesant sur JouéClub. Qualifiez-les selon la typologie vue en cours ;
– les solutions apportées par l'enseigne.

2. Rédigez une synthèse de votre travail à l'aide d'un logiciel de traitement de texte puis présentez-la à l'oral.

L'essentiel

JE RÉVISE

hachette-clic.fr/22sdgn134

- Le podcast du cours
- La synthèse en 1 clic
- Je manipule les notions

NOTIONS

- **Approvisionnement :** livraison aux entreprises des matières premières ou des produits finis.
- **Cycle de vie :** cinq phases de vie d'un produit ou d'un service : développement, introduction
- **Dépendance énergétique et technologique :** incapacité d'une organisation de subvenir par ses propres moyens à ses besoins en énergie ou en technologie.
- **Empreinte environnementale :** estimation de l'impact de l'activité de l'organisation sur l'environnement.
- **Évolution de la demande :** modification des besoins des consommateurs.
- **Facteurs externes de risque :** éléments présents dans l'environnement de l'organisation pouvant engendrer un risque.
- **Facteurs internes de risque :** éléments liés aux décisions prises par les dirigeants de l'organisation.
- **Rupture technologique :** innovation technologique radicale.

COURS

1 Les facteurs de risques

Le **risque** est un événement plus ou moins prévisible, c'est une **probabilité** qu'un danger impacte l'organisation

- Les facteurs de risques sont issus de **sources externes** mais aussi **internes.**
- Les **facteurs de risque externes** sont liés à **l'environnement de l'organisation** : avancée technologique, cycle de vie des produits et obsolescence, évolution de la demande, législation, approvisionnement...
- Les **facteurs de risque internes** sont eux liés aux **décisions des dirigeants** et peuvent être en lien avec des préoccupations sociales, d'image, financières...

2 La gestion des risques

- Des étapes permettent la **gestion des risques** : identifier, analyser, mettre en place des actions et enfin les contrôler.
- Des outils comme la **matrice de criticité** et la **cartographie des risques** permettent d'évaluer et catégoriser les risques.
- Une gestion efficace des risques permettra à l'entreprise d'assurer sa **pérennité** et sa **performance globale**.

CULTURE+

La gestion des risques naturels au Japon

Une situation géographique difficile (territoire montagneux, pluviométrie importante...) couplée à une forte densité de population font du Japon un pays très exposé aux risques naturels. [...] Le Japon est certainement l'un des pays les mieux préparés en cas de catastrophes naturelles et la gestion des risques est directement assurée par le cabinet du Premier ministre. Les phénomènes naturels sont surveillés par des réseaux d'observations étendus ; la prévision et l'alerte en cas de catastrophe, constituent les piliers du système de prévention.

Olivier Georgel, *La Prévention des risques naturels au Japon*, éd. ADIT, 2005, p. 38

POUR RETENIR AUTREMENT

1 Les facteurs de risque

Les organisations sont confrontées à de nombreux risques que l'on peut classifier ainsi :

Externes

- Législation
- Approvisionnement
- Technologie

Internes

- Image notoriété
- Humain social
- Financier

Organisation

- Piratage
- Dépendance énergétique
- Évolution de la demande
- Empreinte environnementale

↓

Ces risques ont un impact positif ou négatif important sur la performance globale de l'organisation

↓

Nécessité de mettre en place un processus de gestion des risques

2 La gestion des risques

1. Établir le contexte
2. Identifier les risques
3. Évaluer les risques
4. Maîtriser les risques
5. Contrôler la maîtrise et le dispositif

↓

Outils = Cartographie des risques + matrice de criticité des risques + plan d'action en cas de survenue des risques

↓

Objectif = La prise de décision permettra d'anticiper et de diminuer l'impact des risques afin de maintenir une performance élevée.

OBJECTIF BAC

17 Je prends des décisions sur mon orientation

MON CHOIX DÉFINITIF D'E. S. EST :

- ☐ Ressources humaines et Communication
- ☐ Mercatique
- ☐ Gestion – Finance
- ☐ Système d'information de gestion

MON IDÉE DE MÉTIER EST...

- ☐ … claire, je souhaite devenir : ....
- ☐ … encore floue.
- ☐ … totalement obscure.

DANS L'AVENIR, JE ME VOIS...

☐ … exécuter des ordres le mieux possible.
Les responsabilités arriveront avec le temps (et si je le souhaite).

→ J'opte pour →

- ☐ Bac+2, type BTS
- ☐ Bac+3, type BUT, Licence
- ☐ Autres : ....

☐ … avoir des responsabilités, prendre des décisions, gérer une équipe, être autonome.
J'ai conscience de la charge de travail que cela implique.

→ J'opte pour →

- ☐ Classe préparatoire aux grandes écoles, puis un Bac+5
- ☐ BUT puis Master (Bac+5)
- ☐ École de Commerce
- ☐ Bac+8
- ☐ Autres : ....

Je note les pistes de réflexion à affiner l'an prochain :

Réponse libre de l'élève.

Mini-cas d'entraînement

THÈME 4

JE SAIS : | OUI ✓ | NON ✗

	OUI ✓	NON ✗
• **repérer** l'importance d'une information actualisée pour prendre des décisions pertinentes.	☐	☐
• **utiliser** des données prospectives pour repérer l'incidence d'une évolution de l'activité d'une organisation sur son résultat (seuil de rentabilité).	☐	☐
• **repérer** les risques externes auxquels les organisations sont confrontées.	☐	☐
• **repérer** les risques induits par une décision dans un contexte organisationnel donné.	☐	☐
• **apprécier** l'incidence du risque sur la performance de l'organisation.	☐	☐

Petit Bateau…

lance un nouveau produit !

SITUATION

Petit Bateau travaille depuis un an sur la sortie d'un manteau unisexe à destination des adultes. En poste depuis neuf mois, vous secondez le service des achats.

MISSION 1 DÉTERMINER UN SEUIL DE RENTABILITÉ

Depuis une semaine, les médias annoncent un hiver polaire ! Prudents, vos responsables anticipent déjà les conséquences sur les ventes (et sur la production !) de manteaux.

À l'aide de vos connaissances et des ▶ Docs. 1 et 2, répondez aux questions suivantes :

Q1.1 **Analysez la fiabilité de l'information présentée dans le ▶ Doc. 1.**

Q1.2 **Établissez le compte de résultat différentiel pour chaque hypothèse et analysez vos résultats.**

Q1.3 **Déterminez le seuil de rentabilité en valeur et en volume, sachant que le taux de marge sur coût variable est de 20 % pour les deux hypothèses.**

Q1.4 **Choisissez le niveau de production le plus rentable pour Petit Bateau. Justifiez votre réponse.**

DOC 1 L'hiver le plus froid depuis trente ans ?

Depuis une semaine, plusieurs médias, en s'appuyant sur une étude britannique, annoncent l'arrivée d'un « vortex polaire glacial qui va provoquer l'un des hivers les plus froids depuis 30 ans ». L'étude […], publiée […] par la très sérieuse University College of London, évalue à 57 % les chances que ce soit le cas et que cela concerne uniquement le Royaume-Uni. [Attention] il ne s'agit pas de prévisions, mais d'une étude statistique […], qui n'avai[t] pas [vocation] à être publié[e]. Les chercheurs comptaient [l']affiner par la suite. Leur étude a donc été largement surinterprétée et déformée.

sudouest.fr, 27 septembre 2019

DOC 2 Données relatives aux hypothèses de travail

Petit Bateau s'oriente sur deux hypothèses d'activité (et donc de charges), dont les données sont résumées dans le tableau ci-contre :

		Hypothèse 1	Hypothèse 2
Ventes prévisionnelles	Nombre de manteaux produits et vendus	50 000	70 000
	CA HT	8 000 000	11 200 000
Charges prévisionnelles	Frais de production *(matières premières, machines, électricité…)*	6 400 000	8 960 000
	Loyer usine	750 000	750 000
	Masse salariale	900 000	900 000
	Impôts et taxes	150 000	150 000

Auteurs

MISSION 2 IDENTIFIER ET GÉRER LES RISQUES

Depuis la crise sanitaire de la Covid-19, le marché du prêt-à-porter français a subi de nombreux changements, sources de risques. Les entreprises du secteur doivent les identifier pour mieux les gérer. Retour sur une gestion de crise bien menée par Petit Bateau.

À l'aide de vos connaissances et des ▶ Docs. 3 et 4, répondez aux questions suivantes :

Q2.1 **Identifiez les facteurs de risques auxquels fut confronté Petit Bateau, puis analysez-les dans un tableau : type (interne/externe), nature et impact.**

Q2.2 **Déduisez-en les potentielles incidences sur les performances (commerciale, financière et sociale) de Petit Bateau.**

Q2.3 **Repérez les actions mises en œuvre par Petit Bateau et précisez leurs objectifs et leurs résultats.**

Q2.4 **Démontrez que Petit Bateau s'est engagé dans une stratégie de réduction des risques et une stratégie de prévention des risques.**

DOC 3 E-commerce & textile : la dynamique de 2020 se poursuit en 2021

Selon les données d'IFM Panel, les ventes en ligne d'habillement et de textile ont bondi de 22,2 % en 2020, contre 3,2 % en 2019. Cette croissance fulgurante s'explique par la crise sanitaire et la fermeture des magasins pendant les différents confinements. […]

Clotilde Chenevoy, republik-retail.fr, 28 septembre 2021

DOC 4 Trois bonnes idées à piquer à Petit Bateau pendant le confinement

[Dans la crise provoquée par la Covid-19], certaines marques réussissent […] à rester proche du client et à créer de la valeur. Parmi celles-ci, Petit Bateau fait figure de modèle et renouvelle sa légitimité à faire partie des enseignes préférées des Français. […]

Préparation, expédition et livraison des commandes

Dans ce contexte, Petit Bateau a choisi de continuer son activité e-commerce […] et de ne pas reporter la préparation et l'expédition des colis à la fin du confinement. La marque a choisi de ne livrer qu'avec un transporteur, en l'occurrence La Poste, via la livraison et le retour en boîte aux lettres. Ce service permet de limiter le contact livreur-client, mais aussi le déplacement en relais ou en bureau de poste. […] Enfin, pour améliorer la transformation, la marque a mis en place un geste commercial généreux mais efficace : les frais de port sont offerts pendant la période de confinement. […]

Mettre en valeur le savoir-faire, le Made in France et valoriser le travail des collaborateurs

[…] Aussi bien dans son blog que sur sa *Home Page*, sa newsletter ou ses réseaux sociaux, Petit Bateau explique sa démarche solidaire et montre comment ses équipes restent « sur le pont » et participent à la confection de masques. Elle rappelle ainsi son savoir-faire et évoque un outil de production local et humain. […]

Se rapprocher du client grâce à la création de contenu

[…] La marque conserve son humour et son ton espiègle dans sa prise de parole, amenant un peu de légèreté pour diffuser des informations qui relèvent pourtant de la communication de crise : fermetures des boutiques, problèmes de transport, sécurité et hygiène. […] Elle est [aussi] ultra active pour aider les familles à occuper les enfants. Sur Facebook, Instagram ou encore dans son blog et ses newsletters, Petit Bateau cultive la proximité en proposant des activités de bricolage et des jeux. […]

Saisir l'opportunité de la mobilisation et de l'engagement solidaire pour créer de la cohésion en interne et renforcer la communication

[…] Si cette mobilisation est un sujet de communication auprès du client, c'est donc également un contenu intéressant à pousser auprès du personnel et des partenaires pour créer de l'émulation sur un niveau RH, renforcer la cohésion en interne et réaffirmer les valeurs […] de l'entreprise.

Marie-Charlotte Cadoret, joptimisemonsite.fr, 2020

Étude de Gestion* pas à pas

L'Étude de Gestion est l'exercice phare de ton enseignement de SDGN.

Pourquoi ?

Il va te permettre de développer une foule de capacités indispensables à l'obtention de ton Baccalauréat, mais aussi à la réussite de tes études post-bac et de ta vie professionnelle.

Capacités intellectuelles développées	Capacités humaines optimisées
• Réaliser une recherche documentaire efficiente • Savoir synthétiser des documents en un ensemble cohérent et dans un objectif précis : **répondre à une question** • Savoir argumenter à l'écrit… et à l'oral !	• Expression orale • Sens des responsabilités • Autonomie • Rigueur

Ce dossier va te guider « pas à pas », au fur et à mesure de l'avancée de ton travail.

1 Je comprends ce qu'est l'Étude de Gestion

Découvre dans cette fiche, le cadre de ton épreuve ainsi que ses objectifs.
En effet, pour bien la réussir, il faut bien la comprendre !

2 Je choisis mon sujet d'Étude de Gestion

Ton étude = Ton sujet !
Choisis un sujet que tu aimes et qui est en lien avec les SDGN.
Quelques éléments de réflexion sont proposés dans cette fiche. Bonne découverte…

3 Je collecte mes documents

Nooonnn, on ne court pas sur Internet pour taper n'importe quoi dans l'espoir d'obtenir de bons documents !
Tu vas découvrir dans cette fiche une méthode bien plus efficace.

4 Je sélectionne les meilleurs documents

Comment faire ? Voici une question pertinente !
En effet, comment faire le tri dans les résultats de recherche, les documents lus, et comment les sélectionner ?!
Tu vas le savoir en lisant cette fiche.

5 Je rédige une bonne problématique

Le cœur de ton travail va se résumer à cette question, alors il ne faut pas se tromper !
Tous les conseils pour rédiger au mieux ta problématique sont dans cette fiche.

6 Je construis ma synthèse

Tu y es presque ! Il n'y a plus qu'à rédiger la synthèse ! En avant toute, mais avec ces conseils en appui !

7 Je prépare mon oral

L'Étude de Gestion est un oral. Et pas question de faire de la « tchatche » ! Il faut se préparer.

** Cf. Les recommandations du Guide de l'évaluation dans le cadre de la réforme du lycée général et technologique, rentrée 2021.*

Je comprends ce qu'est l'Étude de Gestion

Étude de Gestion (EDG)

=

Synthèse de documents
sur un sujet (choisi par toi avec soin) en lien avec le programme de SDGN.

Elle sera formalisée sous la forme d'un dossier et **présentée à l'oral**.

OBJECTIF

Démontrer que tu sais structurer, exposer et défendre ton travail.

1 La réalisation de l'Étude de Gestion

Cadre général

- ✔ Travail personnel et <u>individuel</u>
- ✔ Utilisation <u>obligatoire</u> de l'outil numérique à toutes les étapes : **recherche**, **constitution du dossier** et **présentation orale**.
- ✔ Réalisation en séances de travaux dirigés <u>et</u> à la maison selon le planning donné par ton professeur.
  Eh oui, les séances au lycée passent très vite et ne seront pas suffisantes…

Étapes à suivre pour réaliser ton EDG

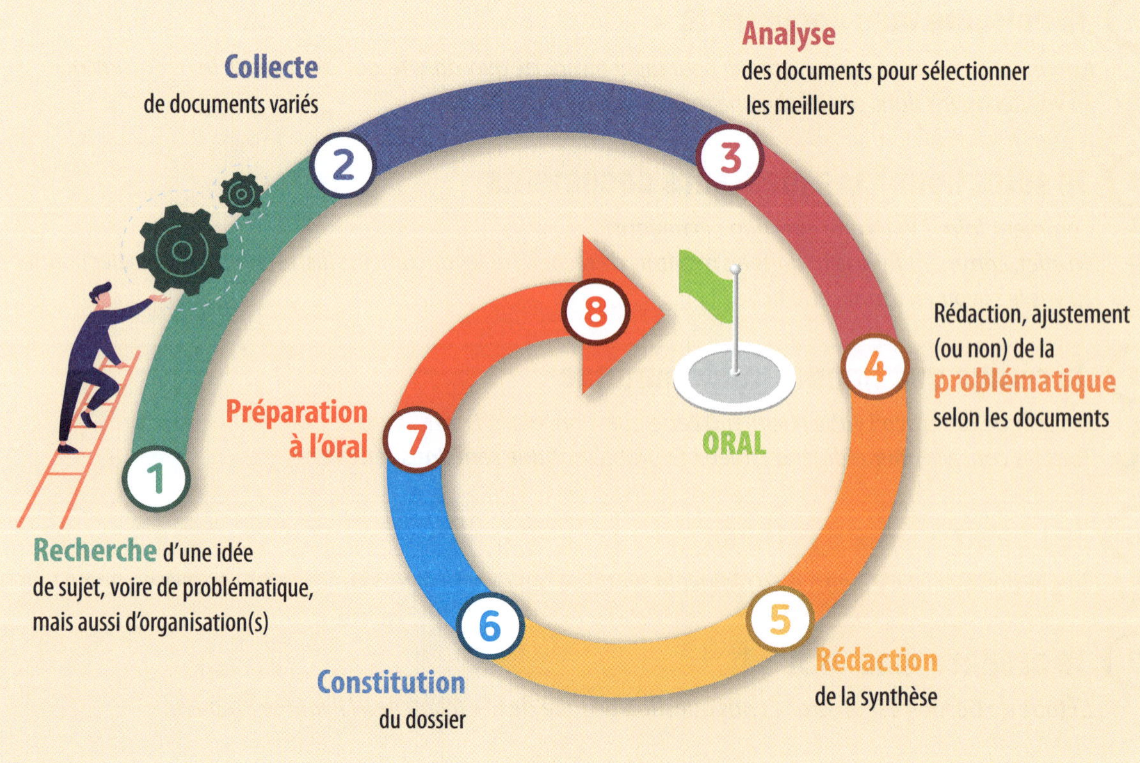

2 La conception du dossier

Le dossier est le fruit de ton long travail d'étude.

→ **Limité à une dizaine de pages**, il doit expliquer avec soin (et sans faute !) :
- les raisons du choix du sujet et de l'organisation ;
- les caractéristiques de la (ou des) organisation(s) observée(s) en lien avec la problématique ;
- les sources utilisées ;
- la démarche d'analyse ;
- la synthèse.

! Attention

Le soin que tu apportes à ton dossier montre ton sérieux !

3 Le jour de l'épreuve

ORAL DE 20 MINUTES

10 minutes max !	10 minutes
Présentation des différentes phases de ton EDG et la synthèse	**Entretien** avec le jury

↓

COMPÉTENCES ÉVALUÉES

Travail en amont : préparation de l'Étude de Gestion →
1. Dégager une problématique de gestion
2. Mobiliser des sources documentaires variées pour traiter la problématique retenue
3. Sélectionner les informations pertinentes au regard de cette problématique
4. Interpréter et exploiter les informations sélectionnées pour répondre à la problématique
5. Rédiger une synthèse dégageant les conclusions de l'étude

Jour J : présentation → 6. Présenter oralement le travail effectué

Jour J : entretien → 7. Préciser et argumenter les choix effectués

Je choisis mon sujet d'Étude de Gestion

1 As-tu déjà une idée de sujet ?

OUI : MERVEILLEUX !

Veille juste à ce qu'elle soit en lien avec le programme de SDGN.

Regarde les questions de gestion de ton sommaire p. 6 et/ou demande à ton/ta professeur(e).

CONSEILS DE PROF

Il faut choisir un sujet **qui te plaît** car tu vas travailler dessus pendant des semaines.

NON : CE N'EST PAS GRAVE !

Quelle est ton envie ?

- Découvrir l'enseignement spécifique que tu envisages en Terminale ?
- Travailler sur les salariés ? les consommateurs ? la finance ? les technologies ?
- Découvrir un métier ? Travailler un secteur d'activité ?
  Industrie, services à la personne, agriculture, sport, mode, nouvelles technologies, développement durable, tourisme…

Où trouver un sujet ?

- Regarde les **thèmes**, les **Questions de Gestion** du sommaire p. 6, mais aussi les **notions** inscrites au début de chaque chapitre et les **synthèses** de fin de chapitre.
- Repense aux articles que tu as lus, aux reportages que tu as vus, aux discussions abordées en cours, avec tes parents, tes amis…

L'Étude de Gestion n'est pas un cours !

Il faut que ton travail de synthèse réponde à une problématique, **à une relation de cause à effet.**

Pas de descriptif, mais deux notions liées l'une à l'autre.

EXEMPLE

Si ton envie de départ est : Travailler sur les conditions de travail

Tu ne peux pas décrire les conditions de travail de l'entreprise X.

Pourquoi ?
Car c'est du **descriptif** !

→

Mais tu peux étudier l'importance des conditions de travail pour la performance de l'entreprise X.

Super ! Mais pourquoi ?
Car il y a bien une relation mise en évidence : celle entre « conditions de travail » et « performance »

2 Mapping des notions

Pour amorcer des idées de sujet (voire de problématique), n'hésite pas à entourer ou surligner les notions que tu pourrais mettre en relation.

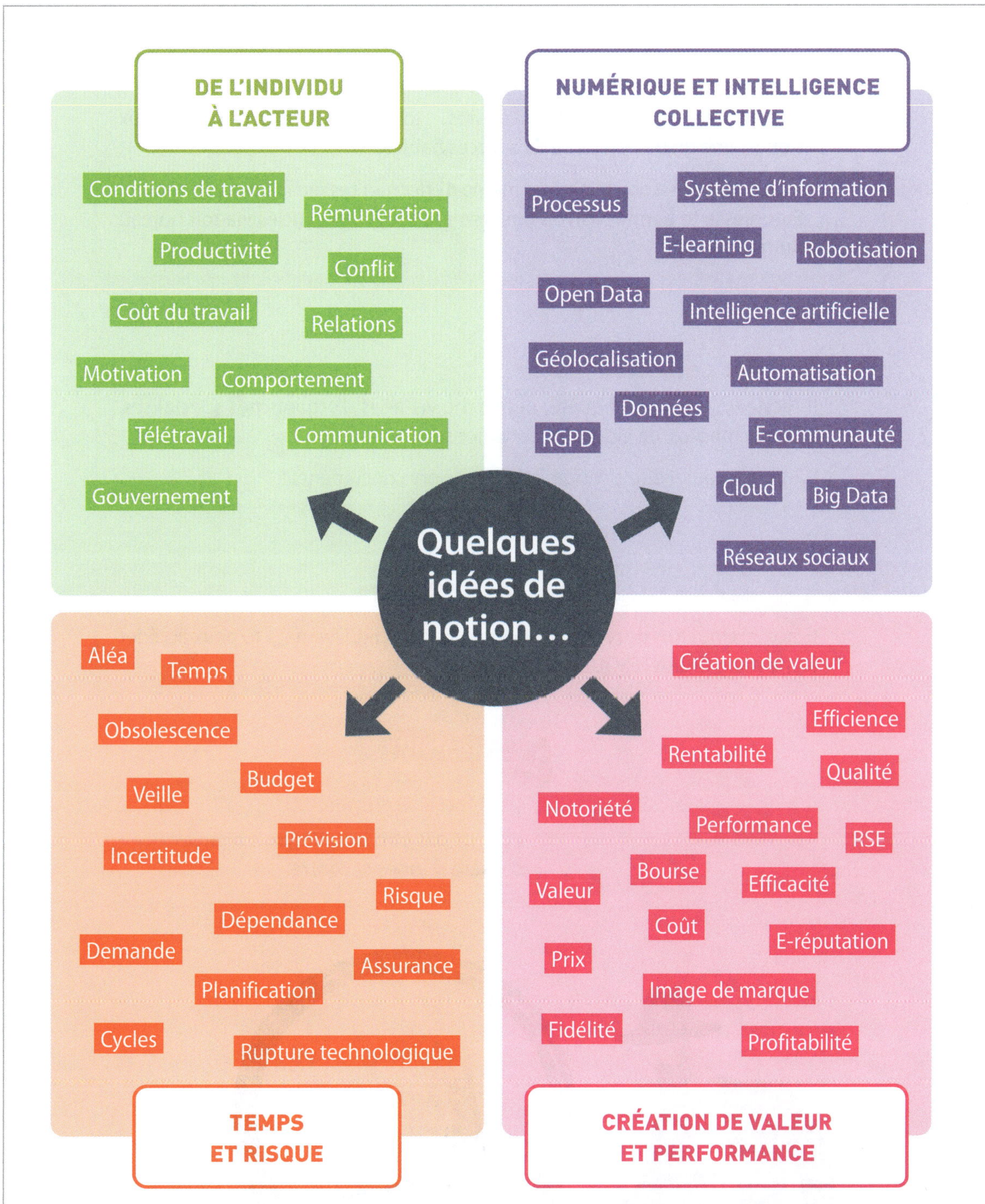

Je collecte mes documents

Maintenant que tu as ton idée de sujet, voire ton idée de problématique, il faut que tu trouves les documents utiles à sa résolution.

1 Savoir où chercher

Centre de documentation et d'information

- Dictionnaires, manuels, magazines, livres… ton CDI est *the place to be* si tu veux trouver une grande diversité **de sources fiables.**
- L'annuaire « e-sidoc » te permet même d'effectuer tes recherches à la maison. Europresse te permet d'avoir directement accès aux articles via ton bureau numérique !

Sources personnelles

Interview, sondage, enquête, démarche vis-à-vis d'organismes spécialisés, prises de photos, de vidéos, observations…

→ tu peux aussi être à l'origine de tes propres documents !

Internet

Grâce aux moteurs de recherche Google, Ecosia, Lilo, Qwant… tu peux accéder à une mine GIGANTESQUE de documents !

Attention

C'est facile de s'y perdre !

Pour ne pas être piégé(e), suis bien les conseils donnés ci-contre.

2 Réaliser une bonne requête (c'est-à-dire une bonne recherche)

Sur e-sidoc, Europresse ou sur Internet, il y a une multitude de documents.
Pour trouver les plus pertinents, il faut faire une bonne requête.

Choisir les bons mots-clés

Le mot-clé est un terme qui caractérise ton sujet. Il doit être choisi avec soin afin de trouver des résultats pertinents lors de tes recherches. Si ton mot-clé est précis, les résultats le seront aussi !

CONSEILS DE PROF

- Ne pas faire de phrase !
- Utiliser des termes précis pour ne pas faire de « bruit[1] » dans les réponses.
- Pas de termes parasites, comme le, la, les, du, de…
  Exemple : « la situation économique de la France » deviendra « économie France ».

Utiliser les bons outils

Les opérateurs booléens

« ET », « OU », « SAUF » permettent de combiner les mots-clés, afin d'élargir ou de restreindre la liste de réponses.

Exemple : …

Les guillemets

Pour une expression exacte de plusieurs mots.

Exemple : *« gaz à effet de serre », « qui peut le plus peut le moins ».*

Les parenthèses

Pour rassembler des ensembles de mots ou des combinaisons de mots.

Exemple : *une recherche sur la pollution de l'industrie peut se faire avec la syntaxe suivante (= industrie ET pollution).*

3 Faire une recherche simple ou avancée

Simple VS **Avancée**

Simple : Pour avoir un accès rapide à l'information.

Avancée : Pour affiner les critères de recherche afin d'obtenir des résultats plus pertinents (par date, pays, langue, type de documents…).

Les résultats s'affichent…

Ne clique pas sur tout et n'importe quoi mais évalue les résultats en respectant les critères de validation présentés dans la Fiche méthode BAC de la page suivante.

1. Réponses inutiles générées du fait d'un mot trop commun.

Je sélectionne les meilleurs documents

Grâce à l'utilisation des bons outils, tu as collecté plusieurs documents. Mais comment faire pour ne sélectionner que les « meilleurs » ?

C'est-à-dire les documents :
- que tu vas pouvoir utiliser en toute confiance ;
- qui vont être un vrai « plus » pour résoudre ta problématique.

Tout simplement, en respectant les critères de validation suivants (et sans aucun doute déjà vus en cours) :

Fiabilité

Mon document est fiable si :

- L'auteur est identifié et ses compétences professionnelles confirmées ;
- L'information provient d'un site de l'État, de journaux reconnus, d'éducation.

! Attention

- Les sites propres des organisations sont un peu moins fiables, car rares sont celles qui se dénigrent…
- Les « wikis », sont des sites créés et modifiés par… tout le monde ! Alors prend du recul et **utilise surtout les sources situées en bas de ces pages.**

ASTUCES DE PROF

Pour vérifier la fiabilité d'un site Internet, consulte les rubriques « Qui sommes-nous ? », « Présentation » ou « Copyright » présentées souvent en bas de la page d'accueil.

Autre possibilité : envoie un courriel à partir de la rubrique « Contact » 😉

+ Actualité

Dans le monde des organisations, tout va vite !

Pour optimiser ton EDG, sélectionne des documents **récents** (moins de 2 ans).

+ Disponibilité

La ressource est disponible gratuitement, sans violation des droits d'auteur.

+ Lisibilité

L'information est compréhensible et la présentation est correcte.

Pertinence

Le document n'est conservé que s'il apporte une valeur ajoutée, une aide à la compréhension.

Comment savoir ?

Facile ! Pour chaque document lu, réponds aux questions suivantes :

Ce document est-il utile à la résolution de ma problématique ?

- Non, je l'élimine.
- Oui

Est-ce que je classe ce document comme...

- ... une illustration ? Je le lie à un argument pour optimiser son efficacité !
- ... un nouvel argument ?
- ... les deux ?

Ce document vient-il...

- ... redire ce que je sais déjà ? Aucune utilité, j'élimine ! Pas de document similaire !
- ... compléter ce que j'ai déjà ? Un bon argument est un argument riche.
- ... contredire ce que j'ai déjà ? Tu as trouvé un autre aspect de ton EDG... et sûrement une nouvelle partie !

! Attention

Un document à peine utilisé n'est pas pertinent. Ne t'inquiète pas, tu trouveras mieux !

Les critères sont présents ?

Je sélectionne le document !

PDF

hachette-clic.fr/22sdgn135

Télécharge ici une grille qui t'aidera dans ta sélection de documents !

Je rédige une bonne problématique

La pertinence de tout ton travail va dépendre de cette étape :

l'élaboration de la problématique de ton Étude de Gestion.

1 C'est quoi, une problématique ?

issu de « **problème** »

PROBLÉM ATIQUE

Qui a le caractère d'un **problème**, qui attend une **solution**.

= Ensemble des problèmes qui se posent sur un sujet déterminé.

= Les **arguments** que tu vas développer dans ta synthèse !

2 Comment rédiger une problématique ?

- Grande chance pour toi, il n'y a qu'une obligation :

que la problématique soit rédigée sous la forme d'une question !

À part cela, tu es libre de la rédiger comme tu le souhaites, à partir du moment où la relation entre les notions est bien mise en avant (voir Fiche méthode BAC 2 p. 260).

- Une bonne problématique doit :
  - ✔ être assez large pour englober tous les aspects du sujet ;
  - ✔ bien mettre en évidence les relations entre les notions ;
  - ✔ être personnelle (elle vient de **TA** réflexion) !

CONSEIL DE PROF

Après la rédaction de ta synthèse, reviens sur ta problématique. Il est toujours temps de l'ajuster un peu pour qu'elle « colle » parfaitement à ton travail.

Après tout, rien n'est figé jusqu'à la remise de ton dossier !

Pour bien comprendre comment élaborer ta problématique, le mieux est de reprendre notre exemple.
Te souviens-tu de l'exemple pris dans la Fiche méthode BAC 2 p. 260 ?

Ton idée de départ était : **« Travailler sur les conditions de travail. »**

↓

Tu as précisé ton sujet en choisissant :
- de travailler sur l'entreprise X ;
- d'y associer la notion de « performance ».

↓

Tu as donc fait des recherches dans l'optique de trouver des documents mettant en avant le lien entre « les conditions de travail de l'entreprise X » et « les conséquences sur ses performances ».

Tu as trouvé des documents respectueux des critères de validation (Fiche méthode BAC 4 p. 264) ? Super !

↓

→ Tu as relu tes documents. Émerge donc les idées de problématique...
En voici quelques-unes assez générales :
- *Est-ce que les conditions de travail de l'entreprise X peuvent expliquer ses performances ?*
- *Les conditions de travail de l'entreprise X ont-elles une incidence sur ses performances ?*
- *Les performances de l'entreprise X peuvent-elles trouver leur origine dans ses conditions de travail ?*
- *En quoi les conditions de travail de l'entreprise X justifient-elles ses performances ?*
- *Conditions de travail et performances de l'entreprise X sont-elles liées ?*

→ En fonction des documents, on peut même aller un peu plus loin dans la précision (sans trop restreindre non plus) :
- *L'amélioration/la dégradation des performances de l'entreprise X est-elle expliquée par les changements de ses conditions de travail ?*

Prêt(e) à te lancer ?

PDF

hachette-clic.fr/22sdgn136

Entraînement : faire la différence entre une bonne et une mauvaise problématique !

Je construis ma synthèse

Félicitations, tu as bientôt fini ton Étude de Gestion ! Regarde le chemin parcouru : choix du sujet, recherche et sélection des documents, définition de la problématique…

Maintenant, il ne reste plus qu'à rédiger ta synthèse !

C'EST QUOI, UNE SYNTHÈSE ?

SYNTHÈSE

=

« Opération intellectuelle qui consiste à **rassembler des éléments** de connaissance issus de sources différentes (mais portant sur un même sujet), **en un tout**, un ensemble cohérent, structuré et homogène dans l'objectif de **répondre à une problématique.** »

Une bonne synthèse est :

- Courte
- Pertinente
- Structurée

COMMENT S'Y PRENDRE ?

1 J'analyse mes documents

1. Je lis avec attention mes articles les uns à la suite des autres.
2. Sur chacun d'eux, je relève toutes les idées intéressantes (mes futurs arguments sans doute…) et tous les exemples parlants.
3. Je regroupe les idées qui se rapprochent et les exemples en lien sur une même feuille.
4. Après relecture de mes notes, je me rends compte que les feuilles peuvent se regrouper…

EXEMPLE

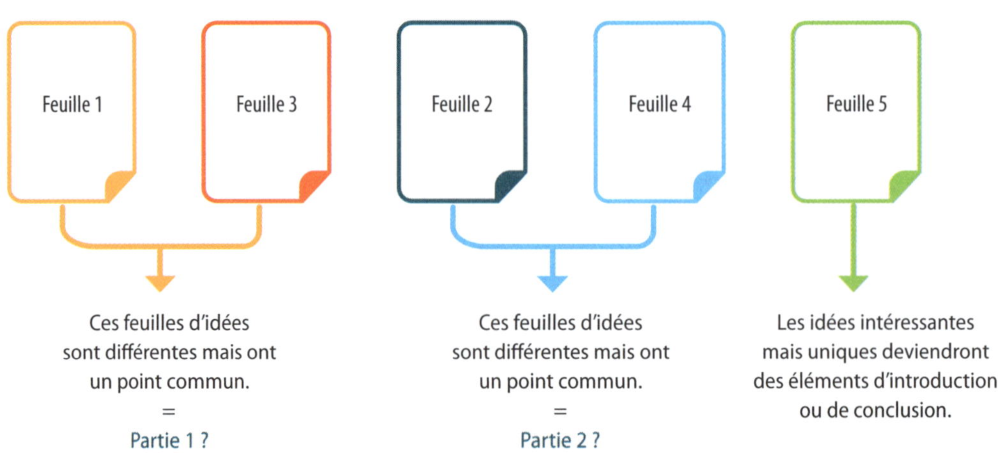

Les liens entre les parties peuvent être du type :

- pour / contre
- causes / conséquences
- bénéfices pour les clients / bénéfices pour les salariés
- stratégie A / stratégie B…

2 Je dégage mes parties

5. Je résume <u>en une phrase</u> chaque feuille :

Je viens d'obtenir les titres de mes parties A, B, voire C !

6. Je résume <u>en une phrase</u> les deux feuilles similaires :

Je viens d'obtenir les titres de mes parties I et II !

ASTUCE DE PROF

Les titres doivent être parlants !

La simple lecture des titres permet de répondre à ta problématique.

3 Je finalise mon plan de synthèse

Bientôt fini ! Mais pour être parfaitement sûr(e) de la qualité de mon travail :

7. Je vérifie que mon plan :
  a. reprend toutes les idées intéressantes ;
  b. est compréhensible, logique et convaincant.

8. Je valide ou ajuste les termes employés dans ma problématique.

JE PEUX MAINTENANT RÉDIGER

Si je résume :

Je rassemble des documents de sources variées et de natures différentes. Je repère et trie les idées qui m'intéresse.

Je dégage un plan cohérent et structuré qui répond à ma problématique. Je peux désormais rédiger mes arguments.

Je prépare mon oral

**Ton dossier d'EDG est terminé ! Félicitations, tu peux déjà être fier(e) de toi.
Maintenant, dernière étape : il va falloir le présenter à l'oral !**

Prêt(e) pour ce dernier challenge ?

COMMENT FAIRE ?

Encore une fois, tu dois te faire confiance et juste suivre un peu de méthode.

1 La préparation

Pour optimiser ton oral, réponds à ces quelques questions :

1 Quel est le temps imparti pour ma prestation ?

Tu te rends ainsi compte que ton temps est… **limité** !

2 Quel est l'objectif de mon oral ?

Dit autrement, « que veut savoir mon auditoire à la fin de mon exposé ? »

Tu ne pourras pas expliquer tout ce que tu veux :
il va falloir **SÉLECTIONNER** les informations essentielles.

3 Quelle structure ?

INTRODUCTION	CONTENU	CONCLUSION
+	+	+
Rappel du but de ton travail initial et donc de la structure de ton exposé.	• Relis ton dossier, car tu l'as déjà structuré. • Reprends ses parties pour constituer le plan de ton oral.	Réponse à la problématique posée en introduction et apport personnel de ce travail.

4 Quelles informations ?

Le temps limité t'oblige à sélectionner les informations les plus importantes.
Et voilà le grand dilemme : **Comment choisir les bonnes informations ?**

Pour t'aider, pose-toi cette question :

« Quelles sont les informations indispensables à transmettre lors de mon oral pour que mon auditoire comprenne le déroulement et le résultat de mon travail ? »

Maintenant, on sélectionne, on fait des choix !

1. Prends ton dossier.
2. Rappelle-toi tes contraintes : **un temps limité et un objectif à remplir !**
3. À chaque idée intéressante, il va falloir que tu réfléchisses :

« Cette information est-elle utile pour mon auditoire ? »

Attention à mes contraintes…

OUI : Je garde

NON : Je ne la conserve pas pour l'exposé, mais je peux y penser durant l'entretien. Rien n'est perdu !

4. À la fin de ta sélection, relis l'ensemble et réponds à la question :

« Si je ne sélectionne que ces informations, est-ce que mon auditoire aura compris mon travail ? »

5 Quel support ?

En plus de ton dossier, tu devras créer un support visuel du type diaporama, Prezi, document Word, affiche… Ce support sera un point de repère pour ton auditoire. Il ne faudra y noter **QUE** l'essentiel !

6 Comment le dire ?

L'une des clés du succès : l'entraînement !

- Avec ton dossier, ton support, tes notes…
- Debout, à haute voix…
- Devant la glace, ta famille, tes ami(e)s…

2 Le jour J

Ton sac est prêt : clé USB, dossier, support, notes, eau, gâteaux…
Tu as fait des efforts de présentation tout en restant naturel(le) : vêtements, chaussures, coiffure.

Tu es prêt(e) !
Aie confiance, tu vas être top !

3 Après…

Toute prestation orale est riche d'enseignements : points forts, axes d'amélioration, gestion des émotions, capacité à argumenter, niveau de maîtrise des connaissances… Prends le temps de t'autoévaluer pour que le prochain soit encore meilleur.

L'année prochaine, c'est le grand oral !

Dans tous les cas… :
Félicitations !
Sois fier(e) de toi.

Le b. a.-b. a. des logiciels

Maîtriser les principaux logiciels de bureautique est une compétence indispensable pour ton CV. Traitement de texte, tableur, diaporama… tu vas découvrir dans ces pages des modes opératoires qui te permettront de devenir autonome dans l'utilisation de ces logiciels phares !

Word

- **Fiche 8** Mettre en forme Word
- **Fiche 9** Insérer un élément

Excel

- **Fiche 10** Comprendre le fonctionnement d'Excel
- **Fiche 11** Mettre en forme Excel
- **Fiche 12** Utiliser des formules de calculs
- **Fiche 13** Insérer un graphique

PowerPoint

- **Fiche 14** Mettre en forme son diaporama
- **Fiche 15** Animer sa présentation

Une suite bureautique est composée de plusieurs logiciels.

Chaque logiciel d'une suite bureautique a un objectif précis !

Voici une présentation des principaux logiciels de bureautique :

Suite bureautique		Caractéristiques	En bref…
Libre Office	Microsoft		
Writer	Word	**Logiciel de traitement de texte** Il permet de créer, de modifier, de mettre en forme des documents en vue de les conserver, de les transmettre ou de les imprimer. →	Pour élaborer des documents, des rapports.
Calc	Excel	**Logiciel de tableur** Il est spécialisé dans le calcul et la représentation de données en tableau ou sous forme graphique. →	Pour effectuer des calculs, des graphiques.
Impress	PowerPoint	**Logiciel de présentation** Il facilite la présentation orale d'idées et de projets, en proposant un diaporama attrayant et dynamique. →	Pour préparer des diaporamas utiles lors de présentations orales.

FICHE 8

Mettre en forme Word

1 Mettre en forme une page

→ Lorsque tu ouvres un document vierge Word, il faut savoir que la page est déjà mise en forme. Tu peux le découvrir (et le modifier !) dans l'onglet « Mise en page » :

- **Marges :** 2,5 cm. Jusqu'à 2 cm, cela ne défigurera pas ta page. Au-delà, les marges seront trop petites.
- **Orientation :** portrait (à la verticale).
- **Taille :** A4
- **Espacement avant :** 0 pt
- **Espacement après :** 8 pt. *Cet espacement après peut être réduit, voire supprimé, sans pour autant perturber la lisibilité de ta page.*

! Comment mettre une seule page en format paysage, à l'horizontale ?

1. Sélectionne la page souhaitée.
2. Clique sur l'onglet « Mise en page »…

…et clique ici !

3. Sélectionne :

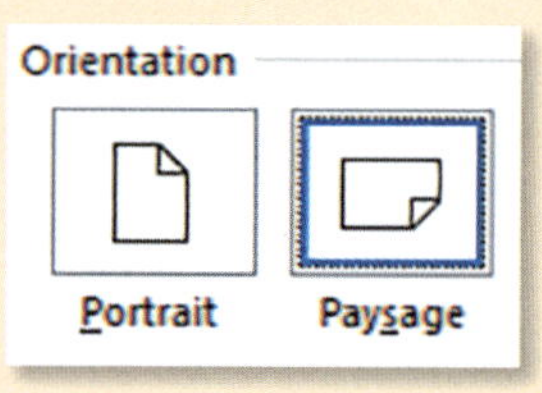

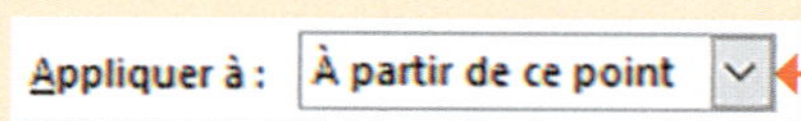

et valide !

→ Si tu veux insérer un numéro de page, clique sur l'onglet « **Insertion** ».

→ Pour faciliter la mise en page de ta page, affiche la règle à partir de l'onglet « **Affichage** » :

2 Mettre en forme un texte

Couper : Ctrl + X.
Tu prends et tu déplaces.

Copier : Ctrl + C.
Tu laisses et tu copies.

Reproduire
une mise en forme.

Coller : Ctrl + V.
Avec options si tu cliques sur ⌄.

Pour **trier** directement une **liste** ! Une vraie pépite.

- Points, losanges, carrés…
1. … numéros ou lettres…

Aligner ou décaler, à toi de choisir les listes que tu souhaites.

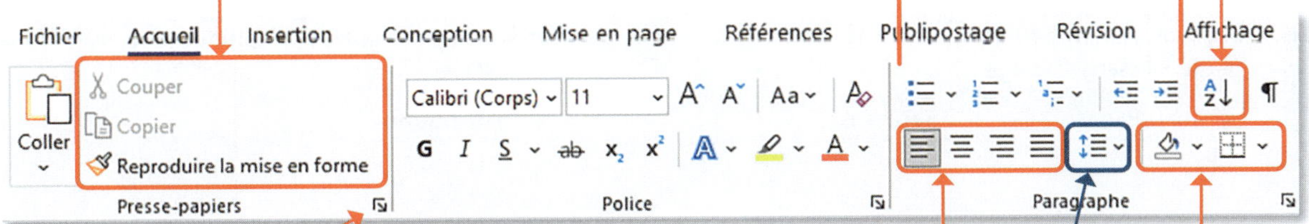

As-tu déjà cliqué sur cette flèche ?

Voici toutes les **fonctionnalités** pour :
- changer de police, de taille, de couleur
- mettre en gras, en italique
- souligner, barrer
- transformer en indice, en exposant
- surligner
- …

Sélectionne le texte que tu veux mettre en forme, et teste !

Alignement
- à gauche
- centré
- à droite
- justifié (c'est-à-dire aligné sur les deux côtés)

Le centré doit être limité aux éléments que tu veux mettre en valeur.

Ces deux icônes te permettent de modifier la trame de fond et/ou les bordures d'un **tableau**.

Tu découvriras ici toutes les **interlignes** possibles pour ton texte.
Pour optimiser le confort de lecture, nous te conseillons 1,15.

FICHE 9

Insérer un élément Word

L'onglet… « Insertion »

Au lieu d'appuyer dix fois sur la touche « entrée » pour atteindre une nouvelle page, insère une **page vierge** ou un **saut de page**.

Un grand nombre de **formes** sont disponibles. À toi de les personnaliser : remplissage, contour, effets, position, habillage…

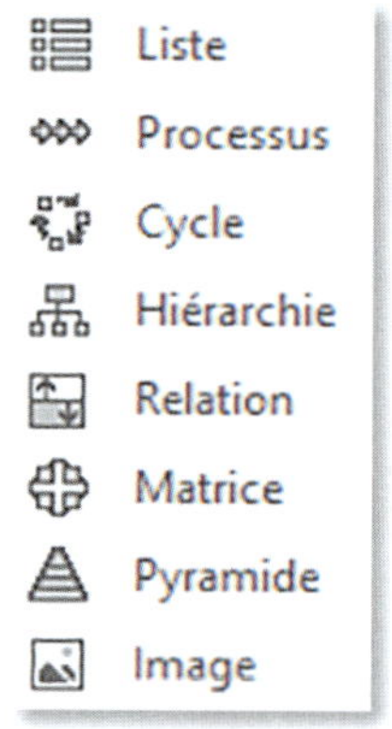

Insertion **d'équation mathématique**, de **caractère spécial**, de **symbole**… Tout se trouve ici : ñ, É, Ê, ↔, Σ, ②, □…
Les polices « Webdings » et « Wingdings » regorgent de symboles sympas 😉

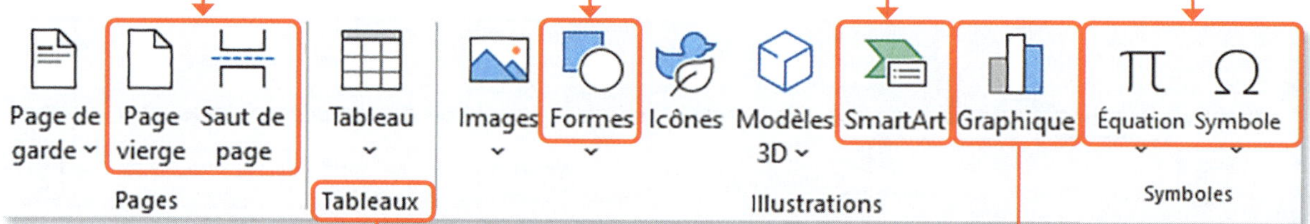

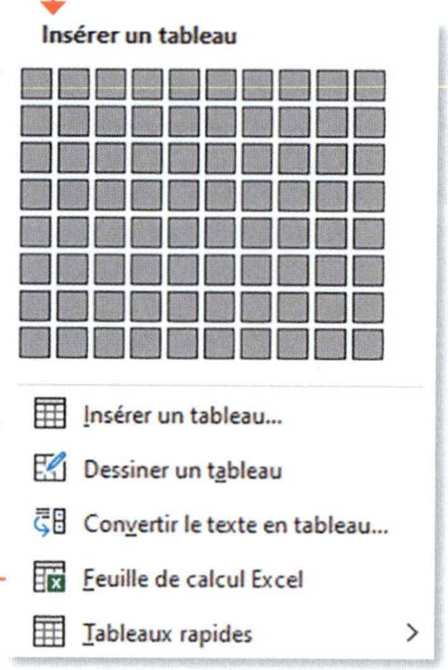

En glissant sur les cases du **tableau**, tu détermines les nombres de colonnes et de lignes.

Sais-tu que tu peux insérer directement une **feuille Excel** dans un document Word ?

À toi de choisir le **graphique** le plus pertinent pour mettre en avant tes données.

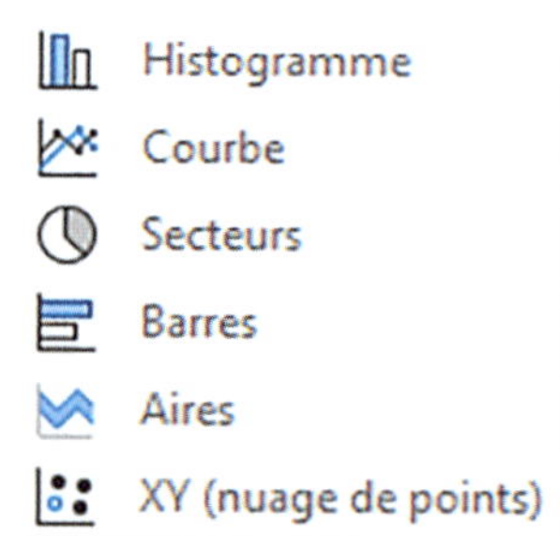

Attention

Chaque fois que tu insères un élément, un ou plusieurs nouveaux onglets apparaissent pour le mettre en forme. Sélectionne ce que tu as inséré et découvre les fonctionnalités.

Tu souhaites enregistrer ton travail sous format PDF ?

1. Onglet « **Fichier** »
2. 

3. 

FICHE 10

Comprendre le fonctionnement d'Excel

La feuille de calcul

- Lorsque tu lances le logiciel, Excel te propose d'ouvrir un nouveau classeur :
- Dès que tu cliques dessus, une feuille de calcul vierge apparaît.
  Elle se compose…

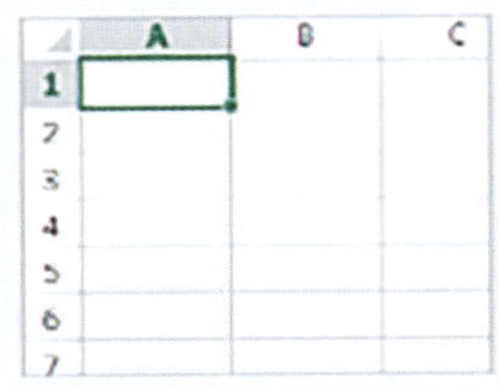

Nouveau classeur

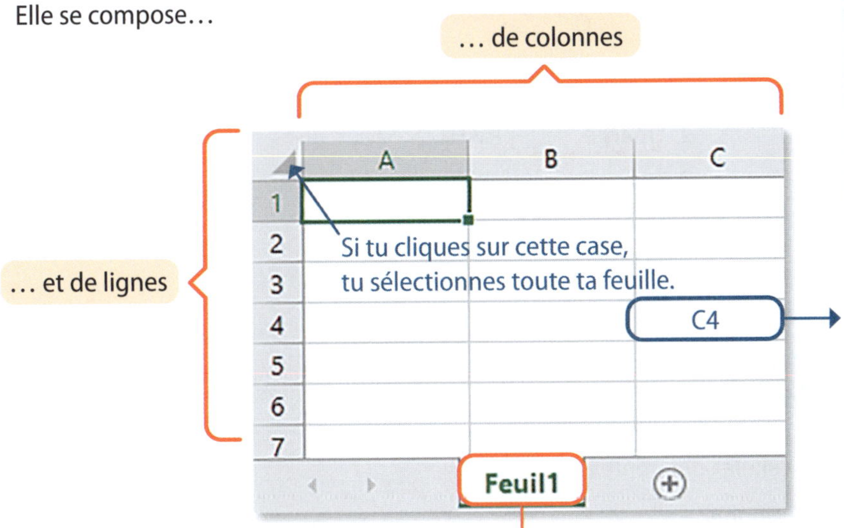

Excel fonctionne comme un classeur dans lequel tu peux ajouter des feuilles en appuyant sur ⊕ .

→ Au-dessus de ta feuille de calcul se présente une ligne un peu particulière, décryptons-la :

Référence de la cellule en cours d'utilisation

Cette « barre de formule » te permet d'inscrire ce que tu souhaites dans ta cellule, ou d'insérer directement une fonction.

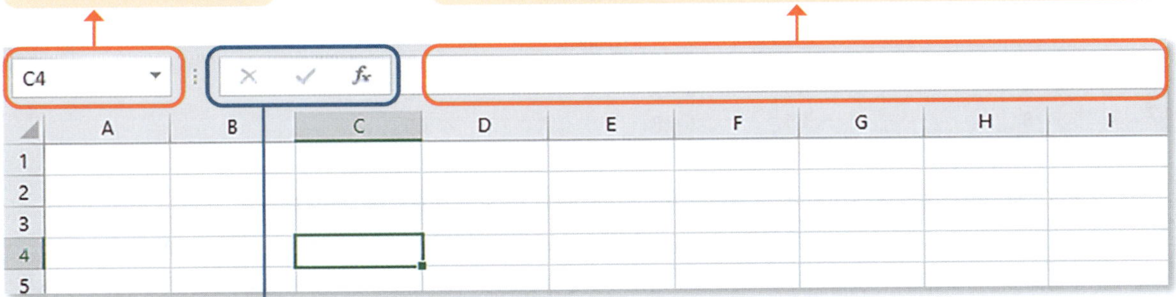

- × Annuler
- ✓ Valider
- fx Faire une recherche de fonction : année, date, somme, moyenne, texte…

Tu souhaites enregistrer ton travail sous format PDF ?

1. Onglet « **Fichier** »
2. Exporter
3. 

FICHE 11
Mettre en forme Excel

1 Renvoyer à la ligne

→ Pour que ton texte revienne automatiquement à la ligne selon la taille de la cellule, clique sur ab↵ à partir de l'onglet « **Accueil** ».

	C	D
1		
2	Taux de mar	PV HT
3		
4	30	
5	25	

→

	C	D
1		
2	Taux de marge	PV HT
3		
4	30	
5	25	

2 Fusionner des cellules

→ Pour transformer plusieurs cellules différentes en une seule :

1. Sélectionne les cases à fusionner.
2. Dans l'onglet « **Accueil** », clique sur ⇔.
3. Pour aligner (verticalement et horizontalement) le texte de la cellule, utilise ces icônes :
4. Si tu souhaites annuler une fusion, effectue la même procédure !

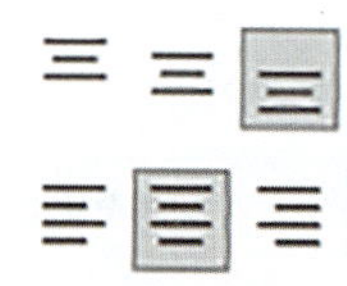

	A	B
1	Référentiel produit	
2	Produits	PA HT
3		
4	A	40
5	B	65

→

	A	B
1	Référentiel produit	
2–3	Produits	PA HT
4	A	40
5	B	65

→ Pour **augmenter/réduire la hauteur** des lignes ou des colonnes, tu peux :

- effectuer un clic droit sur la ligne que tu souhaites modifier et appuyer sur « Hauteur de ligne ». Cela te permettra de choisir avec précision une taille. La même procédure sera possible pour les colonnes, sauf que la proposition sera « Largeur de colonne » ;
- simplement cliquer sur la ligne de ton choix et faire glisser ta souris jusqu'à obtenir le résultat que tu souhaites.

- **Insérer une ligne/colonne**
  1. Place-toi sur une cellule
  2. Clic droit
  3. « Insérez… »
  4. Fais ton choix !

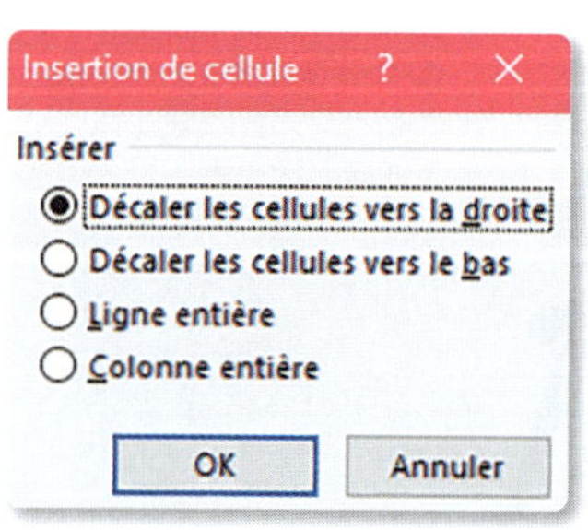

- **Supprimer une ligne/colonne**
  1. Place-toi sur une cellule
  2. Clic droit
  3. « Supprimez… »
  4. Fais ton choix !

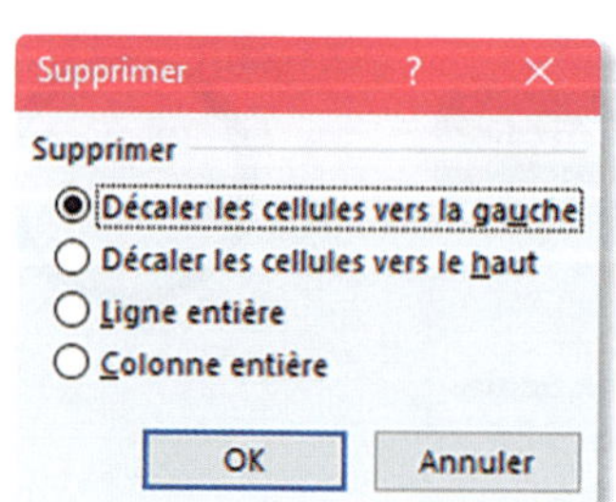

Produits	PA HT	Taux de marge	PV HT
A	40	30	
B	65	25	
C	30	50	
D	120	45	
E	350	20	

Produits	PA HT	Taux de marge	PV HT
A	40	30	
B	65	25	
C	30	50	
D	120	45	
E	350	20	

Si tu souhaites embellir ton tableau, tu peux…

- … **mettre des bordures**
  Sélectionne les cellules, onglet « **Accueil** », icône .
  Si tu cliques sur la flèche, des options s'offrent à toi.
- … **mettre une trame de fond**
  Réitère l'opération, mais clique sur l'icône d'à côté .
  Une infinité de couleurs se cachent aussi derrière le .

3 Mettre la date du jour automatiquement

→ Dans les factures, les bons de livraison, les courriers… il est important d'inscrire la date du jour ! Excel le fait automatiquement, il suffit de lui préciser, en suivant la méthode ci-dessous :

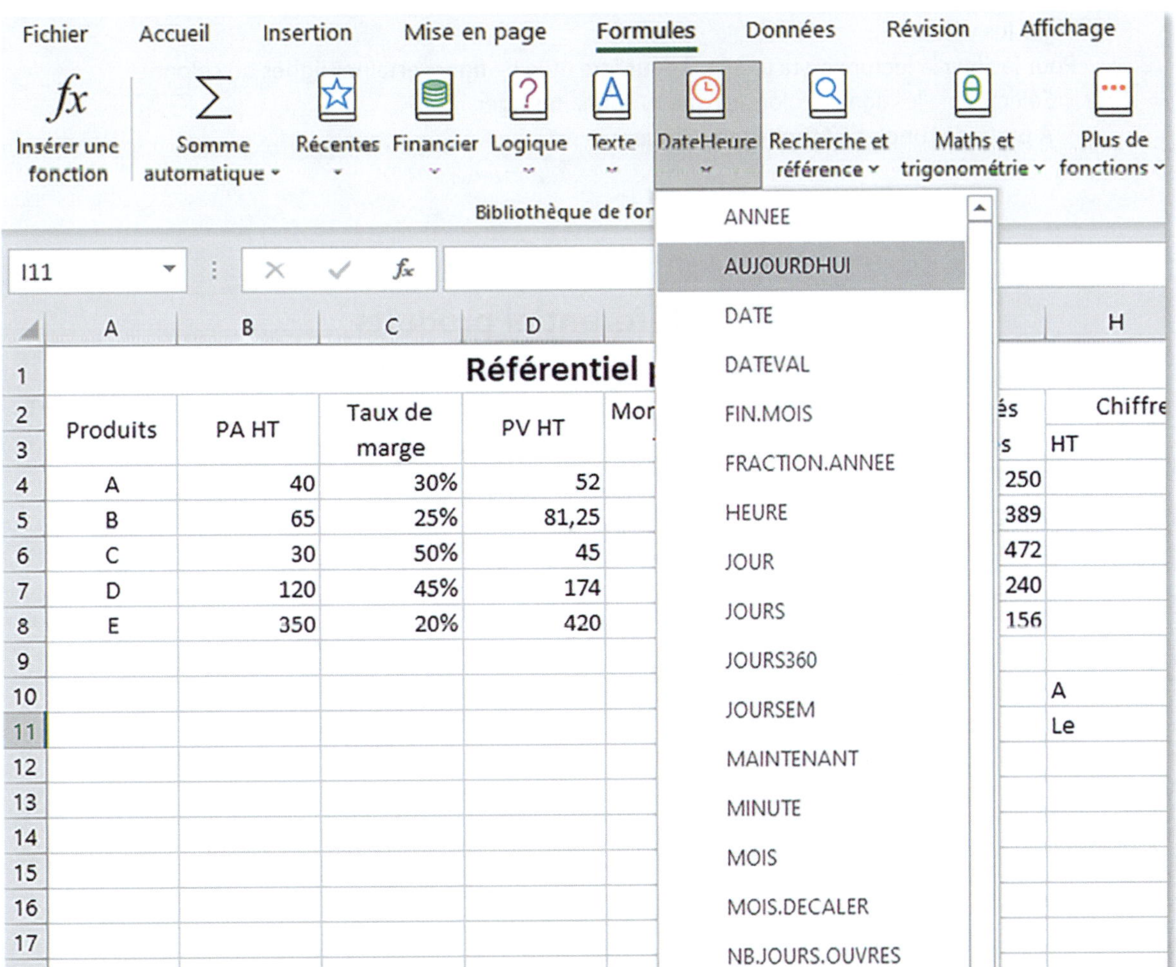

Tu peux aussi mettre juste l'année, la date fin de mois, l'heure, le jour… que de possibilités !

4 Utiliser une feuille

→ **Masquer des lignes/colonnes**

- Sélectionne les lignes/colonnes que tu souhaites masquer
- Clic droit
- « Masquer »

Si tu souhaites afficher les éléments masqués, il suffit de sélectionner les lignes/colonnes autour, puis clic droit « Afficher ».

	A	C	D	E	F	G	H
1				**Référentiel produits**			
2-3	Produits	Taux de marge	PV HT	Montant de TVA	PV TTC	Quantités vendues	Chif HT
4	A	40	30%	52			
5	B	65	25%	81,25			
6	C	30	50%	45			
7	D	120	45%	174			
8	E	350	20%	420			
9					TOTAL		
10							

→ **Figer les volets**

Pour faciliter la lecture de ta feuille, il peut être utile de figer certaines lignes ou colonnes.

- Sélectionne les lignes, colonnes que tu souhaites figer.
- À partir de l'onglet « **Affichage** », clique sur 

	A	B	C	D	E	F	G	H
1					**Référentiel produits**			
2-3	Produits	A HT	Taux de marge	PV HT	Montant de TVA	PV TTC	Quantités vendues	Chif HT
4	A	40	30%	52				
5	B	65	25%	81,25				
6	C	30	50%	45				
7	D	120	45%	174				
8	E	350	20%	420				
9						TOTAL		
10								

FICHE 12 Utiliser des formules de calculs

1 Réaliser une opération simple

→ Excel est un tableur, c'est-à-dire un logiciel spécialement développé pour effectuer en direct des calculs, à l'image d'une calculatrice géante.
Pour indiquer au logiciel qu'une cellule sera un calcul, il suffit de commencer par écrire le signe **= à l'intérieur de celle-ci.**

Pour réaliser une **opération simple**, il te suffit de suivre les étapes suivantes :

	A	B	C	D	E	F	G	H	I
1		Référentiel produits							
2	Produits	PA HT	Taux de marge	PV HT	Montant de TVA	PV TTC	Quantités vendues	Chiffre d'affaires	
3								HT	TTC
4	A	40	30%	52	10,4	=D4+E4			
5	B	65	25%	81,25	16,25				
6	C	30	50%	45	9				
7	D	120	45%	174	34,8				
8	E	350	20%	420	84				
9						TOTAL			
10									
11									
12									
13									
14									
15									
16									

En cliquant sur ce petit point et en faisant glisser la souris vers le bas, l'opération va devoir être reproduite pour les cellules allant de F5 à F8. Hors de question de refaire 4 fois le calcul !

1. Place-toi dans la cellule souhaitée (ici F4) et tape =.
Le logiciel sait désormais que cette cellule sera une **formule**.
2. Avec ta souris, va chercher les cellules utiles à ton calcul.
Ici D4, tape +, puis E4. Les cellules sélectionnées clignotent.
3. Appuie sur « Entrée ».

Les opérations simples sous Excel

Addition	+
Soustraction	-
Multiplication	*
Division	/

2 Fixer une cellule

→ À partir de ta barre de formule, sélectionne la cellule que tu souhaites fixer dans ton opération et appuie sur la touche F4 (selon ton clavier, tu peux être obligé(e) d'appuyer en même temps sur les touches Fn et F4). Des $$ apparaissent. Tu viens de créer une **valeur absolue**. Tu peux copier coller ta formule, celle-ci ne changera pas.

Quantités vendues
250
389
472
240
156
=SOMME(G4:G8

Faire une somme automatique

1. Clique sur la case dans laquelle tu souhaites faire apparaître une somme.
2. Tape **=somme(**
3. Sélectionne les cellules que tu souhaites ajouter, en glissant le curseur de ta souris.

Ferme la **)** et appuie sur « Entrée » !

Faire une moyenne

Réitère la même opération que pour la somme, sauf qu'au lieu de faire **=somme(**, tape **=moyenne(**

→ **Mais comment faire si les cellules ne sont pas les unes à la suite des autres ?**
Sélectionne-les en maintenant la touche CTRL appuyée !

→ Lorsqu'une formule de calcul n'a rien à calculer, des 0 apparaissent en guise de résultat. Cela n'est pas très esthétique sur une facture, un devis, un bulletin de paye… Voici la solution.

Prenons un exemple :
Une entreprise a un nouveau produit, nommé F, mais n'a pas encore le PAHT. La formule de calcul ne peut donc pas se faire.
Un 0 apparaît alors dans le PVHT.

Notre objectif : si le calcul est impossible, ne rien mettre dans le PVHT.

	A	B	C	D
2 3	Produits	PA HT	Taux de marge	PV HT
8	E	350	20%	420
9	F		17%	

Pour avoir une cellule vierge, il faut utiliser la **mise en forme conditionnelle** (pour conditions) :

```
D9    =SI(B9="";"";B9*(1+C9))
```

Voici la traduction de cette opération, réalisée dans la cellule D9 :

SI (B9 est vide **alors** D9 sera vide **sinon** l'opération sera B9*(1 + C9))

Condition ; Action si oui ; Action si non

3 Paramétrer des cellules

	A	B	C	D
1	Tableau de bord			
2	Produits	Quantités vendues		Taux d'évolution
3		M-1	M	
4	A	240	250	4,17%
5	B	402	389	-3,23%
6	C	513	472	-7,99%
7	D	198	240	21,21%
8	E	130	156	20,00%

- Si tu souhaites **convertir un résultat en %**, il te suffit de cliquer sur l'icône %, à partir de l'onglet « Accueil ».
- Si tu souhaites augmenter/réduire le nombre de décimales, il suffit de cliquer sur ←,0 ,00 / ,00 →,0.

→ Nouvel objectif : faire **varier la couleur de la cellule** en fonction de la valeur ! TOP pour la pertinence et la lisibilité de ton tableau !
- Sélectionne les cellules sur lesquelles tu travailles
- Onglet « **Accueil** »
- « Mise en forme conditionnelle »

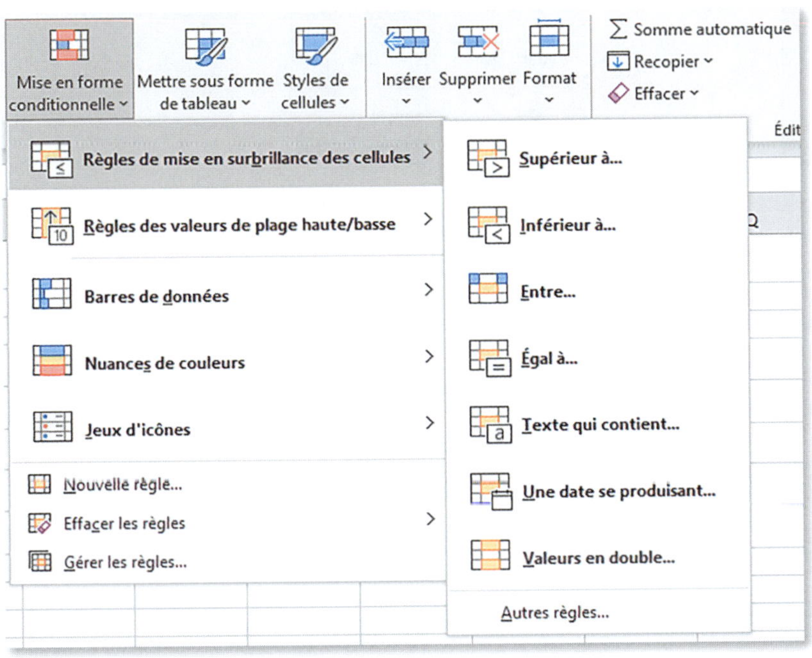

1. Supérieur à 0, alors surbrillance verte.
2. Inférieur à 0, alors surbrillance rouge.

Et voici le résultat :

Taux d'évolution
4,17%
-3,23%
-7,99%
21,21%
20,00%

FICHE 13

Insérer un graphique

1 Créer un graphique

→ Histogramme, diagramme circulaire, courbe, nuage de points… un graphique est parfois plus clair qu'un tableau ! Voici la méthode pour convertir des données en graphique de ton choix.

1. Sélectionne les données à transformer

2. Onglet « **Insertion** », choisis le graphique que tu souhaites.

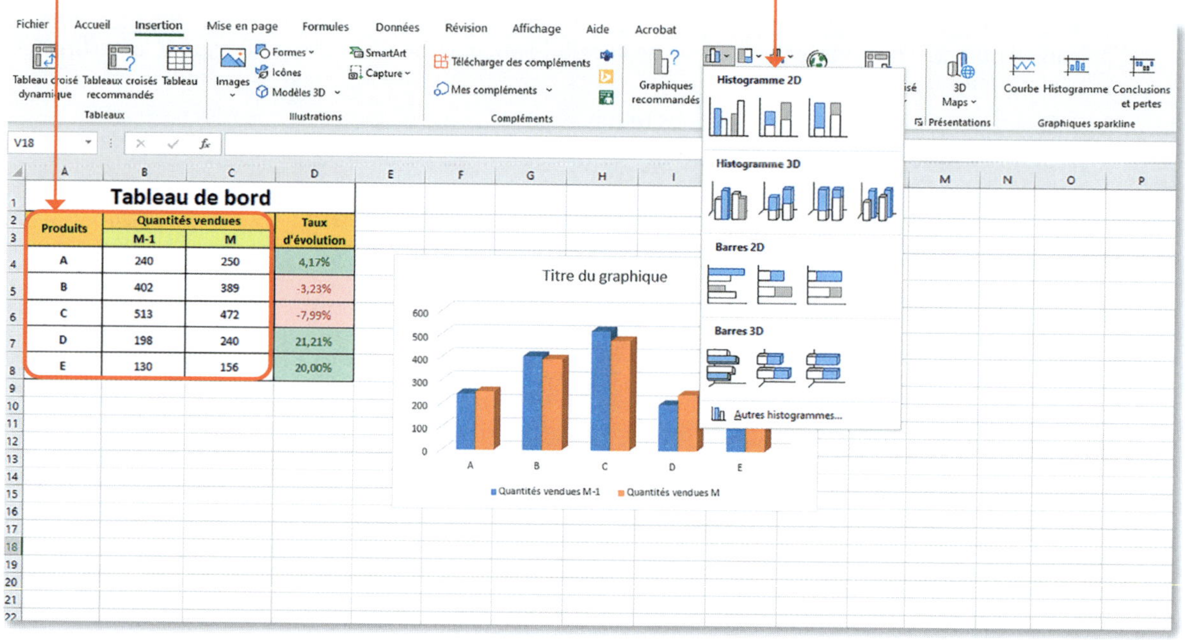

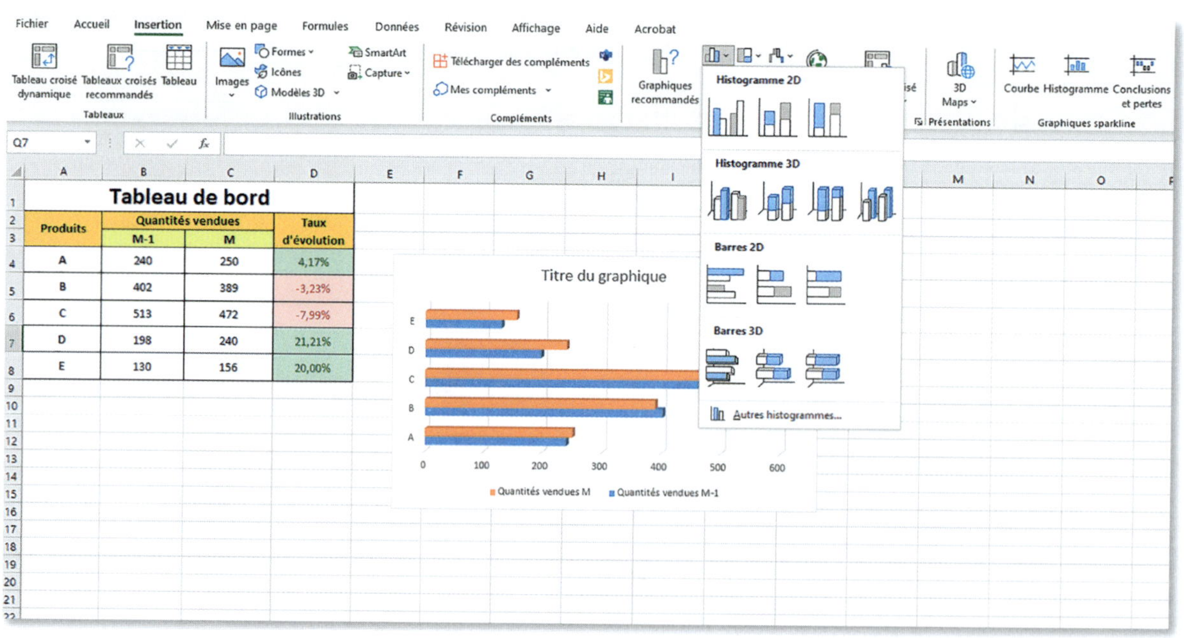

2 Mettre en forme un graphique

→ Deux onglets sont spécialement dédiés à la mise en forme du graphique obtenu : « **Création de graphique** » et « **Mise en forme** ».

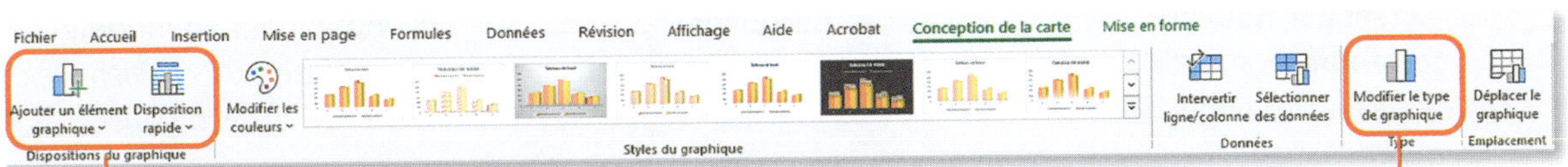

Titre, axe, étiquette, légende… ajoute ce que tu veux !

Les formes et les couleurs sont multiples pour mettre en avant ton graphique !

Le graphique ne te convient pas ? Change-le ici.

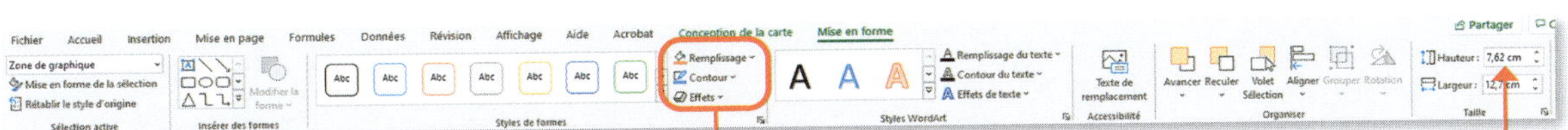

Si tu n'aimes pas les styles de graphique proposés, tu peux le personnaliser selon tes goûts : couleurs, contours et effets sont disponibles ici.

Modifie ici la taille de ton graphique.

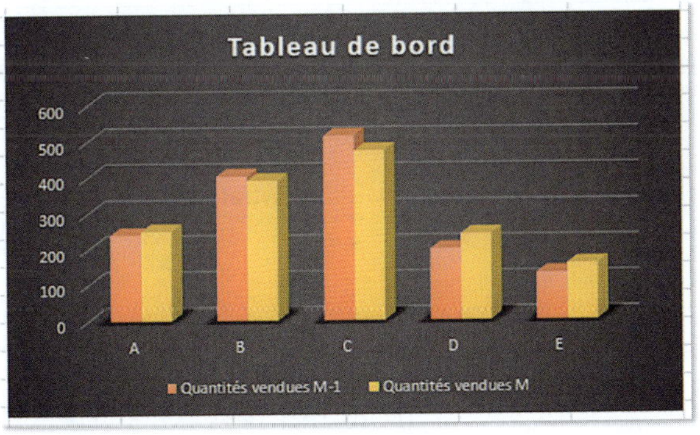

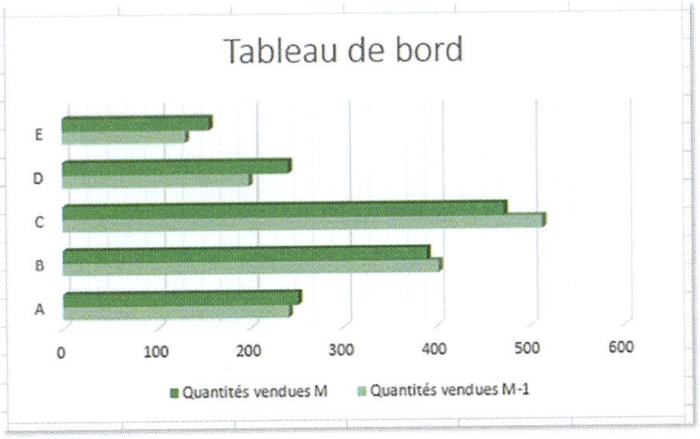

FICHE 14

Mettre en forme son diaporama

1 Définir son modèle

→ Dès que tu ouvres le logiciel PowerPoint, tu as le choix entre…

…créer une **nouvelle présentation** à partir d'une feuille vierge.

…découvrir les fonctionnalités du logiciel.

…opter pour un **modèle prédéfini**, *qu'il convient de choisir en fonction de ton sujet.*

2 Mettre en forme une diapositive (dit aussi *slide*, en anglais)

→ Le gros avantage de PowerPoint c'est que tu peux tout définir. Il suffit d'insérer !

Tableau, image, formes diverses, modèles 3D, SmartArt, graphique…
mais aussi **capture des écrans** ouverts !

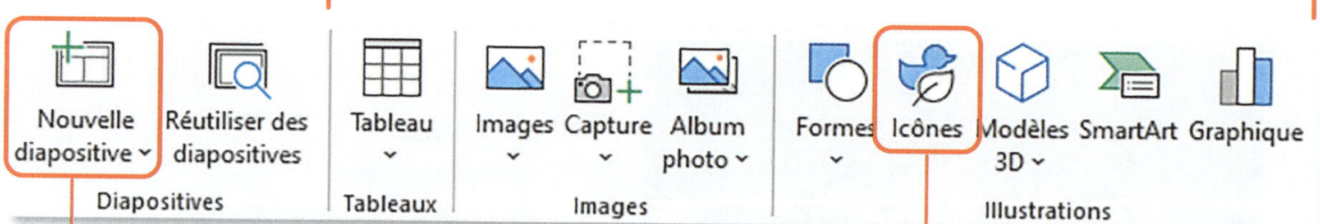

Si tu cliques sur ˅, le logiciel va te proposer plusieurs options pour ta nouvelle diapositive.

As-tu déjà cliqué sur « **Icônes** » ? N'hésite pas, tu vas découvrir des merveilles !

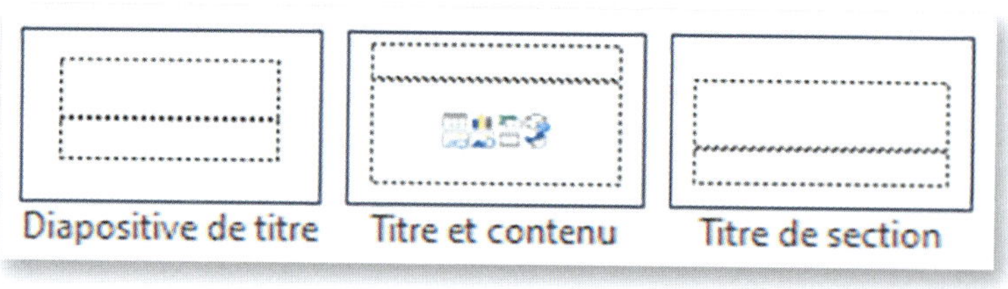

Tu peux insérer un **lien** vers Internet en cliquant ici. Un tel renvoi est aussi possible sur une image. Pour cela, fais un clic droit sur l'image de ton choix, clique sur « Lien » et insère l'adresse dans la barre « Adresse » en bas de la fenêtre qui apparaît.

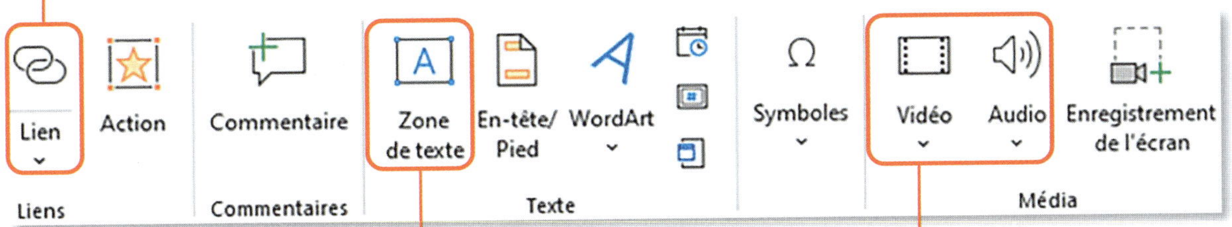

Insérer du **texte** sur ta diapositive.

Insérer directement une (courte) **vidéo**, un (court) **podcast** peut dynamiser ton diaporama.

Attention

- À chaque fois que tu insères un élément, un ou plusieurs nouveaux onglets apparaissent pour le mettre en forme.
- Pour les images, un précieux outil existe :

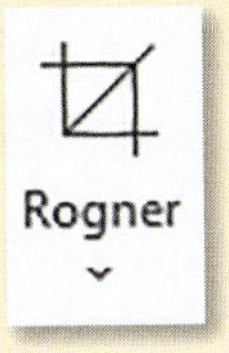

Rogner te permet de cacher (et non effacer !) une partie non utile d'une image.

3 Sais-tu…

- **… insérer un arrière-plan à ta diapositive, voire à tout ton diaporama ?**
  Sur une page vide de ta diapositive, fait un clic droit et ensuite :

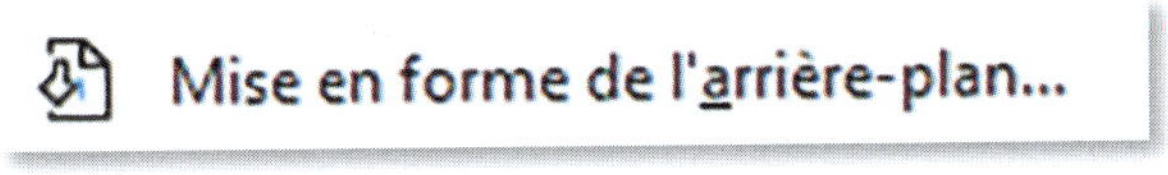

- **… supprimer le fond uni d'une image pour qu'il devienne transparent ?**
  Clique sur l'image que tu as importée.

Apparaît alors l'onglet →

Tu vas y trouver une multitude de fonctionnalités utiles dont : →

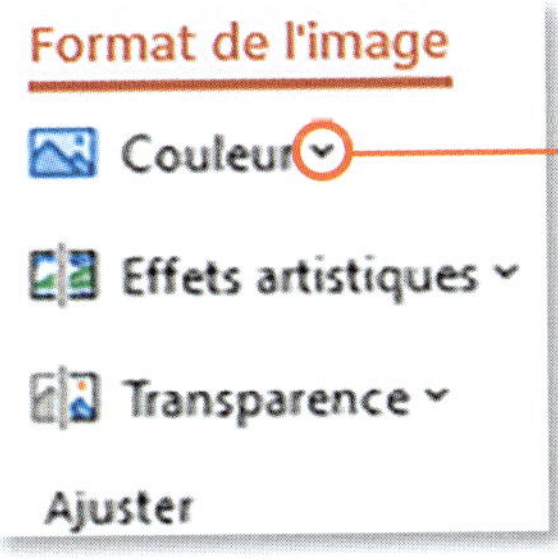

→ Clique dessus

En bas apparaît →

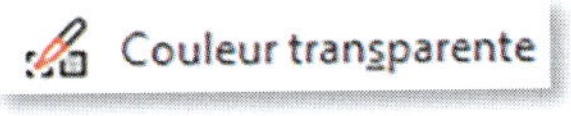

Clique dessus et place ta baguette magique sur le fond que tu souhaites effacer. Clique et regarde. C'est magique, le fond uni a disparu !

FICHE 15

Animer sa présentation

1 Dynamiser son diaporama

- Si tu veux fluidifier le passage entre les diapositives, va dans l'onglet « **Transitions** ».
- Si tu cherches à faire apparaître, disparaître, assombrir… un élément sur une diapositive, sélectionne-le et rends-toi dans l'onglet « **Animations** ».

- Pour organiser tes animations, ouvre le « **Volet Animation** ». Une fois ton animation sélectionnée, tu peux la paramétrer comme tu le souhaites avec la partie « **minutage** » :

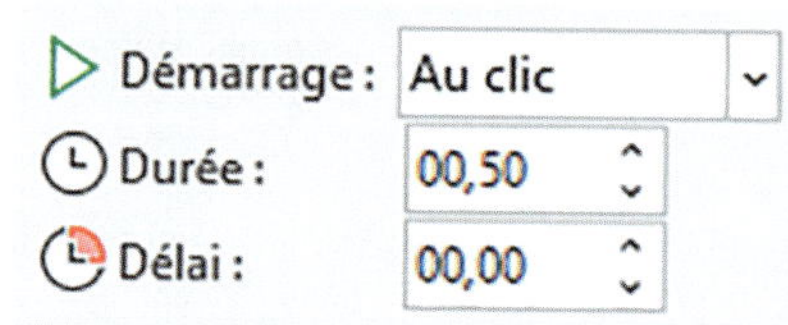

2 Visualiser son diaporama

→ À partir de l'onglet « **Diaporama** », tu auras le choix entre ces 3 options :

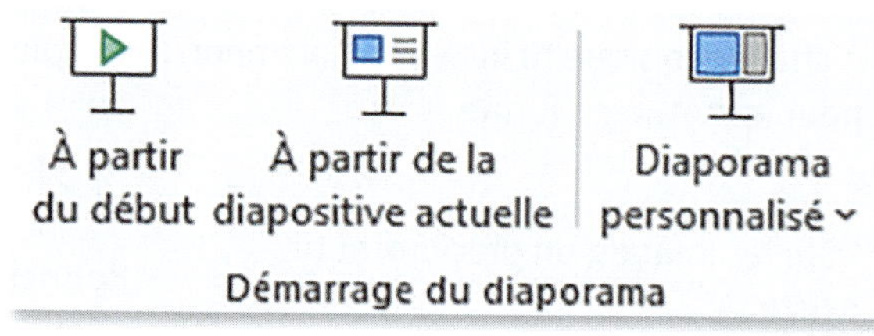

Tu souhaites faire de ton diaporama un support pour ton auditoire ?

- Onglet « **Fichier** »
- 

- 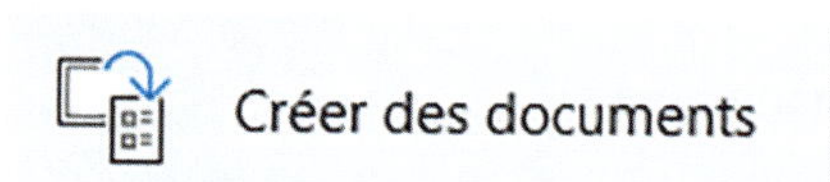

- À toi de choisir l'option que tu préfères

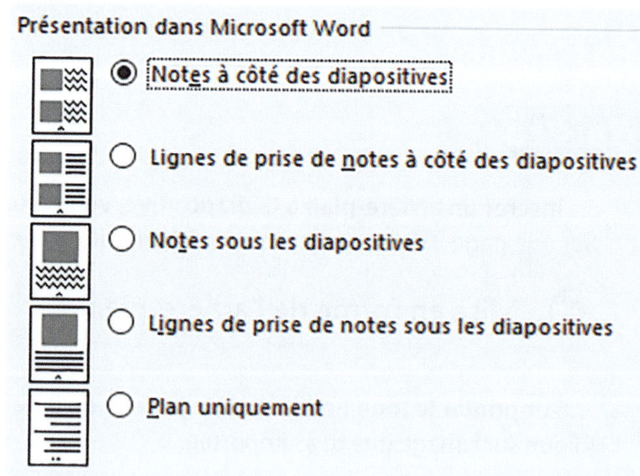

Aujourd'hui, j'apprends à...

- Enfin un dossier exclusivement dédié à développer tes capacités d'élève et de futur(e) étudiant(e) !
- Tu vas découvrir tout au long de ces pages des méthodes, des conseils et des astuces pour développer tes compétences professionnelles et personnelles. Des conseils bienvenus en cette première année du cycle terminal !

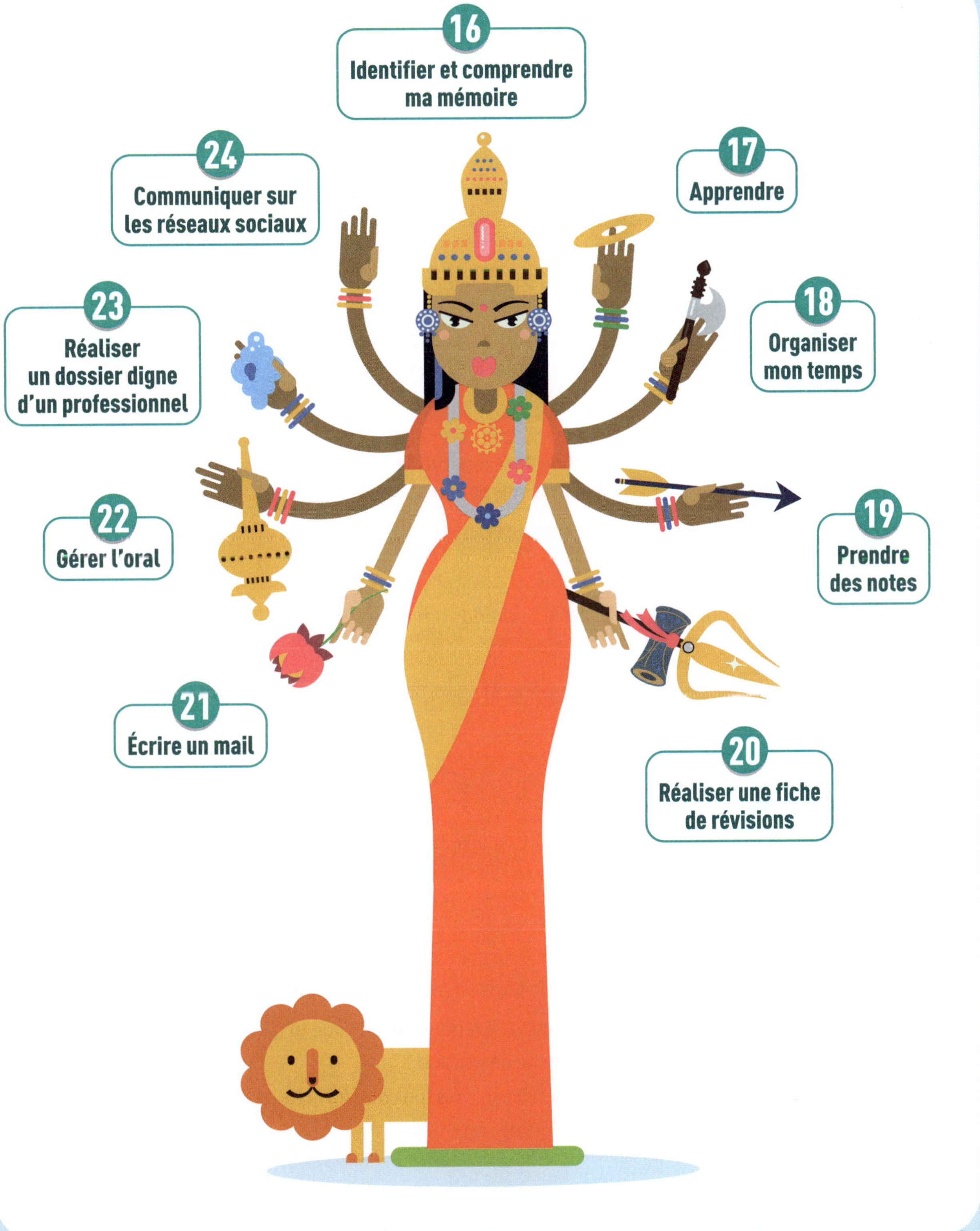

... identifier et comprendre ma mémoire !

Avant de me lancer

Comment fais-tu pour apprendre ? Liste les méthodes que tu emploies.

- ....
- ....
- ....
- ....
- ....

L'intérêt de la méthode

Depuis ce matin, combien de fois as-tu fait appel à ta mémoire ?
Impossible de compter ? C'est normal !
Ta mémoire est sollicitée toute la journée : à la maison, à l'école, dans tes activités extrascolaires, dans une conversation... Il n'y a pas que lorsque tu apprends que tu travailles réellement ta mémoire.

Mais quelle est TA mémoire ?
Question intéressante et utile ! En effet, en fonction de ta capacité de mémorisation, va découler des méthodes d'apprentissage différentes et plus efficaces pour toi.

➔ Premier pas incontournable pour mieux mémoriser :
être actif(ve) en cours !

J'écoute le cours + Je participe + Je prends des notes
= Je comprends
= Je mémorise plus vite !

À moi de jouer

1 Je découvre mon type de mémoire.

TEST « Quelle est ma mémoire ? »

Question à choix unique ou multiple.
Si tu coches plusieurs réponses, classe-les de la plus à la moins importante.

Le jour d'un devoir sur table, lorsque tu réfléchis à la réponse, est-ce que tu ...

- ☐ **a.** te vois écrire le cours, les mots sur ta fiche de révision ?
- ☐ **b.** vois ce que le professeur avait écrit au tableau, vois ton cours/ta fiche de révision ?
- ☐ **c.** entends le professeur parler du sujet lors de son cours ?

➔ Tu as coché plusieurs réponses ? Tu as donc une mémoire dominante et une ou deux mémoires secondaires. Tant mieux, cela multiplie les méthodes d'apprentissage !

Réponses au test

Réponse « a »

MÉMOIRE KINESTHÉSIQUE

Axée sur les autres sens : **toucher, goût, odorat**

Pour apprendre, tu as besoin :
- de faire / refaire un exercice ;
- de manipuler ;
- d'écrire / réecrire ta leçon.

Pour savoir si tu as retenu :
tu réecris.

Solutions à privilégier :
- Transformer ta leçon en fiche de révision (voir fiche outil 4).
- Recopier ta leçon.
- Refaire tes exercices (surtout les calculs !)

Réponse « b »

MÉMOIRE VISUELLE

Axée sur la vue

Pour apprendre, tu as besoin :
- de faire des fiches de révision à ton goût ;
- de créer des schémas, de voir des images, de faire un dessin.

Pour savoir si tu as retenu :
tu fermes les yeux et tu vois le cours.

Solutions à privilégier :
- Imaginer tes propres cartes mentales.
- Constituer des fiches de révision avec ton propre code couleur.
- Utiliser des schémas, des tableaux.

Réponse « c »

MÉMOIRE AUDITIVE

Axée sur l'ouïe

Pour apprendre, tu as besoin :
- d'écouter, de lire et de reformuler ta compréhension à voix haute ;
- de chuchoter les consignes pour mieux les comprendre.

Pour savoir si tu as retenu :
tu récites la leçon à voix haute.

Solutions à privilégier :
- Apprendre à voix haute.
- T'enregistrer lorsque tu relis ta leçon, et écouter ton podcast dans le bus, la voiture…
- Expliquer la leçon à quelqu'un.

Combien de techniques utiliser ? Une, deux... toutes ! Prends ce qui te convient, à toi et à ta mémoire.

2 Je comprends le fonctionnement de la mémoire.

Apprendre n'est que la première étape d'un processus en trois phases :

Apprendre pour assimiler	Réviser pour consolider	Utiliser pour maîtriser
Le savoir se mémorise à court et moyen termes.	Le savoir devient une connaissance personnelle à long terme.	La connaissance devient alors une compétence… Waouh !

3 J'organise mon apprentissage.

Liste les méthodes que tu penses employer à partir de maintenant.

- ....
- ....
- ....
- ....
- ....

DOSSIER

AUJOURD'HUI, J'APPRENDS À...

... apprendre !

Avant de me lancer

Connais-tu la différence entre « apprendre » et « réviser » ?

« Apprendre » revient à acquérir les savoirs, alors que « réviser » revient à les revoir.
Il faut donc apprendre avant de réviser !

L'intérêt de la méthode

Le jour du devoir sur table approche… L'heure est à apprendre !

Apprendre, c'est quoi ?
C'est assimiler des savoirs sur le long terme pour pouvoir les réutiliser au besoin. Faisons simple et comparons l'apprentissage à des dossiers rangés dans des tiroirs… Apprendre revient à ranger la bonne information dans le bon tiroir et à la ressortir quand on en a besoin !

Apprendre te décourage ? Tu ne sais pas comment t'y prendre ?
Un peu de méthode va t'aider…

CONSEILS DE PROF
- Aie confiance en toi.
- Sois motivé(e) à apprendre.
- Concentre-toi pour aller plus vite.

À moi de jouer

La technique des 5 B
Créée et validée par… nous !

1 Le Bon moment

À définir selon :

- **L'enjeu** → Devoir sur table ou épreuve terminale ? Le travail d'apprentissage sera complémentaire : apprends bien pour le devoir et tu n'auras plus qu'à réviser pour les épreuves terminales !
  Ce qui est bien appris n'est plus à apprendre !
- **Le temps disponible** → Les devoirs s'amoncellent, les épreuves terminales approchent mais les cours se poursuivent… Le temps n'est pas extensible !
  As-tu fait ton planning ? Aide-toi de la Fiche méthode BAC 18 *(p. 294)*
- **Le temps nécessaire** → Selon la matière, la fatigue, la période de l'année… on apprend avec plus ou moins de rapidité.

EXEMPLE DE PLANIFICATION

Mon ou ma (super) prof de SDGN nous a annoncé un devoir sur les indicateurs de la performance. Chapitre long avec des formules de calculs.
Tout ce que j'aime ! La date est dans un peu moins de quinze jours…

Date du DS
Oups, trop tard !

Dès l'annonce	une semaine avant	deux jours
JE RÉALISE	**JE REFAIS MES EXERCICES (surtout les calculs)**	**JE RÉVISE LE TOUT RAPIDEMENT !**
Ma fiche de révision, mon *mind mapping*, mon podcast… ce qui me convient.	Cela me prend peu de temps car j'ai déjà réalisé mon support d'apprentissage.	Mais en fait, je sais déjà tout…

- **Ses propres habitudes !** → Matin, après-midi, soir : quand suis-je le/la plus performant(e) ?
  Il paraît que c'est le matin pour apprendre et le soir pour relire.

2 Le Bon lieu

Pour bien travailler, il faut être dans de bonnes conditions ! Tu le sais, tu l'as appris en cours.

1. Isole-toi dans un endroit où tu te sens bien et où tu ne seras pas dérangé(e).
   Chambre, cuisine, salon, bibliothèque municipale, CDI, salle de permanence, couloir, jardin sous un parasol…
2. Bannis toutes les sources de distraction.
   Smartphone, télévision, famille, musique forte…

3 La Bonne durée

La juste durée : **ni trop, ni trop peu.**
À toi de voir ce que tu préfères : de temps en temps ou à fond ?

La technique « Pomodoro », (« tomate » en italien)

25 minutes, timer en route :
Je travaille 1 tâche en mode « Concentration maximale »

5 minutes de repos
Au bout de 5 Pomodoros,
je prends un repos de **15 ou 20 minutes.**

4 Le Bon nombre

Seul(e) pour apprendre les notions mais aussi **en petit groupe** pour éclaircir certains points, s'entraider, se motiver, se tester…

5 La (ou les) Bonne(s) méthode(s) !

→ Apprendre

Avec la/les méthode(s) déjà choisie(s) dans la Fiche méthode BAC 16.

→ Vérifier que l'on sait

Technique de l'autotest

1. Le jour où j'apprends, je rédige sur une feuille des questions, un QCM, un texte à trous, un plan vierge…
2. Le (sur)lendemain, je reprends cette feuille et je réponds aux questions, je complète le texte à trous…
3. Je m'autoévalue :
   - si j'y arrive, je connais mon cours !
   - si j'hésite, cela me permet d'identifier les points sur lesquels je ne suis pas encore à l'aise…

→ Réviser (veut dire « revoir »)

- Relire les titres des chapitres et laisser sa mémoire faire le reste.
- Refaire les exercices (sans la solution !)
- Refaire son *mind mapping*
- Chanter sa petite chanson
- Relire son podcast
- Refaire ses autotests
- …

→ Se projeter

Imagine les situations dans lesquelles tu auras besoin des notions.
Dans quel problème peut intervenir cette formule ? Quelles peuvent être les questions du sujet sur ce chapitre ?
Exemple : si le devoir me présente des chiffres d'affaires sur plusieurs années, je peux calculer des taux d'évolution…

CONSEILS DE PROF

Organise-toi des devoirs « en situation réelle » : temps, conditions matérielles…

Quelle que soit la méthode, tu vas vite te rendre compte qu'apprendre, et surtout savoir, c'est gratifiant !

DOSSIER

AUJOURD'HUI, J'APPRENDS À...

... organiser mon temps !

Avant de me lancer

Suis-je organisé(e) dans mon travail ?
J'entoure le profil qui me correspond le mieux :

« La veille pour le lendemain, c'est déjà très bien. Bon, j'avoue : des fois je ne suis pas toujours satisfait(e) du résultat. »

« Dès que j'ai un devoir, hop, je le fais ! Comme cela, c'est fini et je peux y revenir si besoin. Cela me rassure. »

« Je m'y mets de deux à trois jours avant. Des fois cela est suffisant, des fois non… »

Lecture des profils…

A : En d'autres termes, tu n'es pas organisé(e) ! Pas de panique, tout s'apprend. Il faut juste s'y mettre. La grande question : la souhaites-tu ?

B : Félicitations ! Tu as déjà de bons réflexes qui te permettent d'aborder ta scolarité avec sérénité. Attention à ne pas te mettre trop de pression quand même…

C : Pas de doute : tu es sur la bonne voie ! Il faut que tu apprennes à optimiser ton organisation pour que tu ne sois pas débordé(e) par l'accélération des exigences.

L'intérêt de la méthode

Devoirs à la maison, devoirs sur table, épreuves terminales… Que de défis cette année !

Mon objectif : utiliser intelligemment mon temps pour travailler avec efficience !
En d'autres termes : utiliser mon temps avec intelligence pour travailler plus vite !

Don't panic ! Be organized !

À moi de jouer

1 Je crée ma to-do list.

- Faire les devoirs hebdomadaires
- Refaire ses exercices
- Apprendre pour les DS
- Constituer ses fiches de révisions
- Réaliser son étude de SDGN
- …

➔ *Applications, bullet journal, post-it, carnet… choisis le support que tu veux et que tu aimes.*

2 J'évalue le temps que cela va me prendre.

Une tâche peut être finie en dix minutes ou en plusieurs jours !
Evalue de manière réaliste (ni trop, ni trop peu) le temps nécessaire pour réaliser ta mission.

Comment ?
En fonction de :

- la complexité du travail ;
  Exercice d'application au brouillon, révisions pour un DS, préparation de l'Étude de gestion, dossier à rendre…
- de tes compétences et facilités dans la matière ;
  Les mathématiques peuvent prendre plus de temps que l'économie… et inversement !
- l'organisation exigée par le professeur
  Seul(e) (facile à organiser), en duo ou en groupe (un peu plus complexe.)

3 Je place mes tâches sur un planning.

Pour réussir cette ultime étape, il va falloir que tu…

1. …. visualises T O U S tes impératifs sur un planning hebdomadaire : transport, sport, activités extrascolaires, repas…
2. … identifies des plages libres pour travailler
3. … places tes travaux à faire sur les plages de travail identifiées.

Tu sais quoi ? Le mieux, c'est de le faire. Alors action ! Réalise ton emploi du temps type pour l'année à partir du planning ci-contre.

CONSEILS DE PROF

Semaines de cours ou semaines de vacances : les plannings seront différents ! Amuse-toi à constituer et à personnaliser tes propres plannings, selon tes besoins…

Si tu en fais un, tu le respectes ! Sinon, où est l'intérêt… ?

EMPLOI DU TEMPS

Semaine du ________ au ________

	LUNDI	MARDI	MERCREDI	JEUDI	VENDREDI	SAMEDI	DIMANCHE
8							
8:30							
9							
9:30							
10							
10:30							
11							
11:30							
12							
12:30							
13							
13:30							
14							
14:30							
15							
15:30							
16							
16:30							
17							
17:30							
18							
18:30							
19							
19:30							
20							
20:30							
21							
21:30							
22							

« Le tigre aussi a besoin de sommeil. »

Proverbe chinois.

Pour bien mémoriser, il faut laisser le cerveau se reposer… Alors, va te coucher !

PDF

hachette-clic.fr/22sdgn137

Découvre les étapes à suivre afin de réaliser le planning idéal !

AUJOURD'HUI, J'APPRENDS À...

... prendre des notes !

Avant de me lancer

TEST ENTRE AMIS

Préparation

1. Prends une feuille, un stylo et… un(e) ami(e).
2. Demande-lui de trouver un article d'actualité via son smartphone.
   Tu ne triches pas ! Il/elle choisit seul(e) !

Action

3. Ton ami te lit l'article **à vitesse normale.**
   Interdiction de répéter !
4. Tu prends des notes.
   Accroche-toi, tu peux le faire…
5. Tu lui fais un résumé de ce que tu as lu.

Bilan

6. **Diagnostic :** sur une échelle de 0 à 10, où se situe ton niveau de prise de notes ?
   (0 étant la plus petite note et 10 la meilleure).

0	1	2	3	4	5	6	7	8	9	10

L'intérêt de la méthode

Dans le cadre du lycée, des études supérieures ou de tes futurs emplois, tu utiliseras OBLIGATOIREMENT la compétence de « **prendre des notes** » !

Intérêt

Garder une trace écrite des points essentiels d'une intervention orale, d'une réunion, d'un cours, d'une conversation téléphonique…

➔ *Petite difficulté :*
L'orateur ne répétera pas toujours…

Attention

Prise de notes
≠
Retranscription fidèle et entière d'un oral

Prise de notes
=
Brouillon des idées principales d'un oral
Hors de question de faire propre. EFFICACITÉ !
↓
Après : remise au propre sous forme de fiches par exemple

À moi de jouer

1 Je me prépare.

a. Prends une feuille

Pour te donner envie mais surtout pour te faciliter la prise de notes, que choisis-tu ?

☐ Feuille A4	ou	☐ Feuille A5 ?
☐ Blanche	ou	☐ Couleur ?
☐ Vierge	ou	☐ Ligné ?
☐ Petits carr.	ou	☐ Grands carr.
☐ Libre	ou	☐ Bloc ?
☐ Cahier	ou	☐ À spirale

Autre : ....

b. Prends le nécessaire d'écriture : stylo, surligneur, crayon de papier…
Là aussi, amuse-toi et choisis des jolis stylos/surligneurs aux multiples couleurs !
Pas de règle, gomme, correcteur… cela ralentit.

c. Prépare ta feuille de prise de notes

En haut de la page
Date
Titre du thème, du chapitre, de l'ordre du jour,
Nom(s) de l'intervenant, des personnes présentes

NOUVEAU CHAPITRE = Nouvelle feuille

NOUVELLE RÉUNION = Nouvelle feuille

NOUVELLE CONFÉRENCE = Nouvelle feuille

En bas de la page
Le numéro de page : INDISPENSABLE !!!

2 Je passe à l'action.

a. Écoute l'orateur

CQFD : si tu veux réussir ta prise de notes, il va falloir être attentif(ve) à ce que dit l'orateur !
Feuille installée, stylo à la main et cerveau en marche !

b. Comprends le sens de ses paroles

c. Repère l'essentiel, le sens des idées

Tous les détails non indispensables à la compréhension seront supprimés.

d. Note !

Abréviation, flèche, symbole, dessin, phrase, schéma, tableau, *mind mapping*, plan I, II, A, B…

CONSEILS DE PROF

- Pour garder la logique de l'oral, note le plan : I/II, A/B…
- N'utilise qu'une seule couleur de stylo, pour ne pas perdre de temps.
- Entoure, souligne, surligne… Tu feras mieux à la mise au propre.

- Toutes ces étapes se font en quelques secondes.
- Elles sont quasi simultanées avec l'oral…

PDF
hachette-clic.fr/22sdgn138
Découvre ici une multitude de symboles

3 Je reprends ma prise de note en aval.

À la maison, tu relis, tu structures, tu complètes… et tu mets au propre !

Pour tes cours, envisage la fiche de révisions…
Fiche méthode BAC 20

DOSSIER

AUJOURD'HUI, J'APPRENDS À...

... réaliser une fiche de révisions !

VIDÉO
hachette-clic.fr/22sdgn139
Comment présenter une fiche de révisions (16'06)

Les 5 règles d'or de la fiche

Découvre à travers cette vidéo des astuces pour réaliser de jolies fiches !

1 Je réalise ma fiche dès la fin du chapitre.

Et pas avant ! Il faut avoir une vue d'ensemble pour distinguer l'essentiel du superflu.

➜ Un chapitre = une nouvelle feuille

2 Je crée mon style.

Mon support

- Papier ou numérique
- Feuilles ou fiches bristol
- Formats A5 ou A4
- Feuilles blanches ou de couleur

Mes styles de police

- Gras
- Souligné
- Italique
- …

Mon code couleur

- Titres en rouge
- Sous-titres en vert
- Exemples en gris
- …

➜ Une fois ton style défini, tu n'y touches plus ! Ton cerveau va s'y habituer et tu vas gagner du temps dans l'apprentissage.

3 Je note le plan.

Je l'apprends par cœur, car c'est la « colonne vertébrale » du cours.

4 Je rédige maintenant.

L'objectif est de n'inscrire que l'essentiel : définitions, citations, idées clés...

Attention, conseils importants :

- Le plan du chapitre doit apparaître dans la fiche, car c'est la « colonne vertébrale » du cours.
- Je limite la rédaction mais je privilégie les schémas, les croquis, les tableaux, les croquis.... J'aère !

Une fiche de révisions de qualité doit être :

- Synthétique
- Structurée
- Attractive

5 J'utilise ma fiche.

J'apprends ma fiche (et non mon cours !) et je la relis régulièrement.

La fiche de révisions n'est pas la seule façon de travailler ses cours.

Tu peux la remplacer ou la compléter par une carte mentale.
➜ Connais-tu le *mind mapping* ?
Découvre la technique à travers cette vidéo.
Bon et bien maintenant, on essaie ?

VIDÉO
hachette-clic.fr/22sdgn140
Le *mind mapping* tout simplement (2'42)

Activité

Transforme le chapitre de ton choix en fiche de révisions et en carte mentale.

COMMENT ?

Suis ces étapes

1. **Attends que ton cours soit fini.**

2. **Réfléchis à ton style :**

☐ Papier	ou	☐ Numérique ?
☐ Normale	ou	☐ Bristol ?
☐ A4	ou	☐ A5 ?
☐ Blanche	ou	☐ Couleurs ?

3. **Définis ton code couleur (stylos ou surligneurs).**

☐ Couleur de titre du chapitre : ....

☐ Couleur de titre des parties : ....

☐ Couleur des sous-parties : ....

☐ Couleur pour les mots-clés : ....

☐ Couleur pour les exemples : ....

4. **Lis ton cours entièrement une première fois.**

5. **Surligne le plan.**

6. **Identifie les notions essentielles de chaque partie :** mots-clés, idées, dates, exemples phares…
Entoure, surligne, note au brouillon, dans la marge… Fais tout ce qui te semble utile.

7. **Relis le plan, les notions et vérifie que tu as tout.**

C'EST BON ? TOUT Y EST ?

Si oui, c'est parti !!!

8. **Réalise ta fiche de révisions.**
Privilégie les schémas, les flèches, les tableaux, crée tes rubriques…

➔ Si tu es auditif/auditive, n'hésite pas à la transformer en podcast.

➔ Si tu es visuel/visuelle, crée ton *mind mapping*.

DOSSIER

... écrire un mail !

Avant de me lancer

- Cite trois situations dans lesquelles tu as déjà envoyé un mail.

- ....
- ....
- ....

L'intérêt de la méthode

Sais-tu qu'en moyenne une personne reçoit environ 41 mails par jour ? Cela représente presque 320 milliards de messages échangés dans le monde ! C'est énorme !

Toi-même tu échanges sûrement des mails avec ton professeur, une entreprise quelconque… non ? Ton entrée prochaine dans le monde des études supérieures (et plus tard dans le monde professionnel) va t'obliger à développer cette compétence.

➔ Alors, prêt(e) à savoir comment rédiger un « bon » courrier électronique ?

À moi de jouer

1 Je crée une adresse électronique professionnelle.

Je crée une adresse sur le modèle « prenom.nom@fournisseur.fr » sur la messagerie de mon choix :

Gmail Outlook La Poste … et bien d'autres !

> **Mon adresse électronique envoie une première image de moi à mes interlocuteurs. Pour faire bonne impression, j'évite les adresses du type « miss-troyes@… », « beaugossedu64@… » !**

2 Je comprends l'interface d'une messagerie.

Voici un exemple :

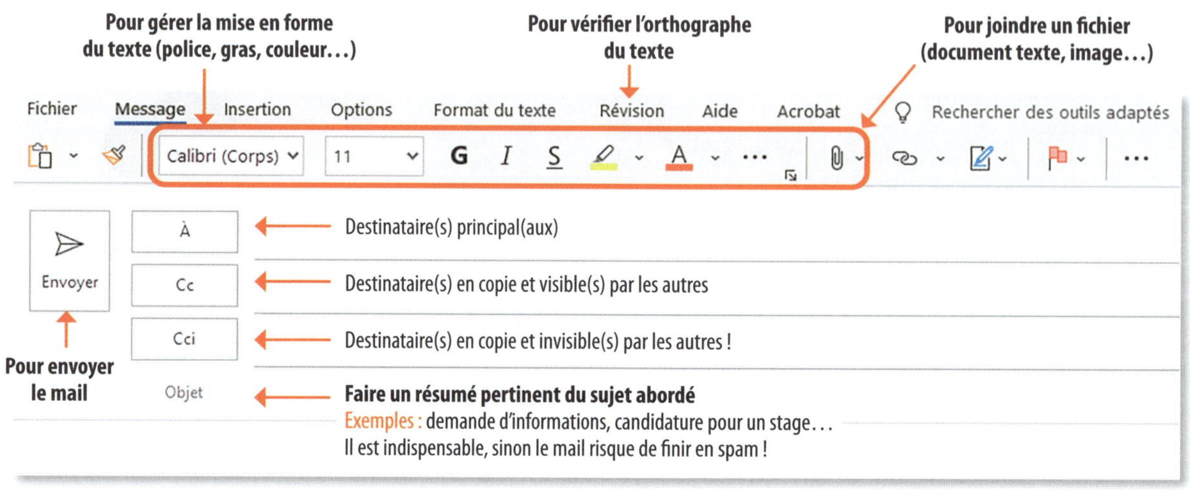

③ J'écris correctement mon courriel.

Dossier SDGN - "Hema" - Message (HTML)

Fichier | Message | Insertion | Options | Format du texte | Révision | Aide | Acrobat | Dites-le-nous

Envoyer

À : m.solarine@monlycee-educ.fr;

Cc

Cci

Objet : Dossier SDGN - "Hema"

Dossier HEMA - LETO - NGUYEN - MALAKOFF.docx
19 KB

Je commence par m'adresser à mon ou mes interlocuteurs :
« Madame/Monsieur… » : *personnes inconnues*
« Bonjour », « Cher(e)/(s) » … : *personnes connues*

Bonjour Madame,

Comme convenu lors de la séance de cours du 11 mars, je vous communique en pièce jointe **notre travail de groupe concernant l'entreprise « Hema »**.

Je place les informations les plus importantes au début.

Vous y trouverez :

- la caractérisation de l'entreprise ;
- l'analyse financière de son compte de résultat et bilan ;
- nos conclusions.

Je fais des phrases courtes et simples.

Vous en souhaitant bonne réception.
Respectueusement.

Je conclus par une formule de politesse adaptée à mon interlocuteur :
« Cordialement » : formule passe-partout
« Respectueusement » : vers un supérieur
« Bien à vous » : si je connais bien la personne…

LETO Sarah, NGUYEN Ambre, MALAKOFF Anthony
Élèves de 1re STMG 1.

Je n'oublie pas de signer, car la signature est une mine d'informations et un gage de sérieux.

N.B. : Un mail est un vrai outil de communication et pas un outil de messagerie instantanée !

Les règles d'or du bon mail

- J'écris toujours dans un français écrit correct (pas de langage parlé !) et poli.
- Je vais à l'essentiel en faisant des phrases courtes et pertinentes.
- J'utilise une ponctuation correcte sur l'ensemble de mon texte et je n'écris pas en majuscules (sauf les noms et sigles).

④ J'envoie mon mail.

Une fois que j'ai tout vérifié, je clique sur « **Envoyer** » et c'est dans la boîte… de mon destinataire !

... gérer l'oral !

Avant de me lancer

Si tes camarades et toi deviez présenter un exposé dans quinze jours devant toute la classe avec une prise de parole pendant dix minutes, comment réagirais-tu ?

a. Super ! Je vais pouvoir être actif/active !
b. On va se préparer pour ne pas faire de bêtises…
c. Où est la sortie ? Je peux me cacher sous le bureau ?

Lecture du résultat

Pas de bonne ou de mauvaise réponse !
L'oral est un exercice qui peut être perçu comme difficile pour les personnes timides (et donc peut-être toi…)
Mais, une prestation orale reste un exercice comme un autre. Et tu le sais : si c'est un exercice, il suffit de pratiquer pour s'améliorer…
Alors sois rassuré(e) : **pas de panique, juste de la technique !**

L'intérêt de la méthode

• Exposé, Étude de Gestion de SDGN*, oral de français, oral de langue, grand oral de terminale… Les prestations orales vont être nombreuses durant ces deux années, ainsi que dans tes études supérieures et ta vie professionnelle future.

Un oral réussi repose sur :

50 % DE PRÉPARATION + **50 %** DE GESTION DE COMPORTEMENT

À moi de jouer

La méthode QQOQCPC
Qui ? Quoi ? Où ? Quand ?
Comment ? Pourquoi ? Combien ?
peut t'aider !

1 J'élabore le contenu de mon oral.

1. Je réfléchis à tous les aspects du sujet.
Je me demande quelles informations je veux transmettre à mon auditoire.

2. J'effectue mes recherches.
Je vérifie la validité de mes sources : fiabilité du site, de l'auteur, actualité, pertinence...

3. Je structure mon oral en créant un plan.
C'est la colonne vertébrale de mon exposé. Il doit être clair et cohérent.

4. Je résume et organise l'essentiel de mes recherches selon mon plan.
Attention, mon temps de parole sera chronométré et mon exposé ne doit donc être ni trop long, ni trop court !

5. Si besoin, je prépare un support pour mon auditoire.
Diaporama, carte mentale, dossier, fiche mémo… Je peux créer un support pour mes interlocuteurs, si cela est utile.

* Cf. Les recommandations du Guide de l'évaluation dans le cadre de la réforme du lycée général et technologique, rentrée 2021.

② Je prépare mon oral.

1. Je prépare un support personnel pour me soutenir

L'information doit me sauter aux yeux !

CONSEILS POUR CRÉER MON SUPPORT PERSONNEL

Fond

NE PAS FAIRE DE PHRASES

Plan détaillé avec idées / exemples…

+

Guide dans la marge :

Pauses, lancement vidéo / slide suivante, annexes à montrer, sourire (!)…

Forme

- Plan écrit en deux ou trois couleurs (pas un arc-en-ciel !)
- Mots-clés surlignés
- Utilisation de flèches, de symboles
- Taille de police importante (minimum 14)

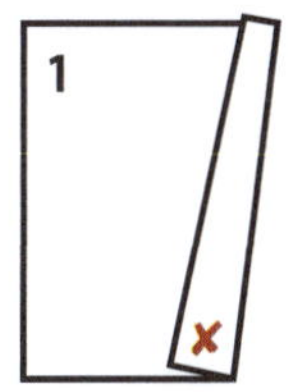

Uniquement le recto des feuilles

que je numérote et ordonne

2. J'anticipe les questions éventuelles.

3. Je m'entraîne !

Devant mes parents, mes frères et sœurs, un(e) ami(e), un(e) camarade, mon miroir…

> **Maîtrise à fond les deux premières minutes de ton exposé.**
>
> Si tu les réussis, ton oral sera un succès !
>
> Deux minutes = temps nécessaire pour que :
> - **le stress retombe ;**
> - **la confiance s'installe ;**
> - **tu te sentes à l'aise.**

③ Je réussis mon oral !

1. Je réussis ma première impression.

Je souris, je respire, je me détends…

2. J'adopte le meilleur comportement possible !

Verbal	Paraverbal	Non verbal
• Je ne panique pas si ma voix tremble : ***je respire tout simplement.*** *Qui n'a jamais bafouillé ?* • Pas d'expressions parasites : *« euh », « donc », « voilà », « genre »…*	• J'adopte un ton dynamique et varié. • Je mesure mon débit. • Je fais des pauses aux moments stratégiques.	• Je ne replace pas une mèche de cheveux imaginaire. • Je ne m'appuie pas contre le mur. • Je sors les mains de mes poches. • Je regarde l'auditoire (ou leurs cheveux ! Technique de chef 😉). • Je souris, c'est important !

3. Je soigne mes réponses.

Je prends le temps de comprendre la question (si je n'y arrive pas, je demande des explications…).

Je réfléchis à ma réponse :

arguments + mots techniques + exemples concrets

4. Je réussis ma sortie.

Pas de soupir de soulagement (« ouf ! ») mais je remercie mes interlocuteurs de m'avoir écouté(e).

④ Je fais le bilan.

Points positifs, points à améliorer et je n'oublie pas de me féliciter !

JE L'AI FAIT !

DOSSIER

AUJOURD'HUI, J'APPRENDS À…

… réaliser un dossier digne d'un professionnel !

Avant de me lancer

Selon toi, que signifie « réaliser un dossier » dans un contexte professionnel ?

Un dossier réalisé dans un cadre professionnel est la synthèse d'un travail souvent donné par son supérieur hiérarchique.

→ Son objectif : lui être utile.

→ Il doit donc être structuré, précis et respecter des règles de forme.

L'intérêt de la méthode

Dossier
↓
Des pages reliées en un ensemble cohérent

⊕

Professionnel
↓
Informations compilées + problématique résolue et/ou objectif atteint… à destination d'un collaborateur.

À moi de jouer

1 Je découvre l'organisation d'un dossier.

1 Page de garde

C'est la première impression donnée par ton dossier !
↓
Elle doit être simple, claire et donc professionnelle !

2 Table des matières

Guide de votre dossier

Un sommaire présente l'organisation du dossier !

Comment bien numéroter ?

Introduction ~~3 - 6~~ 3

Pas de numéro de page sur ces deux premières pages !

3 Corps du dossier

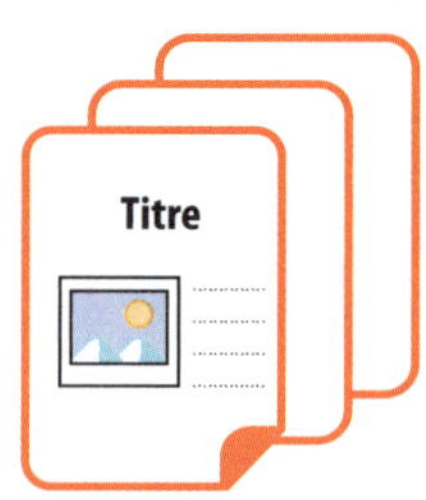

Une partie

= Une nouvelle page

= Un titre

Exemple :

- *Une page « introduction » pour susciter l'intérêt du lecteur.*
- *Des pages pour chaque grande partie.*
- *Une page « conclusion » pour fermer dignement le dossier.*

4 Autres documents

Annexes

- *Lexique, glossaire*
- *Listes de tableaux, de figures, de schémas…*
- *Bibliographie, sources.*

② Je fais des choix professionnels.

Quelle police utiliser ?

Professionnelle !
Arial, Times New Roman, Calibri, **Tahoma**, Verdana…
~~Comic Sans MS, *Écriture cursive*.~~

On peut utiliser de manière cohérente :
- une police pour la page de garde ;
- une police pour les titres, les sous-titres ;
- une police pour le corps de texte.

Si tu travailles pour/sur une organisation qui suit une **charte graphique**, **utilise-la !**

VIDÉO
hachette-clic.fr/22sdgn141
Votre identité visuelle : les astuces (2'53)

Quelle(s) taille(s) de police ?

- Page de garde, sommaire : comme tu veux !
- Titre de partie : maximum 14
- Corps de texte : entre 9 et 12 selon les polices

Est-ce que j'ai le droit d'utiliser des couleurs ?

Bien sûr ! Évite juste de faire un arc-en-ciel 😊 !

Deux ou trois couleurs cohérentes avec ton sujet, c'est déjà bien.
<u>Exemples :</u> vert si tu traites d'un sujet en lien avec la nature, gris pour le design, marron pour le chocolat, la tradition…

Quel interligne mettre ?

1,15 ou 1,5 : pour faciliter la lecture et l'annotation du dossier.

Sous Word :
- Onglet « accueil »,
- Rubrique « Paragraphe »

Comment présenter mes informations ?

Les informations doivent être classées en paragraphes distincts et aérés.
PAS DE BLOC de texte !

Dès que cela est pertinent, pense à utiliser des tirets, tableaux, images, schémas, graphiques.

« Une image vaut mille mots »
Confucius (vers 551-479 av. J.-C.), philosophe chinois

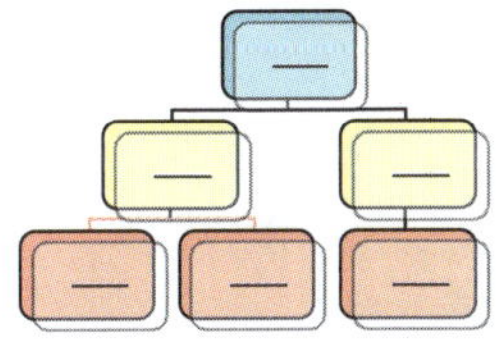

Tu perdrais trop de temps à décrire dans un texte l'organisation hiérarchique de ton organisation. Une présentation schématique sous forme d'organigramme est bien mieux !

Sous quelle forme présenter mon dossier ?

Un dossier est relié.
Une feuille transparente devant la page de garde et une feuille cartonnée à la fin pour solidifier le tout.
Les pages ne sont imprimées que sur le recto !

Ces deux systèmes sont à éviter, car le **dossier se replie automatiquement !**

VS

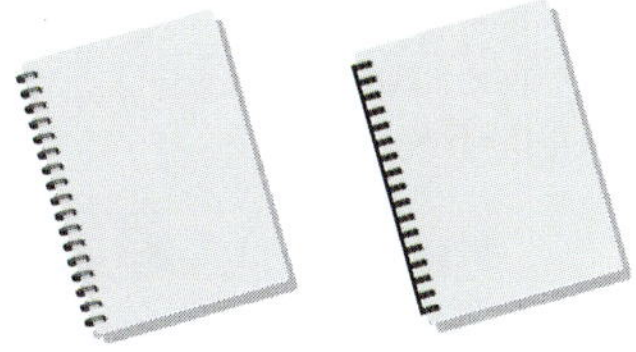

Préfère ces systèmes, car ils sont faciles à manipuler.

... communiquer sur les réseaux sociaux !

Avant de me lancer

Es-tu fort(e) en ce qui concerne les réseaux sociaux ? Cite le plus de réseaux sociaux que tu connais et compare tes résultats avec ceux d'un(e) camarade.

....

....

....

....

....

L'intérêt de la méthode

Communiquer sur les réseaux sociaux semble facile…

FAUX Même si tu connais les réseaux sociaux en tant qu'utilisateur, leur fonctionnement professionnel est différent.

Un objectif : avoir un retour sur investissement !

Objectifs principaux du marketing des réseaux sociaux

Accroître sa visibilité… et ainsi sa notoriété ▶ Développer sa communauté ▶ Créer – renforcer son identité de marque ▶ Générer du chiffre d'affaires !

À moi de jouer

Même si tu connais les réseaux sociaux, il va falloir te placer du point de vue de l'organisation maintenant. Découvre ici les étapes à suivre pour qu'une organisation optimise au mieux sa communication sur les réseaux sociaux.

1 Je fais un audit, un bilan de…

… ma communication sur les réseaux sociaux.

- Quels réseaux sociaux est-ce que j'utilise ?
- Pour quelles cibles ?
- Pour quels contenus ?
- À quelle fréquence ?

POUR QUELS RÉSULTATS ?

Soyez objectif(ve) sur ce dernier point…

… la communication sur les réseaux sociaux de mes concurrents.

- En ont-ils ?
- Lesquels ?
- Quels genres de publication ?
- À quel rythme ?

PUIS-JE M'EN INSPIRER ?

S'inspirer n'est pas copier…

! Cette technique se nomme du « benchmarking ».

2 Je définis le cadre de ma communication.

Objectifs Réponds à la question *« pour quoi faire ? »*	**Communiquer** = Transmettre un message *Mais pour quoi faire ?* ↳ **Faire connaître, faire aimer, faire agir (ou pas !)** ***Objectif final : vendre plus !***
Message Réponds à la question *« quoi ? »*	**Une communication** = **Un objet** *(sinon le message est brouillé !)* *Mais lequel ?* ↳ **Le produit, la marque, l'organisation**
Cibles Réponds à la question *« qui ? »*	Prospects, abonnés, influenceurs, candidats, parties prenantes (actionnaires, banques, fournisseurs)...
Cadre Réponds à la question *« comment ? »*	**Ressources :** immatérielles, matérielles, humaines, financières **Contraintes :** • Date limite de remise de la communication • Budget • Compétences

Halte aux idées reçues !
Les plus de 50 ans utilisent les réseaux sociaux... mais pas n'importe lesquels !

3 Je sélectionne les réseaux sociaux les plus pertinents pour mon organisation.

En fonction :
- des objectifs commerciaux ;
- de la population que je souhaite toucher ;
- de mon positionnement ;
- du message que je souhaite transmettre.

PDF
hachette-clic.fr/22sdgn142
Quel réseau social pour quel objectif de communication ?

4 Je crée un calendrier de contenus.

Régularité des publications + **Qualité des contenus** = **Succès (presque) garanti !**

Régularité des publications
Calendrier éditorial à établir
- Dates
- Heures
- Types de contenu

Selon les résultats de l'étude des statistiques de sa communauté

Qualité des contenus
Chaque publication est réfléchie sur...
le fond — la forme
N'oublie pas le lien vers le site Internet, la boutique en ligne, la marketplace...

5 J'évalue les performances de ma communication.

Nombre de « like », nombre de vues, nombre de clics sur lien, nombre d'utilisation d'un code promo spécialement publié sur le réseau...
Un tableau de bord avec les bons indicateurs est une aide précieuse 😉 chap.14

Crédits

Couverture : iStock/dima_sidelnikov.

Charlie & Gus : 21-101-143.

Illustrations : Freepik/vectorjuice.

Illustrations Yohann Misset : 50-52-53-54-116-149-196

Pages : **23-24-28** : © Le Slip Français ; **27** : © Collectif Tricolor ; **33** : 1 : Natureimages/Yannick Alram, 2 : Photononstop/Alain Le Bot, 3 : Aurimages/Philippe Roy, © Danone ; **34** : iStock/Visual Generation ; **37** : © Jadéo ; **38** : From Making Comics byScott McCloud. Copyright ©2006 byScott McCloud. Used bypermission of Harper Collins Publishers, iStock/Volhah ; **39** : iStock/Yapanda ; **40** : 1 : iStock/omar mouhi ; **40-41-42** : iStock/Volhah ; **44** : iStock/DrAfter123 ; **45** : 1 : © Toyota, © RATP, © Amaury Sport Organisation4, AFP/ANP, iStock/Bro Vector ; **49** : 1 : Réa/RGA, 2 : Andia/Dabrowski ; **58** : iStock/ArtFood ; **59** : iStock/Mikhail Seleznev ; **63** : © FFA ; **66-69** : iS-tock/MuchMania ; **70** : 1 : iStock/Tera Vector, 2 : iStock/appleuzr, 3 : iStock/Ungrim, 4 : iStock/sabelskaya, 5 : iStock/Visual Generation ; **72** : iStock/Poligrafistka ; **73** : 1 : iStock/RLT_Images, 2 : iStock/BRO Vector ; **75-79** : © Nature et Découvertes ; **78** : iStock/gradyrese ; **87** : © La-coste; **93** : iStock/Anastasiia_New ; **99- 100-141-209** : © Petit Bateau ; **103-108** : Cow Boy Photo page **103** : Jack Davison pour Cow Boy ; **108** : iStock/faithiecannoise ; **110** : Gregoire Cirade ; **111** : iStock/amriphoto ; **113** : iStock/alexey Yaremenko ; **115** : © L'Oréal ; **117** : iStock/invincible_bulldog **;** **118** : iStock/Momento Design **;** **120** : iStock/girafchik123 **;** **125** : iStock/Misha Shutkevych **;** **127-134** : © SNCF **;** **127** : iStock/olrat ; **145-146-147-151-152-155** : © Michel et Augustin ; **146-157** : 1 : iStock/sv_sunny ; **146** : 2 : iStock/sergeichekman, 3 : iStock/lishenjun, 4: iStock/cnythzi, 5 : iStock/invincible_bulldog, 6 : © Carrefour, © Intermarché ; **148-157** : 1: iStock/nazarkru, 2 : iStock/ollegN, 3 : iStock/ctoelg, 4 : iStock/Yevhenii Dorofieiev, 5 : iStock/yuoak, 6 : iStock/nazarkru, 7 : iStock/vladwel ; **159** : (logo) Sipa /Shutterstock/Roberto Machado Noa, AFP/FPA/Full Picture Agency ; **164** : iStock/sitox ; **168** : iStock/sruenkam ; **171** : © Netflix, Getty Images/Thomas Trutschel/Photothek ; **181** : 1 : iStock/sebastian coll, 2 : iStock/rexcanor, 3 : iStock/Misha Shutkevych ; **183-184** : © Toche et Nono ; **187** : 1 : iStock/vladwel, 2: iStock/MuchMania, 3: iStock/scotellaro, 4 : iStock/Enis Aksoy ; **195** : © Danone ; **213** : © Le Manoir de Paris ; **214** : 1 : iStock/Brownfalcon, 2 : iStock/Abscent84; , 3 : iStock/Elvinagraph, 4 : iStock/bubaone ; **216** : iStock/DNY59 ; **219** : 1 : iStock/bortonia, 2 : iStock/Vector Illustrator, 3 : iStock/sesame ; **221** : iStock/Hachio Nora ; **223** : iStock/Eulalia Cayuela Martinez ; **225** : 1 : iS-tock/cacaroot, 2 : iStock/ArtKrisShapovalova, 3 : iStock/briang77, 4 : iStock/novielysa, 5 : iS-tock/MicroStockHub ; **227** : © La Rustine-vr.fr ; **230** : iStock/BRO Vector ; **237** : iStock/Elveti-ca ; **241** : © Stellantis ; **241-243-245-246-247** : iStock/sabelskaya ; **242-245-246-247** : iStock/Malchev ; **252** : 1 : Bridgeman images/Wha La Grande Vague de Kanagawa, 1831 Hokusai Katsushika (1760-1846) Coll.Los Angeles County Museum, 2 : Bridgeman images/Leemage/FineArtImages Orage au sommet, 1830-33 Katsushika Hokusai (1760-1849) Musée Pouchkine, Moscou ; **272** : iStock/BRO Vector ; **289** : iStock/luplupme.

Achevé d'imprimer en Italie par Grafica Veneta en mars 2022
Dépôt légal : Mars 2022 - édition 01 - 86/1634/7